Unfinished Empire

The Global Expansion of Britain

未终结的帝国

大英帝国，一个不愿消逝的扩张梦

[英] 约翰·达尔文（John Darwin）◎著
冯宇 任思思◎译
李昕◎校译

中信出版集团 · CHINA CITIC PRESS · 北京

图书在版编目（CIP）数据

未终结的帝国 /（英）达尔文著；冯宇，任思思等译 .—北京：中信出版社，2015.9（2023.9 重印）
书名原文：Unfinished Empire: The Global Expansion of Britain
ISBN 978-7-5086-5378-5

I. ①未… II. ①达… ②冯… ③任… ④李… III. ①英国－历史－研究 IV. ①K561.07

中国版本图书馆 CIP 数据核字（2015）第 177104 号

未终结的帝国

著　　者：[英]约翰 · 达尔文
译　　者：冯　宇　任思思
校　　译：李　昕
策划推广：中信出版社（CITIC Press Corporation）
出版发行：中信出版集团股份有限公司
（北京市朝阳区东三环北路 27 号嘉铭中心　邮编　100020）
（CITIC Publishing Group）
承 印 者：唐山楠萍印务有限公司

开　　本：787mm × 1092mm　1/16　　印　　张：23.25　　字　　数：364 千字
版　　次：2015 年 9 月第 1 版　　印　　次：2023 年 9 月第 11 次印刷
京权图字：01-2013-5249
书　　号：ISBN 978-7-5086-5378-5 / K · 476
定　　价：69.00 元

投稿邮箱：author@citicpub.com

Unfinished Empire
The Global Expansion of Britain

目 录

Unfinished Empire
The Global Expansion of Britain

序　言

在史学界，帝国的构建问题引发的观点之强烈往往罕有匹敌。的确，一些帝国历史学家仍然不得不公开表明自己对此问题的道德排斥，以免任何涉及帝国的论著会被认为采取了赞同的态度。而其他学者则倾向于另一个极端，仿佛所有反对帝国的论著都是莫大勇气的体现——似乎它们是在伺机而动，向群情激动的“帝国主义”民众一边倒的舆论发起挑战。这些观点颇为逗趣，却无伤大雅。但是它们揭示了一个有趣的事实：尽管对于帝国的善举与罪行的论述向来颇丰，帝国仍然相当神秘，充满了传说与误解。

造成这种现象的部分原因是思维僵化。“帝国”是个宏大的词。然而在它之中（无论何时何地），包含着无数的成员、成群的游说团体、如山的众望——对职业、财富、宗教救赎或仅仅是身体安全的希望。帝国之构成，不是由于那些名不见经传的委员会的深思熟虑，也不是出于所谓“不可抵抗的”经济或意识形态的压力。正如那些统治我们的当政者一样，普通人的行为也受制于迷茫与迫切的动机及道德观念，正是这些男人（及女人）构成了帝国。这样的说法显然符合英国海外帝国的情况。英国的海外帝国在很大程度上是由无数个人的进取心共同创建的——它并不仅仅是国王们和征服者们努力的结果，更是由商人、投资者、移民、传教士等合力造就的。随意的意愿或一时的头脑发热不是一个帝国建立的唯一倚仗，尽管这两者确实必不可少。帝国的建立需要进行繁多的俗务，如勘测目标，建立据点，筹集资金，招募水手、士兵、移民及冒险家，集结同盟（尤其是在宫廷或政府中），制定规则（特别是关于"新发现"大陆上的财产所属问题），规范在外的贸易及道德行为，建构政府等。不难想象这其中多少事务可能出错。最困难、同时也是最重大的任务之一，便是与原住民及首领达成一致，使其成为帝国的同盟、附庸或子民。人们经常忘记，在全世界范围来说，帝国不仅是由帝国主义者自身所构成，同时也是由"帝国缔造者们"在当地吸收的附庸所组成。由此产生的结果便是帝国内充斥着混合的组成成员、互相冲突的传统，以及种族和民族间悬而未决的界限；这是持续不安定的始作俑者，也是无限活力的源泉。

重要的是，这也是一个未完成的帝国。每当我们注视着那些陈旧的世界地图，看着大英帝国的粉红色覆盖的泱泱疆土，我们总是忘了这仍然是个发展中的帝国，事实上不仅远不能说它已经走到终点，甚至连中点都未达到。直到 1914 年（有时被认为是帝国的"全盛时期"），这种迹象无处不在：在某些被放弃了的不列颠旧属领土；在构成加拿大和澳大利亚的稀少移民聚居地；在热带非洲衰退（不久后在 20 世纪 30 年代的经济大萧条时期甚至更为衰退）的统治中；在长期的关于何种主权形式能够确保英国统治及平定印度动荡的疑问中；在一直持续到 1945 年的一方面不断声明帝国扩张不会继续而同时却在不断突破的局面中；在国内帝国主义者们认为公众的思想不够帝国主义化的愤怒和焦躁情绪里。的确，那些最狂热的爱德华七世时期的帝国主义者认为维多利亚时代的帝国缔造者们遗留给后代的仅仅是一个建筑工地和一些令人绝望的、千疮百孔的建筑设计图，而远不是一座固若金汤的、仅需定期维护的宏伟建筑。

倘若认真审视帝国，它确实背离了它那起初即兴的、临时的特质，但这不无理由。首先，帝国的建立者们对于帝国的理解并不统一。当时的英国国内社会出现了大量相互倾轧的利益诉求及追求不同扩张和帝国形式的说客。例如，对于英国移民来说，开拓殖民地是关键；对英国官员来说，开化当地居民是重点；对于英国传教士来说，使原住民皈依最为紧要；对于另一些人来说，通商才是目标（最好是与当地居民，而不是与英国移民、官员或传教士之间的通商）。林林总总的利益诉求共存，组成了各怀异心的合作关系，共同构成了帝国的“目的”。殖民地成了这些党派把控的当地领导人互相争夺主控权的政治战场。其次，这个帝国的“命令与控制”体系一直摇摇欲坠，往往相当混乱。伦敦发出的命令能让分散于世界各地的殖民总督们无条件地服从吗？这只是个历史白日梦罢了（做这个梦的人还不少）！这个帝国需要依靠当地精英的合作、移民的忠诚，以及那些早已厌烦了白厅命令的英国官员的（通常是勉强的）默许。而上述任何一点都经不起太多考验，因为它们都受当地各种各样的压力和问题所影响，而这些都是远在伦敦的政府无法预料的。帝国统治必须进行一系列的妥协，有些妥协是迫于不时爆发的叛乱——如在爱尔兰、美国、加拿大、印度及非洲各国。实际上帝国需要不断因地制宜地改良统治方法。“宪政改革”是个高雅词汇，为的只是将新玩家拉入政治阵营，以便扩大（或缩小）目标，或者改变游戏形式。它的目的并不在于达成“最后的解决方案”，而是为了确保帝国的延续——确保游戏继续进行。在许多殖民地，哪些人应该服从哪些法令一直充满不确定性。最后，这种帝国行为并不是局限于其本国国内。相较于其他多数帝国而言，大英帝国不得不面对更多的外部影响：外界那些吸引其子民的意识形态和宗教、经济竞争及经济危机的影响，以及（最危险的是）地缘战略挑战的出现。帝国所付出的代价是不得不密切关注不可预测的地缘政治格局的变更，并且根据新出现的危机或愿景不断地改变计划和优先事项。

在这个不稳定的世界，帝国的形式永远不可能达到最终版本，只有暂行形式而没有所谓的“最终形态”。除非到了那一天，否则没有人能够实际设想（更说不上筹划）帝国的终结。毫无疑问，直到最后时刻，英国人自己（起码他们的某些领导人）仍然对于他们的帝国能够以某种形式千秋万代地延续下去而深信不疑，无论这种形式较之于从前有多大程度的衰退。在去殖民化时代（1945~1965 年）他们的政策大多是为了维持一个具有经济和政治影响力的隐形帝国而制定。当然现实对这个梦想是个残酷的挑战，可是它的影响如同帝国自身的影响一般，依然挥之不去。

本书旨在研究帝国的构建过程，就英国来说，即指它在三个多世纪里延伸至欧洲版图之外的扩张过程，并探究此过程的中世纪英国帝国主义根源。

在本书的写作过程中，我得到了无数学术上的支持，尽管在每个章节都列举出了参考书目，但那不足以表达我的感激。没有这些帮助，我几乎无法完成此书。牛津大学的同僚及其他的学者的学识和见地使我受益良多，对此我深表感激。我所教授的本科生和研究生的求知欲指引我构建了一些问题，正是这些问题使得此书得以成形——再次验证了“教学相长。”尤其值得一提的是已故的弗雷迪·玛顿（Freddie Madden）的巨著，它研究了大英帝国从中世纪直到帝国落幕期间的宪制实践，为理解大英帝国的拜占庭式扩张提供了重要依据。那是一部不朽的著作。

同时，在写作过程中，我直接或间接地利用了英国及海外无数图书馆和档案馆的资料，在此请允许我对他们的帮助和建议表示感激。我特别需要感谢新西兰新普利茅斯无可挑剔的博物馆和档案馆，那里的员工给予了我大量帮助。

如果没有牛津大学纳菲尔德学院为教职员工提供的支持和动力，本书以及之前两本书的写作将会困难得多。纳菲尔德学院是绝佳的研究及反思之所，极少有机构能够与之相比。我对此，以及对我家人的宽容感激不尽。

一如既往地，我要向企鹅出版集团的西蒙·怀德（Simon Winder）表示最衷心的感谢，他的激情、支持和睿智的建议给我提供了极大的裨益。我还要感谢为我编辑手稿的贝拉·库尼亚（Bela Cunha）、为我监督制作并提出宝贵建议的理查德·杜吉德（Richard Duguid），以及詹姆斯·普伦（James Pullen）。本书所配地图插图由杰夫·爱德华兹（Jeff Edwards）绘制。

第一章

构想帝国

Unfinished Empire
The Global Expansion of Britain

历史的后窗

我们如今所处的世界是由诸多帝国共同缔造的。事实上，无论是在殖民地还是在曾经的殖民地，非洲、亚洲、欧洲还是美洲，这些帝国的遗迹在现代世界随处可见。现代世界的历史与文化充斥着这些帝国留下的记忆、抱负、制度和不满。在这些帝国中，英帝国即使不是最宏伟的，也是版图最大的。当今世界起码有1/4的主权国家是从英帝国的版图中分出去的。仅凭这一点，它的影响在历史上的诸多帝国里也是首屈一指的。

大英帝国的历史引起了深刻且激烈的争论，这是意料之中的事。一个世纪之前，大英帝国尚未终结，虽然前途未定，但历史学家对其评价大多是正面的。在他们看来，英帝国虽然犯下许多过错，造成了诸多不公和暴行，而改革来得太迟，内部的矛盾重重，但最终一切总会回到正轨，因为在帝国的中心有一台自我修正装置——自由主义制度。在这一制度下，政治权力的运作变得越来越文明。的确，这个“好事多磨”的结果为帝国历史中那些黑暗部分提供了最好的辩护。按照这种观点，帝国所进行的征服与殖民——当地民族被迫迁徙、反抗者被残酷镇压，这一切仅仅是野蛮和落后地区的人民为进步所付出的代价。这些人安于现状并且无力为自己谋求利益。要将一个民族从迷信和野蛮中拯救出来必定非常棘手且常常会十分血腥。

在帝国的历史中可以找到很多证据来支持这种观点。因为在帝国发展过程中，英国人自身的道德水平也在提高。受良心驱使，英国政府废除了使自己暴富的奴隶制度，还在全球范围内发起了轰轰烈烈的废奴运动。他们不再尝试由伦敦来直接控制殖民者建立的海外领地，而是授予这些领地自治权，以此赢得了它们的效忠。英国政府最明智的做法是依照自由派的观点，放弃了贸易保护并推动了自由贸易的发展。这样一来，他们名利双收。自由贸易是英国繁荣的秘诀，也是促进世界和平的最好杠杆。因此，H · E · 马歇尔（H.E. Marshall）出版于 1908 年的历史类畅销书《帝国传奇》中充满乐观情绪就丝毫不让人感到惊讶了。

事实上，正面的观点持续了很长一段时间——几乎和帝国本身的存在时间一样久。一个强大的游说团体宣扬，尽管有些瑕疵，但大英帝国仍是世界“正义的力量”。“白人自治领”成为主权国家（1931 年其地位得到正式认可），但依旧是帝国的一部分。这种做法展现了多国联盟如何运作才最终成为国际合作的典范。这种观点在 20 世纪 30 年代的萧条时期开始出现变化。马克思主义者对资本主义缺陷的批叛变得异常有感染力，他们公然抨击帝国只是金融家和实业家的工具，这甚至成了学术界的研究热点。约翰 · A · 霍布森（John A. Hobson）那本引起巨大争议的著作《帝国主义》在 1902 年最初出版的时候影响甚微，此时却大受追捧。一位来自特立尼达拉岛的黑人历史学家（后来成为其总理）埃里克 · 威廉姆斯（Eric Williams）在牛津大学攻读博士学位期间所撰写的博士论文也持这一观点——工业革命作为英国财富和权力的主要来源，是建立在帝国的奴隶劳动制度的基础之上的。然而这些先声此时的影响还非常有限。塞西尔 · 罗兹（Cecil Rhodes）[①]这位“伟大的帝国缔造者”的声誉便反映了当时对帝国的主流看法。罗兹卒于 1902 年，没能完全摆脱世人对他的批评，但他的英雄地位得到了王室的认可。威尔士亲王和乔治六世分别

---

① 塞西尔 · 罗兹（1853–1902），英国殖民者，金融家和政治家，是当时英国最出名的帝国主义者，鼓吹英国“真正的目标和方向就是要扩大不列颠在全世界的统治”。在他的领导下，英国占据了位于南部非洲的赞比西河和林波波河的河间地区及赞比西河以北地区，并以其名命名为“罗德西亚”。——译者注

于1925年和1934年拜访了他在布拉瓦约附近的墓地（今津巴布韦）。1953年，王太后和女王的妹妹玛格丽特公主的亲自到访以及威斯敏斯特教堂纪念碑的揭幕标志着他的百年诞辰纪念活动的展开，众多名流出席了这一活动。通过观看《罗兹在非洲》这部电影，观众会认为罗兹是粗鲁而富有男子气概的，他善于掌控局势，是帝国缔造者的真正象征。

20世纪60年代之后，这类观点开始遭到了激烈的反对。早在1947年印度独立时，帝国的解体就已有预兆，现在正一步步地成为现实。即使是采取较为文明的托管形式，殖民统治也已失去了其道德正当性。反对所有形式的殖民主义、支持国家主权的普世价值观作为战后世界秩序的核心观点被列入了联合国宪章。英国国内的改革派认为，帝国的传统现在似乎成了沉重的负担，帝国的秩序观和等级观已过时，成为文化变迁和社会流动的极大阻力。为了维持殖民统治而耗费的大量资源不如花费在英国经济的现代化建设上。帝国市场的"疲软"迫使政府过度资助制造业，长期看来将引起灾难性的后果。人们很容易对帝国历史产生负面看法，最温和的观点是帝国对英国不再有意义；最强硬的观点则把那一段经历看作不堪的回忆，正是它使得英国在后帝国时代举步维艰。在那些新近独立的国家里，受到非殖民化运动支持的"民族主义"历史学对这种帝国理想幻灭的消极观点趋之若鹜。如同英国的帝国史学曾经为帝国的麾下疆土和缔造者的丰功伟绩而高歌，民族主义史学也为国家为了获得独立与自由而付出的艰苦卓绝的努力而鼓掌。来自宗主国和新兴独立国家的历史学家们愉快地达成共识，兴高采烈地对帝国的残骸进行鞭挞。

事实上，帝国越是回避这些评论，它受到的攻击就越强烈。在20世纪70年代，全球经济秩序的严重混乱使得马克思主义史学关于剥削和阶级斗争的观点越来越令人信服。就此细论，帝国的过往似乎是当时全球性动荡的极端版本。殖民主义强加给"第三世界"国家沉重的经济枷锁，迫使它们只能通过更低廉的价格出售原料以换取进口商品，因而进入了贫困加剧的恶性循环之中。革命和阶级斗争是唯一的出路。在殖民地中，本地劳工和土地被殖民者占领，剥削者与帝国狼狈为奸。对于南非和研究南非的历史学家而言，种族隔离等诸多不人道的政策和措施是白人殖民统治所带来的不可避免的后果。南非的惨痛历史还揭露了一个最重要的"教训"——殖民和帝国总是建立在种族特权和压迫的基础之上。在非殖民化进程完成之后的世界里，种族歧视和不平等仍然根深蒂固（尤其在西方最富裕和强大的社会里），种族主义作为帝国最重要的思想观念，驱动了一切帝国扩张行为，构建了帝国经济支柱，并成了帝国统治的指导原则。

从这个意义上说，帝国最为重要的作用就是种族压迫。由此帝国成为镇压“庶民阶层”[这个舶来词出自意大利马克思主义理论家安东尼奥·葛兰西（Antonio Gramsci）]的制度化手段。庶民阶层的历史记录了在帝国统治下，那些享受不到政治权力的弱势群体——农民，社会边缘群体，例如“部落”人口、森林原住民和印度的贱民、非洲的流动劳工、游牧民、游客和暂住者、女工和妓女，或者更广义上的所有遭受社会及经济不公的女性。帝国的存在代表了当地统治阶级与帝国政体的合谋。这样的庶民分析模式同样被运用于帝国“本土”。广大民众被帝国精英愚弄，这些人付出血汗，为少数人享有的特权、利益和娱乐埋单。在这个男性主导的时代，女性没有权力，她们原本低人一等的地位随着拓荒者定居点的男性思潮、殖民战争和帝国统治变得更低。

对庶民历史的研究引出了另一个重要的问题，即帝国的权威主要来自于高压统治，其残酷程度远高于那些经过诸多粉饰之后的帝国历史著作所承认的。然而无论是在本土还是海外，帝国显然都不仅仅是靠强力来维系其统治。以英国在南亚的统治为例，除了1857~1858年本地人叛乱时期，欧洲人要比印度人少得多。而在英国本土，妇女以及其他从属地位群体的存在都证明单纯的高压统治是难以维系的。新理论应运而生——英国“文化帝国主义”。这一理论源自一个已有相当影响力的观点，即统治社会和政治的秘诀在于把控人民的思想。例如，什么是犯罪、发疯，什么是道德和不道德，什么是进步的和原始的，这些概念一旦被确定和接受，就能对人们的思想和行为进行潜移默化的控制。同时，文化精英集团可以操纵和捍卫他们的特权。显而易见，这种模式完全可以扩展至帝国统治。

文化帝国主义史将帝国描绘成对其子民及所有“东方”民族（对几乎所有的非西方社会的统称）的价值观、社会习俗和宗教信仰进行的轻视、压制系统。这种文化霸权显然是为了证明外来者统治的合法性，将其确立为真理、进步和自由对抗迷信、落后、专制、奴隶制和野蛮愚昧等因素的巨大胜利。文化帝国主义立足的基础是欧洲（在本书中即英国）相对于作为“他者”的非欧洲国家的显著优越性。在数代学者的足智多谋和实用至上思想的双重作用下，终于确保了一个殖民社会的方方面面都能被全盘否定，统统归于一种形容——落后。至少这是殖民地民族志及其官方编纂者、地图集及报告、调研、人口统计编著者们的任务。在印度的英国人尤其精于此道。他们天马行空地凭空进行了再创作，编写了大量的作品，在他们的笔下，落后的民族被帝国主义从无法避免的灾难中拯救出来，但因其太过落后无法独立自主，帝国只好无限期地统治他们。作为统治纲领（及强暴统治的借口），这已经够糟了。而更糟糕的是文化帝国主义对其治下的民族无所不在的影响。因为在摧毁本土文化的权威地位并强加自己文化的同时，本土精英的自信心和创造力也随之土崩瓦解。此外，这还引起了那些受舶来思想所诱惑的少数愿意配合帝国的人与社会其他人之间的不和。这才是帝国带来的最强大而持久的破坏力。帝国建立了一个虚假的“传统”社会概念，并且支持它的盟友抵抗社会和政治变革。更具破坏性的是，它一边培养出一批西化的“有教养的”精英充当走狗，一边谴责殖民地本土文化为顽固、不完整及劣等的存在，斥责其为故步自封、与时代格格不入的糟粕。

这一切都显示，在帝国史上，意识形态战场的斗争长期存在。我们不应有太多抱怨。毕竟历史是人书写的，而作者的目的必然是“修正”我们对于过去的看法，并将过去与作者眼中的现在联系起来，以及解释这个发展过程。在这样的“史学战争”中，就连最久远的过去也逃不过被编排、被重新征服的命运。对于许多书写过或是仍然在书写帝国历史的人而言，还有个传教士式的宣传目的。这是因为他们对帝国所造成的影响深感良心不安，也因为他们认为我们所处时代的最大弊病（尤其是种族歧视）可以一直向前追溯到帝国所造成的影响。在这种观点下，对帝国史必须采取严谨的研究方法，呈现清楚的信息。帝国主义者坚持的是他们种族和文化的优越性、坚持统治和控制的权力以及欧洲在世界史上作为文明和进步发源地的地位。而帝国主义者们遗留给我们的历史证据——官方文件、私人文件和记录、当时的学术著作、报纸、地图、绘画、相片等所有直观史料，都有可能受到这种企图的影响。对这一点，我们必须保持谨慎。帝国史应该着手证明这种帝国主义思维是有欺骗性的、错误的以及极不道德的。帝国史还应该将我们心中那一层在怀旧情绪遮掩下的帝国形象打回原形，揭露源自帝国主义的英国和西方对非西方民族居高临下的心态。真正的后殖民史应让我们看到客观的帝国历史：那是一段可耻的过去，充满了经济剥削、文化侵略、野蛮行径（和时有发生的暴行）和险恶离间。事实上，向某些西方历史学家强调这一点是十分必要的。

没有必要对各种各样主张（稍后我们会对其中的一部分进行讨论）的对错进行教条式的批判，这些批判对帝国尤其是英帝国的描述各有局限性。大多数主张立足的基础是：这个世界上帝国很罕见，所有帝国的出现都是对这个平和世界的反常规的、凶残的侵袭。这是个非常初级的错误，也反映了这些人潜意识中的欧洲中心主义。帝国由某个种族或种族的统治者通过影响或政治统治得以掌控其他人而建立，它长久以来一直是世界大多数地区在大多数时期政治统治的方式，是国家政治体制的默认模式。帝国并不一定导向现代世界。这表明，现代世界和帝国之间并无必然联系，也不是只有欧洲的行为、技术或价值观才能导致帝国的形成。这也表明，除非完全摒弃我们关于历史变迁的观点，否则帝国并不一定会阻止其统治地区内物质、文化进步。事实上，研究前现代或非欧洲帝国的历史学家大都倾向于认可尽管在这些帝国缺少政治自由，但通常它们在文化上都富于创造性，而且物质丰裕。奇怪的是这种较为公正的观点却没有被用来质疑关于欧洲帝国的教条认识（这肯定会带来相反的“认识”）。于是产生了对历史的思维定式（这又是个新问题），也导致了一成不变的论述：统治者和被统治者的利益总是毫无悬念地绝对对立，而没有考虑到人类行为中充满了不确定因素。这种观点认为，因为当事人被困于一个决定着他们动机、控制着他们行为的观念世界中（我们又何尝不是如此），他们并不能真正控制自己的行为。这种结论认为，帝国的子民缺少自主性，是命运的牺牲品，没有行动自由也没有文化发展空间，不能保留也不能发展自己的礼仪、信仰体系和风俗习惯。它臆断统治者与被统治者之间的关系仅仅是这两者之间的，全然不受地区、洲际乃至全球大形势的影响。最奇怪的是，据我们所知，该理论把英国自身说成了一个文化、政治的巨无霸——不仅执着于帝国，而且在帝国内部强制实行同一种运行模式：文化控制、经济压榨、强制管控。

无论这种历史理论多么“符合我们这个时代”，它也不能正确地帮我们理解过去，反而会误导我们对未来的展望。我们需要一部更具说服力的帝国史来解释大英帝国的建立过程。历史需要公正地对待为数众多、形态各异的殖民社会，并为它们在后殖民时代的继承者们讨回公道。巴巴多斯、乌干达、南非、新加坡、新西兰和印度曾经都是英国的殖民地，英国对埃及的占领维持了 70 余年。但我们并不能说这些国家共同的殖民史产生了相似的结果。英帝国史也需要承认英国社会的多元化和多样性。英国之所以能在 1914 年前漫长的 19 世纪占据全球霸主的地位，正是因为其在政权统治方面维持了社会和文化复杂性（这是内外因素的合力产物）。而英国人之所以如此善于缔造帝国，部分原因是向海外扩张的前景激发了他们的热情，全面调动了他们广泛的兴趣、技能和行动能力。正是由于英国人在语言、方法及目标上的多样性，“与英国之间的关系”（当时殖民者和被殖民者所用的词汇）一词才有了万花筒般的意义——有的人向往它，有的人排斥它。但大英帝国主义也因此不能维持意识形态的一致和政治上的团结，而根据过去关于帝国的观点，这些是“大英帝国”本应拥有的特性。

或许，一个被我们需要的帝国史应该重视的是，英国是在何种条件和环境下为了贸易或掌控权而进驻某个特定地区以获得利益或影响力的。如果不与当地结盟、不与当地人民及首领达成一致，殖民活动几乎不可能展开。当然，去个无人居住（或被认为是无人居住）的地方是没有意义的，最多用它来流放罪犯：一片荒无人烟的不毛之地，既然没有可以进行贸易往来的对象，那么肯定是不会带来收获的。英国人建立的一些桥头堡通常不会延伸到海岸 1 英里①外，当地人可能会包围他们，极力阻止他们与内陆人民和市场进行贸易往来并把持商业命脉（很长一段时间里，在西非、印度、中国均是如此），有时当地人甚至诉诸武力。在这种情形下，英国人无足轻重，他们往往会给当地统治者和商人提供某种便利，偶尔也带来点小麻烦，但几乎从来不会上升到威胁的程度。为了改变这种地位，英国人就必须先煽风点火，破坏当地政权的稳定局面。这种破坏活动有时是因为伦敦政府决定实现英国的控制，于是出动武力扫平障碍。但是这种决定极少是单方面的意气用事，通常情节会很曲折，带来的影响也很复杂。

这是因为英国人永远只是巨大方程式中的一个元素。他们前往的地区并不是原始地区，这些地方必定也经历了时间的洗濯和沧桑的变化。在中国、印度以及中东、东南亚、东非、西非等地区的国家，英国人遭遇了极度组织化、充满活力的商

① 1 英里≈1.69 公里。——编者注

品经济以及高度统一的国家体制——尤其在印度和中国。这些地区已然走上了商业之路，往往对贸易带来的影响反应迅速。它们和欧洲一样，一派欣欣向荣。在这些地区，经济活动的模式里出现的任何变化往往都可以扰乱政治秩序，效果就像今天“全球化”给我们带来的翻天覆地的变化一样。新财富造就了社会新贵，一方面扩大了新贵的权势，另一方面也削弱了旧利益集团的特权。掌握新技能（或许还有新价值标准）的人对掌握传统技能的人发起了挑战，威胁着他们的地位。新的权力中心和新的国家形式开始出现，有的建立在新贸易及其带来的收入之上，因而政权并不稳固。一旦哪里出了问题，例如经济萧条或贸易中断，支撑政权的收入便会受影响，大危机必随之而来。这还不是唯一的隐患。随着当地人参与海上贸易，“海上”危机的威胁也随之而来。此外在世界很多地方，“内陆”危机也同样可能发生。远在德里、北京、阿瓦（缅甸）和库马西（在今天的加纳阿散蒂部落）的内陆帝国统治者可能会想要获得沿海的控制权，并敌视新出现的重商主义国家；又或者他们可能身陷对外反侵略、对内镇压叛乱的政治斗争中，如18世纪印度莫卧儿王朝的命运。然而，这些英国人无从察觉社会和文化的紧张局势，以及在他们地界之外发生的事件，却可能改变所处的环境，从而使英国丧失自己的桥头堡或是滩头阵地。尽管只是第三方，英国商人们也可能会在叛乱和战争中受到伤害，他们可能会被视为新贵统治者的邪恶盟友，或是被怀疑为推翻新贵统治的密谋者。英国人在1740年后在印度地区就遭遇了这样的情况，导致他们不得不对之做出反应，或干脆就此离开。

在印度和其他地方，英国人还需要面对的另外一个复杂情况是，他们并不是唯一的殖民者。出于同样的商业目的，其他欧洲国家通常也以大型特许垄断公司的形式（如法国人和荷兰人的东印度公司）存在于英国殖民者所在的地区。他们与英国相互竞争，以获得影响力和商业优势。一旦殖民地当地出现危机，他们也跟英国人一样坚决地捍卫，并利用一切机会扩大和提升自己的地位。结果便是欧洲各国竞争带来的矛盾与当地统治者和领导人之间的冲突纠缠在一起。对于在当地的英国人而言，除非他们打算将自己的资源投入这场外交、军事角逐，而且能使远在伦敦的统治者相信这一切的付出都是值得的，否则欧洲各国谁能胜出则取决于他们当地的盟友谁能取得最后的胜利。伦敦方面对印度志在必得，尽管它对印度的帮助仅限于海军支持。然而英国之所以能成功扩大在印度的桥头堡和建立更大统治权的关键之处在于对当地权力系统持久顽强地进行渗透、积极在当地征募资源、努力改变自己的交流方式以适应印度社会环境。为了成为印度的统治者，被派往印度的英国人变成了“英裔印度人”——这个词一直用于指在印度生活的英国人，直到1900年左右。

因此，英国人在试图建立殖民地的时候，往往并不对当地社会采取强硬的方式。即使有时不得不发动暴力入侵（在美洲采用的模式），他们对殖民地的发展仍然主要依靠与“原住民”达成协议而成：原住民或作为土地卖家，或成为商贸伙伴，或成为战争盟友。移民们必须适应新地貌、新作物品种、新战争形式，他们带上岸的工具、设备、曾经习惯的制度、曾经信奉的价值观都必须根据当地条件做出调整，有时甚至需要做出彻底的改变。奴隶被大量从西非进口至加勒比海地区，造成了大规模的种族不平等，也形成了与英国本土社会环境大相径庭的压迫体制。但制约加勒比海地区种植园经济发展的严重劳力短缺问题却得到了解决。对移民社群而言，和其他殖民社会一样，帝国并不只是个统治与征服的英勇故事（尽管这两者可能确实存在），而是更为复杂的现实：需要创建新型或混合型社会，在这里，各自为政的统治观、经济准则、宗教价值观、道德观、财产观、公平观混在一起，等待被修正、改变、接受考验或被弃而不用。因为殖民社会并不是在领地被征服那一刻一蹴而就的。从本书中你能看到，它们的构建过程一直没有停止过，殖民地的政治、经济乃至社会结构或多或少都处于不断发生剧变的状态。

那么我们怎么样才能看清殖民化带来的一系列变化呢？大约50年前，两位敏锐的从事欧洲帝国主义研究的历史学家约翰·加拉赫（John Gallagher）和罗纳德·罗宾逊（Ronald Robinson）绘出了英国在1815年后向世界发展的“帝国扩张路线图”。他们的中心观点包括两个重要主张：英国人不断地寻求最省力的方式在全球范围内追逐利益，部分原因是出于他们的政治体系对财政支出的约束；这导致他们尽可能依赖与当地精英的合作（“勾结”）。勾结的逻辑在于找到双方都可以接受的可行方案。英国人精明地根据利益投入相应的资源，不愿多浪费一点儿人力或武力。而对本土精英而言，这种经过精心算计的勾结能限制英方的入侵规模，在保存权力的同时还可能会有所收获。这样的合作导致了一种复杂的历史模式。在有些地区，英国人能够通过积极的外交打开该地门户，或多或少地保持当地主权完整，如拉丁美洲；而在另一些不太合作的地区，英国采取了强制性手段：如果该地拒绝打开门户，那么英国就干脆使用暴力破门而入。1839~1842 年间，英国对中国的做法就是如此。当时为了入侵中国市场，英国人开着汽船堵截了中国的大动脉——长江，逼迫北京让步。从那以后，英国人希望借助几个“通商口岸”（在那里外国商人不受中国政府管制）、一支炮艇舰队以及位于香港的大海港（当时已为英国属地），在无须亲自劳心劳力地在中国强加自己统治的前提下剥削这个“黄金国度”。但是有时候，武力干涉和通商口岸模式也无法确保英国获得预期的商业控制权，或者有时（通常在没有商机的地区）他们希望霸占那些可俯瞰航道的战略地点以守护将他们的势力范围联系起来的海上航线。这时候，英国人往往一不做二不休：他们对当地强加统治，废黜当地统治者，设立总督，在地图上将那块地区染为粉红色，彻底纳入英国版图。然而即使是在这样的“有形帝国”，勾结地方精英依然是非常必要的。明智之举是从当地挑选出权力代理人并获得他们的支持，依靠高压的统治既蠢笨又危险，再说千里迢迢从国内拉来英国人填充殖民地的政府机构实在是奢侈的徒劳。众所周知，英国只用了不到 1 000 名行政人员就治理了人口多达 2.5 亿的印度。

加拉赫和罗宾逊对历史的洞见一直是大多数帝国史研究的出发点。我们能对之增加的只有强调从多角度出发以及英国的那些个体或利益集团之间时有冲突的活动。对商人、传教士、移民、士兵、水手、船主、外交官、人道主义者、投资者和充满希望的创业者来说，帝国代表了无尽的财富或者光明的前程。他们心中理想的“帝国”其实并不相同。“奴隶制的帝国”在 19 世纪早期被法律废除，富有的奴隶主势力被国内的改革派击垮。出口、就业、利润依赖于“自由贸易的帝国”，而它在贸易保护本能和强烈的自治性方面与“移民的帝国”的共同点寥寥无几。“基督的帝国”又是另外一番面貌，新教传教士们恨不得将全球都纳入基督信仰之下。还有人希望将帝国作为“煤炭的装卸地、基地和要塞”。互为竞争关系的帝国主义者争吵不休、摩擦不断，这意味着没有哪一种帝国意识形态能独自主宰维多利亚时代：他们都给被统治的民族送去资助，以期赢得当权者的友谊，同时不忘给他们虚幻的希望，让他们期盼某天能重获自由。

我们还可以加上一点，这也是本书的主题所在：英国的扩张史是英帝国与其他地区经历的一系列遭遇的历史，以接触交流为始，以建立殖民社会为终，这就是帝国的构建过程。但要追溯这段历史，我们需要细细地审视它，将它分解为各种成分和各个阶段，挖掘使帝国看起来“合理”的理念，追踪帝国统治者依赖的方法，解释导致反叛的仇恨，还原那些常用来镇压反叛的手段，跟随传教士的足迹（体会他们曾受的辛劳），根据地点和特点分析帝国造成的影响。初次接触、占领土地、发动战争、安营扎寨（或者试图安顿下来）、买入卖出（无论公平与否）、确立统治、遭遇反叛、镇压反叛、皈依信仰、重塑身份——正是所有这一切以及更多其他的行为成就了帝国。

帝国观

对帝国的各种设想在英国由来已久。起初，它混合了领地图谋、行政方式、法律程序和文化优越感等，因而极不稳定，有时还相互冲突。构成帝国组织框架的主要部分早在哥伦布横渡大西洋之前就已经定下。有一个基本的概念是应在单一君主制下统治英国的领土。统治权和属下的忠诚高度归于中央，王权不容挑战。可是，忠诚被另外一条原则弱化：除非特意规定，否则英国属地可以保留自己的法律和传统。依据习惯和先例，君主可以通过议会或“国王会同枢密院”两种方式为属地制定法律（立法）。事实上第二种方式更为普遍，因为它更具有灵活性。所谓的“枢密令”是由枢密院批准的行政法令，而枢密院原本是国王最亲近的顾问所组成的小团体，到近代则成了一个实体行政部门。除了财产问题外，国王有权听取属地“臣民”的所有法律上诉。它的影响一直持续到我们的后殖民时代，一些英联邦国家为了法律程序上的便利依然保留枢密院司法委员会。从始至终，对英国王室的共同效忠加上（实践中）立法权的分散共同塑造了英格兰人（后来的大不列颠人）的帝国观。

英国人在美洲和亚洲还发明了一些新管理模式。早在 1363 年，英格兰国王便给在加来的 26 名英国商人授予自治权，加来后来成了英格兰的重要属地（也是英国在欧洲大陆最后失去的属地）。在接下来的一个世纪里，1423 年的《加来大宗物品法》将英国羊毛织品海外垄断权授予加来的一个商人联盟，为后来的东印度公司、黎凡特公司、哈得孙湾公司、皇家非洲公司以及塞西尔 · 罗兹的英属南非公司（又称“不列颠南非公司”）等多个垄断集团树立了先例。1381 年的《航海条例》想要限制出入英格兰的贸易商船必须为英国人所有和管控——当然它并不是非常成功。

横跨大西洋的商业专营系统的核心也在18世纪和19世纪尽可能地得到了完善。

中世纪的决策者给后来的帝国缔造者们不仅仅遗留了一系列法律和行政上的权宜之计。从900年（或许更早）开始，英格兰历代国王一直声称对不列颠群岛拥有“至高王权”。忏悔者爱德华自封“大不列颠之王”。“诺曼世纪”（公元1066~1154年）是个插曲，中断了英国的大一统，英格兰的海上势力也大为衰落。但从12世纪下半叶开始，英格兰先后强势地将爱尔兰（亨利二世于1172年自封为“爱尔兰大领主”）和威尔士纳入版图，爱德华一世攻城略地、大修城堡，苏格兰也差点落入英格兰囊中。英格兰人不仅在爱尔兰与强大的移民们以及爱尔兰本土居民斗争，还在东安格利亚招募移民安置到威尔士，并给予他们地方特权，我们可以从中看到后来殖民主义的困境和战术策略。这种英式扩张还反映了英式“文明”观，即社会应该有序而和平，与当时不列颠“外围”领地上通行的观点之间形成了强烈反差。英格兰人习惯的是分布紧凑、人口众多的乡村，庄园、农田、谷物共同构成的宜人风景，地主阶级与神职人员共同管理农民，密布的城镇、市场、集市，活跃的土地市场，以使社会具有一定灵活性。最重要的是要有君主制，以保证和平、建设城镇、征收税款、贸易繁荣。但在爱尔兰和威尔士，社会体系有所不同。在这里的人们以血缘关系为重，他们并不对国王尽忠，而是效忠于同族亲属或宗族首领。他们四处漂泊、以游牧为生，既不习惯定居，也不习惯种植农作物。他们对于财产的观念非常淡薄。宗族之间的冲突（据英格兰观察员称，这是畜牧经济的必然结果）促进了抢掠和奴隶制。它们的城镇稀少、相距甚远，且资金匮乏，更别提什么礼仪了，马背上的牧民根本都不在桌子上就餐，更别说讲究社会礼节。不像英格兰有牧师用严格的社会纪律教化教徒，这里的宗族文化鼓励试婚、离婚，还承认私生子。在英格兰人看来，这是个无法无天、乌烟瘴气、暴徒横行的社会，唯一的政治生活就是收保护费。因此必须依靠外人强行将秩序和进步带到这里来。为了避免生活在爱尔兰的英格兰人近墨者黑，1366年《基尔肯尼法令》规定了许多英格兰人不得为之的事项，其中包括不准留爱尔兰发型，其目的就是为了禁止英格兰人被同化。具有文化优势的国家有义务对落后的地区进行帝国统治，出于这个强势的逻辑，英格兰将身旁的爱尔兰纳入囊中。

中世纪英格兰的野心显然不仅限于不列颠群岛。诺曼王朝和金雀花王朝带来了对欧洲大陆领土的兴趣和主张。1204年英格兰的属地诺曼底被法国夺走。不过英格兰国王们索要位于现在法国西南部的普瓦图和阿基坦，他们从出口葡萄酒的加斯科涅地区及其首府波尔多获取了大笔收入——仅从加斯科涅葡萄酒业征收的税额就与英格兰海关税收总额一样多。英格兰卫戍部队进攻了布列塔尼岛。在海上航道，布列塔尼之于加斯科涅的战略意义正如五百年后的埃及之于印度。爱尔兰和威尔士的统治经验影响了英格兰人的帝国观，可是英国在欧洲大陆上的统治却没有那么大的影响力。其中的部分原因是当时的英格兰君主作为阿基坦公爵在形式上仍效忠于法国君主，难免束手束脚；另一部分原因则是在已拥有高度组织化的政府和活跃商品经济的富庶属地，坚持英格兰式文明的优越性实在说不过去。但最主要的原因还是由于到1453年英格兰势力已经被赶出了欧洲大陆，只有加来作为一块飞地。

所谓的时机虽然有些运气成分，但是顺应时势确实非常重要。在接下来那个世纪里，尽管英格兰的目标和野心大幅膨胀，但它的扩张行为都局限于岛上和海上而不是在大陆上。随着西班牙和法国王朝得以巩固、奥地利和西班牙联盟（两者在哈布斯堡家族统治之下），英格兰在欧洲只能明哲保身。这种弱势地位在后来英格兰一系列的宗教危机中变得更加明显：先是亨利八世为了婚姻与罗马教廷决裂，接着玛丽一世（1553~1558年在位）努力恢复罗马天主教在英格兰的统治地位，再有1558年后伊丽莎白一世支持新教，使英格兰站在了当时欧洲和海上霸主西班牙国王腓力二世的对立面。正是亨利坚定地要求宗教自主权，才促成1533年的《上诉法案》宣称英格兰为独立国家，不受任何其他统治者约束。英国新教徒长期忧思不断，一方面要担心被内部推翻，另一方面还要防范外部的入侵（例如1588年的西班牙无敌舰队）。为了防止天主教反扑，英格兰草木皆兵，导致了专制、迫害和对西班牙以及后来对法国的臣服，但这些也催生了英格兰的爱国主义和新教认同。1707年，《联合法案》出台之后，这一点帮助化解了英格兰人和苏格兰人之间的仇恨，共同塑造并分享了“英国性”。维多利亚时期，即使远在满布全球的英帝国势力的最边境，“英国性”都能使当地的英国人同仇敌忾，也能激发传教士们如火的热情。不过尽管它力量极大，在伊丽莎白王朝时期的帝国观里，这仍然只是一个要素而已。

同样重要的是公元1560年后人们逐渐拥有的地缘安全意识。出于对外国入侵的恐惧，控制英格兰与低地国家[①]之间的英吉利海峡和爱尔兰海（这里极可能就是西班牙进攻的突破点）以及沟通大西洋与此处的“西方通道”显得非常重要。1560年皇家海军已经成立，并有一整套行政体系为之提供补给服务。1588年英格兰令西班牙无敌舰队铩羽而归，赢得了短暂的喘息时间。到了16世纪90年代，伊丽莎白政府派遣远征军赴荷兰和布列塔尼，先发制人阻止西班牙的再次进犯。苏格兰改革消除了英格兰北部地区的一大威胁，但是爱尔兰新教改革的失败、英属爱尔兰领地的危如累卵、都柏林周边看似安全的领地、爱尔兰成为绕后入侵英格兰跳板的可能，这一切使得伊丽莎白一世和她的大臣们戒心日益激增。16世纪60~80年代，英国卫戍部队从1 500人稳步增长，超过了8 000人。16世纪90年代，英国采取了铁腕举措，决定征战爱尔兰，将原本属于盖尔人的爱尔兰打上英国的烙印。然而和在欧洲一样，英国耗费巨大，胜利却只是昙花一现。但英格兰得到了宝贵的“经验”——英国的安全必须依赖于英国海军在欧洲西北部的积极管制和在爱尔兰全岛的有效统治。这给伦敦政府的战略规划造成了不可磨灭的影响，这种影响甚至一直持续到第二次世界大战之后。

第三个关键的影响来自于英格兰在海上的扩张。正如人们常说的，英国人在大西洋上进行的探索和征服晚于葡萄牙、西班牙和法国。实际上，英国是迫于商业危机不得不采取行动。加斯科涅酒业与波尔多的布料和粮食交易让布里斯托尔的商人们大发横财。然而随着1453年英国在法国大部分属地的统治垮台，贸易也大受影响，使得英国人不得不去打南方的葡萄牙和西班牙的主意。他们学会了葡萄牙和西班牙得以纵横于加勒比海与西非之间的航海知识。布里斯托尔水手开始在大西洋寻找虚无缥缈的“巴西岛”（或许那只是纽芬兰）。热那亚人约翰·卡伯特（John Cabot）是个跟哥伦布一样的人物，他受命在北大西洋搜寻一块“新发现的土地”，或许是为了替代布里斯托尔人在与汉萨同盟竞争中失去的冰岛渔业。起初收获寥寥，但从16世纪50年代开始，英国西南部水手和背后支持他们的商人运用新的航海知识动摇了葡萄牙和西班牙人在大西洋上的海上优势。1562年，约翰·霍金斯（John Hawkins）抵达西非海岸，在当地买入奴隶再转手卖至西班牙在美洲的属地。

① 低地国家指荷兰、比利时、卢森堡三个国家。——编者注

霍金斯的亲戚，也是他的徒弟弗朗西斯·德雷克（Francis Drake）在美洲西属港口沿袭了他夹枪带炮做生意的伎俩，捎带红利便是打劫。英国政府“并不赞成”他们的行为，但同时也不承认1494年教皇“赐予”西班牙和葡萄牙共同所有的大西洋专属权。反而，英国政府及其造势者坚持海洋自由论：“鉴于海洋及贸易由自然及所有国家共有，从前的教皇和现在的西班牙人无权禁止其他国家依据此法进行交流及贸易往来。”将自己定位为力图突破西班牙、葡萄牙、荷兰以及（后来的）中国贸易封锁的局外人，以“海洋自由”的主张为武器，英国的帝国主义一直奉行此道，它的影响一直持续到21世纪。

沃尔特·拉雷（Walter Ralegh）（1554~1618年）也许是那个时代致力于缔造帝国的人中最了不起的一个，人称“有进取心的局外人”。他的英俊外貌和出众文采让他成为伊丽莎白宫中的红人，甚至获封爵位，获赐俸禄和财产。拉雷出生于德文郡名门，西班牙与英国之间的海上之争以及伊丽莎白政府在爱尔兰遭遇的困境对他而言是个绝佳的契机。拉雷同父异母的兄弟汉弗莱·吉尔伯特（Humphrey Gilbert）凭借于16世纪70年代在爱尔兰野蛮残忍地镇压了叛乱的功绩而平步青云。吉尔伯特深信能找到通往中国的西北航道，并支持在美洲建立殖民地以解决英国的贫困问题。1583年，他航行至纽芬兰，奉伊丽莎白女王之命宣布当地海港和周边区域为英国所有，该地区也就是后来的圣约翰。之后吉尔伯特在航行中遇海难失踪，拉雷继承了他的遗志。在拉雷的鼓动下，理查德·哈克卢特（Richard Hakluyt）于1584年写下了《论西部的种植业》，第一次公开支持大英帝国向海外扩张。文章拒绝承认西班牙对北美洲的统治权，大力谴责西班牙对待美洲印第安人的暴行，敦促进行系统化的殖民以应对国内的失业、人口过多、商业萧条等问题。他声称“那些从前我们需要冒险在欧洲、非洲、亚洲从事商贸而得来的商品……不久之后就能从位于北纬30°~60°的美洲……不费吹灰之力获得”，殖民的目标在于进口原料并将成品出口给“……领地里雇用的众多穷苦子民……输出成品买入半成品的好处众多，其中之一就是不再会有可怜人盗窃、挨饿或行乞……”跟吉尔伯特一样，拉雷也参与过镇压爱尔兰起义，并在爱尔兰获得大块封地作为奖赏，他将自己从爱尔兰获得的经验运用于美洲探险。拉雷从伦敦的商人那里筹集资金、从当时顶尖的数学家和天文学家托马斯·哈里奥特（Thomas Hariot）那里寻求帮助，并于1585年和1587年先后两次向距北卡罗来纳海岸不远的罗阿诺克派遣探险队去建立商贸据点，并攻击每年都会经由佛罗里达海峡回程的西班牙珍宝船队。像当时的许多伊丽莎白宫廷的风云人物一样，他这么做的原因是相信截断西班牙的财富补给能大幅动摇其在欧洲的霸主地位以及减轻它对奉行清教的英格兰的威胁。"正是他在从印第安人手里抢来的金子危及和扰乱了欧洲的所有国家……"他如是评价腓力二世。

直到16世纪末，英国人仍然只能对着帝国梦望洋兴叹。他们在罗阿诺克建立殖民地的尝试遭到惨败。西班牙在墨西哥和秘鲁建立了白银帝国，葡属印度的首府设在"黄金州果阿"，而英国却乏善可陈。荷兰人已经把英国人赶到了东印度群岛的香料群岛（旧称摩鹿加群岛）：荷兰人的联合东印度公司的收获远非他们的伦敦对手可比。但是对大西洋那边财富的渴望已经深深扎根于脑海，英国人的野心已经无法抑制，于是商业资源越来越多地被投入到海外去冒险。无敌舰队被击败的那年，理查德·哈克卢特（Richard Hakluyt）开始撰写《英吉利民族的关键航行》，并于次年出版。1598~1600年他接着又编著了《英吉利民族重大的航海、旅行、交通和发现》，这本著作将英格兰航海经历描绘得如同史诗一般。1588年西班牙无敌舰队的溃败证实了哈克卢特和拉雷的断言，即美洲的西班牙势力也不是不可战胜的。16世纪90年代的战争和掠夺刺激了更多的探险行为，其中包括拉雷本人1595年前往被他称为"广阔、富饶、美丽的圭亚那王国"的探险。这次同样没什么收获。但是1607年，一个总部在伦敦的财团成功地在罗阿诺克建立了一个桥头堡，尽管根基不稳，但至少能勉强挺过在此之前让英国人无功而返的那些灾难。这就是弗吉尼亚。

英格兰、苏格兰和爱尔兰在漫长的17世纪到1713年之间经历了无数的革命和战争。战火之后，英国转型成功，改变了自己在欧洲及其他地方的地位。在国内，他们初步确立的宪政制度扛过了安妮女王时期（1702~1714年）激烈的党派之争。英国在17世纪之后势如破竹，彻底拿下了伊丽莎白时期没能征服的爱尔兰。与苏格兰的联合（不久后便经历了1715年詹姆斯二世党人叛乱的考验）使得不列颠大陆不再有分而治之的危险。西班牙王位继承战争（1702~1713年）巩固了英国的海上势力和军事力量，英国在西地中海有了两个海军基地（直布罗陀和梅诺卡岛）。战后，英方从签订的和约（所谓的asiento，意为协定）中获得向西属美洲贩卖奴隶的权力，终于冲破了美洲的商业封锁。他们建立了自己的"种植园"和"商栈"帝国：

英国将定居点散布在北美海岸和加勒比群岛，黎凡特公司和东印度公司的仓库和领土遍布伊兹密尔、阿勒颇、巴士拉、阿巴斯港、苏拉特、孟买、马德拉斯和加尔各答。英国人控制了纽芬兰大浅滩的大部分渔业，他们在哈得孙湾的皮草贸易能与法国人一较高下，同时，他们沉迷于贩卖奴隶，甚至开始从中国广东买入茶叶。

这种扩张背后的帝国观并不是单一的，但各种帝国观有一个共同点，那就是扩张的意义在于使英国变得更加富强。前往近东和印度的商人可能发现新市场，而在美洲建立殖民地可以创造新市场，来自东方的外来商品可以转卖给欧洲客户赚取利润，在殖民地种植的原料可以拉回国进行再加工，既能解决国内就业问题，又能使其增值，还能用于出口再赚一笔，商人和运输业都能受益。为了更好地达到这个宏伟的目标，各方争论不休。黎凡特公司和东印度公司的商人们（其中有些人同时属于这两个公司）坚持认为，如果没有垄断权，那么贸易的成本和风险会让他们无利可图。而其他人则谴责这种自私的主张，并且公然提出国王不应该具有授予垄断权的权力。针对东印度公司的批评中有一条尤其具有震撼力，它认为东印度公司进口的货物只能依靠出口金银进行换购，因而势必减少国内的货币供给，随之而来的就是市场需求的降低，这是在损公肥私。最强有力的辩护则称，从印度购入的货物再转手出口至欧洲，从中获得利润足以抵消采购时运往东方的白银。到 17 世纪末，后面这种转口港理论被广为接受。

布里斯托尔商人约翰·卡里（John Cary）（1650？–1720？）的分析极有说服力。在他的《论英国现状与贸易、贫困人群以及税收的关系》（1695 年）一文中，卡里强调了种植园对创造就业岗位与贸易的重要意义：

> 我认为英国与它所有的种植园是一体的，无论是个人还是郡县都属于这个整体。因此，我们吃种植园的作物就等于吃自己土地上的果实。此外我们还可以将农作物销往邻国换取金银，或者换取必须用金银交易的商品，再次给国家带来利润……这本就是在海外开建种植园的目的所在，即英国人民之间能更好地开展商业和贸易，主要利润是为了帮助中央政府……

文章接着指出，为了保证主要收益归于政府，必须规范殖民地贸易，令其首先保证英国船运业的利益。这和当时大多数人的观点一致。1696 年英国政权正面临革命后的金融和军事危机，此时《航海条例》的执行力度被再次加强。法案严格规定（尽管执行得相当马虎）：无论最终市场在哪里，加勒比海和美洲殖民地产出的原料必须先运往英国，并且只能由英国所属的船只装载。作为大西洋世界的巨大转口港，英国将会发展得富有而强大。

从1688年光荣革命开始一直到18世纪70~80年代的美洲危机期间，这种“转口港帝国主义”是主流观点，掩盖了许多其他的帝国设想和殖民地的异议。它宣称——事实上也是这么操作的，唯一值得拥有的帝国形式就是属地一切产出的商品全部运往英国，再出口至其他国家，以给商人和国家带来利益。在这种观点下，殖民地经济被套上了“商业紧箍咒”。无论是信奉新教的英裔爱尔兰人还是巴巴多斯的种植园主，都认为自己的自由遭受了侵犯，自然对之深恶痛绝。巴巴多斯总督甚至公开反叛称：“自由贸易是所有殖民地的生命。”转口港帝国主义的国内支持者们渴望轰开西属美洲帝国的大门，却因需要在欧洲保持审慎态度而不能大动干戈。作为政治主张，它既正式认可移民和种植园主的自治权，又肯定了英国议会时常重申的立法权，即只要愿意，英国议会有权制定殖民地法律——对此殖民地议会激烈反对。而国内人民也并不把移民和种植园主们当作缔造帝国的英雄。1655年有个英国人去了趟巴巴多斯（当时英国最有价值的殖民地），他做出了这样的评价：“这个岛屿是英国用来扔垃圾的粪坑：恶棍、妓女，诸如此类的人……”可以想见，巴巴多斯人的观点定然不同，如一个当地爱国者曾说：“我们的血管里流淌着英国血液，我们的心里装着英国精神。”出于意识形态的考虑，英国人声称依靠海上贸易的商业帝国是自由的秘诀所在，“英国人绝不会成为奴隶”，但同时他们也承认非洲奴隶贸易是帝国发展的真正动力所在。“没有非洲贸易就没有黑奴，没有黑奴就没有糖、姜、染料，没有糖等作物就没有岛屿，没有岛屿就没有大陆，没有大陆就没有贸易。”这是丹尼尔·迪福（Daniel Defoe）1713年写下的评价。伦敦政府不仅没有阻止种植园主买入更多奴隶，相反它还否决了殖民地议会出于对奴隶起义的担忧而提出的控制进口奴隶数量的提议。

至于印度，当地的转口港帝国主义不关注征服或统治，因为觉得这些非常不切实际。1694年辉格党控制下的英国国会下议院决定取消东印度公司的特许垄断权（公司董事乔赛亚·蔡尔德对此不予理会，称这是“几个无知的乡绅在胡说八道，他们甚至不具备管理自己个人事务的智商”），东印度公司并没有因此一蹶不振，14年后还吞并了它的竞争对手——新公司。东印度公司在印度地区开展自由贸易受挫，意识到在亚洲的英国商业面临的情况有所“不同”：没有海军的保护，就无法抵御不友好的当地统治者，也没有法庭来做出仲裁。东印度公司必须自己保护自己并承担自己的开销，负担全副武装的“东印度商船”、设有碉堡的贸易站以及驻扎属地的各级商人的一切费用。合伙人持续地向东印度公司投入资金，对公司而言，付出的代价就是将往返于英国与印度之间的无特许状商人和投机者排除在生意圈之外。直到17世纪下半叶，人们才逐渐意识到东印度公司这个印度的“特例”已经有了自己的意识，建立起了令人咋舌的新利益关系，其规模大到既不能倒闭，也不可能被政府控制，它已经变成了一个强大的新帝国的核心。

为旧帝国而生的新帝国？

尽管内部有许多矛盾，当时的英属大西洋帝国仍然可以被当作一个统一的整体。它的（白种人）居民（作为“生而自由的英国人”）均享有参选自己所在的殖民地议会代议制政府职位的权利。他们全部效忠于英国君主，英国庇护他们不受外国威胁。他们也有义务遵守英国议会为帝国贸易制定的法律。至少从理论上来说，在那个商业垄断时代，殖民地居民在帝国经济中的地位能保证他们享受繁荣昌盛。尽管在这个“英国人的”世界里令人尴尬地存在着大量奴隶人口，但没关系，把奴隶当作财产而不算在人口内就行了。这就是那个被埃德蒙·伯克（Edmund Burke）称颂为“各个社群的伟大政治联合”的帝国，他高度崇尚这一帝国形式，反对伦敦政府对自治殖民地强加直接税（印花税）的做法。后来，在英国的欧洲竞争对手的大力帮助下，这个帝国基本被移民的叛乱所摧毁。虽然它终结了，但英国的“全球”帝国观从此逐渐成形，随之而来的是一系列新征服计划、新帝国主义和新统治机制。

的确，在美洲的失利不但不能宣告英帝国从内部开始的崩塌，反而揭开了英国版图与野心急剧膨胀的序幕。英帝国取得的最大收获是摧毁了西属美洲帝国和它的商业控制：因为原属于西班牙的盛产白银的殖民地仍然闪耀着希望的光芒。英国夺取了哈瓦那（对西班牙来说它等同于加勒比海的“直布罗陀”），但为了签署和约而不得不将其交还。库克船长始于1769年的太平洋探险显示了英国人挑战西班牙对太平洋地区垄断权和在传说中的“南方大陆”找寻新市场和贸易机会的决心。英国人最大的野心或许是打开中国的大门。至少1788年在博特尼湾建立监狱、开辟殖民地的部分原因是希望能打开一条通往中国的“澳大利亚”航线。4年后，1792年，资深外交官马嘎尔尼（Macartney）勋爵率领声势庞大的访问团前往北京，以期与中国政府建立外交关系并全面打开中国贸易市场。至少这一次，英国人遭到了拒绝。但从1793年与法国交战开始，英国人抓住了一切机会推进他们的全球化扩张。为了控制通往印度的航线，他们从荷兰人手里抢了开普和锡兰，接着又从法国人手里抢了毛里求斯。为了惩罚西班牙与法国联盟，1796年英国夺走了特立尼达岛。在从印度出发的一次远征中，英国人占领了荷兰海外帝国皇冠上的宝石——爪哇岛。后来葡萄牙国王因为惧怕法国人而将宫廷迁至巴西，英国答应对葡萄牙施以援手，条件是葡萄牙要向英国的商业大开国门。1807年，英国人甚至企图“解放”西班牙统治下的布宜诺斯艾利斯，但以惨败收场。尽管在1815年英国交还了部分领土（最重要的是将爪哇岛交还给新荷兰王国以支持其对抗法国人在欧洲范围内的侵略），然而战争促进了英国对帝国的重新构想。

其中最基本的重构（因为它几乎是其他一切的基础）是英国人意识到他们的转口港帝国主义现在可以扩展到全球，而且不需要再投入此前所需的大笔防御费用。这一构想的真正基础是英国取得了海上霸主地位。之前英国与欧洲对手们（主要是法国、西班牙和荷兰）之间的海上势力平衡局面被打破。1805年纳尔逊在特拉法尔加海战中取得的胜利意味着现在没有任何欧洲强国拥有将英国排除出欧洲以外地区市场的实力。各国各自为营发展自己重商主义的时代一去不返，原本封锁的贸易区对其他帝国打开了大门。曾经最强大的西属美洲帝国已经土崩瓦解。英国大可将自己视为转口港，而且现在不仅是自己帝国的转口港，甚至是全世界大部分地区的转口港。英国人很久之后才理解了这次庞大得惊人的领土和思想扩张所带来的影响。从此英国人拥有了无与伦比的自信（虽说还不至自大），斗志昂扬地从经济和政治上入侵亚洲和非洲。但是英国人也逐渐意识到危机丛生的18世纪70年代以来暴露的另一个问题。

1757 年后，东印度公司攻占了孟加拉，罗伯特 · 克莱武（Robert Clive）[①]称之为印度“革命”，这次革命带来了新的前景。公司出兵是由于害怕法国的阴谋诡计和当地领导人的敌对情绪会将他们赶出印度最富裕的市场：这是从 1756 年加尔各答遭袭的那次经历中得来的经验，在那次突袭中公司代理人们被扔进了臭名昭著的“黑洞”。在这次攻占中“纳波布”们（指那些在 1750~1790 年印度盗贼丛生时代迅速发家的公司雇员）大发横财，引起了英国国内的警惕和反感。后来东印度公司在战争中厄运连连，濒临破产（眼看就要导致伦敦金融危机），而且公司雇员在当地鲁莽的冒险主义也需要被约束，因此英国政府决定对东印度公司进行更强力的管控。伯克在对印度总督沃伦 · 黑斯廷斯（Warren Hastings）的抨击中突出了滥用职权的问题，正是由于这种权力腐败导致印度地区需要立刻进行行政改革，尤其是使东印度公司政府能够征收更多税款。于是伦敦（至少是在理论上）开始掌控东印度公司的“政治”权力，包括选择总督的权力。一批新官员被征召来管理东印度公司占领的那些地区，这些官员被明令禁止参与商业活动，且严禁印度人和欧亚混血儿夹杂其中。1793 年之后，英国人忧心忡忡，时刻警惕法国人会给公司的印度敌人提供帮助（拿破仑 1798 年攻占埃及似乎预示了这个目的），在这种局势下，英国完成了对印度的“复兴”，曾经被视为可能成为道德和金融毒瘤的无法无天的“狂野东方”被改造成了帝国的财富源泉。面对法国在欧洲的统治，对于身处困境的伦敦政府来说，公司的军队和海军成了至关重要的资源。伦敦的战略思维变得全球化，即利用本地人参与到对印度的统治中来，这个习惯一直持续到第二次世界大战之后。在中产阶级（尤其是苏格兰中产阶级）看来，在印度从事行政工作是个体面的职业机会。商业上，英国人意识到印度向中国出口鸦片能使其贸易在东方大幅扩张，印度成了英国与那个给人以无限希望的地区的连接点。对印度人进行直接统治并收取税收以支付统治开支，成了由伦敦政府控制的新兴世界体系里不可或缺的一部分。

到了 19 世纪早期，英国人已经开始实践三种不同的帝国观以及这三种观点指导下形成的三种不同的帝国形式。他们已经得到一个新的以征服为基础的帝国（特别是在印度），开明的改革和公正的领土托管的观念逐渐成形。它声称英国统治能

① 罗伯特 · 克莱武（1725–1774）被认为是大英帝国的缔造者之一，他以数千兵力征服了孟加拉，奠定了英国对印度统治的基础。——译者注

将当地人民“从混乱中挽救出来”，能带着他们逃离迷信、掠夺和暴力，走向秩序的“阳光高地”。该理念最为杰出的倡导者是历史学家、政治家托马斯·马考莱（Thomas Macaulay）。他曾在印度任最高法院长官，他宣称，随着东印度公司开始在印度进行统治，“一个伟大的、惊人的进程——对腐朽社会的重新构建也随之启动”，这个社会早被“专制和混乱”蹂躏得千疮百孔，摇摇欲坠。还有一个敏锐的哲学家，即自由主义思想家约翰·斯图尔特·米尔（John Stuart Mill）也积极为英国在印度的专制开脱，声称那是为了促进印度社会文化进步的唯一可靠方法。他争辩说，在停滞不前或衰落倒退的社会里，要进步就必须注入来自外部的能量，因为只有外部能量才不受当地惯性做法的影响。很多论点大同小异，旨在为英国在1790年后占领的为数众多的与印度情形类似但领土面积较小的地区强加统治进行辩护。对于不具备英国自由民传统的民族而言，旧大西洋帝国模式的代议制政府显然不再合适；如果代议制政府掌握在（通常人数极少的）白人手里，他们很可能会滥用权力从而造成麻烦。相对而言，行政权力掌握在听命于伦敦政府的官员手里显然要好得多。

英国（不同于法国或德国）并没有官僚权威的传统，然而正是在这里产生了一个特别的想法，即建立以开明的官僚为基础的帝国，尽职尽责地为殖民地无知的民众提供服务。这个理念与杰里米·边沁（Jeremy Bentham）（1748–1832）发起的功利主义哲学出现在同一时期。功利主义哲学认为能通过系统地运用一个关键评判标准，即法律或制度是否为大多数人的幸福服务来构建一个理想社会。一批深受该理论影响的专家们将会是社会转变的中坚力量。维多利亚时代的英国行政改革中能看到边沁思想的影子，但是它的真正影响还是体现在约1790年后印度“治安官制度”的建立。在这里，它与更为古老的、半军事化的贵族家长式传统既相互交融又时有对立，因为家长式传统思想守旧，往往对变革缺乏信心。不过，在那个世纪的大部分时间里，功利主义深深地烙在了英国统治下印度的官方意识形态中（以至于印度政府年度报告的标题都是“印度的道德与物质进步”）。通过坚称社会变革所需的时间无限长、对外来开明人士的需求更胜从前、当地人的不妥协导致不得不使用“粗鲁”的方法，功利主义战胜了人民的反抗和失败带来的挫折（1857年印度大起义明白无误地反映了这一点）。维多利亚后期这个帝国主义信条看上去多少有点前景黯淡，然而它却一直坚持到20世纪五六十年代的非殖民化时代才消亡。

一个由在英国招募并训练的外派官员所管理的帝国，与18世纪70年代那个被杰斐逊及其伙伴们奋力反抗的第一大英帝国自然没有多少不同。然而那种老式半自治帝国的形式并没有彻底消失，它残存于加拿大，并在澳大利亚和新西兰移民社群再次出现。19世纪三四十年代，这种帝国形式遭受了巨大压力，特别是在政治摩擦被宗教和种族仇恨激化的魁北克（见第八章）。英国激进派提出一个解决方案：按照威斯敏斯特模式允许移民建立“自治政府”，行政权从总督转移到被选举的内阁政治家手中。到19世纪40年代后期，自治政府制作为没有办法的办法已经被位于伦敦的帝国政府所接纳，尽管人们普遍认为这种介于从属和分裂之间的过渡状态长久不了——大英帝国的殖民地很快便会走上美洲殖民地的老路，与大英帝国分道扬镳。事实上，不只在英国国内，在移民社会也萌发了值得注意的新帝国观。它赞扬了英国在对新土地进行殖民方面无与伦比的才能，称颂了英国作为进步推动者的在道德上的正当性。移民不应该被视为被抛弃之人或“垃圾”，相反，应该珍惜英国与移民者之间唇齿相依的紧密关系，将移民社会当作新“大英国”的组成部分。“1866~1867年我跟随英格兰环游了世界，”激进的政治家查尔斯·迪尔克（Charles Dilke）如此描述自己的世界之旅。历史学家、政论家詹姆斯·安东尼·弗劳德（James Anthony Froude）称，移民社会在“老英格兰”日趋喧嚣、工业化和堕落的时候，重现了早已消亡的稳定农耕时代英格兰自耕农们的美德。剑桥教授约翰·罗伯特·希利（John Robert Seeley）于1883年写下了影响深远的畅销书《英格兰的扩张》，在此书中，他将殖民国家描绘为英国的自然扩张。20年后约瑟夫·张伯伦大力号召建立“帝国联邦”，将所有殖民地国家与英国连成一体。就算是那些反对张伯伦政治主张的人也认同“大英国”才是英国的真正应该采取的帝国组织形式。大多数澳大利亚人、新西兰人和以英语为母语的加拿大人以及南非人也都认同这种观点，不过他们心中的理想帝国是各国互为身份平等的合作伙伴，而不是作为从属国和臣民组成的。

然而对于很多维多利亚时代的英国人来说，第三种帝国形式对英国来说更为理想，在道德上也最为可取。亚当·斯密对自由贸易的赞歌——《国富论》（1776年）对这种帝国形式做出了概要说明。在“自由贸易帝国”（斯密并没有用这个称呼）中统治是（或者应该是）多余的。自由商贸关系有助于思想的自由交流。人们自然地认为互补的经济会形成互补的文化，而世界上最绚烂、最复杂、最多样的文化必然通过它的产品向外界传播它的风俗、制度和价值观。“离开我们口岸的并不只是一大包货物”，维多利亚时代的自由贸易倡导人理查德·科布登曾说，“而是种子，把承载着我们的智慧和成熟思想的种子散发给那些落后地区的人……我们的汽船……和我们令人惊叹的铁路就是我们文明制度的广告和凭证。”商业和文化吸引力使英国成了这个伟大合作联邦的中心，也使英国人和他们的外国合作伙伴们共享和平繁华。自由贸易者认为与之形成强烈对比的是靠高压统治来维系的帝国，这种形式既劳民伤财又暴力血腥，纯粹是那些日薄西山的贵族为了紧紧攥住权力而怀着莫名的敌意奴役别的民族——印度就是个很好的例子。这种具有诱惑性的说法并不是无的放矢，因为自由贸易需要自由劳动力，故而也必然反对奴隶贸易和奴隶制。这正是英国“软实力”意识形态的先锋，它鼓励英国人把自己看成解放者，一切作为都是为了打开“封闭”的社会和解放人们成为生产者和消费者。1839~1842 年对中国的第一次鸦片战争背后就藏着这个道貌岸然的主张。也正是与中国的冲突表明理查德·科布登认为自由贸易的理想会被全世界欣然接受显然是太过乐观了。在科布登的政治对手帕默斯顿（Palmerston）[①]爵士看来，如果自由贸易遭到拒绝，那么显而易见英国应该采取行动，为了大众的利益尤其是英国人自己的利益，强行迫使他人接受。“或许从某种意义上来说，”他自信地写道，“的确不应该用大炮推行贸易，但是从另一方面讲，没有安全就没有繁荣的贸易，而往往没有武力保护就保证不了安全。”

靠统治来维系的帝国对自由贸易的推动作用不容置疑，毕竟正是这个帝国打开了印度国门，将印度变成了兰开夏郡及其大批纺织品的最大市场。直到 1914 年，在英国人的观念里，自由贸易仍是英国繁荣的重要原因。但是此时自由贸易正在遭受攻击，英国人也已经无力在这个几乎被五大西方势力和日本军国势力所割据的世界里捍卫自己的利益。在吉卜林（Kipling）阴郁的《曲终人散》一诗中，日渐衰落的大不列颠前途一片黑暗。著名地理学家哈尔福德·麦金德的论断则更为理智，他说：世界已经变了。曾使英国崛起的海上霸权已经不再是世界权力的关键所在。现在的世界、资源和人力由铁路所连接。自哥伦布大航海时代以来，亚欧大陆“中心

① 帕默斯顿（1784~1865），一译巴麦尊，英国政治家，帝国主义者，鼓吹对外扩张政策。他曾两度担任首相（1855~1858，1859~1865），是自由党创建人之一。——译者注

地区”第一次有了问鼎世界的能力，致使海军实力不再有举足轻重的地位。1905年日本打败俄罗斯似乎掩盖了即将到来的风险。但是在1918年，德国横扫俄国，并差点实现希特勒式的统治整个欧洲的梦想时，麦金德所预言的大英帝国的尽头令人恐惧地成真了——虽然只有短短的几个月。1940年6月，这个预言再一次以噩梦般的形式被验证了。①

帝国的异议者

乔纳森·斯威夫特特别不留情面地评价帝国：

> 一伙海盗被暴风雨所驱，漫无目的地在海上漂泊。最后，其中一人在桅杆上看到了大陆，他们打算上岸抢掠，却发现了善良的当地人，并受到了热情的款待。他们给了这个国度一个新的名字，为国王占领了这块土地，然后竖起一块腐朽的木板或石头当作纪念碑，最后谋杀二三十个当地人，再用暴力带走两三个作为“样品”返回祖国并获得宽恕。他们就这样打着君权神授的旗帜取得了一块新领土。接下来无数的船只被派出……当地原住民们被驱赶出自己的家园或干脆被杀害；他们的头领被严刑拷打，以迫使他们去找金子；殖民者对殖民地贪婪地予取予夺，肆意进行各种暴行；原住民的血染遍了这片他们生长的土地：这群穷凶极恶的刽子手们就是现代殖民者，他们参与如此伪善的探险之旅，只为“改变”和“教化”那些盲目崇拜和野蛮粗俗的人民。

当然，几乎一直都有人拒绝接受帝国的财富观、权力观、声望观以及它们披着的道德外衣。在美洲殖民过程中的暴行引起了人们的良心不安，特别是因为英国人充分利用了令人发指的西班牙帝国主义的暴行，即所谓的“黑色传奇”，来为他们自己“较为温和”的行为做辩护。种植园——一个听起来毫无恶意的词却意味着暴力剥夺他人的土地。这让人们感到不安，导致殖民者忧心忡忡地寻找最完美道德理由来为自己开脱。殖民者的担忧一直没有消除，这部分是因为，无论多冠冕堂皇，

---

① 从作者的论述上看，这里提到的事件应该是德国突袭苏联，发生的时间是1941年6月。——编者注

道德理由总是模棱两可的，而且殖民地不时传来的令人不快的报道让它无法自圆其说。还有一些旷日持久的争论加剧了殖民者的忧虑：英国的扩张是应该通过安抚和同化吞并当地民族，还是应该把他们当作外族和无法同化的历史残余而排除在外？在确保各族能同化到平等共处之前，是不是需要在很长一段时间内（无限期地）把他们当作隶属民族对待？传教士们（我们稍后会谈到）尤其为这些问题所困。但是他们也相信，只要在欧洲扩张（和掠夺成性的白人）的领土上没有严格控制，那里的社会堕落（嗜酒和性压榨所致）和暴力行为就非常普遍。原住民们也不是“清白的”，这让基督教救渡的任务成倍剧增，同时这也是帝国背负的巨大道德债务，需要用极端的道德规范来挽回。

对绝大多数不受帝国光明未来诱惑的人来说，被征服民族的命运是个次要问题。他们对身处外国的英国人的不信任部分出于对后者的反感。国内的英国人总是怀疑殖民地的财富来路不正，在他们看来，纳波布们和西印度种植园主们一样可疑。高尚的英国舆论沸沸扬扬地猜忌种植园主能对奴隶的身体（尤其是女性奴隶的身体）做些什么。种植园主毫无约束的放纵，就跟纳波布一样，是道德败坏。而当种植园主和纳波布回国，这种腐败就会像病毒一样蔓延全国。其实，激烈的批判是出于担心在国内帝国会扭曲和搅乱英国内政。伯克攻击纳波布们在印度的陋习，体现了他对于回国的“东印度人”可能会用金钱铺路买入议会和权力中心的恐惧。理查德·科布登在政坛凭借攻击英国在印度统治起家，即认为贵族们利用帝国充当其他国家的保护人，从而紧紧握住手中权势。科布登称，通过将英国拖入扩张的无谓战争和过时的竞争中（在这里指与俄国），印度问题搅乱了欧洲和平，延迟了自由贸易和改革的胜利。科布登的同道者、激进分子戈得温·斯密斯（Goldwin Smith）是牛津大学的教授，他警告道，为了防止印度再次叛乱而派军驻守会迫使英国征兵，从而导致英国设置数量庞大的“常备军”，如此大的军事负担对哪个国家都是一种诅咒。J·A·霍布森的《帝国主义研究》是1914年以前最有说服力的反帝国著作，科布登受其影响修正了攻击对象，斥责金融家是帝国扩张背后的操纵力量，地方总督发动战争（例如南非战争）是他们的诡计，旨在通过沙文主义者分散注意力，暗中破坏社会改革的进程。帝国将英国的储蓄转移到了海外：它延迟了需要为国内严重消费不足（以及造成这种消费不足的不公平财富分配方式）埋单的日子。和科布登一样，霍布森对帝国最大的不满在于它被当作反动的工具，阻碍了国内政治和社会的进步。这种不满一直存在，以至到了 20 世纪 50~60 年代，在帝国的最后日子里，帝国被谴责为阻碍战后英国社会现代化的累赘。

要指出的是，帝国的批评家们仅仅赢得了极少数的支持。他们就像是一根刺，刺痛着人们的良知，但从未占据上风成为一种政策选择。而且，他们也很少反对英国扩张本身：他们反对的是他们认为的只为局部利益服务或者妨碍英国社会需求的扩张形式。理查德 · 科布登于 1843 年对国会下议院说："我和其他任何人一样盼望英国人散布到世界各地。"霍布森也把英国的移民殖民地看作"有益的国家扩张"：殖民活动的民主制度和平等思想值得效仿。科布登主义者期待全球自由贸易的到来，期盼代议制政府随之而来。英国反帝国主义者希望他们的民族主义朋友能将自由主义英国当成典范和盟友。帝国的批评者们和最狂热的帝国主义者一样，都认为英国的必然命运就是走出欧洲，作为世界的解放者、保护者、改革者、福音传道者（有人这么认为），从中心领导全球。这才是林林总总的帝国构想中最宏伟的一个，也是延续时间最长、最不屈不挠的那个。

第二章

接触

Unfinished Empire

The Global Expansion of Britain

构想帝国是一回事，而构建帝国是另一回事。当然，那些意图缔造帝国的人的说法会造成一种假象，仿佛在一片陌生的疆土站稳脚跟再简单不过了，只需要一些实用的技能和强大的意志就能办到。让人吃惊的是，事实上直到不久前，历史学家们都还普遍附和这种观点，似乎入侵者获得成功是预料之中的必然结果。回首过往，我们可以看到，只要帝国对现今乃至未来仍保持巨大影响，就必然给我们对于过去的理解投下阴影。这一观点或许应当称为"入侵者必胜论"，通常会假借"边疆史学"之名。不过该观点在美国这个历史上最富裕和强大的移民社会得到了最为广泛认可，持续的时间也最长。

建立"殖民地"意味着永久地占领一块别人的土地，同时与祖国或大都会保持联系。乍一看，这和那种与某个遥远的且缺少商业中介的地区进行贸易似乎有着本质区别。故而我们可能会将历史上两次几乎同时发生的事件区别对待：1607 年弗吉尼亚殖民地的建立和东印度公司在印度西海岸努力建立仓库和住所为一体的"商栈"。但若我们仔细考量，会发现这两者之间其实不存在区别。其中部分原因是无论移民最初的定居形式是农业型还是贸易型，最后都可能发展为殖民地。到达某个地方的殖民者并不一定打算逗留很长时间。旅居者（而非殖民者）聚集在贸易站，与当地有势力、有组织的政府打交道的过程中，从一开始就被认定和殖民者并无根本区别。这些旅居者可能会认为有必要保存独特的"共同"特性，并保留内部制度和等级，如果地盘不大，可能还得用些防卫手段，来对抗掠夺和动乱。他们或许还会因为当地传统以及他们自己的喜好不和当地人住在一起，结果是商栈和当地人分隔开来。

不管目的如何，英国入侵者在开始接触殖民地之后都会经历相似的模式，面对相似的问题。他们必须提前准备好如何应对当地居民，并希望猜对当地的政治体系和商业需求。他们必须精心挑选最佳登陆地点、建立滩头堡。一旦登陆，他们需要尽快了解周边环境、控制可能的风险。除非携带了大批食物或者有充足的供给，否则在作物生产季结束之前，他们需要寻求当地帮助存储足够的粮食来预防饥荒（1788 年博特尼湾成为罪犯流放地，20 年后这里仍饱受饥荒之苦）。无论商业是不是他们的主要目的，入侵者们都不得不与当地居民进行非常棘手且结果极不可靠的谈判（我们之后会谈到）以确定交易条款。他们必须决定与相遇的民族建立何种类型的政治关系，以及如何将这种关系以富于象征意义的方式呈现出来。他们需要选择正确的方式与原住民达成协议、解决争端，这要求他们努力理解当地人的世界观、意识形态、政治结构和精神生活。哪怕只是为了了解成本、获得便利和保证健康，他们也必须适应所处的生活环境和物质文化。最典型的例子是滩头堡里女性很少，所以通常他们会为了寻求性伴侣走出滩头堡。他们不得不权衡利弊，决定是走出去，改变自己的饮食和服饰习惯、业余爱好、道德准则、接受新家庭成员，还是留下来继续与同伴们并肩作战，并在某天荣归故里。最后，除非可以寄希望于祖国派遣大批援军，否则他们必须小心翼翼地维持与当地的关系，祈祷不要发生任何威胁到他们利益或安全的骚乱。

尽管在初次接触殖民地后殖民者遇到的问题都是相似的，但是我们可以看到，由于应对方式不同，产生了两种截然不同的模式。1600~1750 年，英国人在大西洋和亚洲建立了一批桥头堡。到 18 世纪早期，他们已经成功完成了"英属大西洋"——一个建立在种植园和移民定居点基础上的帝国互联体系。与此同时，他们在亚洲仍然保持着海上商业民族的身份，只设置了为数不多的商栈。亚洲统治者的权力牢不可破，贸易的成功与否完全取决于他们的心情。印度的一场革命（在其中帝国只起了部分煽风点火的作用）给英国人在18世纪下半叶带来了一个次大陆帝国。这是个建立在征服和统治基础之上的帝国，相较于“英属大西洋”，它非常依赖当地代理人和盟友，对英国殖民者和移民的吸引力却小得多。由此可见，早期和当地的接触模式对后来的殖民活动影响深远。

称霸大西洋

从西非的冈比亚和“奴隶海岸”（现在的贝宁），经英属加勒比海的巴巴多斯和牙买加，到北美大陆的卡罗来纳、切萨皮克和新英格兰，北至拥有巨大鳕鱼渔场的纽芬兰，形成了一条巨大的弧线，17世纪后期，英国人（1707年《联合法案》之前苏格兰人基本被排除在外）的注意力主要集中在这些地区。加勒比海成了枢纽，一切活动都围绕着它进行，它就像一块磁铁，吸引英国人前来。英国人在大西洋上的扩张紧随西班牙，他们希望能像西班牙人那样在附近的岛屿或大陆上撞到金银宝藏——拉雷前往位于现委内瑞拉的奥里诺科探险也是抱着这个目的。不光想找到自己的宝藏，他们还打定主意打劫西班牙护航舰队，抢夺西班牙运往国内的财富。加勒比海的特殊地理位置使之成为可能。

航道是关键因素。哥伦布已经指了条明路，从欧洲出发抵达西印度群岛不再是难事，肯定比迎着西风横渡大西洋要容易得多。一旦进入亚速尔群岛或马德拉群岛区域，从欧洲驶来的船顺信风而行，只需要5~6星期就能抵达位于加勒比海东部的背风群岛和向风群岛（即小安的列斯群岛）。西班牙没把这些小岛屿和巴巴多斯看在眼里，而是继续向伊斯帕尼奥拉岛和古巴进军，继而入侵墨西哥。如果说墨西哥和西属秘鲁的白银（先运往巴拿马再运回欧洲）勾起了英国人的贪婪，那么加勒比海的地理位置则决定了英国的战略。西班牙的要塞网和强大的海军让英国人无法靠近美洲大陆中心地带建立基地。英国于1624年在圣基茨岛、1627年在巴巴多斯岛建立了第一批永久定居点，远在大陆边缘，表明了英国人此时尚处于弱势。这两个殖民点都不利于拦截金银舰队，因为西班牙人喜欢的返程路线经古巴和佛罗里达间的佛罗里达海峡（船只在这里可以搭上湾流），再向东北沿北美大陆航行，直至盛行西风带将他们送往欧洲方向。哈瓦那拱卫着佛罗里达湾，西班牙人谨慎地把大本营设在哈瓦那就是为了保证这段最宝贵又最易受攻击的返程航道万无一失。

这样一来，英国暂时就没办法打北美大陆的主意了。吉尔伯特和拉雷都曾梦想建立美洲殖民地，但拉雷选择位于现在北卡罗来纳的罗阿诺克岛作为殖民地显然更为明智。它的位置靠北，刚好在西班牙的佛罗里达岗哨范围之外，但又能作为抢夺西班牙船只的基地。英国 1607 年选择詹姆斯敦作为殖民地也是为了防止西班牙的攻击（因为它不在海岸线上），或许这也是为了打劫西班牙的返航舰队。英国人在大陆探险行动最终的着眼点都落在了加勒比之上。对于英国人来说，要建立哪种殖民地，希望遇到怎样的人，都受其影响。确实，第一次前往詹姆斯敦时，在继续驶往切萨皮克之前，英国船只在东加勒比海拖延了一个月之久。由于风系的原因，加勒比海一直是通往美洲的最可行入口。尽管英国在加勒比海地区的大多数殖民地都建立于弗吉尼亚和 1620 年清教徒前辈移民的普利茅斯种植园之后，但它们很快便迎头赶上，吸引了更多移民，也提供了获取更大财富的机会。17 世纪，约有 21 万移民从不列颠群岛来到加勒比海地区，约 17.5 万人前往切萨皮克湾地区、“中部殖民地”和新英格兰。事实上，英国在北美东海岸卡罗来纳建立的第三个桥头堡（建立于切萨皮克和新英格兰之后）其实是“英属”岛屿巴巴多斯和背风群岛的衍生物。

英属加勒比海地区对殖民者来说是一块陌生的疆土。英国人在这里遇到了原住民——加勒比人。加勒比人的名声早已被西班牙人抹黑，按照 17 世纪早期英国人的说法，他们嗜好鸡奸、乱伦、通奸、食人，无恶不作。事实上，部分原因是加勒比人对殖民誓死抵抗，因为英国殖民地位于西班牙人未能征服的加勒比东部群岛。和其他新世界殖民地民族一样，加勒比人缺乏对欧亚和非洲疾病的免疫力，因而遭受了灭顶之灾：他们的人口在 1492~1700 年间骤降了约 90%。但在圣卢西亚、圣文森特、巴布达和安提瓜这些岛屿上，加勒比人驱逐英国人、杀害种植园主，令英国人闻风丧胆。1675 年英国侵袭加勒比人的主要据点多米尼加，并屠杀当地居民。但加勒比人仍然没有放弃抵抗，因为他们既不愿沦为奴隶也不愿离开家园。英国人应该觉得万幸，1655 年占领牙买加之前他们最有价值的殖民地巴巴多斯岛上没有加勒比人，实际上他们登陆时，巴巴多斯荒无人烟。

加勒比人并不是英国人遭遇的唯一或者最激烈的抵抗者。英国人在加勒比海地区第一次体验了危险与新奇并存的热带环境，他们为之着迷。英国内科医生及植物学家汉斯·斯隆（Hans Sloane）爵士（1660–1753）担任牙买加总督的随行医疗顾问，开始了他的职业生涯（这个职位并没有持续多久，因为总督不久就去世了）。斯隆在加勒比海地区收集了大量植物及其他标本，并将其分门别类，因而名声大噪，他被视为当时最伟大的科学家及收藏家之一，同时也成了皇家学会的领袖人物。来到牙买加的其他英国人同样热衷于收集和记录这里的独特物种，可见当时英国国内对此兴趣之大。然而对来到牙买加的英国人来说，最先感受到的是对他们健康的威胁。对他们来说加勒比海是健康和生命的禁区：通过蚊虫传播的疟疾、黄热病、登革热与伤寒都可能危及他们的生命；“白痢”和“血痢”两种痢疾也同样致命。此外还有会导致瘫痪的“干腹痛”（铅中毒绞痛），这是饮用了用铅壶蒸馏的朗姆酒导致的。

英国人对这些疾病无能为力。博学的特莱伐姆（Trapham）医生 1679 年出版了《论牙买加岛的健康状况》。但是特莱伐姆和当时许多医生一样坚持体液论，认为一旦 4 种体液——黑胆汁、黏液、胆液和血液平衡失调，就会引发不同的疾病，因此当时的特效治疗法是用针扎破水疱、放血和通便。这些方法与其说是治病，倒不如说是让病人死得更快。英国人蜂拥而至，追逐发财的梦想，结果大批死去：1700~1750 年到达牙买加的欧洲人多达 5 万，到了 1752 年，这些人里只有 1 万人活了下来。他们逐渐改良了房屋建筑以减少高温和潮湿带来的影响，有时候还要改变饮食和着装习惯。但是主要的适应手段（对那些有条件的人来说）是缩短居留时间：去欧洲度长假，去更北边的大陆疗养，或者干脆把生意扔给中介或亲戚，然后自己赶快回英国。

对英国人（苏格兰人、爱尔兰人和犹太人不久后也被包括在内）来说，加勒比海地区还是技术前沿地区。17 世纪中期，英国人意识到蔗糖能带来巨大利益，为了财富，他们不得不学习工艺，据说通常是从在巴西的荷兰拓荒者那儿学来的。糖厂（或者能称为动力车间）是种植园的核心组成部分，需要大量甘蔗、劳力和燃料。糖使得英属加勒比海地区成了富人的专属地，因为蔗糖种植园的购买费和财政支出耗费惊人，那些财力不够的人无法承担。随着蔗糖成为诸多岛屿（尤其是巴巴多斯岛）的主要农作物，原本的白人契约劳工迅速为黑人奴隶所取代，这又导致了另一个重要后果。英属加勒比海地区成了文明的边缘地带，英格兰人（即后来的英国人）

为了保证私利而冷血地改变了对种族和奴役的观念。非洲奴隶被界定为一种财产，奴隶主有权享受奴隶的劳动成果。这样一来，奴隶只要出现逃跑行为，就算是犯了盗窃罪，甚至按照法律规定，只要奴隶被认定拥有自主意识（这是对奴隶主的让步，因为奴隶造过反），这些都会被认为是潜在的违法行为。奴隶主对奴隶制以及为了维护它而采取的残暴高压手段振振有词，他们表示奴隶们的愚昧野蛮来自他们的非洲传统，根深蒂固无法改进。巴巴多斯1688年颁布的奴隶法将黑人描述为“天性野蛮、狂野、凶残……而且完全不受制于（白人）国家的法律、习俗和惯例”。奴隶引起了许多问题，尤其是是否应该管制奴隶主对女性奴隶及其身体的权利，以及他们后代的社会和法律地位的问题。人们认为对女性奴隶的性压榨（在一宗案件里涉及超过130个女奴）是白人在刻意显示他们对奴隶身体的控制权。

随着奴隶人数的上升（1660年的巴巴多斯、1670年的牙买加和17世纪80年代的背风群岛上，奴隶人数已经超过了白人人数），对奴隶动乱和反叛的恐惧与日俱增。在岛内社会造成了“内部”边界的分化局面，但这不是群岛局势紧张、动荡的唯一原因。此外还有变幻不定的气候、威胁生命的疾病、沉重的债务、对远方市场及价格的依赖、关于边界及土地权利的法律争端（突然和频繁的伤亡加剧了这个问题），这些因素使得群岛一直处于社会实验中所说的那种焦虑不安状态。当时来自英国的访客不屑地评价道，经过一个多世纪的发展，这里的白人社会从本质上来说仍然是粗鲁的物质享乐主义者。这从他们一有闲暇就跑到英格兰度假就可以淋漓尽致地体现出来——虽然我们并不完全相信来自英国本土的这种优越感十足的看法。英属牙买加除了内部边界所造成的身体和心理的不安全，外部边界外的逃逸奴隶和难民也使英国人如坐针毡。那些逃亡的黑奴被称为“Maroons”，是探险队和战争的目标。在此之上还有外国入侵的威胁。英属加勒比海地区位于地缘政治交汇点上，在这个区域，西班牙、法国、英国（还得加上荷兰和丹麦）各有所图，很少有安稳的时候。各方势力紧挨着，各国国内或者加勒比海属地发生的任何危机都可能带来海上侵袭，摧毁他们的商业或者干脆取而代之，殖民者们却无法提前预知。为了保持欧洲内部的权力平衡，英国的外交政策不鼓励对加勒比海地区的归属问题重新洗牌（故而虽然英国于1762年占取哈瓦那时伤亡惨重，后来还是不得已将它交还）。从16世纪60年代英国海盗踏足之日开始，一直到1815年，加勒比海地区便是欧洲人征服、掠夺和施展暴力的战场，这真是一段令人感到哀伤的历史。

英属加勒比海地区与大西洋的另一边——西非海岸紧密相连。英国人在西非也是后来者，葡萄牙人首先登陆，然后是荷兰人。英国船长霍金斯于16世纪60年代到达了海岸并带走了一些奴隶。霍金斯驾驶名字极为不敬的“耶稣”号抵达了西印度群岛，希望能将奴隶出售给西班牙人。不过当时的英国人还很少从事奴隶贸易：当1620年别人试图向冈比亚河上的英国商人理查德·乔布森出售奴隶时，他回答：“我们民族绝不交易这样的商品，我们也不会买卖彼此。”那时候以及稍后的一段时间里，英国人感兴趣的是黄金和其他热带产物，如象牙、蜂蜡、染料木材和胡椒等。真正的转变发生在巴巴多斯，商人开始对蔗糖和奴隶感兴趣。到了1672年，有着特许垄断权的皇家非洲公司建立了一系列商栈，处理来自西非海岸的奴隶出口业务。即使如此，该公司的主要业务仍然是其他产品，而它修建堡垒（如著名的位于加纳的海岸角奴隶堡）的主要目的也是为了保护它的黄金贸易不受其他欧洲海盗抢掠。

西非对于英国来说意味着商机和海上疆域：种种迹象表示它不会成为加勒比海模式的种植园或殖民地。造成这种形势的因素有好几个。第一，尽管西非的往返航道相对较为便利，但由于风系和西班牙建立的大陆白银帝国的原因，加勒比海仍然是大西洋航行和贸易的中枢。第二，尽管这里也出产热带产物，但由于它同时是臭名昭著的奴隶来源地，西非不具备能让英国人和其他欧洲人建立像加勒比海及其他美洲地区那样的种植园体系的条件。首先，那样的体系需要充足的耕地，而且要求耕地能方便地通往海边。其次，同样重要的是，欧洲人（这里主要指英国人）没能在这里推行他们所独有的关于产权的观念。只有产权才能让他们步入商业信用和债务的迷宫，因为它能让业主有资格借贷以买入或清理土地、买入或聘用劳动力，以及在粮食被运往远方市场时也能维持生活。它吸纳投资、促进扩张。在加勒比海地区，（尽管有加勒比人的抵抗）占领土地和引入财产制度还算比较容易，在西非则困难重重。

西非社会有着横跨撒哈拉沙漠与中东和北非（因此西非深受伊斯兰教和其他宗教影响）进行贸易的悠久历史。其结果之一就是来这里的欧洲人发现这里没有分散的原始部落，有着高度组织化的国家，包括（现位于加纳的）阿散蒂、阿拉达、达荷美、贝宁和（现尼日利亚的）奥约。当时的情况恰恰相反，他们不可能顺从地俯首于欧洲人的统治，也不可能对侵略者投降。加勒比海的种植园主或许曾经嘲笑他们的非洲奴隶野蛮落后，在西非的英国人则要客气得多。这是有原因的，因为他们商业活动的成功与否完全取决于当地统治者的心情，一旦“龙颜”不悦，他们的生意就可能告吹。

也就是说，在殖民者与西非进行接触的过程中，非洲本地势力是有话语权的。西非地理状况更让殖民者无可奈何。除了极少数情况外，西非海岸极不利于海上入侵。沙洲和海浪让欧洲船只止步于大海——因为船只需要当地船民的帮助才能到达陆地。就算欧洲人的堡垒和商栈位于近海，他们也没办法控制周边内陆地区或者对抗当地统治者，也没有动力去尝试。实际上，堡垒里的英国人寥寥无几：部分原因是气候恶劣、疾病肆虐，还有部分原因是西非给英国人带来的收益非常有限。曾经的奴隶贸易中心——现位于贝宁的威达港的情况很有代表性。威达远离海岸，处于沿海环礁湖之后。要到达那里，英国商人们必须先登上海岸，然后横越环礁湖。所以他们不得不从更远的黄金海岸请人划独木舟将他们送抵威达。而威达城本身的“堡垒”仅限于城市周边：包括泥巴墙、土木工程、大炮，甚至还有条护城河（蚊子显然能在这里安居乐业），但这些防御措施是为了抵抗他们的法国邻居和其他对手的，而不是对付当地的非洲人。事实上，因为控制不了登陆地（他们被禁止建筑海边据点），这 20 个白人和他们的 100 个黑奴帮手很容易因为扛不住饥饿而投降。这里其实也就是个临时棚屋，英国人从内陆城市萨维买入的奴隶只能先居住在这里，直到下一艘运奴船把他们运走：通常这里会住有 600~800 个黑奴。

直到 18 世纪晚期仍然没有任何迹象表明英国人有可能改变自己的恰当地位，从而不再需要向非洲当地势力表示顺从。1714 年，在一场英国人与法国人之间的纷争之后，威达英国堡垒的负责人被当地统治者赶走了。对于当地人来说，他们之所以可以容忍英国人的存在，是因为他们既提供了商业便利又不构成政治威胁，不过最主要的原因大概还是奴隶贸易本身。其他的商业活动可能导致了当地商业阶级的崛起，这些人与英国的关系以及他们在商业上的收益可能迟早会引起统治精英们的愤恨。但是奴隶贸易却能够让那些有渠道通过战争或强权获取奴隶的人的权力更加稳固，换句话说，它有助于振兴西非强国，让它们更加具备对抗外来入侵的能力。

一直到奴隶贸易被废除之后（英国在 1807 年废除奴隶贸易），英国人才找到在西非腹地扩大控制的策略；而在 1750 年，在寥寥无几的“近海贸易货船”眼里，这更像是一场最狂野的白日梦。

英格兰人（及后来的英国人）在北美大陆上与原住民和自然环境进行了艰难而漫长的斗争。1585 年前往罗阿诺克的探险出师不利：当 1590 年救援船返回此地时发现留在这里的英国人全都消失了，他们的命运如何至今仍是个不解之谜。1607 年英国人第二次前往詹姆斯敦进行探险，尽管计划周详，他们也有意识地吸取了之前在加勒比海和罗阿诺克的经验教训，而且经后来的发掘考察证明其装备异常完善（携带了大量工具和医疗器械），但他们仍然差点全军覆没。这次探险的领队是约翰·史密斯船长，他是一名经历丰富的战士。国内给他的指令也经过了缜密的考虑：占领上游以躲开西班牙的攻击，要在岸上设岗哨；既不要得罪当地居民，也千万不能让他们碰你们的武器、了解你们的病员人数。要确保新开辟的定居点街道笔直，以保证开火的时候没有阻碍，也要避开树木茂密的区域，挑选个好地方开展贸易。事实上，史密斯所接到的指令表明这次探险的大金主——弗吉尼亚公司并不希望新殖民地是个农业社会，他们希望史密斯能找到矿藏（金银美梦挥之不去）并与印第安人开展贸易。但同时他们还要求史密斯找寻一条“通往另一片大海”的航线。因为和那个时期的很多人一样，他们坚信“美洲”只是某个大陆的狭长地带（可能是根据他们对中美洲的理解而来），并相信只要驶过分水岭就能迅速下行至对面的海岸。弗吉尼亚只是他们通往更重要的目的地——印度群岛和中国的中途补给站。可能正是因为出于这个愿景，所以第一批詹姆斯敦分遣队里有一大部分人（差不多一半）既不是劳工也不是手艺人，而是温文尔雅的绅士。这或许也能解释为何没有妇女和他们一道。

然而尽管计划周详，此地前几十年的殖民活动一直进展不顺。詹姆斯敦的选址被定在靠近深水的地方（对船只很安全），很好防御，又有足够的饮用淡水。英国人从印第安人手中购买粮食，还希望能打到足够的鱼作为补贴。可结果詹姆斯敦成了死亡陷阱，登陆的那批人在短短几个月内死了一半。主要原因似乎是它坐落在淡水与海水交汇处，所以扔到水里的东西不会被冲走。英国人喝着混有自己的垃圾的水，后果当然是致命的。鱼也出奇的少，甚至连陆上的猎物都不好捕获。“弗吉尼亚”不仅经历了 5 年干旱（1607~1612 年）——食物和淡水供给因此减少，还遭遇了 1607~1608 年酷寒的“小冰河期”，此外还有疟疾。到了 1609~1610 年粮食匮乏的冬天，殖民地几乎被彻底摧毁。

在这样的情况下显然很难与印第安人达成协议。对于跟印第安人的交往，英国人也缜密地计划过。他们原指望印第安人是具有高度组织化的群体，会渴望贸易。他们知道印第安人喜欢铜，所以随行带了大量的铜。他们预计到很快就会与周边的近邻闹翻，所以期望能与更远的社群培养感情、结成联盟。这一系列有关殖民地发展进程的预感并不是不切实际的。英国人在切萨皮克湾附近遇到的政治惯例是“威望物品首领制”。这里的部落首领通过分发威望物品给追随者而获得权力。史密斯送了保厄坦部落的酋长一套红布衣服、一条猎犬和一顶帽子。这个酋长或许原本打算利用他的英国关系来巩固自己作为中间人的地位：用英国人带来换取粮食的铜做交易，把铜卖到内地去。但谁都无法指望这种互利关系能稳定持久。

双方摩擦的一个起因是英国人对印第安人偷盗行为的反应。英国人的社会等级分明，财产神圣不可侵犯，他们通过程式化的法律和法庭来解决所有权纠纷，就算是最小的偷窃行为也会受到严厉的惩罚。因为英国人生长于这样的社会中，而且还不时被（牧师等人）告诫这才是符合上帝意愿的有序社会的基础，所以他们不能接受周边印第安人淡薄的财产观念，也无法从印第安人的角度考虑问题，不会认为自己的行为在对方看来是在借故滋事，甚至很不道德。英国人没有回馈印第安人的赠礼，反而不时地需要依赖印第安人的粮食，这样一来矛盾就激化了。美洲地区大旱，粮食普遍短缺，在这个时候英国人还企图从保厄坦部落榨取粮食作为“礼物”，这必然导致矛盾。不仅如此，原本为了赢得好感的与印第安人之间的贸易不再那么管用，因为现在市场上已经充斥着他们带来的货品，在印第安人眼里，英国人的价值迅速地一跌再跌。史密斯抱怨道：“对那群野蛮人来说，殖民者的商品早已供大于求。”而且他们给印第安人提供了私人交易的机会，这样保厄坦部落首领失去了控制英国人提供的重要物品分配的权力。

上述矛盾一旦激化，英国人与当地东道主之间原本潜藏的敌意就浮出了水面。（我们可以认为）保厄坦部落酋长本指望英国人能一直依附于他，只要给他们粮食就好，而他们用来换粮食的商品又能巩固他的权力。也就是说他本意是让英国人成为有用的附属。但是英国人却打定主意让他成为他们的附庸。殖民者人数一直在增加，甚至开始有女性。英国人不打算与印第安人通婚（也许部分原因是通婚并不能使他们获得印第安人的劳动力或土地）。他们不再满足仅在自己的据点从事贸易活动，而是开始种植自己的作物。他们与周边的其他部落共谋对付保厄坦酋长。1622年，即詹姆斯敦建立15年后，保厄坦酋长决定消灭这群令人讨厌的家伙。于是保厄坦部落向英国殖民者开战，1 200名移民中有超过1/4的人死于这场战争。后来这场战争被奇怪地记载为"起义"（仿佛是在反抗某个合法政权）。但是保厄坦采取行动太晚，英国人已经有足够的能力挺过这次暴动并发动血腥报复。这次战争事实上成为弗吉尼亚转变为移民殖民地的标志，原本因为与印第安人共有土地而造成的摩擦被就此完结。总督弗朗西斯·怀亚特不容置疑地宣布："我们的首要任务是驱逐野蛮人并占据这片土地以畜养牛、猪等……把那群异教徒留在我方只会给我们添麻烦，与其跟他们和平相处、结成联盟，倒不如干脆把他们从我们身边清走。"隔离和驱逐是后来英国在美洲殖民地的主要行为特点。与此同时，殖民地开始开辟烟草种植园（用从特立尼达岛带来的幼苗），并于1614年卖出了第一批货。1619年，第一批黑奴抵达殖民地。从开始接触到建立殖民地，英国人只花了10年多一点的时间。

但这仍然只是一个滩头堡：前方还有大片内陆等着英国人。印第安人节节败退。但是北至最早一批英格兰人于1620年登陆的新英格兰，南至17世纪70年代建立的卡罗来纳殖民地，英国人的"印第安疆域"仅仅覆盖了距离海岸100英里的范围。1700年的南卡罗来纳只有5 000名英国人，大多居住在首府查尔斯顿方圆几英里之内。尽管英国殖民者人口稳步上升，英国人[此时威尔士人、爱尔兰人和苏格兰人已经加入了英国人之列，此外还有德国人——所谓的宾夕法尼亚荷兰人和德国人（指17、18世纪由德国南部或瑞士迁至宾夕法尼亚州的居民的后裔）]仍然没有足够的力量将印第安人逼至阿巴拉契亚山脉的另外一边。而且印第安人的抵抗不再是单凭人多势众，17世纪晚期他们已经学会利用英国与法国之间逐渐加剧的地缘政治斗争：17世纪90年代法国人大规模抵达密西西比河下游，标志着法国人努力封闭内陆、对抗英国入侵关键阶段的开始。到1717年，法国军队的前哨驻扎在了亚拉巴马。有一位英国官员曾抱怨："当下对印第安人政策的重要原则就是维持我

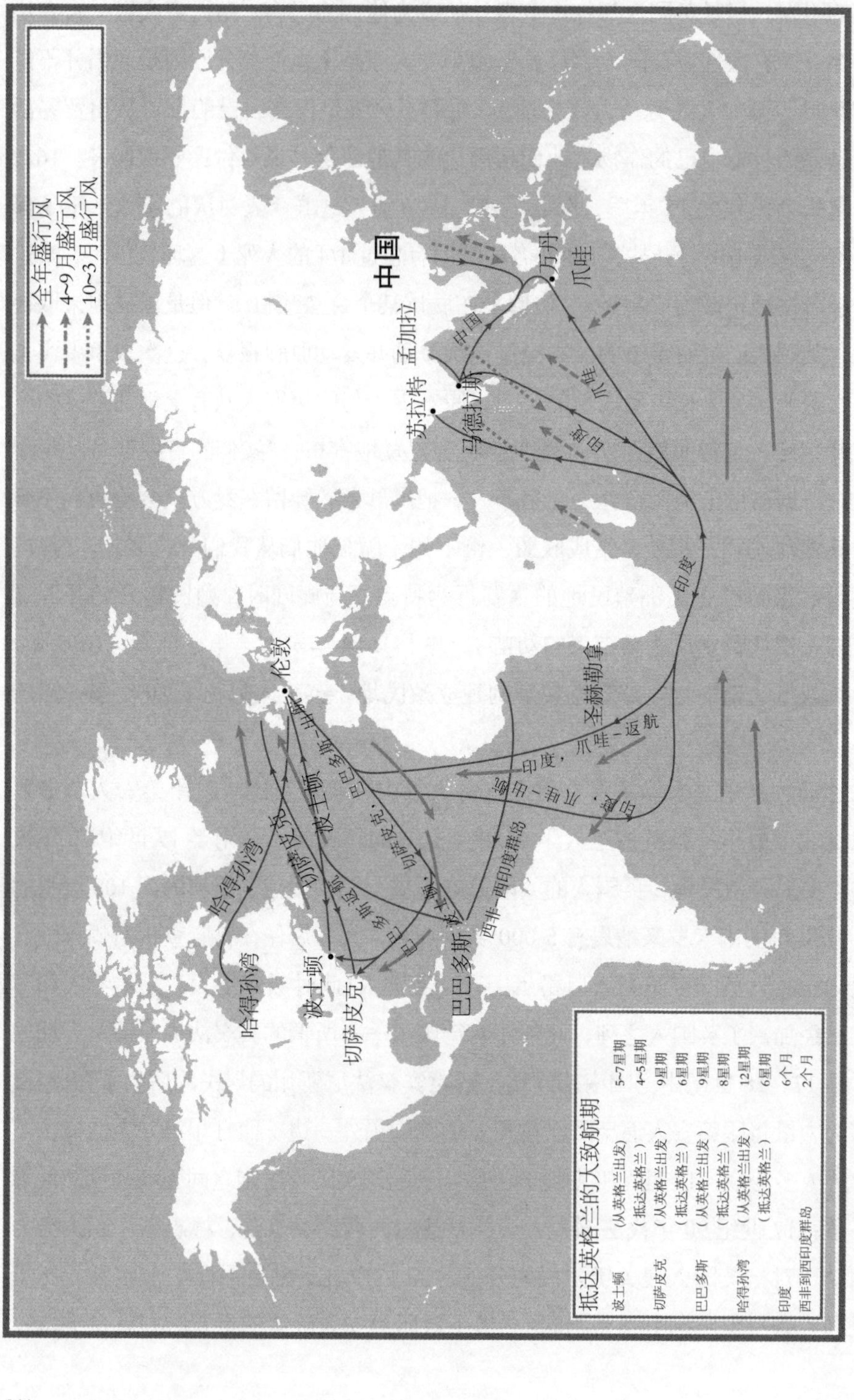

图 2–1 航海时代的风系与交通

们与法国人之间的平衡。”英国扩张的压力迫使印第安人按易洛魁族模式成立了更多联盟——例如克里克人，或许甚至导致了印第安人形成了民族同一性：1726年的一次印第安人集会宣称：“我们红种人在此聚首。”这些还不是他们的唯一防守方式。印第安人作为毛皮和鹿皮的供应者（萨瓦纳河的奥古斯塔位于佐治亚州，现在以高尔夫球“美国大师赛”闻名于世，是当时的鹿皮贸易中心），是非常有价值的合作伙伴。他们位于森林中的聚居地本身就是强有力的防御。美洲丛林听上去很浪漫，其实非常险恶。如果没有专业向导，旅行者很快就会迷失方向，丛林里不时出现的沼泽和溪流让人举步维艰，一年里的大多数时间里，旅行者都必须随身携带所有口粮，因为恶劣的天气总是拖延行进时间，将人置于生死边缘。1737年3月，经验丰富的边疆开拓者康拉德·韦泽（Conrad Weiser）历经千辛万苦走出美洲丛林后感叹道：“我们仿佛逃出了地狱。”

结果在控制了靠近海岸的“滩涂地带”近一个世纪之后，移民们不得不接受印第安人及印第安领地将永远存在于他们的殖民生活中这个事实。移民定居点陆续地发展至所谓的“后方”：宾夕法尼亚发展得最快，1701年，这里的白人人口为两万，仅仅过了40年，人数就增至原来的5倍；纽约发展得最慢，因为河畔地区被强大的易洛魁联盟控制。边境战争蠢蠢欲动，突然爆发，又偃旗息鼓；其中最猛烈的战争发生在南卡罗来纳，为了俘获奴隶，白人几乎扫平了沿海部落。但是在边境线上的大多数地方，双方都竭力通过谈判或仲裁来消除不可避免的摩擦。殖民者们大力学习印第安人的物质文化，例如狩猎技巧，作物种植（尤其是玉米、豆子和南瓜），桦皮独木舟、雪鞋、鹿皮鞋、鹿皮裤和烟斗的制作。他们需要印第安人做向导在丛林中和贸易通道上安全往来。为了帮助双方语言交流，洋泾浜语发展起来了，例如“特拉华行话”。在与印第安人的交往中，英国人不得不采用历史悠久的印第安外交礼仪：会谈时有一大堆参会者（反映出在分权社会里对大多数人意见的重视）、交换礼物、冗长的发言、依靠贝壳串珠而不是纸和笔记录协议条款（因为印第安人不相信纸质协议）。

双方达成了某种平衡状态，但并不是稳定的平衡。欧洲人（西班牙人、荷兰人、法国人及英国人）入侵北美洲，给印第安人及殖民者创造了一个全新的世界。可交易的货品越来越多，仪式和典礼也发展得更为丰富，包括更多的殉葬品随逝者入土。最为重要的是铁质武器和工具涌入了北美洲，紧接着又有了火器。考古发现，到17世纪中期，印第安人使用的工具和材料有一半是通过与白种人交易获得的：他们坚持订制商品以满足他们的习惯和嗜好——例如超轻型火枪。但是他们不得不消耗资产，通常用鹿皮和毛皮来交换这些产品，一旦资源耗尽，他们就只剩下土地了。而且他们的战斗力大为缩减：据称，1738年，天花夺取了近一半切罗基人的生命。殖民者酗酒成性（据计算他们通常一天大约喝7杯烈酒），对印第安人来说，殖民者带来的酒也是个有害的舶来物：移民们的社会习惯、身体素质和饮食习惯降低了酒精对他们的影响，印第安人却没有这些条件。尽管双方不得已共处了很长一段时间，但事实上印第安人和移民社会的思想从来没有真正统一过。他们对于土地的观点（对一方意味着物产和利益，对另一方意味着灵魂和历史）一直大相径庭。移民们痛恨森林，恨不得将它付之一炬。在合作外衣下掩盖的是双方对彼此深入骨髓的恨意。在移民社会，无论贫富，他们都渴望获得更多的土地用来种植作物或者赚取投机利润；谁要是假装正直抵抗这种利己主义，他的政治生涯也就到了头。因此，印第安领地与殖民者之间的平衡归根结底是出于地缘政治的考虑，它取决于印第安人在北美大陆与英国竞争对手们周旋的能力。1759年9月英国人占领了魁北克，随后的《巴黎条约》将法国人赶出了内陆，然后他们就对印第安人发动了正面攻击（他们自己后来都觉得惊慌）。不到一个世纪，“大西洋和太平洋之间”的北美洲就变成了“白人的国度”。

向亚洲扩张

1700年左右，英国人对北大西洋多数地区已经非常了解，而亚洲海上世界的情况则截然不同。它覆盖的面积从莫桑比克一直延伸到日本，比大西洋世界的海域要大得多，而且离欧洲也远得多。船只从英格兰出发，乘风而行，只需六七个星期就能到达巴巴多斯；驶往印度的船只很少能在4个月内到达，往往需要6个月。这些船只一年四季都可以横跨大西洋，只是舒适和安全程度有点儿区别。如果要去印度，旅客必须及时从英格兰启程，赶上3~10月间的西南季风，将他从好望角送往东北方向；如果他想回程，又得等着东北季风：11~4月的季风能把他吹回好望角。

这趟旅途费时费钱，很少有旅客能承担得起频繁的往返（有钱人和大人物除外），这更凸显了距离感和差异感。除了在西非，身处大西洋沿岸种植园的英国人能轻易找到由英国人构成的社群；在加勒比海奴隶殖民地的英国人可能主要是驻军，但起码制度、法律和财产是英式的；在美洲大陆和岛屿上，到1700年已经聚集了约25万英国人。但是亚洲海岸的英国人可能只有区区几十个，极少能以百计，而且几乎没有女性。绝不要想当然地认为1750年在印度的英国人会超过四五千甚至更多。美洲殖民者对迅速扩张的使命感使在印度狭小的据点里窝着的英国人看来简直荒唐可笑。他们不敢想象拥有足够的武力威慑身边的当地统治者们，因为事实刚好相反。在西方的大西洋世界，他们是移民或种植园主，是殖民者或大陆居民，可是在东方，他们只不过是微不足道的过客和无名小卒。

他们所涉足的土地上的政权强化了他们这种边缘化的地位。亚洲海域无垠，但是要在这里进行贸易必须获得当地宫廷或他们的代理人的许可（公开的或者默许）：在红海和波斯湾需要奥斯曼帝国和波斯（现伊朗）萨非王朝统治者点头；在印度西部和孟加拉需得到德里的莫卧儿皇帝同意——虽然到17世纪末，和桀骜不驯的马拉塔联盟以较为宽松的条件达成协议也不失为一个变通的办法；在印度东南部要得到高康达苏丹国国王的许可，直到莫卧儿入侵推翻了他的统治为止；隔着孟加拉湾还有个暹罗（首都在大城府，今曼谷北边）从16世纪末到18世纪中期统治着东南亚地区——不巴结暹罗国国王显然是不行的；东亚的明清王朝更替导致长时间的动荡，华南地区尤其不太平，但是仍然没有哪个欧洲人胆敢不经过当地政府的许可就贸然在中国大陆上进行贸易活动；日本的“开放世纪”于17世纪60年代戛然而止，只有荷兰人获得了特许，得以在长崎出岛这个弹丸之地保留了一个商栈。

亚洲的君王、大臣们从来不掩饰对这些来自欧洲的长毛野人的鄙视（后来英国人在亚洲摆出的傲慢姿态与早期他们不得不卑躬屈节的那段尴尬回忆形成鲜明对比）。对英国人来说，不仅需要讨亚洲权贵们的欢心，还要面对当地商业对手的激烈竞争。英国人跟随葡萄牙人的脚步到了印度。原本指望靠印尼群岛的胡椒和香料发财，可是荷属东印度公司让他们从美梦中惊醒了：荷兰人武器更好、组织性更强、资金更雄厚。17世纪晚期，法国印度公司在布列塔尼岛的洛里昂建立基地，它从1673年开始在孟加拉的金德讷格尔及从1699年开始在印度南部的本地治里成了主要竞争力量。位于通往印度航道上的毛里求斯岛于1715年被法国占领。英国人口中的“港脚贸易”指的是亚洲境内的跨国贸易，早在欧洲船只到来的几个世纪前，本土商人们就开始辛勤地往返于商道上。东非的阿拉伯和斯瓦希里商人、来自于阿拉伯半岛南端的哈德迷思商人、从苏拉特来的印度商人、西里伯斯岛的武吉士商人，还有中国商人，他们包揽了印度洋、孟加拉湾和中国南海的大部分贸易。在所有商团中最让欧洲人眼红的是亚美尼亚人，他们的总部在萨非王朝伊斯法罕的新焦勒法，生意非常兴隆。我们将会看到在亚洲的英国人是如何急切地将自己的财富与这个庞大的商业网络联系在一起的。

为了成功打入这个商业世界分一杯羹，英国商人团结起来组成了一个共同商号。每次前往东方，他们都会“募资”用来购买商品和支付租赁货轮的费用。1600年冬，东印度公司获得英国政府特许的垄断权，独享英国与东方之间货物的直接贸易权。为了在现场管理交易，伦敦的董事们派遣了“商船押运员”和“代理人”，直接在船上、商栈或是他们在前景看好的地区设置的贸易站进行贸易。这些实地操作的人员不得不迅速学会大量新知识：他们必须熟知亚洲的航道和复杂的海岸地理、季节、洋流、风向等。为了避免冒犯当地人，想要讨好哪个统治者，他们就必须学会该地方的宫廷礼仪和外交程序。不能忽视那些可能影响到他们命运的亚洲各国国内及各国间的政治和地缘政治剧变。他们要了解自己所在国家的宗教信仰和世界观。如果做不到这些，就可能触怒当地统治者，遭到驱逐甚至更惨的下场。在此过程中，他们熟悉了源自波斯和中国之间丰富海上世界语言的混合词汇。18世纪前，一些混合词在印度的英国人之间广为使用，例如“topass”[指雇佣军，通常是基督徒，可能是土耳其语“top-chi”（炮兵）的讹误]、“bafta”（一种白棉布，源于波斯语中的“织物”一词）、“cooly”（指普通劳工，或许源自泰米尔语中的“koli”）、“cot”（指帆布床，是经由葡萄牙人传开的印地语）、“curry”（咖喱，最初源自葡萄牙语）、“godown”（仓库，源于泰米尔语）、“kedgeree”（奶油鱼蛋饭，源于印地语）、“shroff”（钱币兑换商，源自阿拉伯语中的“sarraf”）等。作为在其他伟大文明前微不足道的旁观者，亚洲国家那让人入迷的统治、各种各样的宗教和精妙的哲学深深地吸引了他们。

英国人眼中的亚洲是一系列海岸：波斯湾的阿拉伯和波斯沿岸地区、印度西部的古吉拉特、今位于泰米尔纳德邦的科罗曼德尔海岸、胡格利河三角洲（通往暹罗的捷径）、印尼群岛多不胜数的海岸、中国南海海岸以及日本西海岸。首先他们依赖于竞争对手们开拓的领域：他们紧随葡萄牙人和荷兰人的脚步出海开展贸易活动。东印度公司的首次航行是前往爪哇岛的万丹，意图插足荷兰人的香料贸易。1608 年的第三次航行才将他们带到印度。1613 年，英国人在暹罗和长崎附近的平户各创建了一个商栈，但这两者都没有成功：平户的事务所在坚持了 10 年后不得不关闭。英国人设置了一系列前哨开发香料群岛，特别是摩鹿加群岛。他们几次企图打开中国门户：英国人 1637 年第一次到达广东，结果与当地政府兵戎相见；直到 1700 年他们才被准许在厦门和广东开展一年一度的贸易活动。此时荷属联合东印度公司已经把他们轰出了印尼群岛，英国人死抱着苏门答腊西海岸的小据点不放。仿佛冥冥之中自有天定，东印度公司慢慢地又回到了印度。

东印度公司在古吉拉特邦苏拉特建立了第一个商栈。对北印度、莫卧儿王朝的首都阿格拉和德里以及前往麦加朝圣的印度伊斯兰教教徒来说，苏拉特是个重要港口。英国人从莫卧儿皇帝那里获得了允许他们进行贸易活动的敕令（即许可），但是有个条件，那就是英国人必须先击败驻扎在苏拉特深水锚地区苏瓦里村庄附近的葡萄牙舰队。英国人被允许开设商栈，他们可以在那里生活和做生意，但是有严格的限定条件。他们不能购买房产，商栈也不能设置在河流附近。部分原因是英国人最初看好的地点在一个清真寺附近。“我们冒犯了伊斯兰教教徒，尤其是我们的人粗俗地对着墙小便以及做其他肮脏的勾当。”或许还有个重要原因，那就是印度政府担心英国人会把商栈打造为船只能轻易进出的堡垒。英国商栈占地面积相当大（里面甚至有土耳其浴室），此外，和其他欧洲人一样，英国人也被允许拥有基础便利设施——公墓。在苏瓦里锚地有码头和仓库，但是一直到那个世纪中期，留在当地的英国人生活起居都一直在海滩上的帐篷里。短暂、忍耐和被监视是他们印度生活的特色总结。

在苏拉特安顿下来后，东印度代理人们的眼光迅速投向远方。1614 年，他们派遣了两支队伍从陆地上经由坎大哈去往位于伊斯法罕的波斯大帝阿巴斯一世的宫廷。当时，强大的葡萄牙占据了霍尔木兹，建立了固若金汤的商业中心，并控制了波斯湾入口。阿巴斯大帝允许英国人自由贸易，这或许是出于与英国人结盟以对付葡萄牙的考虑。英国人知恩图报，于 1622 年与波斯合力发动战争，将霍尔木兹夷为平地。英国人获得的奖励是在新港城阿巴斯港（英国人称之为“冈布龙”）开设一家商栈以及被许诺分得阿巴斯海关税收的一半。波斯出口最多的是丝绸，对英国人诱惑巨大，但这里气候恶劣、水质糟糕、死亡率居高不下（1617~1652 年间，每年约有 25% 的英国人魂断他乡）、娱乐缺乏，英国人的生活非常艰难。到过此地的约翰 · 傅兰雅（John Fryer）评价说：“冈布龙与地狱只有一线之差。”痢疾、肝炎、疟疾、霍乱甚至瘟疫时常肆虐。用东印度公司流行的话说是“烈酒、羊肉和女人”，酒和性是英国人主要的娱乐方式（镇上的妓女就在茅草屋里接客），在他们看来也是疾病的主要来源。公司有远离港口的乡间别墅和花园，那里条件相对较好。但是英国人与港口主管官员经常关系紧张，在一次暴力争斗中，6 个英国人丧生。而且在东方世界，无处不在的荷兰人也经常出没，波斯湾的英国人需要努力与他们展开竞争。

东印度公司的员工和船只仔细梳理印度海岸线，找寻可以进行交易的市场和商品。17 世纪 40 年代，他们到达了孟加拉。那时正对着孟加拉湾的科罗曼德尔海岸已经成了他们商业活动的主要阵地：东印度公司称这就是“那个海岸”和“那个海湾”。1617 年他们在这里的商业中心默苏利珀德姆开设了商栈，1639 年，为了进一步与统治者交好，他们把总部向南移了 200 英里，迁至马德拉斯帕塔姆（不久后改称“马德拉斯”，现称“金奈”）。从那时开始一直到 18 世纪 50 年代晚期克莱武踏足英国征服的孟加拉时，马德拉斯的圣乔治堡都是公司在印度次大陆上的大本营。

从英国起航，在海上航行 4 个月后（罗伯特 · 克莱武 1743 年的那次航行历时一年多是因为他的船在巴西搁浅，因而被迫停留了一段时间），首先映入旅行者眼帘的就是马德拉斯：“你将看到左边一线低地出现在波涛汹涌的蓝色海面上。”不久便能看到圣玛利亚教堂的尖顶。“然后你会看到圣乔治堡和它分布紧凑的房屋，以及靠近它北边那一大片昏暗混乱的建筑……”这里没有码头，船要停在距海岸两英里之外的海上，乘客和货物转乘一种特殊的冲浪艇乘风破浪到达海滩。从海岸往里走，左边有高墙团团围住的“白镇”，里面平顶砖房密集排列，外有护城河和吊桥——这就是圣乔治堡；前方是印度人聚集的“黑镇”，葡萄牙人和亚美尼亚人的地产和商栈（“休闲屋”）也在这里。东印度公司以每年 400 英镑的价钱租用沿海岸线 5 英里延伸至内陆 1 英里的地区，如果不再续租还得通过总督的许可。比邻而建的是葡萄牙的老定居点圣多美，号称是圣 · 托马斯的殉难地。马德拉斯“奠基人”弗朗西斯 · 戴

（Francis Day）之所以被吸引至此，部分原因也是出于葡萄牙人的热情欢迎。

马德拉斯建成后 50 年内约有 30 万人蜂拥而至东印度公司领地。其中英国人人数很少，据估计约有 114 名平民：27 名公司职员，29 名经公司许可来此定居的“自由民”，39 名水手，11 名寡妇和 8 名“少女”。卫戍部队总人数增至约 400 人。无论内心多么排斥，公司成员（公司阶层划分精细，上至总督和理事会，中至“低级”和“高级”商栈，下至新人“书记员”）还是愉快地接受了英国私营散户的存在，只是在理论上限制他们只能涉及亚洲内部的港脚贸易。私营商们从伦敦带来的资金使东印度公司可动用的资本更为雄厚。由于他们有意定居下来，“白镇”的居民不再全都是暂时居住者，而是趋向稳定。的确，马德拉斯更像是个殖民地（尽管可能是规模最小的殖民地），而不是由漂泊海外归心似箭的过客组成的前哨，有些英国人在这里居住了好几代。但是（除印度人外），马德拉斯并不只有英国人，事实上英国人甚至算不上主要人口，这里最庞大的族群之一是从圣多美来的葡萄牙人，英国人与他们通婚。除此之外还有犹太人，他们为了与附近的高康达做钻石生意而从派瓦、罗得里格斯岛、波尔图、丰塞卡湾来到马德拉斯。这些人不但没有被排斥，反而享受颇高的社会地位：总督和理事会都会出席他们的葬礼。东印度公司还迫切希望将亚美尼亚人吸收进移民定居点，1688 年的一份正式协议承诺亚美尼亚人可以在公司领土上享受与英国人同等的权利、使用公司船只以及担任民事公职，东印度公司甚至愿意自己掏腰包给他们盖教堂。公司董事乔赛亚 · 蔡尔德宣称：“他们（亚美尼亚人）本性单纯、没有恶意……头脑冷静、朴素节俭，对印度的所有地区和商品都非常了解。”

秉持世界主义的欧洲社群是如何适应印度南部的生活的？他们做出的最大努力之一便是保有英国生活方式。他们从英国带来火腿、牛舌、奶酪、黄油，可惜是用铅盒装的。他们要消耗大量英国服装和进口酒（从波斯经阿巴斯港进口“设拉子”酒）。宗教信仰仍是英国人的标志，圣公会牧师的存在、每天两次的祈祷和圣玛利亚教堂的修建更进一步强化了这个特征。但在其他方面，英国人对气候和当地环境做出了妥协。他们的窗户不用玻璃，而用藤条窗帘。比起国内，他们的洗澡次数要频繁得多，但不是为了干净，而是为了降温。尽管去教堂的时候仍必须身着欧洲服饰，但他们习惯了每天至少有部分时间穿着“穆斯林服装”——伊斯兰教教徒喜欢穿宽松短上衣、长裤和拖鞋（后来公司职员被禁止如此穿着）。由于缺少适宜结婚的女性对象，非法同居司空见惯。同时，生活的无趣、不安情绪和酷热高温培养了英国人的其他癖性。无论男女都大量吸烟（约1700年后，他们开始抽起了水烟袋，不再用烟斗）、嚼槟榔（所以牙齿变色，而且需要使用痰盂）、饮酒量惊人（官方规定不得一次饮用超过半品脱白兰地），不可避免地导致了不良后果：吵架是经常的，葬礼远远多于婚礼和生育。当时葬礼恐怕是最常见的社会活动之一。

英国人并没有忘记自己在南印度的据点是孤立和脆弱的。为了安抚附属于他们的葡萄牙人，英国人容忍了天主教，这在英国国内是不可想象的。他们不得不对涌入"黑镇"的大量印度人进行管理，这意味着要起用当地"执法官"维持公平与秩序。有时印度人犯下的罪行明明在英国可以判死刑，但考虑到当地信仰，要尽量避免死刑。马德拉斯的法庭准许印度式宣誓。1688年东印度公司采取了进一步措施。为了方便征收这里印度居民的赋税，公司设立了由13名市议员组成的市政议会，其中有3个英国人、3个葡萄牙人、7个伊斯兰教教徒和印度人。英国人最担心周边的印度统治者会对他们进行干涉或采取更糟糕的行动，所以他们小心翼翼地维持与内地高康达苏丹国的友好关系，尽力避开封锁威胁。1688年马拉塔对他们发动进攻的可能让英国人陷入恐慌。当莫卧儿皇帝奥朗则布攻陷高康达，英国人谄媚地在马德拉斯大肆庆祝，立刻改投明主，宣布自己效忠于对奥朗则布的封臣海得拉巴尼萨姆和尼萨姆的封臣卡那蒂克纳瓦布[①]，甚至给后者建了个宫殿。然而17世纪末，连"黑镇"都建了防御工事，这暴露出长期以来英国人对周边邻居突然发难的恐惧。

或许正是出于这种恐惧心理，这里的英国人疯狂敛财。无论东印度公司规定如何严格，公司职员和私营商人还是将货品运回英国，并在亚洲内部开展贸易为自己谋私利。事实上公司对这种行为睁一只眼闭一只眼，只是偶尔施以警戒。公司有两个主管恰恰是用这种方式在马德拉斯赚取了巨额财富。伊利胡·耶鲁（Elihu Yale）出生于马萨诸塞州的波士顿，他于1672年抵达马德拉斯，1687年当上了主管。他的情妇是犹太钻石商人达·派瓦的遗孀，他们俩一起做起了生意。耶鲁的私营贸易一直做到了菲律宾群岛，当1699年回国时，他已经拥有足够的财富能过奢华生活和

① 尼萨姆：海得拉巴邦君主的称号。纳瓦布：印度莫卧儿帝国时代的总督。——译者注

搞慈善——慷慨资助福音宣传协会（英国国教传道团体，负责给马德拉斯派遣传道士）和康涅狄格州纽黑文一所当时籍籍无名的学院，现在这所大学以他的名字命名。另一位主管“钻石”托马斯 · 皮特（Thomas Pitt）的名声更加不堪。托马斯 · 皮特的父亲是多赛特郡布兰德福德的教区牧师，1673 年皮特作为公然反抗东印度公司垄断经营权的“无许可证商人”来到印度。10 年后回国时，他的财富已经足够他购买土地和成为议员。17 世纪 90 年代中期，皮特与东印度公司言归于好，风光回归印度当了主管。他写信告诉国内朋友：“闲暇时间我一般搞园艺和种植。”1702 年，他用高达 2 万英镑的价格买下了著名的皮特钻石，1717 年以最终售价 12.5 万英镑[①]卖给了法国摄政王，这笔钱为皮特的家族财富锦上添花。托马斯 · 皮特的孙子是伟大的国务大臣，查塔姆伯爵威廉 · 皮特（William Pitt），他在七年战争（1756~1763 年）中带领英国取得胜利；其曾孙“小皮特”后来当了首相。

18 世纪 40 年代，英国人在马德拉斯（及印度）的活动模式出乎意料地发生了剧烈变化。只用了短短十多年时间，东印度公司就从一个单纯的贸易公司转变成了参与战争、开展外交的机构。它征集和派遣军队。趁着德里的莫卧儿皇帝权力名存实亡，它在印度次大陆的统治者中争取盟友。它开始在广大地区获取税收权，有的时候作为奖赏分给它的军事伙伴。想要获取公司大权，要么得在战场上获得胜利（如克莱武），要么得善于筹措资金满足公司的军事和行政需求。是什么导致了这样惊人的变化？

导火索是欧洲冲突。当 1744 年英国和法国为了奥地利的未来（和欧洲的势力平衡）而开战时，仇恨迅速蔓延至美洲和印度。针对英国在孟加拉湾海军力量的弱点，法国人从据点本地治里向英军发起攻击，并于 1746 年攻占了马德拉斯。英国人死守着不远处的圣达维德堡，与此同时，英属马德拉斯的盟友和保护人阿尔科特纳瓦布的愤怒和仇恨牵制了法国总督迪普莱（Dupleix）。1748 年硝烟散尽，英国人重获马德拉斯。然而在南印度，一场不曾宣战的战争仍在继续。双方都从国内征召了更多军队。东印度公司派出了近 2 000 名士兵（其中包括 500 名瑞士雇佣兵），人数是战前马德拉斯卫戍部队的 10 倍。通过贿赂、威胁以及许诺给盟友提供军事援

① 一称托马斯 · 皮特买下钻石的价格是 2.4 万英镑，卖给法国摄政王的价格是 13.5 万英镑。疑为原文有误。——译者注

助，公司努力将法国在南印度最大邦海得拉巴邦的影响扼杀在萌芽状态。然而正当成效要达到巅峰时，公司在孟加拉遭遇了一场骇人的新危机。

1756年，孟加拉纳瓦布将公司赶出了它在加尔各答的堡垒和商栈，部分公司职员身亡，部分人被关押入狱，这场灾难威胁着英国在印度的地位。损失胡格利河上的贸易对公司来说是致命的。孟加拉早已成为公司最宝贵的棉织品来源地，公司依靠在欧洲转售这些棉织品获取大部分利润。东印度公司的反击显示出了自马德拉斯短暂失守后的10年间它所发生的惊人变化：现在它不仅有精兵，还有“强将”克莱武。克莱武是一名出色的将领，他不仅精通战术而且足智多谋，善于发现和维系印度盟友及其军队，这才是胜利的关键。马德拉斯重新归于英国的掌控之中，成了拥有军队、税收和外交能力的国家力量，为英国人回归孟加拉创造了条件。接下来发生的事更让人吃惊：克莱武处心积虑地利诱敌对将领，用了不到10年就将孟加拉纳瓦布在普拉西的军队驱散殆尽，公司顺理成章地控制了该地税收。随着这第二个大桥头堡的确立，印度最富饶的地区落入了英国手中。40年后，德里的主人变成了东印度公司。昔日这些商人如履薄冰地在海岸上做些生意，如今这片商人开辟的疆域已经变成了一个帝国。

从接触到占领

18世纪50~60年代，在北美和南亚发生的事件无疑只是移民帝国和东印度公司走向辉煌的开端。那时候没人能预见到后来那惊人的转折，命运和战争创造了美利坚合众国，接着美国在1803年获取了大片内陆土地（所谓的“路易斯安那购地案”①），东印度公司在南亚的控制也终于在1818年达到了巅峰。与此同时，英方的桥头堡被广大的“接触区”——例如美洲“边疆”、东印度公司首府之外的印度“乡下”（严格地说，是除公司首府所在地之外的其他邦），团团围住。每当英国（或其他欧洲）商人、移民、传教士进驻某地（例如在南非、澳大利亚、新西兰，乃至19世纪40

① 路易斯安那购地案：美国于1803年以大约每英亩三美分向法国购买超过529 911 680英亩（2 144 476平方公里）的土地，该交易的购地所涉土地面积是今日美国国土的22.3%，与当时美国原有国土面积大致相当。1英亩≈0.004平方千米。——译者注

年代后在中国),接触区就随之而来。这些“中间地带”往往要么不受任何人统治(例如1840年前的新西兰),要么山高皇帝远,这里没有法律,只有传统,或通过暴力,或通过私下协议解决问题。无论哪个团体都没有力量(有时是没有动机)将其他人赶出去,一家独大。帝国的强硬面——武力征服、统治、排斥、隔离,暂时还没有暴露出来。

至少在有些外来移民看来,这是个会被后世缅怀的自由时代。“啊!我第一次到新西兰时的那些旧时光一去不复返了,”某个都柏林教授的孙子腓特烈·曼宁(Frederick Maning)1833年从塔斯马尼亚到北岛时这样写道,“那时候没有总督、法律和正义等诸如此类的东西。”在曼宁所钟爱的那个时代里,为数不多的几个白人商人受到毛利人的礼遇,因为白人商人能提供枪支弹药,他们能给毛利人带来高达“约他自身体重20倍的火枪”,吞并和白种人殖民给这里带来的变化让曼宁心痛不已。18世纪末期,在印度为当地统治者办事的欧洲人,例如海得拉巴的米歇尔·鲁瓦蒙德(Michel Raymond)和阿瓦德的克劳德·马丁(Claude Martin),都作为战士或“代理人”受到高度重视,而且也获得了丰厚的回报。中间地带的吞并过程缓慢(有时极度缓慢),这是因为帝国缔造者们需要从国内招兵买马、筹募资金,或者在当地征募资源和人力,一步步从桥头堡往外扩张,逐步进占中间地带。

这些接触区给后来的帝国时代留下了相当巨大的遗产——创造了混合文化和人口。它们的身影随处可见:殖民社会的土话、行话、方言夹杂着毛利语和英语;看到新西兰的地图上毛利地名与英国地名一样多,人们大概猜不到其实到1914年毛利人口只占当地总人口的5%;在殖民地种族隔离前,各民族交融产生了“白黑混血儿”“欧非混血儿”“欧亚混血儿”“开普有色人种”和“半血统混血儿”等。或许这个遗产也扎根在记忆中,记载着在接触带来的便利被殖民占领取代之前人们如何生活、如何获取财富。

第三章

占领

Unfinished Empire

The Global Expansion of Britain

1851年8月6日，拉各斯岛（现为尼日利亚最大城市一部分）成了英国的属地。英国领事在汇报中写道：

昨天，无数人云集到领事馆观礼，下午一点钟，停泊在附近的普罗米修斯号上的礼炮齐放7响之后，（拉各斯）国王上场了。在与他最重要的4位酋长一同签订完条约之后，他们被领至户外早已立好的旗杆下，然后宣读（割地）声明，大英帝国旗帜迎风飘展。接着又是21声礼炮，教会学校的孩子们合唱英国国歌……最后是在普罗米修斯号上聚餐，国王多西莫（Docemo）及其统辖的4位酋长，以及几乎所有在此地的欧洲人都被邀请赴宴。

割地条约中的第一条言简意赅：

我，多西莫，经过与我国议会协商，确定献出、转让……拉各斯港及拉各斯岛的所有权、利益、领土和附属权利，将其永久赠予大英帝国女皇及其子嗣和继承人……作为大英帝国直接、完全、绝对的自治领和臣属……

多西莫本人仍然保有国王头衔并享有俸禄。但是显而易见，他在条约上的宣言并非本意，第二天他抱怨道：“（普罗米修斯号的）指挥官逼着我签字，如果我不签，他就会向拉各斯岛开火，只需眨眼工夫就能将拉各斯毁于一旦。”

大约90年前，澳大利亚东北部的约克角附近一个小岛上发生了截然不同的一幕。“小艇和双桅帆船来到这里，船长领着绅士们登陆。我们从山顶上俯瞰国土、检视海岸，”库克船长在1770年8月22日的航海日志中记录道，“到了6点钟，我们以国王的名义占据了这片土地，挂上了英国国旗，找了些小火器鸣了几响并三声欢呼权作庆贺，船上的船员们与我们热情回应。”除了库克和他的随行人员，没有其他人见证这历史性的一刻（除了几个没见到人影的“印度人”——库克这么称呼原住民，但库克等人声称那天早些时候看见了“印度人”生的“烟”）；也没人对库克将“整个东海岸……包括海岸上的所有海湾、海港和河流命名为新南威尔士”的行为提出异议。他们坚信没有其他欧洲势力发现过澳大利亚东岸，也坚信这里没有任何首领或者国王，没有需要他们去觐见以表敬意的统治者（这个错误的判断导致了严重的后果）。库克兴高采烈地率领船队离开了，澳大利亚东部成了英国的属地，而在这里生活的人还全然不知。

1860年，英国人吞并英属香港殖民地对面的九龙半岛时的仪式更为独特。英领事巴夏礼（Harry Parkes）用纸包了一块九龙的泥土递给中国官员，再令中国官员将泥土递回给英方，以此象征领土的移交。英国人当场大声宣读割让声明，英国皇室旗帜冉冉升起，礼炮隆隆作响。在场者为“古老的英格兰”欢呼三声，再为“女王”三呼万岁，英军对空排枪齐射，交接就算完成了：英国成了九龙的主人（除了一块有防御工事的围城——“九龙寨城”，匆忙中，谈判者们莫名其妙地将它遗忘了）。

像这样简单粗糙的仪式却象征了帝国扩张的决定性行为，那就是吞并领土。吞并行为将统治和利益的模糊地带变为了英国君主的正式财产。从此以后，无论这些地区有多么麻烦、棘手或无利可图也不能被轻易放弃。伦敦也必须指导（有时需要大费周章地详细指导）新吞并的领土该如何治理，需要决定授予新加入的“被统治民族”以及他们原有的统治者何种地位，还必须决定这里应该遵从什么样的法律，是否应该尊重本土民族对于财产、刑罚和宗教的观念。伦敦政府不久后被迫规定了移民者在属地从当地人手中购买土地的条件，接着又要为移民者是否应该和当地人一样被同一个政权统治而大伤脑筋。关于上述种种问题，没有标准的规则、公式可套用。尽管殖民统治有某些大的框架可循，但是几乎每块新吞并的土地上都有自己的历史，故而需要量身定制具体的统治方案。时间和地点都很重要。有的时候似乎没有当地统治者驱赶殖民者或者打断他们莫名其妙的声明；有的时候，原住民首领，例如国王多西莫可以被轻易地用俸禄打发走；而有的时候，像祖鲁国王塞奇瓦约（Cetswayo），英殖民者只能将他监禁流放。在每次吞并的背后通常隐藏着国内某些特殊的利益，或公或私，总有人大力游说政府吞并某个新行省：任何英方在属地设立的新政府都必须让这些背后的驱动者满意。吞并的条件跟吞并行为本身一样重要。

麦克罗斯基领事和库克船长经历的事件揭示了吞并活动的意义。伦敦将拉各斯收入囊中是有明确目的的：通过进一步控制西非港口来压制奴隶贸易——英国人是这样认为的，尽管统治者承诺驱逐奴隶贩卖商，但他们仍然逍遥法外。原本割让的领土只限于拉各斯岛，内陆并不是伦敦政府的目标。麦克罗斯基收到的指示是和平地与多西莫签订条约，让他自愿献出拉各斯，而无须双方动用武力。多西莫的王位以及他对当地百姓的统治将（至少在表面上）被保留。库克的行动则完全不同，他接收到的指令是含糊不清的。他肩负着占领其他欧洲势力没有涉足过的土地的重任，因为这些地方可能会有助于大英帝国日后在南太平洋的海上利益。库克应该在吞并别人的地盘之前先征得当地人的同意。而事实上，当库克登陆澳大利亚的“占领岛”时，他深信当地原住民人口如此稀少、没有长期定居的聚居地，以至于没有统治者能跟他签协议，他也就无法建议当地人并入英国。当然，像这样随意在某个大陆的海滩上登陆就能做出这么大范围的判断显然是说不过去的。库克当时很可能对这块他为乔治国王占领的土地一无所知，他所进行的吞并仪式有点好笑。我们可以想象类似的情景：一群西非渔民在风暴中被吹得七零八落，最终漂到了冰岛，一看四周无人便欢欣鼓舞地宣布将欧洲并入达荷美。但是库克对当地无定居人口的信念对后来影响很大——因为它成了定论。1819年英国法律界把新南威尔士（库克对此地的命名）定义为“既不是来自征服也不是来自割让，而是被占领的……人迹罕至的土地，随后被我国殖民统治”。澳大利亚依照英国法律是一片杳无人烟的空地，澳大利亚的原住民从法律上来说根本不存在。我们稍后将会看到它所造成的后果和纠纷。

上述两个事例凸显了一个重要区别。自15世纪以来，除王朝继承外，欧洲各国还承认两种不同的拥有本国之外领土的合法方式。第一种方式被称为“发现”：不曾被“基督君主”宣布所有，或者没有被欧洲人正式涉足并留下标识的（欧洲和亚洲以外的）海外国家可以被合法获得。在实际操作中，这意味着需要与其他基督君主达成共识、避免冲突，而对当地居民和统治者的处置方法则没被考虑在内。第二种方式与第一种方式截然不同，适用于欧洲、亚洲的大部分地区和非洲那些欧洲人发现的被可承认其为国家的地方。在已有国家存在的地方，只能通过下列两种方式获得土地：割让或征服。割让通常以条约的形式确定下来——例如与多西莫国王签订的割地条约，条约中具体说明了将哪些权利让渡给新政权。所谓的双方一致意见经常是通过可疑的手段获得的，但这不会在条约中被提及，也不会影响条约的“合法性”，即得到欧洲其他国家的认可。征服则更为艰难，通常也更昂贵。一般说来，英国和欧洲其他帝国一样，更希望用强迫的手段得到割让土地而不是贸然出兵去千里之外求胜利。然而理论上来说能征服是最好的。征服能完全抹杀当地人的权利，征服者手握生杀予夺大权，被征服的民族只能仰其鼻息。尽管发现、割让和征服看起来似乎不能作为影响所有民族的基础，但它们绝不仅仅是法律假定。我们将会看到，它们决定了占领的方式并影响了占领之后的一切事务。

占领归根结底是个人或团体的行为，它折射出这些人或团体的偏见、企盼和抱负。那些希望通过吞并来合法获得领土的人必然有着自己的动机，而政府之所以任他们放手去干也自然有它自己的理由，这些动机和理由对我们理解大英帝国的构建过程至关重要。无论对急于奔向领地财富的占领者而言，还是对领地被统治的人民而言（如我们所见，有的时候他们根本就不知道自己的土地被别人占领了，更谈不上同意被统治），占领的实际意义并不总是清晰可辨。占领通常导致当地秩序极度混乱，留下一大堆隐患、矛盾和未完成的项目。帝国的构建总在不断继续，就像我们在图纸、建筑工人、甚至建材全都未定的情况下扩建房子，一切都是变数。

动机：为什么需要吞并和占领？

第一个要解决的谜题是为什么英国扩张需要通过吞并领土来正式拓展其统治。人们经常忘了，在很大程度上，大英帝国的构建过程是由私营企业家而不是国家或“国王”（就英国而言指行政当局）完成的。1585 年最早尝试在北美大陆罗阿诺克建立英国殖民地的那次行动是沃尔特 · 拉雷爵士及其合伙人的私人冒险。罗阿诺克是个悲剧性的尝试：粮食供给不足后，留守定居点的那群人消失得无影无踪，大概是被痛恨他们的印第安人给杀了。第二次冒险是在詹姆斯敦，尽管成功了但是意外频出。建立詹姆斯敦的弗吉尼亚公司背后的支持者包括索尔兹伯里爵士、伦敦金融城声名显赫的托马斯 · 斯迈思爵士以及其他商人和贵族。弗吉尼亚公司于 1624 年被解散，但是那个世纪后来的日子里，其他公司或个体“领主”们仍然在继续殖民事业。普利茅斯公司（1620 年）和新英格兰公司（1630 年更名为马萨诸塞公司）推进了“北部殖民地”的建立。位于切萨皮克湾畔的马里兰殖民地是由巴尔的摩勋爵乔治 · 卡尔弗特爵士于 1634 年领导建立的，他是一位信奉天主教的贵族。海军将领之子、皈依了贵格会的威廉 · 佩恩开拓了宾夕法尼亚。1670 年，8 个合伙人合力组织了对南北卡罗来纳的殖民活动，其中包括约翰 · 洛克的赞助人沙夫茨伯里勋爵和查理二世最亲近的顾问克拉伦登勋爵。

这种模式既不是美洲大陆特有的，也不单属于 17 世纪。卡莱尔伯爵和另一位对近东及印度有兴趣的伦敦金融城商人科廷爵士分别引领一些互相竞争的英国公司，将目标定为“加勒比群岛”（即小安的列斯群岛）——包括巴巴多斯、圣基茨岛、尼维斯岛和蒙塞拉特岛，这一地区后来发展成为英属西印度群岛。1588 年成立的几内亚公司专门负责西非贸易，它最终于 1672 年发展为皇家非洲公司，主营奴隶贸易。皇家非洲公司在冈比亚河上和海岸角（位于现加纳）的堡垒是英国西非帝国的雏形。两个世纪后，皇家尼日尔公司、英国皇家东非公司（又名“不列颠东非公司”）和塞西尔 · 罗兹的英国南非公司（又名“不列颠南非公司”）就像是私人帝国主义马车，拉着多少有些勉强的伦敦政府奋力前行。早在 1840 年，伦敦政府不情不愿地开始推行吞并政策前，新西兰就已经被新西兰公司变为了英国殖民地。后来成为英国最大殖民地的英属印度最开始由在东印度群岛开展贸易的商人公司起步。1757年后，孟加拉普拉西发生了一次激烈的小规模冲突，公司突然变成了殖民政府。直到又过了一个世纪，北印度发生印度民族起义，亦称“印军叛变”，结果东印度公司管理印度的体制于1858年终结。①

私人构建帝国少不了英国有钱人的支持（至少在最初是这样）。这必然是种投机行为，其中既有一系列可预计的风险，也有不可预计的不确定性。投资者打算将某些高价商品囤积居奇，或者低价（甚至可能不损分毫地）买入土地再将其转手卖给他们征召的移民，以期能挺过风险、抑制不确定因素和获取巨额利润。此外还有其他的动机。正如马里兰是天主教徒的庇护地，普利茅斯和马萨诸塞本来是饱受国内宗教压迫的清教徒们的避难之所。后来的殖民地佐治亚是给那些贫困潦倒到在国内看不到任何希望的穷人们准备的。在19世纪的东非，英国东非公司不仅计划开展商贸，而且意图让那里的原住民皈依基督教：因为公司的苏格兰赞助人大受戴维·利文斯通的“基督教，通商和文明”主张的鼓舞。罗兹的公司原本的目的是包围南方的布尔共和国，将他们纳入完全由英国人掌控的南部非洲。上述各种情况中某种形式的占领是必不可少的。就算是单纯的贸易公司，如印度或西非的那些贸易公司，也需要有安全的驻地以保证货物和工作人员不受当地人或欧洲竞争者的攻击。东印度公司借由莫卧儿皇帝的敕令得以在马德拉斯和加尔各答建造加设防御工事的商栈，在此之前，他们在苏拉特也获得了同样的权利——商人们共同居住在一座房子里，吃喝拉撒全在一处（就像那些老派牛津学院的做法，室友如需夜不归宿必须先申请）。如果目的是为了建立移民定居点，公司和领主必须购买或夺取领地，驱逐当地人，给前来的移民提供安全的居住环境。从政治的角度说，只要当地统治者没兴趣或没有足够的能力将外来者驱逐出去，对某块土地拥有的清晰的所有权就足以有效地对抗他们。所有权标志着外来者打算永久居留，而不是短暂停留，这对当地劳工和手艺人更有吸引力，例如大批印度商人和工匠蜂拥而至东印度公司的地盘——马德拉斯的“黑镇”和加尔各答。有了所有权，甚至可以组建小型军队。此

① 印度民族起义，英国人则称之为印度叛变或土兵叛变，而独立后的印度则称它为印度第一次独立战争，一般指1857~1858年发生在印度北部和中部，英属东印度公司服役的印度士兵发动的反对英国统治的民族大起义。这次起义以失败告终，莫卧儿帝国自此完结，而东印度公司管理印度的体制亦从此告终，印度开始置于英国的直接统治之下。

外，它还能让英国人在彼此交往中遵从自己的法律。

那么为什么这些个体帝国主义者要向伦敦政府要求“特许状”呢？毕竟他们没有理由欢迎任何来自外部的控制并且也痛恨白厅的干涉。他们自认为对当地政局了如指掌：他们的人就在当地，能够应对那里的一切困境。在特许状中，他们则不得不承认国内政府对他们在当地的行为拥有最终掌控权。他们或许是个体帝国主义者，但在法律上他们同时也是帝国的代理人：大不列颠的统治始终笼罩在他们占领的所有土地上。因此在1623年，当詹姆斯一世颁发特许状给乔治·卡尔弗特爵士准许其在纽芬兰建立殖民地时（这最终被证明不是一次有前途的冒险），卡尔弗特如同自己身在国内一般认可了英国皇家对这片领土的统治权，并承诺备好白马恭候国王亲临殖民地——国王显然不太可能真的到那里去。1606年的弗吉尼亚特许状约定，国王有权决定殖民地政府形式以及在伦敦任命理事会监管殖民地，此外，任何移居弗吉尼亚的英国人其身份仍然是国王的子民。就连最有独立意识的马萨诸塞公司都承认自己服从英国政府、有义务遵从英国现行的法律。

他们之所以愿意接受这种从属关系而不是自立门户建立独立的“共和国”是因为4个不可忽视的制约因素对他们的影响一直持续到19世纪晚期：第一，他们需要外交（或许还要军事）援助。欧洲各国只承认政府发表的领土声明，而帝国缔造者个体需要各国的认可才能合法地将国外竞争者排除在外。当罗兹的“先锋者纵队”行至今天的津巴布韦，是索尔兹伯里勋爵下了最后通牒——以断绝关系（可能还动用了海军施加压力）相要挟，才阻止了葡萄牙对手与其争夺领土所有权。亚洲（尤其在印度和中国）的英国商人在应付不怎么尊重商人的统治者时也愿意有皇家使者撑腰。第二个因素同样重要，个体帝国主义者必须阻止国内的无特许状商人染指利益。获得特许状的目的主要是保护在某块土地上或者某个贸易链中的垄断专营权。詹姆斯一世在给弗吉尼亚公司的特许状中说：“我其他的臣民不得在这些地区或其后方种植或居住……”垄断专营是这种投机行为赢利的关键所在：所有精明的投资者都希望利益最大化。领主们及合伙人们的大多数时间都在打击竞争对手，因此他们不得不寻求官方支持，如有必要甚至诉诸法律，尽一切努力击退任何敢于挑战他们专营权的人——他们必须密切关注法律界和政界的权力平衡。政局的变动可能导致他们的特许状化为泡影，他们的权势将随之崩塌。

特许商人们需要保护自己在国内的地位，这意味着贸易和殖民成功与否取决于国内的财力和人力资源。但是除此之外还有其他的动机。第三，殖民推动者，例如在印度的大商人们，需要有能管理他们从英国召集的移民和雇工的权力。如果国内不授予他们委任统治权，他们将束手无策，因为需要合法权限才能实施他们签订的协议；需要权力约束他们带来的人以防这些人瓜分他们的领土或干脆撒手不干；需要权力在当地制定规则以及惩处违反了规则的人。在英国，义务、责任或契约将人们联结在一起，可是一旦出了英国踏上无主之地，如果没有某种权力约束，这种联结必然会烟消云散。当然从理论上来说可以强行要求移民们遵守在国内的那一套。但这种手段太拙劣，且不说成本高昂，往往还不起作用。这种行为还可能会使殖民推动者们迫切想吸引的那些权贵因此却步。因此第四个原因便是，如果不能保障移民们能继续享有他们在国内的民权——尤其是财产和人身自由，那么想要召集移民或雇工将难上加难。“所有以及每一个……居住于……任何上述殖民地的人，”弗吉尼亚特许状称，“连同他们的子女，享有自由居民和自然主体的一切自由权、公民权和豁免权……与他们在英国本土享受的待遇一致。”

但是我们也应该反过来看这个问题：为什么英国君主以及后来的英国政府愿意承担责任和风险，将英国统治延伸到遥远的未知国度呢？毕竟这可能给英国带来麻烦，威胁到他们在海外的威望以及国内的安全。从伊丽莎白一世开始一直到帝国末期，这种担忧和焦虑若隐若现，始终持续。更糟糕的是，如果在海外的人员惹了麻烦，无论他们闯了多大的祸，英国政府都无法宣布事不关己，就算他们多么罪有应得都不能任由他们被当地人惩处。至少从理论上来说，对海外领土拥有统治权能更方便地控制那些刚愎自用的冒险者，防止他们变成真正的大麻烦。17~20 世纪，伦敦政府一直打算用这种态度对待大多数移民者的后裔。对东印度公司在印度的帝国，英国政府直到 1858 年才正式拥有统治权——在 1857 年东印度公司从起义中侥幸脱困之后。但是正如我们将会谈到的，统治和控制并不是一回事。

早期的动机出于对意外之财的期待。都铎王朝和斯图亚特王朝的君主们谨慎地在特许状中标明如果发现了任何贵重金属，其中的 1/5 需上交皇室。西班牙从西属美洲帝国获得的大量白银使得这个期待显得如此触手可及。不久之后，除了这个发财的目的，政府期待的更多。伊丽莎白女王签发特许状给在东印度的商人（显然他们在煽风点火）是因为害怕与“东印度群岛”（现在的印度尼西亚）之间的高利润贸易会被荷兰人垄断。为什么女王和她的大臣们会关心贸易呢？这是因为那时大家都意识到了贸易能巩固王国的统治，给国家带来可观的收入。贸易要经过海关，贸易税最方便征收。而且大家也都认为从广义上来说贸易对国家的权力至关重要。当时的思想家们坚称出口顺差是商业的主要目标，因为顺差才能保证白银或黄金流入国内，即政府能收获黄金白银或其他财富（除非能像西班牙那样找到自己的银矿，否则只能靠此充实国库）。大量的金银存储能保证国家的繁荣稳定。足够的金银储备能保证货币的稳定性，而货币是绝大多数日常交易的基础：没有货币，贸易就会停滞。此外，金银还是战争基金，有了它才能迅速地从完全没有“战时经济”概念的工业化之前的世界里购买武器、征召雇佣兵。但是如何才能实现出口顺差呢？大多数观察者认为最有希望的策略是发掘能以高额利润在欧洲转售的舶来品，例如香料、印度的纺织品、中国的瓷器和丝绸以及来自西方种植园的毛皮、烟草和糖。

英国政府之所以愿意接受海外探险者的请求，将自身的统治扩展到他们建立的海外帝国中，一方面是因为可以带来不菲的收入，另一方面也是由于这样可以控制贸易，而贸易关乎国家的战略利益。海外殖民冒险者不得随意运送他们的产品。自17世纪50年代开始，一系列法律出台，《航海条例》强令殖民者将任何有价值的（“被列入名单的”）产品先运往英国港口（在此缴纳赋税），然后才可以再出口。货物还必须用由英国船员驾驶的英国船只运输，因为在战时，船只和船员都是国家资产，一支大型商船队是海上胜利的关键因素。这些举措是为了保证贸易利润主要流往英国，以及殖民地生产者只能从英国供应商手中购买需要的产品。到了18世纪中期，政府、贸易和代表政府在海外行使统治权的人相互交织成一个巨大的既得利益集团。对于伦敦政府来说，它指望借着垄断专营贸易大发横财的东印度公司能给它提供贷款。18世纪70年代，对东印度公司垮台及伦敦金融城随之崩溃的恐惧是政府对印度政策的主要影响因素。

在这个利润和权力方程式之外，还有两个更为悠久的近乎本能的考虑。首先，伦敦的政府，无论是皇室还是议会，都极不愿意放弃国民对他们的忠诚。这或许反映了一个古老的假定，那就是统治者的实力和权威来自对人的控制：人力，而不是土地，才是权力的真正来源。国民的劳动力和生产潜力都属于统治者，否定这种从属关系即为背叛，甚至可以被认定为叛国行为。将统治扩展至海外是为了确保国家对最重要的资产——国民的劳动力和技能的所有权。其次，尤其在前现代时代，统治者对富裕国民在国外建立基地的一切努力有着深深的疑虑，担心这些基地会成为反叛分子的避难所，或者成为敌对势力发动入侵的集结点。英格兰与爱尔兰的联结最早始于强大的边境贵族——人称“强弓手”的彭布鲁克伯爵被邀请领导爱尔兰派系战争中的一方势力。英格兰国王绝不会允许这样一个风云人物在爱尔兰和威尔士站稳脚跟并建立统治，于是1171年，亨利二世发动进攻入侵爱尔兰，并于次年在教皇的支持下获取了对爱尔兰的统治权。由此衍生的“强弓手法则”一直为英国政府奉行——英国国民就算到了海外也不能摆脱对英国效忠的义务。根据这个规定我们可以看到，那些出国的移民和殖民者仍然是国王的子民。此后，1801年的“印度大法官案”中明确规定：居住在印度的英国人（及其他欧洲人）即使居住地属于莫卧儿王朝，他们的国籍仍属于英国。“在东方的任何地区，只要建立了任何据点——哪怕仅仅建立了一个商栈，”判决书上写着，“一旦欧洲人在这些据点所在地区生活及开展贸易，即受到这些据点庇护，并被视为建立据点的国家的国民。”当19世纪30年代心怀不满的布尔人有组织地迁徙出开普殖民地时，英国人仍然坚称一切如常：不管布尔人是否愿意，他们都是英国子民。1836年制定的《好望角处罚法》将英国地方行政官的权力范围扩展到了南纬25°，差不多在今比勒陀利亚（南非东北部城市）北部50英里处。正如一位史学家戏谑道：“这个法令要起作用，得出动一个团的兵力才行。”英国国内政府最讨厌私人个体在新发现的大陆上直接从本土居民手中获得土地。几乎从美洲殖民伊始，国内政府就极力强调只有被授权的、具有被合法赋予“头衔”的权力组织才能进行殖民行为，根据他们的逻辑，不这么做注定会造成麻烦。对于一个将财产相关的法律规定作为秩序基石的政体而言，如果不这么严格倒奇怪了。

最后，当然政府也并不总让个体帝国主义者在扩张活动中唱主角，事实上帝国版图上相当大的一部分是由国家直接获得的，其中包括牙买加（1655年）、纽约（1664年）、加拿大的大部分地区（1763年）、澳大利亚东部（1770~1788年）、特立尼达岛（1797年）、开普殖民地、斯里兰卡和毛里求斯（1815年）、中国香港（1842年）及肯尼亚（1895年）。多种力量导致了上述这些领土扩张活动。有的领土可以看作是因不同理由进行战争的战利品。鉴于英国具有强大的海上力量，英国政府很想夺取敌人的殖民地并扰乱其贸易以惩戒对手。根据我们之前提到的重商主义逻辑，这样可以增加国家财富。就算是后来“自由贸易”取代重商主义成了主流的商业意识形态，一个地理位置理想的港口（例如香港）也有助于迫使“讨厌的外国人”及其顽抗的统治者们不得不接受开放经济。但最大的担忧往往是关于战略方面的。伦敦政府决定占领加拿大（而不是盛产糖的瓜德罗普岛），因为法国对魁北克及其河边腹地的控制对英属美洲造成了极大的威胁。同样的理论也适用于好望角，因为它守护着通往印度和东方其他国家的海上航道。出于对荷兰人将好望角转手赠予兵强马壮的拿破仑（或者同样危险的继承者）的恐惧，1815 年战争平息后，英国决定不交还好望角给荷兰人。此外，英国还死守住了毛里求斯和斯里兰卡，在此后的一个多世纪里将印度洋变成了“英国湖”。这些殖民地是通过割让或征服而非移民所得。如何治理这些领地，将占领转化为统治，是亟待解决的问题。

统治：如何在当地立足

在最初给美洲和西印度群岛种植园主颁发的特许状中，英国政府对地方政府的组建问题兴趣寥寥。但不久之后就确定了移民应该拥有代议政府。早在 1619 年，也就是在首次登陆詹姆斯敦 12 年之后，弗吉尼亚议会举行了投票：16 岁以上的男性移民有投票权。1641 年，英国君主给总督的指令中明确要求召集由“自治市民”组成的议会。1668 年居住在巴巴多斯的移民利用领主间的矛盾争取到了议会自治政府的权力。1691 年（1688 年光荣革命之后）修改后的马萨诸塞特许令规定了移民殖民地的标准范式：殖民地政府由被选举出来的议会、委任的“理事会”、英国政府派来的对国王和大臣负责的总督共同组成。事实上到了 1700 年，由于移民们的顽强抵抗，皇室在经历连续的挫折后不得不逐渐放弃直接对殖民地进行统治的尝试。1722 年，英国枢密院作为殖民地事务的监管机构总结了殖民地法律需要遵循的原则：“鉴于每个英国国民生来就有享受法律的权利和义务，因此，如果英国国民发现了新的、无人居住的土地，无论身处何地，他们都应服从英国法律，故而新发现的国土也应该在英国法律的管制之下。”此处出人意料的结局是“相悖理论”——该理论规定殖民地法律必须与英国法律一致。而在实际操作中，要想了解英国现行的习惯法是很不现实的，因为在殖民地看不到官方“法律报告”；此外，到底哪些议会法令适用于殖民地也很不清晰。枢密院采取了一种实际的观点：“在海外定居的英国人是如此之多，且情况各异，因此除了对于单独规定的海外种植园，议会的法案对这部分英国人不具约束力。”从那以后一直到大危机最终在美国独立战争中爆发，除了贸易事项之外，伦敦政府的确几乎对殖民地治理情况不加干涉。正是这点让议会各方利益团体忧心忡忡。

有时海外领土并不是持有特许状的个体帝国主义者及其追随者占领所得，而是通过征服或割让所得，这时情况更为复杂。尽管从理论上来说征服和割让是不同的，但是这两者通常都以某种形式的协约加以确定：“投降条件”后来被加入到条约之中。这是为了限制（有时相当严厉地限制）征服者将新统治体系强加给被征服民族的权力。拿魁北克来说，英国人于1759~1760年夺取了魁北克，随后在1763年《巴黎条约》中，法国正式将其割让给英国，在这里，统治权的权限问题在危险时期造成了相当大的疑虑和混乱。按照条约，英国人必须尊重法裔加拿大人的宗教信仰权，让他们继续保留天主教。但是此地的首任总督接到的命令却要求他引入“英国法律”、按照英属美洲模式组建议会。然而在英国，天主教徒既无权充当陪审员，也不能进入议会，而且英国法律（尤其在财产权方面）与在魁北克通用的法国法律大相径庭。如果按照这些命令来，那么在魁北克的人数少得可怜的新教英国移民（约200人）将掌握惊人的权力，而被统治的加拿大人（多达约6万人）可能会被迫造反。当伦敦政府彻底了解到这个问题时，南方13个殖民地局势已经岌岌可危，而魁北克发生叛乱的可能性比南方殖民地还要大，迫切需要新的解决方案来平息动荡。1774年，《魁北克法》应运而生。它否决了在魁北克人口中占少数的英国移民要求坚守英国法律制度的主张，允许总督不用考虑宗教背景地挑选殖民地立法机构（即立法会）的成员，而且允许当地延续之前的财产法。就法律方面而言，这是一次革命性的变化，为后来获得的那些没有几个（甚至完全没有）英国移民的领地设定了治理模式。在同年一宗案件的审理中（1774年“坎贝尔诉霍尔案”），这种至关重要的模式在类似“英国人……只是居留在此地，不享有有别于当地人的特权”的判决结果中被确定下来。1795年英国人从荷兰人手中抢到了开普殖民地，英方任命的总督收到的指示仅仅是维持“上述移民定居点在原政府统治期间的法律和制度”。

因此，实际上在帝国庞大的版图上，占领并不意味着英国式统治会被部分或完全引入领土。无论是被条约所限制，还是出于避免当地激烈抵抗的愿望，总之英国人接受了保持该地原有管理和法律体系的必要性，尽管他们通常会历尽千辛万苦先登上当地政治舞台，但经历种种冲突和重重疑虑之后，他们往往知难而退。例如在斯里兰卡，英国人首先是尝试把马德拉斯的那套管理体制照搬过来，接着全盘推翻；随后又移交给内地康提王国进行实质上的自治，再将它与荷兰人势力强大的沿海诸省联合为一体。1840 年，在斯里兰卡被征服（1796 年）近 50 年后，一名英国官员颇为悲伤地感叹：“很难说清这里的法律基础到底是什么、源头到底在哪里——这里有罗马-荷兰法系、古老的传统、当地法律、分别适用于印度教及伊斯兰教教徒的法规，在内地还有康提法律。这么多种法律中的很大一部分是最高法院的法官完全无从了解的。”类似的抱怨在后来的“王家殖民地”帝国里普遍存在。此时说已成功占领为时过早，至多能说是占领尚处于进行之中。

至于占领究竟能带来什么这个问题，或许没有哪里比爱尔兰和印度的情况更为变幻莫测。英格兰国王早在公元 1200 年前就已经取得了对爱尔兰的支配地位，但是除了在主要港口和靠近都柏林的内地，几乎看不到执行英格兰法律和推行英格兰习俗的希望。仅是劝阻这里的英格兰人与爱尔兰人通婚以及“被同化”就已经够困难的了。16 世纪伊丽莎白女王征服爱尔兰是为了一劳永逸地确立英国君主的至高地位，意图让爱尔兰的权贵或首领无法再拒绝向英格兰效忠。但是征服过程中阻力重重，而且在接下来的那个世纪里，内战和叛乱让英格兰自顾不暇，导致爱尔兰趁机爆发了两次反抗新教统治的大起义。1690 年 7 月 1 日，威廉三世在博因河畔的胜利似乎解决了问题，起码在一定程度上可以这么说。天主教徒被剥夺了选举权和担任公职的权利，至于曾为詹姆斯二世效力的那些人，他们中很多人的土地被充公。但仍有个问题悬而未决，那就是爱尔兰是应该算作与英国共享同一个国王的独立王国，还是算作附属国，需要服从英格兰议会（后来成了英国议会）的命令。

1719 年议会通过《公告法》立下法律：“爱尔兰王国一直，而且理应作为不可分割的一部分与大不列颠联合，隶属于大不列颠皇室……国王陛下经议会上下议院的同意和支持，拥有全面的权力和权威制定法律法规……以管制爱尔兰王国。”据英国官方发言人称，爱尔兰的人口只有两类：不是“土生土长的爱尔兰人”（也就是被征服的民族），就是来自英国的殖民者。无论是这两类中的哪类人都受命于英国议会。爱尔兰的新教卫戍部队不敢抱怨，尽管它的领导们竭力将伦敦政府的干涉最小化。但是60年后，当英帝国陷入美洲起义危机时，他们逼迫威斯敏斯特议会放弃它的至高权力，并承认爱尔兰的独立国家地位，将其作为皇室统治下的姊妹王国对待。在经历了内乱纷争（天主教）和法国入侵以及轰轰烈烈的反腐败运动之后，由爱尔兰的新教地主们组成的议会终于在1800年被劝诱而自动瓦解，接受了与英国的联合。

尽管到了1757年东印度公司已经有权在孟买和马德拉斯建立堡垒[公司用1 200金币一年的租金（折合约400英镑）租下了马德拉斯]而无须得到印度统治者的许可，但是直到公司在孟加拉普拉西战役中取得胜利才得以开始控制这些地区。1765年，公司执掌了孟加拉的行政管理权（印度语中称“diwani”）——拥有征收税款的权力，作为回报，东印度公司每年向莫卧儿皇帝进贡固定的金额。实际上，公司掌控了印度东部的大部分地区。在军事实力的支持下，公司采取强势外交政策，将控制范围扩展到了恒河河谷，一系列恶战之后，东印度公司打压了实力不断壮大的迈索尔，并将势力范围从马德拉斯向腹地推进。东印度公司在印度次大陆上的角色转换引发了疑问：应该如何界定它的法律地位？伦敦政府（同时也是东印度公司最大的靠山）担心东印度公司的财务状况会跟不上它的过度扩张，要求对东印度公司在当地的员工严加管控。然而正如当下的银行，东印度公司已经规模庞大到不能倒闭：一旦它破产，就会给英国金融业带来巨大的灾难。因此一系列举措导致了1784年《印度法案》的出台，根据该法案，公司在印度孟买、马德拉斯和孟加拉三大管区的财政预算、对外政策与军事政策、对总督的任免等事宜均由管理委员会和一名内阁官员监管。这个体制一直持续到1858年东印度公司被正式撤销，在此之后，伦敦的总公司和管理委员会被并入印度事务部，纳入大臣监管之下。

但是印度究竟是什么时候变为“英属”的？占领又意味着什么？这些问题并没有简单的答案。早在1757年，东印度公司征服的领土就自动成了国王自治领的一部分。但是公司掌握的绝大部分领土还是来自于莫卧儿皇帝的封赏，公司仍然需要上缴贡品。1772年开始，公司不再进贡，可是直到1800年，东印度公司才正式要求拥有它所掌握的领土上的最高统治权。即使如此，公司在印度次大陆上的权力仍然在极大程度上依赖于与之签订了条约的印度统治者们。那么公司与他们之间应该算是盟友关系还是主仆关系呢？在这方面保持模糊的界定显然更为有利。接着又出现了法律纠纷。1774年在一桩声名狼藉的案件中，南达·库马尔（Nanda Kumar）被加以造假币的罪名并处以极刑。英格兰法律严明，按法律应该用严酷的死刑处决他，而当地的法律对此类罪行的处罚则轻得多。但是，在此案中，是应该按照英格兰法律还是当地法律来判决他呢？相当一部分东印度公司的官员认为这种将当地社会无法理解的律法和惩罚制度强加于殖民地的行为是不公正的，而且还可能引起危险的后果。编纂法典确实有其必要，但是必须尊重当地的风俗习惯，也要区别对待伊斯兰教教徒和印度教教徒。在税收、财产观和宗教方面也出现了同样的问题。英国人强烈反对封建土地占有制，因为所有的土地都掌握在统治者手中，只有付出相应的劳役或者金钱才能换得土地的使用权。英国人极力推崇的是与之恰恰相反的财产私有化，在他们看来这才是“进步”的秘诀。但是如此激进的变革完全不切实际，甚至有可能导致大规模的农民起义。所以英国人仅在孟加拉进行了小规模改革，而印度大部分地区仍然沿用已有的土地所有制。公司很早就决定避免公开支持基督教或促使当地人皈依，1813年，公司续签了特许状，其中仅仅提到了必须允许基督教传教士进入公司领土，连这个要求都掀起了轩然大波。毋庸置疑，福音派在部分英国官员中很有影响力（或许这是公司勉强禁止了寡妇殉葬习俗的原因之一），但是东印度公司在印度地区内最有权势和影响力的那些员工面前公开谴责英国政府干涉印度政治实践以及拒绝承认印度主权的行为。“我们政府最大的恶习，”1824年托马斯·芒诺（Thomas Munro）爵士评价道，“就是喜欢搞些新花样。”“我担心某些死脑筋的英国人……会坚持将印度人变成英国人。”

印度地域辽阔，东印度公司在印度次大陆不同地区需要采取不同的政策，当地习俗的多样性意味着英国人没有统一的统治模式，而且施行的政策有着相当大的不确定性，这种情形一直持续到1857年的印度民族大起义。结果是包括统治者和被统治者在内的许多人都无所适从。1830年孟加拉首席法官抱怨说：

> 无论是英国君主的统治性质、法律对议会的从属关系、东印度公司的政治

权力和财产，还是统治亿万民众的各方势力之间的关系，对这些问题没有统一和确定的观点……有特别针对印度地区的英国议会法案，也有其他的令人怀疑是否能全部或部分应用于印度或者干脆不适用于印度的法律。这里有英国习惯法和宪法，但是其运用……仍然非常模糊，让人困惑；同时这里也有伊斯兰教教徒的法律和习惯，印度教的法律、习惯和教义，英国君主的特许状、政府的规章制度……英国君主签订的条约、印度政府签订的条约，除此之外，还有欧洲各国法律的影响……

简而言之，印度是个自成一体的独特世界。那么拥有这么混乱的殖民地意义何在呢？

对英国人来说最重要的是占领，一旦占领了某块土地就能将其他势力排除在外，也能切断印度统治者与除英国以外的一切外界联系。在后面的章节中我们将看到英国人逐渐意识到占领能带来的实际权力有限。印度人的赋税能供养一支庞大的军队，这对英国有利；印度纺织品制造商也不再能依靠关税保护来限制英国向印度出口商品。但是统治印度人时要小心谨慎，避免与地方势力的意见相冲突——这是从 1857 年的大起义中得到的经验教训。为了保证这点，不得不构建兼容并包的混合政治体制。在塑造殖民地方面，英国的意愿以及现实环境之间永远存在着差距。

占地为王：帝国构建最重要的事

“主权”和“占领”都是抽象概念，正如我们已经看到的，尽管法律上的不确定性让律师们手忙脚乱（或许在现实生活中这也正是正常状态），但这并不妨碍英国能进行占领、征服、征税、发动战争或是展开和谈。某个殖民地可能是征服所得或者是由移民占有，甚至是割让所得，不同的获得方式的确影响个人权利——所以这个问题闹到了法庭（继而进入了我们的历史）。但是对更多的人来说，更要紧的是占领会对他们的生计、个人财产、最重要的是地权有何影响。在印度、缅甸和其他属地，这可不是个小问题，因为英国统治带来了新的法律，在英式法治下，土地可以被买卖，而且土地拥有者可能因债务而被剥夺土地所有权：由此所造成的结果是令人感到担忧的。不过除了相对较少的几个特例外（例如欧洲各国在印度、斯里兰卡的茶叶和靛蓝类植物种植园以及后来在马来亚的橡胶植物园），在英属亚洲各国和西非地区，土地并没有大规模地从当地人民手中转移至移民手中。然而在帝国的其他地区——北美洲、澳大利亚、新西兰和英属南非、中非、东非，保留地制度却很常见，当地人的土地所有权被大规模地剥夺，然后被赶到保留地去。在这些地区，英国的占领行为显得存在感十足，它的影响也显而易见。究竟这种情况是如何产生的？主权（律师们称为“统治权”）和土地的获得（所谓的“土地所有权”）之间又有什么关系呢？

“在美洲所获得的最重要的财产”，奥利弗·克伦威尔（Oliver Cromwell）于1655年评价说，“即那些已经建立了殖民地或者移民定居点的地方，这些地方要么原本无人居住，要么有人居住但是已经同意了殖民者的行为，或者至少也是那些当地人因为人手不够而无法耕种的荒地。上帝创造出土地本来就是为了让人类使用，人类有义务将土地全面开发……”事实上，让人惊讶的是，伦敦政府在殖民北美的第一个世纪里对自己签发的特许状对于当地民族及其土地所有权而言的意义根本不关心。正如克伦威尔所言，尽管早期的特许状明确地赋予了殖民者处理土地的权力，但这并不意味着他们就有权用暴力从原住民手中夺取土地。这里的假定似乎是印第安人应该被当作彼此相隔离的社群来对待，尽管到底相隔多远才能被算作不处于同一“主权”之下，尚没有定论。至于本土居民的财产权问题，并没有权威看法。克伦威尔的话里巧妙地包含了三种矛盾的观点：第一，最好是能占据无人居住之地；第二，如果该地有人居住，则应先取得居民的“同意”（暗示购买土地）；第三，如果当地居民没有意愿和能力开垦或改善土地质量，那么占有该片土地是在秉承神的旨意。的确，有些相当有影响力的评论者坚持认为占领没被积极开垦的土地聊胜于无，哲学家约翰·洛克著名的论述就表达了这种观点，他认为只有当人的劳动与土地相结合，土地才能被划为私有，但这个论述并不适用于迁徙的游牧民族或靠狩猎和采集为生的民族。

从16~20世纪开始，英格兰人采取了5种不同的方式从原住民手中获取土地。美洲殖民的直接先例是都铎王朝对爱尔兰的殖民。都铎王朝的殖民动机完全是出于政治上的考虑：是为了在爱尔兰各大家族和反叛的权贵中重新确立皇家（以及英格兰的）权威。具体的方法是在难以管理的区域“安插”英格兰移民以及设立英格兰式郡县。以谋反罪被控的爱尔兰人所拥有的土地被没收，如果选择服从英格兰，他们能拿回土地的1/3（作为补偿），但是其余2/3则被赐封给所谓的“承办者”，“承办者”获得土地的条件是从英格兰（安置在北爱尔兰地区的移民来自苏格兰）带来移民，以改善土地质量、充当卫戍部队士兵，同时，这些移民被严格禁止与爱尔兰人通婚。沃尔特·拉雷爵士就是这样获得封地的，他拿到了沃特福德、科克郡和蒂珀雷里三个郡共计4万英亩的土地，封地面积之大，堪比王侯。当然，殖民爱尔兰的过程并不是一切都按计划进行的。英格兰人的进犯激起了爱尔兰人的猛烈反击和滔天的愤恨，往往要用暴力威胁才能逼迫爱尔兰人大规模迁移。而一些来自英格兰移民的行为也令人失望，当时的人感叹道：“从英格兰出去的移民有……叛国者、杀人犯、盗贼、诈骗犯、骗子……带着别人的妻子私奔的人……离婚的人、生活散漫的人、破产的人……天主教教徒、清教教徒……”。夺取土地只是这场以征服为目的血腥（且代价高昂的）战争的一部分，其真正目的是阻止爱尔兰成为其他势力入侵新教徒统治下的英格兰的基地。这个理由足以让英格兰政府愿意为自己所需的武力埋单。而在美洲殖民地，情况大为不同。

尽管印第安人稀少的人口（尤其是在欧洲人带去的病毒导致印第安人大规模死亡之后）意味着后来成为“13个殖民地”中的很多地区可以被殖民者无声无息、兵不血刃地据为己有，但是在大多数移民定居区，印第安部落显然充当着耕作者（据早期游记记载，印第安人栽种玉米和豆子）和猎人的角色。纵然部分移民及他们在国内的支持者坚称自己有“权利”占有那些被印第安人忽视的土地，但实际上他们并没有足够的武力来“实现”这个权利；殖民者反而觉得购买土地比抢夺土地更为容易和安全。最近的一份学术研究表明：“从缅因州到佐治亚州，最常见的获取印第安人土地的方法就是购买。”幸运的是，印第安人通常很乐意出售自己的土地。他们渴望用出售土地的收益购买各种商品，其中包括火器和酒。有的时候，印第安人也用土地换取移民的支持以对抗敌对部落。一旦移民迁入，他们的活动就会破坏附近印第安人的狩猎场地，对印第安人而言，这些土地的价值也随之消失。而且随着移民人数逐渐超过人口因疾病而骤降的印第安人社群，出售土地的压力也变得越来越大。当然，武力和诡计也起了相当大的作用，但是在北美大陆上的力量平衡取决于英国与法国之间势力平衡的时期，签订条约和购买土地仍然是殖民者扩张地盘的主要方式。

所以英国人承认印第安人在那段时期里是“本土土地所有者”。个体移民可以，也的确直接购买了土地，可是要确定他们的所有权（以防其他有意购买者夺走土地）就必须到殖民地政府注册登记。绝大多数殖民地都有专门的法律禁止未经政府授权的直接购地行为，有的时候当局要求在进行土地买卖时必须有官方检查员和出售土地的印第安人同时到场。在这种制度下，截至1750年，阿巴拉契亚山脉以东的大片土地被转手交易，那些有政治影响力的土地投机者甚至迫切要求或者暗中游说政府签发许可证，以购买西边的土地。但是正在此时，危机爆发了。在七年战争时期，印第安人对英国人的敌意以及他们对法国人的支持反映了印第安人对英国移民者进一步侵犯他们土地的深深恐惧。由于失去了自己的土地，印第安人被迫背井离乡迁徙至毗邻部落的地盘。七年战争结束后，英国占领了密西西比河以东的辽阔领土。北方的庞蒂亚克部落暴动以及在南方与切罗基部落之间战争的爆发让英国疲于奔命，英国政府决定不再参与新的边境战争。《1763年皇家宣言》（以下简称“皇家宣言”）就是为了快刀斩乱麻。“在购买印第安人土地的过程中出现了大量欺诈和滥用职权的行为”，它声明这些行为“既有损我们的利益，也引起了印第安人的极度不满”。出台的解决方案相当极端：对阿巴拉契亚山脉以西的土地不签发购地许可证，所有进行私人交易的，无论是移民还是印第安人，都被明令禁止。自此以后，唯一购买土地的途径就是由政府出面，通过收购或与印第安部落签订条约获得土地。

这个突如其来的禁令激怒了移民——那些投机土地买卖的人中就包括华盛顿和杰斐逊。这标志着外来者与本土居民之间土地交易方式的重大转变。1783年之后，英国政府再也控制不了美洲移民购买土地的行为，这些地区后来发展成了美国的一部分。联邦政府虽然名义上支持私人不得购买土地的原则，但实际却成了移民（和投机者）实现坐拥更多土地欲望的工具。而在大英帝国，“皇家宣言”在很长一段时间里给法律蒙上了一层阴影，它成了移民购买土地的正统原则。但是英国人也注意到了美国一个重要的法律判决。1823年的“约翰逊诉密托施案”否定了私下购买土地的合法性。美国最高法院重申了“皇家宣言”中规定的原则，但是在首席大法官约翰·马歇尔著名的司法认定中，这条原则被附加了三个重要条件。第一，他称美国人继承了英国的“发现”权——英国人就是如此占领美洲大陆的。拥有发现权并不意味着印第安人的土地就是美国人的，但他同时否定了印第安人有出售土地的权利。第二，马歇尔更正了印第安人作为土地所有者的论断，裁决印第安人对土地只有“使用权”而无所有权。第三，否定了印第安人随意将土地转让的权利（移民则有此项权利），因为印第安人尚未开化。印第安人“靠狩猎为生，居无定所”，“印第安人随着猎物迁往更为浓密、保护得更完好的森林”。在这里，马歇尔对印第安社会显然抱有一种陈旧且极具争议的观点。然而，正如一位英国官员尖锐地评价：“他毕竟是个美国人（要替美国人说话）。”

“皇家宣言”和马歇尔发表的声明为新西兰的白人殖民做好了准备。19 世纪 30 年代，以悉尼为基地的商人和传教士已经开始从毛利部落和首领手中购买土地。30 年代末，新西兰公司开展的大型移民计划迫使伦敦政府启动新模式。私人土地购买行为不被法律承认，英国移民只能购买英国政府从毛利人社群——而非毛利人个体手中买到的土地。但是英国人认为马歇尔论断中的发现理论并不适用于此地，他们不把新西兰算作发现所得：因为毛利人不是游猎民族，而是开化了的农耕民族。毛利人是“土地的所有者和统治者”，这其中有深刻的暗示。新西兰之所以成为英国属地并不是因为它是被英国发现或征服，而是因为 1840 年签订的《怀唐伊条约》将它割让了。条约保证毛利人能作为土地所有者（而不是占有者）“完全地使用以及完整地拥有”他们的土地、森林和渔场，尽管如果他们出售土地就必须出售给英国女王。然而这个理想状态在实际操作中却有些不尽如人意。毛利人渴望出售土地、英国人渴望购买土地，再加上些欺诈、投机和种族对立，战争随之而来，到了那个世纪末，眼看就要灭绝的本土民族手中掌握的土地与签订条约前相比，只剩下了极少的部分。但是正如新西兰近代史所表明的，1840 年确立的占领规则结果（出人意料地）意义重大。根据条约规定，毛利人所拥有的权利以及依照条约获得的巨额补偿为毛利人自我意识的复兴奠定了基础。对《怀唐伊条约》中的条款的援引重塑了现代新西兰。

另外两个例子讲述的是不同的故事。白人移民在非洲可没有惺惺作态地尊重原住民族的财产权。最早的白人移民定居点从开普（当时还在荷兰人的统治下）往北延伸，占据了人口稀少且在不断减少的科伊科伊人的土地，移民们与靠狩猎采集为生的桑人（又称布须曼人）进行了旷日持久的恶战。从19世纪30年代开始，每当英国人在东部边境上遭遇人口较多的科萨部落骚扰，解决争端的方式通常是征求部落首领的同意分配白人和黑人的领地以减少进一步的武装摩擦。所以尽管英国移民在非洲也会签订条约，但是与《怀唐伊条约》情况不同的是，这些条约并不承认非洲人为土地所有者。相反，英国当局通过征服或割让有效地控制了土地，再将土地作为"原住民居住地"和"政府赠予地"分别分配给黑人和白人。从开普殖民地向北迁徙的阿非利卡人[①]也采取了类似的做法：他们的陆军突击队用武力占领土地，再将土地分配给自己人，并把原住民变为被奴役的劳动力。塞西尔·罗兹的特许公司沿袭了这个传统做法，于1890年占领了今天的津巴布韦，将大片土地分给了"先锋者纵队"队员和公司股东。1893年后恩德贝勒人的抵抗终于被攻破时，被征服土地上的一切权利被宣布转交给英国王室，这一做法消除了对罗兹之前"征服行动"合法性的法律疑问（因为征服行动必须以英国王室的名义进行）。英国君主的土地专员对罗兹的土地分配进行了认证，尽管东印度公司后来被迫给非洲人留出更多土地。同时，在新东非保护国（今肯尼亚），游牧狩猎民族马赛人被驱逐出后来成为"白色高地"的地区，因为按照计划，该地被留给了不断迁入的白种移民。

然而最让人惊异的还是在澳大利亚。在非洲，殖民者暴力抢夺的土地成了白种移民的财产，但是至少原住民的存在以及他们的居住权还是没有争议的，问题主要在于原住民应该拥有什么样的土地（到1913年，南非地区实行"最低限度"政策）以及非洲土地应该为部落或民族集体所有还是为个人所有。可是在澳大利亚，库克的影响具有决定性。我们之前讲到，库克武断地宣称在澳大利亚没有看到任何有权拥有土地的人，他的说法被信以为真。所以澳大利亚是片无人居住的荒芜之地，即无主之地。这意味着1788年英国开始占有这片无主之地的时候，英国官员可以随心所欲地分配土地。在他们试图圈定内陆移民定居点的范围时，他们不仅没有花钱买地反而是让原本居住在这块地方的原住民掏钱以换取继续在此放牧耕作的权利，于是他们与当地人发生了争执。原住民的反抗（在有些地方相当激烈）给英国人出了道法律难题。有些有影响力的人认为原住民应服从英国法律，所以也应受英国法

① 阿非利卡人即布尔人。——译者注

律关于暴力和盗窃罪的惩罚，但是反对的呼声非常强烈。将英国法律推行到白人移民定居点之外的广大原住民居住地域根本不可能。而且，如果原住民可以在英国法庭受审，这是不是意味着他们也可以在英国法庭提出诉讼？他们会不会提出诉讼争取财产权？他们会不会控告偷了他们土地的人？这样一来白人移民定居点的法律基础就会被摧毁。1841 年西澳大利亚总督就指出了这一点，他提出这种提议“站在了皇室在澳大利亚所有土地上拥有的统治权的对立面”。当一群塔斯马尼亚岛的白种人移民从当地原住民部落手中购买今墨尔本周围的土地时，也出现了类似的问题。这笔土地交易被迅速否决，理由是私人购买行为是被严令禁止的。在这个理由之下还有更深一层的考虑：如果原住民可以出售土地，也就承认了土地是属于他们的。倘若承认了这一点，那么更多的人会冒出头来，令本来就脆弱的殖民地统治全面崩塌。和大多数法律原则一样，“无主之地”的真正好处就在于它符合当时在澳大利亚社会中居于统治地位的群体——白人侵略者的利益。

领地与帝国

并不是所有类型的帝国都要求“绝对”意义上的占领。历史上大多数帝国在其版图内都既有正式统治的区域，也有影响带或非正式统治区，还有与之“联盟”（客气的说法）的附庸国。19 世纪，英国人在全球许多地方实践了这种帝国形式：例如拉丁美洲、中东、西非（在一段短暂的时间内）、东南亚和中国。但在各地采取的方法大为不同。在埃及，卫戍部队和皇家海军对通往尼罗河三角洲和开罗的海上门户东地中海及红海的掌控权保证了英国的影响力。在中国沿海地区，用武力签订的不平等条约让英国商人（以及大多数其他西方人）得以在特别的据点，即所谓的“通商口岸”免受中国当局控制，而海岸和航道入口也随处可见英国炮艇在游弋巡逻。严格地说英国在中国只有一个领地，即分别于 1842 年和 1861 年[①]获得的中国永久割让的香港维多利亚港和九龙（今天香港的其他部分当时只是租借给英国政府）。但是在拉丁美洲，情况很不一样。在这里，英国产业众多，但是大多数都是以商业机

① 原著中为 1861 年，据考证为 1860 年。——编者注

构（例如银行）、商业财产（包括农场和牧场）、公共事业（例如电车轨道、供水系统）的形式存在。最重要的是，到了1900年，英国人已经在拉丁美洲建好了铁路系统——从阿根廷的大欧斯特或利润颇丰的圣保罗，到委内瑞拉稍微逊色的玻利瓦尔。这些英国产业都由伦敦的金融家而不是由白厅管理。时至1913年，这些产业带来的利润已经占英国海外收入的近1/4，这也是大英帝国能挺过两次世界大战的秘诀之一。

那么何不将这些宝贵的产业变成"真正"的占领呢？有两个方面的原因。首先，只要产业有利可图，那么似乎没有什么必要非得完全占领，毕竟——至少是在拉丁美洲，英国人带来的贸易增长是当地政府喜闻乐见的。除此之外，占领也很劳民伤财。如果当地人民不怎么抵抗，同时在该地区也没有强大的竞争对手，兼并领土确实很容易；相反，如果当地人民奋力抵抗，或者有强大的竞争对手在一旁虎视眈眈，那么要兼并领土，就不得不进行昂贵的持久战：英国抢夺美洲新法兰西殖民地的过程就是个很好的例子，只有在战争中取胜才能成功占领。但是一直到19世纪中期，只要情况允许，英国人更倾向于"通过条约兼并"——这是在热带非洲地区的常用模式。由于当时海军和陆军实力有限，想要征服拉丁美洲根本不可能：征服拉美的想法在当时看来是如此让人无法忍受的荒诞不经，至少在伦敦金融界看来如此。而中国（和日本）当地人民的顽强反抗使得英国的征服行为不仅徒劳无功，还伤亡惨重。埃及显然是个例外，英国人1882年占领了这里。但是值得注意的是，尽管埃及是个地理战略位置极为重要的国家，英国人并没有兼并它。埃及人民对他们的统治恨之入骨，多年来，这令英国人忧心忡忡。所以英国人在公开场合一直勉力维持那个尴尬的谎言，号称埃及只是被"临时占领"。

由此可得的结论便是，尽管在当时的世界地图上英国的领地看起来浩瀚无际，但这只会给大家对帝国的"本质"造成错误的理解。当时权威的墨卡托地图上标注为英国属地的许多地方其实不过是沙漠或荒野：真正有价值的地区集中在河边、航道边以及（后来的）铁道边的狭长地带。而有些最有价值的地方——正如我们谈到的，并没有被染成英国红，正式成为英国领地。俗话称，"现实占有败一胜九"（意指占住了的才算数），但是直到19世纪末，帝国实际占领的地区远远不及地图上所见的9/10。

第四章

迁入

“每当英国人谈及或想起英帝国时”，1909 年寇松勋爵抱怨说，“他们往往不把印度算在内，只会想起由我们自己民族的男人和女人们建立并居住的殖民地。”作为前印度总督，寇松坚信“亚洲争夺战”将会决定大英帝国的前途，而占领印度则是决定这场战争结果的关键所在。但是他深刻地意识到英国国内对帝国主义的关注主要集中在后来发展成白人自治领的 4 个地区：加拿大、澳大利亚、新西兰以及（关注相对较少的）南非。许多“帝国主义者”声称正是这 4 个自治领提供的额外人力和物力才使英国有能力对抗世界上的新兴势力（德国、俄国和美国）。1903 年后，这种期望引发了关税改革以及约瑟夫 · 张伯伦极力推动的“帝国统一”运动，保守党甚至因此一分为二。在张伯伦宏大的计划里，他呼吁联合所有的移民殖民地建立一个“帝国联邦”，由同一个议会和行政部门统一管理。尽管这个计划的进展并不顺利，但是在“英属国家”（加拿大人、澳大利亚人、新西兰人和张伯伦的追随者们所用的称呼）之间建立更紧密的联合一直到 20 世纪都是“帝国思想”的最有影响力的观点之一。

寇松的那番话如果提前 25 年左右说，会让人觉得莫名其妙。当时的英国人似乎对英国移民行动所造成的后果和带来的收益完全漠不关心。1883 年剑桥大学历史学教授约翰·罗伯特·西利（John Robert Seeley）出版了著作《英国的扩张》，在书中，他谴责英国人对移民行动的轻视，认为这是时人闭关自守、思想狭隘的表现。向海外的移民行动被西利称为“英格兰的出埃及记”（西利用“英格兰”和“英格兰人”指代“英国”和“英国人”），在他看来，这是“现代英国史中的重大事件”。然而，现实情况是，即使被提及，它也仅被当作一件简单而且必然的事件：“人口过多，又拥有最强大海上实力的国家所向披靡地占据无人居住的国家。”至于扩张的途径和原因，则无人关心。西利呼吁国内的英国人应该承认自己与海外英国人同属于一个“更大的不列颠”，彼此之间有着血浓于水的关系。正是这个主张触发了帝国统一运动和张伯伦的计划。尽管不久之后“帝国联邦”就宣告破产，但是西利的影响深远，英国政界普遍承认海外“扩张”是英国的“天定命运”，并承认“母国”英国与之前建立的移民殖民地之间有不可分割的关系。

即使不认可西利的这些观点，我们也得承认，从本质上来说，移民对于构建帝国或者“英属世界”起到了重要作用。1815~1914 年，超过 2 200 万人从不列颠群岛出发前往海外各地，远远超过同期其他欧洲和亚洲国家的移民人数。当然我们需要谨慎分析这个数据。1815 年后移民总数的 2/3 去了美国而不是英属国家。大概只有总数的 1/3 回到了英国，其中有些人是为了稍事休整再次前往海外或者开始“连环移民”——一种史学家才刚刚开始研究的移民模式。而且英国人（通常也包括爱尔兰移民）并不是“英属”国家里的唯一移民群体。其他欧洲人，尤其是德国人和斯堪的纳维亚人也取道英国。19 世纪末期新西兰北岛上有今克罗地亚沿海地区的达尔马提亚人在挖掘埋于地下的贝壳杉树脂。或许是因为觉得他们能适应当地的严寒，乌克兰人被征召至加拿大草原。截至 1800 年，约有 1 000 万非洲人被迫横渡大西洋到美洲成为奴隶，其中很大一部分去了英属殖民地，直到 1807 年，英国禁止奴隶贸易。来自印度的移民通常在严格的劳务合同约束下（所谓的“契约”）来到英属热带殖民地（例如斐济、马来亚、缅甸或特立尼达岛）当种植园劳工或者当铁路“工人”修筑乌干达与肯尼亚之间的铁路。部分印度移民到了“白人的国家”（通常来说，这只是个政治宣传术语，并不是说这些国家的国民全都是白人），在这里，他们和中国移民一样，尽管人数并不太多但仍然激起了当地人的恐慌，当地人担心这些移民会不声不响地反客为主，从而将他们排斥在外。

如此说来，移民和定居以及对所谓“无人居住的国家”的占领是英帝国构建的根基所在。这是最为持久也最为野蛮的殖民形式。然而正如西利暗示的那样，它既不“简单”也不“必然”。没错，我们越是深入探究就越发现它令人费解、错综复杂，就算我们仅仅深究英国移民部分。移民的迁徙并非出于本能。除非是被判以流放的罪犯，否则他们（在某种程度上）先得下决心离开故土，然后他们或者他们的雇主还得挑个目的地。移民要到达自己或别人帮他挑选的目的地需要强烈的动机、慎重的计划和周详的组织。而这还不够，到达目的地才是移民定居的第一步，接下来移民们要找到土地或其他方式来养活自己和家人。他们进入了一个残酷的世界，在这里，先到者占据了全部或者大部分的资源。他们必须融入未经开发的边陲社会、适应精英的统治。他们不得不学会使用最粗糙的工具尽可能地开发自然环境。他们必须得生产例如谷物、羊毛、黄金之类的经济产物，这样才能保证生计，也能使他们在荒芜之地建立的劳动营地的经济活跃起来，以吸引更多的移民。然而正如稍后我们将看到的，即使如此也未必能够成功。

心生离意

不列颠岛向海外移民的习惯由来已久，远早于1815年的大迁徙。最初的目的地是爱尔兰。从16世纪50年代开始，伦敦政府鼓励英格兰移民前往爱尔兰占据从造反的爱尔兰贵族和宗族那里没收来的土地。到16世纪末，爱尔兰南部的芒斯特地区聚集了超过4 000英格兰人，都柏林附近的伦斯特地区的英格兰移民人数大约也有这么多。1600年之后，英格兰人和苏格兰人蜂拥而至北爱尔兰地区。截至17世纪40年代，约有10万来自不列颠岛的移民定居于爱尔兰，大大超过了那时远赴大西洋彼岸的人数。1690年7月，博因河战役和奥兰治亲王威廉再次征服爱尔兰之后，移居北爱尔兰的人数达到了8万人之多。当然此时横渡大西洋的移民人数也大步赶上了。到1700年，将近40万人移居美洲，其中大多数人没有去气候温和的大陆殖民地，而是去了炎热潮湿的加勒比种植园（当然这里的死亡率也高得多）。在陌生环境的残酷死亡考验之后，大约有23万移民幸存，其中约5万人挺过了加勒比的热带气候。事实上，据估计，17世纪共有大概100万人（其中70%是英格兰人）离开了不列颠群岛：如果拿移民人数与当时的人口总数相比，这次移民的规模比200年后的那次大迁移要大得多。

他们为何要离开不列颠呢？部分原因是在17世纪，内战、叛乱和血腥镇压造成的极度动荡局势影响了不列颠群岛的每个角落。无论是对清教徒还是对天主教徒而言，移民都只有一条出路。他们或由富有同情心的商人和贵族征集，或借由率先移民的那些牧师们提供的帮助前往新英格兰定居。但是对绝大多数人而言，经济因素的影响才是最大的。高失业率、通货膨胀、经济萧条、粮食歉收，再加上“小冰河期”带来的气温骤降，移民的需求更为迫切了。许多离开不列颠的人起初或许并没有打算在外久留——前往弗吉尼亚的第一批人正是如此，他们原计划只是去开展贸易而不是开辟农业殖民地。而绝大多数横渡大西洋的年轻单身汉是冲着一夜暴富的机会或者高工资而前往盛产烟草、糖和黄金的加勒比海地区。值得注意的是，随着1700年后英国国内环境改善以及非洲奴隶将白人劳工挤出糖业生产和加工，移民潮逐渐降温，而1760年后英国的再次萧条、北爱尔兰的土地压力加上七年战争对美洲殖民地的强大宣传效应，移民热又开始不断升温。1760~1775年（1775年美洲独立革命导致交通完全瘫痪），渡过大西洋的移民达到了12.5万名——其中绝大多数是苏格兰人和爱尔兰新教教徒，是此前几十年间的移民数量的三倍。

经历了长达20多年的世界性战争，1815年之后大规模人口外流再次兴起。1832年，前往海外的年度移民人口总数首次突破10万。19世纪40~50年代，爱尔兰大饥荒造成了大移民潮：1841~1850年，170万人离开故土；1853~1860年又有160万人背井离乡；1861~1870年，几乎200万人远走他乡。1853年和1854年，每年移居海外的人数占总人口比重都超过了1%。19世纪50~60年代，来自爱尔兰的移民仍然在移民潮中占绝大多数，而1870年后，英格兰移民开始占据多数。19世纪70年代，移民人数略微下降，但是从80年代一直到19世纪末，通常每年移民人数都超过20万，从未低于14万。在之后一场持续到1914年的移民热潮中，超过300万人离开了不列颠群岛，仅1913年一年就有近40万移民。移民目的地的转变同样引人注目。18世纪90年代，绝大多数英国移民仍然选择前往美国，而1900年之后他们则选择帝国属地。那些年里有超过100万英国人移居加拿大。

一系列的动因推动和拉扯着大批移民，其中绝大多数是经济方面的。爱尔兰大饥荒体现了人口给土地带来的巨大压力已接近极限，而马铃薯在枯萎病之前的高产掩盖了这些压力。甚至在饥荒发生之前，爱尔兰的迁出人口就已经显著上升，1815~1845 年，150 万爱尔兰人移居海外。在苏格兰高地和群岛地区，居住在边际土地的农民要面对那些急于开创自己的“领地王国”的大地主们（比如说萨瑟兰公爵），所谓的“迁移”（“大清洗”一词是后来才有的）让他们苦不堪言。1815 年之后，以及 19 世纪 30~40 年代，英国经济陷入萧条。对许多技术工人来说，尤其是织布工，经济萧条导致了“结构性失业”：棉毛纺织机器使得他们的技能不再有用武之地。在 19 世纪接下来的时间里，技术行业的逐步工业化致使人们要么失业，要么收入（继而导致地位）急剧下降。随着英国粮食（尤其是谷物）进口量的增加，许多农村地区（并不只是在苏格兰和爱尔兰）经济开始濒临崩溃。恶劣的天气、贫瘠的土地和糟糕的道路状况加剧了北德文和奇尔特恩思等许多区域农村的贫困程度；来自美洲的竞争导致小麦价格暴跌，使得传统的“谷物生产区”（英格兰东部和南部的大型谷物种植区）的农村劳动力穷困潦倒。

这些经济压力并不是、也不可能是唯一的原因。在世界其他地区，甚至在欧洲，人口压力就算不比英国高，也至少也达到了同样的水平，但要么是移民潮发生的时间晚于英国，要么外迁总体人数低于英国。真正让英国人（以及爱尔兰人）如此热衷于移民的部分原因是观念方面的。自 18 世纪晚期开始，支持自由贸易的观点在英国取得压倒性的地位。有地有钱的精英阶层迫切地想迅速赚得更多的金钱，为了这个目的，他们不惜尝试任何可能的手段，这并不是什么新鲜事：以伊丽莎白时期的贵族为例，他们就曾投资海盗、殖民、新外贸以及土地的开垦、改良。但是直到 18 世纪晚期，人们广泛认为英国的制造业和农业应该受到保护，以抵抗来自海外的竞争。事实上，亚当 · 斯密在《国富论》中清楚阐述的计划在 70 年后才得以全面实施，谷物得以进行自由贸易（1846 年）、《航海条例》也被废除（1851 年）。在此之前的很长一段时间里，工厂主可以随意提高劳动强度，与此同时，国家将“联合社”（即工会组织）认定为非法组织，这为多个大型铁路项目扫清了道路，仅在伦敦就有数以千计的人被迫转行。强调“进步”的观点把经济“增长”视为绝对目标，认为一切为之付出的社会代价都是必要的。任何干预经济规律的行为都被看作是徒劳或者错误的。当时的英格兰经济学家们一致认为爱尔兰贫困问题只能通过大规模移民解决——但是最好不要移到英格兰来。随着土地自由买卖的发展和土地所有权的巩固，爱尔兰农业应该终将有利可图，极端自由贸易者理查德·科布登也如此认为。大移民潮过后，爱尔兰元气大伤，这时，哲学家、经济学家约翰·斯图尔特·密尔所提出的推进农民小土地所有制的主张才开始被重视。

但是还有另外一个大众而非精英层次的意识形态观推动着移民潮。尽管大多数有权有势的人逐渐接受了英国首先是一个商业和工业国家——这正是谷物自由贸易的前提，而英格兰、威尔士、苏格兰和爱尔兰的其他社会阶层则持有另一套全然不同的观点。“公平”工资、对技术工种的尊重等概念给劳动阶层对到工厂里做工和“工厂纪律”的憎恨火上浇油。更为根深蒂固的是劳动阶层的财富理想，他们希望能够合法拥有一块可供耕种的土地，即使不作为主要收入，也可以作为养老的保障以防不测。对“副业生产地”（划分为小块的、可供城市工人使用的土地）的要求是19世纪30~40年代轰轰烈烈的工人阶级运动——宪章运动的主要主张之一。就算是那些从城镇或城市移居海外的英国人，他们的上一代也是在乡村生活的，其中有些人还有权使用公共用地或林地。如果说经济上的困苦将移民“推”了出去，那么美洲和澳洲这两个目的地所能提供的免费或低价土地就像强大的磁石“拉”着他们前行。当新西兰的移民们被问及最大的收获是什么，他们最常提起的就是在这里他们能安稳地拥有土地，哪怕只是一小块。

有离开的愿望和需要是一回事，成功到达某个目的地又是另一回事了。那时候人们是如何移民的？对一些人来说，他们并没有什么选择。1783~1868年间，大约16万罪犯被流放海外，几乎所有的罪犯都被运往了澳大利亚，通常他们要先服满刑期再“刑满释放”。在爱尔兰和苏格兰的一些地区，地主会“协助”他们想赶走的人移民。地质学家阿奇博尔德·盖基（Archibald Geikie）曾亲眼目睹斯凯岛上的一小群居民像牲口一样无助地被赶上开往加拿大的轮船。但是通过这种方式移民的人还是极小一部分：就算是在大饥荒时期，可能有许许多多人愿意接受他们的地主能把他们送往海外，但是只有不到4%的人是通过这种方式出发的。相比而言，政府计划起到的作用更为重大，它征召有移民意向的国民，将他们派往官方认可的目的地。1749年伦敦政府登报征集移民前往当时对抗法军的重要前线基地——今天的新斯科舍省哈利法克斯市，政府承诺土地免费、税收全免，并提供12个月的口粮配给，因此，有 2 500 人争先恐后地申请参加。1815 年以后，由军费预算拨款支付从苏格兰往加拿大运送移民的费用，目的是把守住圣劳伦斯河和渥太华河所圈成的战略三角地带以防美国入侵。1819 年，随着经济萧条加剧，出于对社会动荡的恐惧，政府突然决定出资在南非建立移民定居点：8 万人申请，5 000 人入选。更为长期的机制是“殖民土地与移民委员会”，从 1840~1872 年，它利用在澳大利亚土地交易的收入，出资让 34 万人移民——占所有在帝国属地定居人口的 1/4 以上。

但是大多数移居英属殖民地的人并不是政府派遣的。另有三种“动因”起到了至关重要的作用。首先是“土地公司”，这些公司本来就在美洲殖民地非常活跃，1815 年之后更如雨后春笋般涌现。加拿大公司、英美公司、南澳大利亚公司、新西兰公司等众多公司的目的是低价购买或者从殖民地政府手中受赠土地，继而将土地转手卖给英国的投资者或者有移民意向的人，买卖通常会附加居住和耕种的条件。对公司来说，它们要大力宣传名下未开发的地产的美好前景，广告中满是热情澎湃的移民或游客吹捧美好的风景和肥沃的土地。第二，大批移民对商人和船主来说有很强的吸引力。1830 年比迪福德商人托马斯 · 钱特登出广告宣传他的 4 艘船“专为家庭度身定做，价格低廉，开往爱德华王子岛、布雷顿和新不伦瑞克省”。这些轮船首航共有 74 位乘客，都是北德文郡和康沃尔郡的“农民、工人和技工”以及他们的家人。把人运出去再从魁北克或加拿大的沿海诸省拉回木材，这实在是一举两得。第三，移民也并不全是被动地等着别人来召集。当时出现了许多移民社团，它们宣传、公布移民信息，有的时候还组织实际的移民活动。1773 年苏格兰美洲农民公司在克莱德河谷下游成立了。它的 105 名会员中既有小农也有技工，他们缴纳小额会费在美国购买土地以及支付赴美选址的先遣团费用。

对于许多想移民的人来说，资金是最大的问题。19 世纪中期，渡过大西洋需要每人 3~4 英镑。对爱尔兰移民来说总花费往往超过一个家庭一年的收入。为了凑够钱，最常见的办法——尤其是对于单身汉来说，曾经是签订契约。有移民意向的人承诺为某个商人或者答应把他送往某个美洲港口的船长工作 4~5 年，这种方式在 17 世纪广为盛行。双方签订合同（所谓的“契约”），当船到达美洲，船长会拍卖手中的契约，将其卖给出价最高的人。而移民，无论男女，站在码头前沿，看着出价人对他们的劳动力讨价还价再最终敲定价格。1800 年之后，白人契约移民逐渐淡出历史舞台，另一套系统取而代之：移民作为“地权合伙人”，在“头领”的带领下前往目的地。通常来说，只要头领能带来足够数量的“人头”定居，就能用极其优惠的条件投标买下大块土地。所以他们会登广告招聘志愿者，支付志愿者的路费，可能还会安排“他们的”移民到达许诺的地点。但是19世纪移民们最常用的筹资方法是“家庭自助式”的。一家人相互协作，最有能力、最健康的成员作为先锋率先前往海外，一旦安顿下来赚到了钱，他们就会汇款回国或者从附近的船主处买一张船票把家人接过来。一个叫玛丽·达根的女孩写信给她的妹妹，随信附上4英镑作为从爱尔兰出发的路费。玛丽告诉妹妹，当她到了魁北克，她可以跟移民中介说自己没钱去金士顿的姐姐那儿，那么中介会给她一张票，还会提供一些口粮。

如果不是处于公众极度关注的大气候之下，移民“生意”不太可能如此兴旺发达。当时的英国社会充斥着各色移民前景的“新闻”。早在17世纪20~30年代就有无数的小册子、剧本和宣传册大肆鼓吹海外移民点的美好和遍地的发财机会。牧师们在布道时进行适当的宣传：约翰·多恩就曾受雇于弗吉尼亚公司。到了18世纪中期，宣传印刷品中加入了让人心生向往的地图：只是哈利法克斯的地图上浓密的森林被刻意淡化，野生动物被忽略，对印第安人也避而不谈。19世纪，《移民指南》在英国大量传播，它们用警告、哄骗、操纵、混淆视听的方式引诱人移民。移民们不得不努力辨别信息的真假：因此或许此时最靠得住的是亲人从海外寄来的信件——就算是这些家书也有可能被东印度公司警惕地篡改过了。或许最重要的是当19世纪50~60年代的大移民潮到来时，英国本土人已经成为一个热衷于迁徙的民族：从一地区迁移到另一个地区、从村庄迁移到城镇、从英国各地迁往伦敦大都市。正如俗话所说的“仁爱始于家”，迁徙也始于国内。

到达目的地

对于大多数移民家庭而言，旅途是否辛苦不重要，重要的是安全到达目的地。他们或许很走运，航行一帆风顺。但是直到19世纪60年代，大多数人都是乘着帆船横渡大西洋的，从欧洲千里迢迢运煤过来的高昂成本和向南航行的便利推迟了帆船向汽船的更新换代，而前往澳大利亚和新西兰的船只升级还要更迟一些。乘坐帆船向西渡过大西洋一般需要 6 个星期，而到达澳大利亚和新西兰则可能需要 4 个月甚至更久。冬季的北大西洋非常不利于航行。从圣劳伦斯河进入加拿大境内的主要入口从 11 月底到第二年 4 月被寒冰封住。穿越“咆哮西风带”——从好望角向东通往澳大利亚南角的航道，这里西风带推动着船只飞速航行——咆哮的大风加上海上的惊涛骇浪，即使不摧毁桅杆和船帆，也能使航行旅途如同噩梦。“风高浪急”，一位驶往新西兰的外科医生于 1842 年记录道，“船只随浪颠簸，大量海水进入船体……”几天之后，“上桅帆脱离船体，深夜两点，主桅帆被风浪撕裂。”当他们终于能靠岸登陆，却发现所谓的港口往往只是几栋房子和商店胡乱混杂在一起的地方，像 19 世纪 40 年代的惠灵顿和墨尔本，或者 19 世纪 50 年代的达尼丁抑或任意一个有众多苏格兰人前往的位于新斯科舍省或新不伦瑞克省的小港口。1820 年，被送往开普的移民们不得不乘风破浪在阿尔哥亚湾——后来的伊丽莎白港所在地登陆。抵达重要的枢纽港（例如魁北克，对继续前往今安大略或悉尼的人来说，它是个总站）不过是通往最终目的地的第一步。但是许多人也会在此停留。继续前行的费用、赚钱的迫切需要、尽快将其他家庭成员接来的愿望，都使得在城市干活挣钱成为比到内陆开垦土地更好的选择。许多港口城市的快速发展（截至 1850 年魁北克市和蒙特利尔的人口加起来达到了 10 万）也助长了这个趋势。在澳大利亚，这种情况更为显著，通往内陆的高昂交通费用、内陆农村对劳动力的低需求以及加工和包装大批羊毛出口物的需要，意味着殖民地主要城市与移民人口稀少的内陆相比发展速度严重不成比例。

而那些继续前进的移民们最关心的是如何获得土地：以较为宽松的条件购买农场的权利。他们或许希望先保障糊口，等到资金逐渐有些富余的时候再出卖农产品换取现金。事实上，土地是所有移民殖民地的“关键”问题：所有的政治活动都能和土地联系起来。这并不奇怪，因为毕竟土地是殖民地最有价值的资产，也是税收的来源和最快赚取私人财富的工具。如此一来，在土地获取问题、分配问题以及（最终的）再分配问题上的政治斗争必然非常激烈。

理论上来说，所有的殖民地当局都热切地期望能尽快用从英国来的移民占领尽可能多的领土。原因很明显：把土地上的森林或灌木清扫一空能使土地变得可耕种，进而能让殖民地自给自足。这可不是件容易的事。早期美洲殖民地就曾面临饥饿的风险。1788 年博特尼湾殖民地建立，20 年后，新南威尔士的粮食供应仍然远远称不上“有保障”。1806 年总督威廉 · 布莱（有时被称为“慷慨号船长布莱”）向他的赞助人约瑟夫 · 班克斯爵士汇报说：小麦收成很低。布莱急盼着他能送一船大米来救急，同时布莱也派人去中国再调一船大米，但是此外没有别的救援物资，殖民地粮食配给量显然是紧巴巴的。新建立的移民定居点所带来的希望就在于能够生产粮食以供出口，或者能够养活劳动力来地生产例如木材或羊毛等可供出售的出口货物。这些出口商品有时被称作“大宗产品”，对于避免殖民地陷入发展停滞或更糟糕的状态起着至关重要的作用。它们能吸引国内投资、引起那些掌握资金的权贵们的注意（甚至吸引他们亲自到殖民地来）、加快货币流通。而赢利的贸易又能招来更多的移民，平整出更多土地，进而生产更多农作物。土地买卖可以提高政府收入，使之有能力深挖运河（例如在加拿大）、改善道路以及修建铁路。这种生生不息的良性循环确保了殖民地的繁荣昌盛。对于移民来说，经济繁荣和财政独立可以支持他们“自治政府”的主张，以便摆脱伦敦政府对他们内部事务的控制。

当然，事情并没有这么简单。从原住民手中获取土地是第一重需要消除的障碍。正如第三章中论述过的，在美洲殖民地主要是通过购买获取土地。而在后来的加拿大（在 1867 年之前，严格来说是“英属北美”），购买或者原住民出卖土地是典型的土地获得方式。今安大略省和加拿大大西洋沿岸省份中的新斯科舍省和新不伦瑞克省地区，在殖民活动开始之前人口就很稀少，而且疾病或内战让人口更为稀少。在澳大利亚，原住民的要求完全被忽略，尽管移民点建立进程缓慢，但是由于原住民人数量相对较少（据粗略估计，18 世纪 70 年代“有接触”的仅有 100 万人左右）而且土地幅员辽阔，因此除 19 世纪三四十年代塔斯马尼亚岛之外，土地获得的难题被掩盖了。在南非，19 世纪 90 年代移民潮之前，英国移民规模一直很小，在开普殖民地和纳塔尔的英属领地以及奥兰治北部的布尔共和国，征服和割让是典型的土地获得方式。真正的特例是新西兰，尤其在北岛（大概只有 5 000 毛利人居住于南岛，被英国兼并时只占总人口的 5%），一直持续到那个世纪末还未完成的漫长过程中，毛利人的土地权利被逐渐购买（或者说被殖民者用阴谋诡计抹除）。

那么到底谁得到了土地呢？答案是往往是少数有广泛人脉的人。当爱德华王子岛（今加拿大大西洋省份之一）在 1763 年后成为英国领地时，它被分给 67 个缺

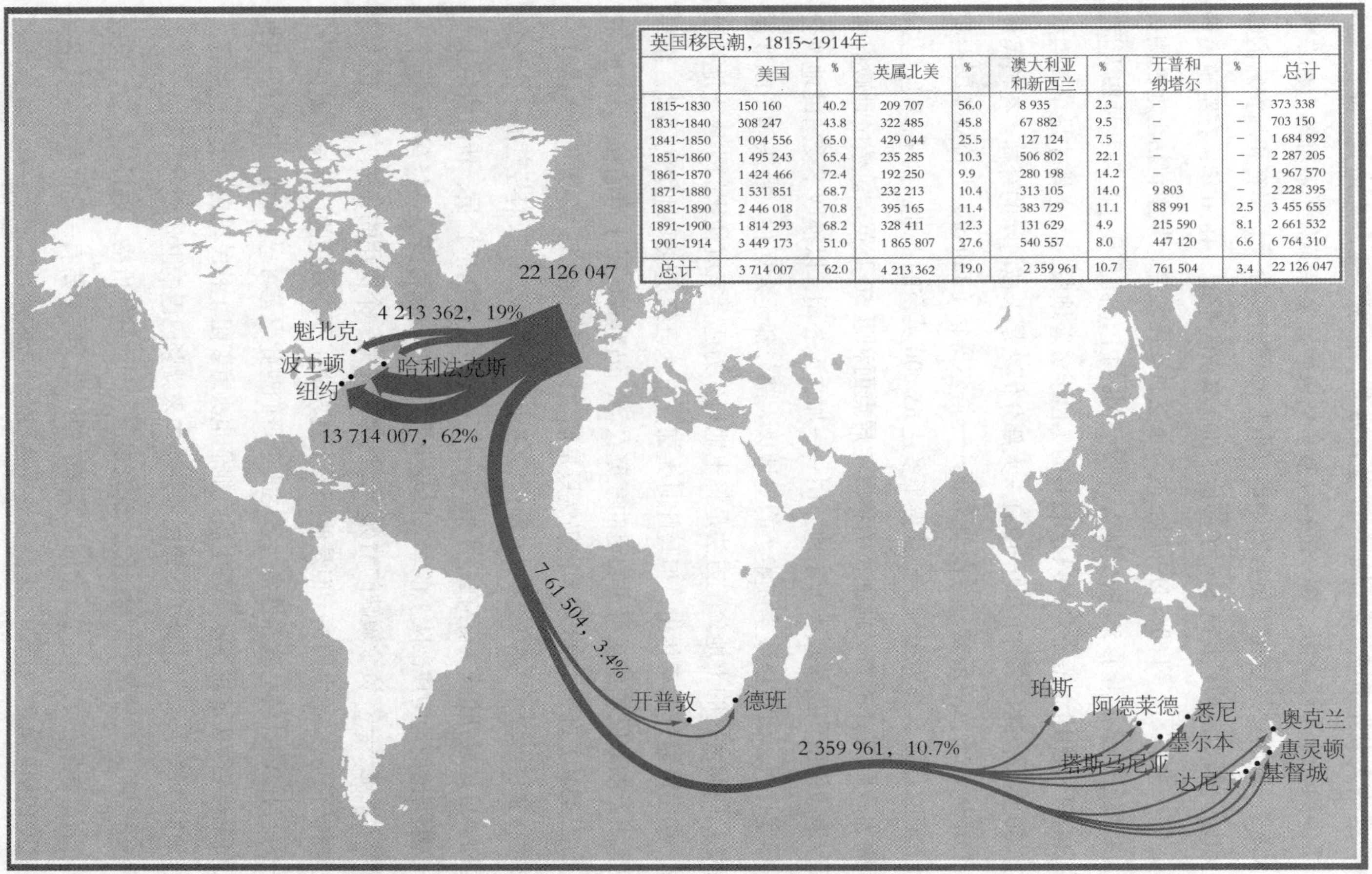

英国移民潮，1815~1914年

	美国	%	英属北美	%	澳大利亚和新西兰	%	开普和纳塔尔	%	总计
1815~1830	150 160	40.2	209 707	56.0	8 935	2.3	–	–	373 338
1831~1840	308 247	43.8	322 485	45.8	67 882	9.5	–	–	703 150
1841~1850	1 094 556	65.0	429 044	25.5	127 124	7.5	–	–	1 684 892
1851~1860	1 495 243	65.4	235 285	10.3	506 802	22.1	–	–	2 287 205
1861~1870	1 424 466	72.4	192 250	9.9	280 198	14.2	–	–	1 967 570
1871~1880	1 531 851	68.7	232 213	10.4	313 105	14.0	9 803	–	2 228 395
1881~1890	2 446 018	70.8	395 165	11.4	383 729	11.1	88 991	2.5	3 455 655
1891~1900	1 814 293	68.2	328 411	12.3	131 629	4.9	215 590	8.1	2 661 532
1901~1914	3 449 173	51.0	1 865 807	27.6	540 557	8.0	447 120	6.6	6 764 310
总计	3 714 007	62.0	4 213 362	19.0	2 359 961	10.7	761 504	3.4	22 126 047

图 4－1　1815~1914 年不列颠岛的移民潮

席领主，这些人事先申请了赠予地：直到 1895 年，最后一个缺席地主（或称在外地主）手中的土地才被卖出。在美国独立战争结束后许多亲英分子避难的上加拿大（今安大略），普通移民获得了免费赠予地，但是高层亲英分子、军官和治安官的赠予地面积要大得多，他们每人获得了多达 5 000 英亩的土地。1820 年，在距殖民地首府不远的一个镇区，约 60% 的可用土地属于这种缺席地主，其中包括土地勘测员（他们因勘测工作而获得了 5% 的土地），而近 30% 的土地面积属于皇室和神职人员，以支付政府开销和建立圣公会；只有 12% 的（位于最差地段的）土地才是留着卖给移民的。50 年后，缺席领主的地产中有一大部分仍然是未被清除的森林。在殖民地的另一个地区，一位英裔爱尔兰混血军官——塔尔博特（Talbot）上校从英国召集了成百上千的移民，作为报酬，他获得了多达 65 000 英亩的土地。到了 19 世纪 30 年代，因为政府监管不力，他把持的移民定居点面积近 50 万英亩。殖民地政府将大块保留地廉价出售给一家大型土地公司——加拿大公司，以换取不受殖民地议会审查的年度收入。但是被贱卖或赠予的土地极大部分都无人居住。后来赠予制度逐渐被废除，取而代之的土地分配方法是将土地划分为适合家庭使用的小块土地并设定底价，然后再通过拍卖售出，但是此时大部分土地已经是缺席地主的属地。结果尽管成千上万的移民的确获得了自己的家庭农场，仍然有成千上万的移民（约占农民总人口的 43%）直到 1848 年为止仍然只是佃户，而更多的人只是无土地的劳工。

澳大利亚也出现了类似的情况。新南威尔士是个监狱，由政府经营的一个农场提供食物。可是最初这里就存在一小群“自由”民，其中包括官员、新南威尔士军团（一支小型殖民地卫戍部队）的军官以及少数几个商人和移民。总督有权根据个人的贡献赠予土地——在资金短缺的情况下，这倒不失为一个实用的办法。移民们本该为殖民地种植粮食、提供肉类，但是他们马上就养成了不守规矩的坏习惯，无论那块土地是不是自己的都随意放养牲畜。悉尼的总督们对此忍无可忍，他们希望看到土地上的人们能老老实实地耕作以改善土质。他们也决意要阻止移民擅自占用土地的行为（使用土地但不给钱），不让其扩大殖民地并给本来就紧巴巴的财政增添新负担。一系列新规定出台了，土地赠予制被废除，政府规定了土地最低价格，再将其拍卖。伦敦政府原定的目标是在这里建立一个简洁紧凑的殖民地，其中要有一片地带让经验丰富的农民移民们精耕细作。然而事情的发展显然和伦敦政府的目标不太一样。

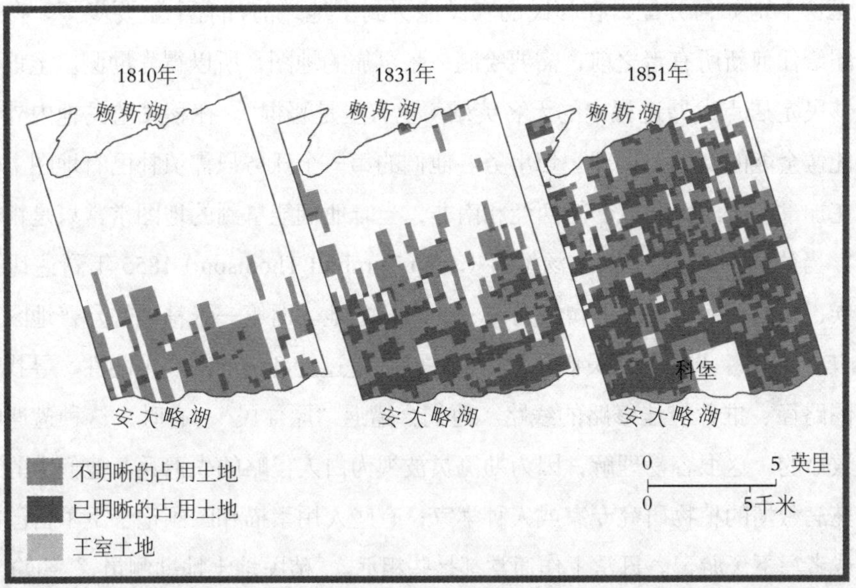

图 4–2 上加拿大（安大略）湖岸区划，展示不明晰产权的土地范围，这些土地常常属于在外地主

真正的症结在于总督的权利不足以控制那些擅自占地的人。据称，擅自占地者“只不过是在追随那些最有影响力、地位最卓绝的殖民者。后者的牛羊牧区在不属于自己的土地上随处可见，可恨的擅自占地者总是如影随形地跟着放牧。”换而言之，所有的人都在擅自占用土地。在这种利己主义的大潮之下，想要约束他们无异于痴人说梦。政府也想阻止塔斯马尼亚岛来的那群人突然占领菲利普港区（今维多利亚州），但是，就像伦敦政府慨叹的那样：“当大众的主流倾向与法律相左，那么法律就会不可避免地失去其应有效力。”伦敦政府能做的顶多是用出售土地的收入补助自由移民，试图用自由移民取代监狱劳工以解决劳动力问题——从 1840 年开始，英国不再往东澳大利亚流放罪犯。但是政府阻止不了大批土地被出售给投机土地商人，也无法拒绝给擅自占地者发放廉价许可允许他们大行其道占据大片土地。1850 年以后无数移民被淘金热吸引而来，一方面，一些移民想拥有小型农场，另一方面，“牧羊王们”用空有其名的地租占据了无边的草场以支持他们的羊毛产业，这两群人之间的斗争一触即发。然而殖民地的收入已经逐渐依赖于羊毛出口业，这时双方也只好听之任之，正所谓“道高一尺，魔高一丈”。

无论土地如何分配，在移民的农民能买到土地之前都有个重要步骤。在把土地分配给任何新所有者之前，需要绘制一张可靠的地图，所以得先勘测。土地勘测员是移民定居点发展进程中的无名英雄（也有些是恶棍）。在移民殖民地内外，他们都能像全能的女佣，料理一切事务。他们的第一个任务只需填补已有地图上的空缺。在加拿大、澳大利亚、新西兰和南非，当时他们能拿到的地图常常只是粗糙的略图。当约翰·特恩布尔·汤姆森（John Turnbull Thomson）1855年到达达尼丁的时候，新西兰南岛内陆的奥塔哥是一片未知之地。而第一张精确的开普地图直到1876年才问世。土地勘测员们还需要标注他们走过的各地的潜在可能性、寻找穿越山脉的路径、推荐最佳修路的线路。他们会遭遇“原住民”，有时，这种遭遇的结果是致命的，这很容易理解，因为勘测员被视为白人侵略的先遣兵。他们中的一些人是充满激情的植物研究专家或人种学家；有些人用素描和图画记录下了自己的路途，或者写下了游记。日常工作通常都是些粗活。“殖民地土地勘测员，”约翰·特恩布尔·汤姆森描述道，“身穿粗斜条棉布裤和蓝衬衫，头戴巴拿马草帽，脚踏带钉子鞋底的靴子……他随身携带上百种物件，有刀子、针、望远镜、火柴、纸、墨水、线、纽扣，还有必不可少的笔记本；他保持每小时三英里的速度趟过沼泽和溪流；以一种叫‘丹波’的糕点和咸牛肉干为主食，饮用海量的茶水。”

最好的土地勘测员都是专业人士，精通数学是基本要求。对许多年轻人来说，这个工作不仅能让他们带薪探险，还给了他们暴富的机会。装备很简单，经纬仪综合了罗盘和望远镜的功能，可以前后翻转。土地勘测员可以利用经纬仪画出两个可见点之间的直线并确定其确切位置，然后在几个技术人员的帮助下，他用一根66英尺长的测链丈量直线的长度——这个过程非常艰辛，勘测员往往需要披荆斩棘、砍断树木并在地上标注各段的长度。在勘测员完成基线的测量工作并画在自己的地图上后，他就可以开始记录其他地形特征以及给土地划分功能区：例如城镇、土地。土地勘测员才是移民定居点的真正规划者。他在地图和地上所画的线条变成了道路和边界，它们构成了“矩形的被子”，将森林和灌木丛分割成井井有条的网格——与英国中世纪殖民活动建立的乱七八糟地貌形成鲜明对比。土地勘测员同时也是城镇设计者，他划出笔直的街道把土地等分，还会给勘测的地形挑选名字，有时旧地名被弃而不用，换成新的更气派的名字，有时则借用祖国的河流和山川的名字。

殖民地政府必须勘测领土的原因是显而易见的：除非勘测工作已经完成，否则土地买卖无法进行下去，因为自行安排勘测工作所需的费用会让有意向的买主望而却步。可是无论勘测工作进行得如何全面具体（更何况很多勘测并没有达到这个水平），都不能保证移民一定能在此地顺利地生活。买下一块地皮之后，移民可能会发现它地处丛林之中、远离公路，要把行李搬来需要大费周折。而且他买下的地皮可能是沼泽或者酸性土质，要么就是布满岩石或者土壤稀薄，东安大略地区的土地往往如此。1820 年被带到开普的那些移民中的大多数都迫不及待地遗弃了他们的农场。如果平整土地的进程缓慢或者费用高昂，农民可能不得不找其他的工作，例如去修公路或者运河。如果贸易没有形成，那么大张旗鼓兴建的城镇很可能会惨淡萧条。要是收成不好，农民可能会负债累累，甚至因此锒铛入狱；19 世纪 30 年代的经济萧条时，加拿大的许多农民就沦落到了如此田地。邻居也可能非常不好相处。移民们大量饮酒、性别失衡、生活条件恶劣以及工作竞争激烈，这一切加剧了不稳定性。再加上种族和宗教的对立（天主教教徒与新教教徒之间，法国人、爱尔兰人和苏格兰人之间），暴力行为屡见不鲜。

今天的新普利茅斯是一座怡人的城市，它坐落在新西兰北岛西海岸，拥有一座一流的博物馆。但是它的早期历史却是另一番景象。1840 年，一群西部地主和商人组建了普利茅斯公司，新普利茅斯就是公司的项目。这些人的动机很复杂。好些年前在此建立的新西兰公司的宗旨是从毛利人那里购买土地以在群岛上建立殖民地，普利茅斯公司中的一些人就与该公司有关系。新西兰公司的灵感来源于爱德华·吉本·韦克菲尔德（Edward Gibbon Wakefield）那充满吸引力的人格（或许是病态的——他因诱拐一名 15 岁的女继承人而被判入狱三年）。韦克菲尔德认为殖民作为市场、供应者和资金消费者，是英国繁荣昌盛的必需条件，并称英国人是“天生的殖民者”。但是他也认为殖民地必须经过认真的规划才能保证它们不会退化为不能生产任何出口商品的消费社会。殖民地面临的危险是，如果地价太低廉，那么将不会有人给别人打工，人们都宁愿开辟一片小农场养活自己和家人。掌握资本的有钱人绝不会加入这样一个毫无生气的“小农”社会，没有社会领导者，殖民地会陷入贫困。解决这个问题的方案就是合理的规划和价格。殖民地的建立必须经过仔细的规划，要有能够吸引富人前来的城镇和便利的设施。最重要的是，土地的价格要够高。那些买了地的人为了物有所值不得不努力经营：他们会有强大的动力去聘用劳工，尽力让土地高产。而没有足够的资金买地的移民只能先打几年工才能攒够钱买自己的农场。劳动力和资金相互依存，就会创造利润、促进进步。

韦克菲尔德的想法对几个团体产生了巨大的吸引力。他们承诺创建一个有序的世界，由有学识和有空闲的人来确定这个世界的基调。19 世纪 30 年代，公众关注的主要问题就是如何保护原住民不为欧洲移民的贪婪和残忍所累，那些坚信只有有规划的殖民地才能解决这个问题的人被韦克菲尔德构想下的世界吸引住了。这个有序的世界会给原住民保留土地，会有条不紊地使他们皈依基督教、适应商业。当然利他主义绝不是这个构想的中心所在，韦克菲尔德允许土地买主只要留在国内就能出租或者出售土地以赚取可观的收益。通过从毛利人那里低价买入土地再将其转手出售，普利茅斯公司能够偿付劳动阶层移民的路费，移民定居点也就有了劳动力。

普利茅斯公司的创始人们赞同韦克菲尔德的构想，因为它听起来似乎可以解决德文和康沃尔部分地区的困境和贫穷问题。康沃尔大地主、公司董事之一的威廉·莫尔斯沃思爵士积极地支持"殖民改革"，第一批到达康沃尔的移民中有一部分劳工就是由他招募来的。1840 年 11 月，一艘租用的船只驶向新西兰，事实上移民的最终目的地尚未确定。由于自己没有土地，普利茅斯公司从母公司新西兰公司那里买下了约 5 万英亩土地的所有权。一位经验丰富的土地勘测员弗雷德里克·加灵顿，被先行派往当地挑选的理想地点并为移民的到达做准备。1840 年 12 月，加灵顿抵达了尼克尔森港（现称惠灵顿港）小镇，向新西兰公司代理人提出了要求。他马不停蹄地勘察了周围的海岸，寻找港口和可耕平原。新普利茅斯只是个折中的结果，它有许多优势：被库克命名为埃格蒙特山（现称塔拉纳基山）的锥形山峰周围有一片宽广平坦的土地。加灵顿登陆的舒格洛夫山附近，森林植被较为稀薄。当地没有几个毛利人，而他看见的那些原住民也是"过着极为悲惨的生活"。新西兰公司宣称已经购买了这块土地。尽管这里没有安全的登陆点，但是其他备选地点的可耕地又实在太少。于是加灵顿决定就选择了这里。

有很多工作要做。加灵顿协同手下寥寥数个劳工开始点燃蕨类植物、平整土地。要种好农作物，也要使城镇初具雏形。加灵顿聚集了毛利居民，要向他们解释他们的土地现在属于他了。"然后我在地上画好方格，"他在日志中写道，"让他们明白他们的保留地的价值，他们为之雀跃。”加灵顿凝视着森林，畅想着木材能带来的巨大利润。3 月 20 日，第一批移民到达，新普利茅斯就此建立了。

但是没过多久就出问题了。加灵顿一到尼克尔森港就雇用了一个叫巴雷特的流浪汉。此人原本是罗瑟希德人，在渡过塔斯曼海之前，他在澳大利亚住了几年：新西兰与新南威尔士隔海相望。他以捕鲸为生，在塔拉纳基成了家，接着他给新西兰公司当总管和翻译。加灵顿希望巴雷特能在他与新普利茅斯地区的毛利人之间充当中间人，但是巴雷特突然宣称公司土地的一大部分其实是他和他的（毛利族）孩子们的。或许是在巴雷特的煽动下，其他毛利人也纷纷开始抱怨他们从来都没有把土地出售给新西兰公司——正是新西兰公司把这片土地卖给了普利茅斯公司。加灵顿后来认为他们的主张几乎完全是公平合理的。同时公司在此地的前景堪忧：没有港口是个大问题，所有的物件都不得不用公司的捕鲸船运上海岸——既耗时又费钱。没有几艘船愿意到这里来。公司派驻新普利茅斯的代理人满腹牢骚：“我们与世隔绝，除非走运，否则跟哪里都无法联系。”加灵顿对这个问题十分敏感，声称塔拉纳基是“这个国家的花园”、“大粮仓”。无论真相到底如何，想要很快五谷丰登是不可能的。更糟糕的是，拯救了澳大利亚和新西兰其他地区经济的绵羊饲养业在塔拉纳基山的灌木层地区并不可行。于是他们平整出来的土地没什么希望成为能赢利的农场，甚至连养活自己都成问题，这群殖民者对公司来说是个无底洞，使得本就捉襟见肘的普利茅斯公司资源更是雪上加霜。一年还没到，普利茅斯公司的银行家们就倒闭了，被迫并入新西兰公司，而新西兰公司显然并不是很关心新普利茅斯殖民地的生存问题。

当时的形势看不到一点好转的迹象。英国政府 1840 年吞并了新西兰，但在英国政府眼里白人殖民者仅仅是群讨厌的人——他们可能煽动毛利人、引起殖民战争，这势必让英国政府花费巨大。伦敦的解决方案是严格限制移民购买土地。新西兰公司对这片土地的权利要求遭到政府质疑，被翻来覆去地审查，有几次甚至直接被否定。对于急于购买土地的移民而言这相当于被判了死刑。加灵顿忧心忡忡地说：如果不能供应新开发的土地，就不会有人来新西兰，而已经来了的人也会离开。还有更糟糕的：新普利茅斯在怀塔拉河沿岸最好的土地遭到了激烈的抢夺，毛利人口开始急速上升。移民们发现之前之所以在此地见不到原住民只是个误会，仅仅是毛利人 19 世纪 20~30 年代的“火枪战争”导致的暂时假象。当时火枪流入毛利人手中，有枪的部落对其周边部落和仇家具有了短暂但压倒性的优势，然而战争结束之后，被俘虏的当地人纷纷回归，他们自然就会要回自己的土地。不久之后就发生了移民与毛利人之间的武装冲突。英国国内对新普利茅斯的兴趣开始下降。普利茅斯的董事们悲叹：如果没有信件寄回国宣扬殖民地的各种美好（出版了一册宣传书，里面满是对殖民地令人生疑的赞美之词，但是这时已经晚了），怎么能指望吸引到更多的移民？普利茅斯公司代理人警告说：除非有钱人加入，否则公司不得不承担雇用所有移民劳工的费用。而如果付给劳工的工资不够高，劳工会离开新普利茅斯去其他地方寻求更好的待遇。一切工作将因此停滞，包括勘测土地和其他工作。

到了移民定居点建立的第三个年头，这个问题已经不再紧要，因为毛利人带来的压力更为迫切。“毛利人将事态升级为危机”，公司代理人愤怒地评价道，就算在“其他国家里原住民与移民也发生了争执”，也应该如此对待毛利人；应该有人把毛利首领蒂劳帕拉哈“抓起来”；但是没有陪审团能将其定罪。与此同时，殖民地里失业的工匠们要求公司给他们工作，并威胁要拉倒代理人的外廊、拆掉他的围栏。几个月后有消息传来说毛利人正在修建要塞。因为害怕毛利人的抵抗会使土地无法使用，甚至那些买了地的移民也拒绝付钱。普利茅斯公司最终无法让新普利茅斯赢利，移民定居点陷入了极不稳定的状态，而塔拉纳基地区进一步向着白种人与毛利人之间的冲突迈进。到了 19 世纪 50 年代中期，移民需要驻戍部队和筑起碉堡来自保。1860 年 3 月，第一次塔拉纳基战争爆发。由于战争和经济不景气的拖累，一直到 19 世纪 80 年代中期，第一批移民所梦想的美好未来才在新普利茅斯和塔拉纳基得以逐渐实现。是铁路和冷藏技术扭转了败局。就像新西兰的其他地区一样，塔拉纳基的小农场主们通过将乳制品和肉销往英国国内消费者而发财致富。

适应

无论目的地是哪儿，移民都必须调整自己的生活方式以适应新环境。北美、澳大利亚、新西兰和好望角大概能算得上气候温和，即使如此，它们也给习惯于西北欧独特的农业环境的欧洲人的身体带来了挑战。北美东部茂密的森林是一片具有威

图 4–3　截至 1860 年新西兰的白种人移民定居点区域

胁性的荒野，熊、豹、狼肆虐横行。移民们用形形色色的手工工具如斧子、锯子、锤子、刀枪等对抗自然。树是他们的敌人。事实上，直到19世纪中期，人们还普遍相信降低森林覆盖率能使气候升温、缓解北美冬季的酷寒天气，但是清理林地是项极为艰苦的工作。当时有报道称，一个人在一年的大部分时间里辛苦劳作也仅能清理掉一英亩林地。一个移民辛苦劳作一辈子开垦出来的土地只够养活自己。那个时候既没有电锯，也没有能将树拉走或者切割成待售木料的机器。到达澳大利亚的第一批移民发现这里的一切都那么奇异：树木不掉叶子却掉树皮，蜜蜂没有毒针，身上长袋子的哺乳动物，黑天鹅，白鹰。环境恶劣而残酷：澳大利亚的土壤贫瘠，无法留住水分，也缺少植物营养物和微量矿物质；雨季的气候多变。早期殖民者期盼能找到的大型内海最后只是个泡影：澳大利亚内陆不像美国中西部那样可以开垦出大量的农场，而是只有一片干旱贫瘠空荡荡的“不毛之地”。在新西兰，北岛的大部分地区森林密布，丘陵起伏的地形导致走海路比走陆路更方便，因此白人移民聚集的沿海据点之间的主要交通方式就是乘船。在南非，广袤的干旱台地高原截断了“往北的道路”，迫使迁徙的布尔人转向东部边境开始了与科萨人的冲突。

当然，移民们蜂拥而入的土地并不是原始的处女地。在北美东部，原住民已经修整了林地以适应他们的农业需求。有的地方开阔的林地犹如公园，这是因为当地人会定时焚烧树林清理出场地以种植庄稼或吸引大型动物前来。早期移民持续深入，在原住民腾出的农田边安家，部分地接受了原住民的饮食习惯。在新西兰，早期移民只要能找到草地养殖绵羊就能安居乐业（新普利茅斯缺点就在于没有草地）。有证据表明新西兰的草原大部分最先由公元1000年前后到达此地的毛利人清理出来的。最显著的变化发生在澳大利亚：第一批白种人移民在这里继承的自然环境在过去的6万年中一直被人类不断改变。当他们在澳大利亚安下家，本土殖民者们（从东南亚漂洋过海而来的移民）缩小了森林面积、定期焚烧草地以促进新草生长并吸引小型动物。“要不是有这道简单的工序，”一位早期探险者说，“澳大利亚只怕也跟新西兰和北美一样丛林密布了。”跟新西兰的毛利人一样，这些本土殖民者也将当地的大型动物赶尽杀绝了。结果便是留下了让那些擅自占地的人欣喜若狂的一望无垠的牧场，以及肥美的青草世界，欧洲的绵羊在此到处乱跑而不用受肉食动物的威胁，也不用担心有其他食草性动物与它们抢食。

但是移民对新环境的适应仅仅是故事的一部分。移民们并不打算适应当地的生活方式：他们的打算是将自己的生活习惯尽量带到殖民地来。这样一来，当地的生态环境往往成为受害者，结局大多很悲惨。欧洲人在美洲森林中放养牛和猪，这些牲畜充当了“先锋队”的作用，毁坏了本土人的农田和猎场。由于地价低廉而劳动力昂贵，移民们根本不打算高效地利用土地。流行的做法不是彻底清除掉森林，而是简单粗糙地点火焚烧，然后就在树桩之间的土地上播种。农民尽可能多地收获农作物，接着便彻底遗弃耕地，再到下一个地方去找新地，留下被毁坏的土地和满目疮痍的景象。在澳大利亚，欧洲人带来的牲口迅速把松散脆弱的表层土压实了，原生草类被踩死，地面因此而变得光秃秃的。令第一批欧洲旅行者惊叹的自然草地不到 6 年就不见了，于是移民只能赶着牲口群另寻出路。在新西兰，移民的急躁导致了可怕的后果。据说移民的主要工具就是一盒火柴。他们直接将森林付之一炬，再把草种撒入灰烬以形成新牧场。他们把绵羊赶来控制灌木丛的生长——这种方法被称为“碾蕨”。羊蹄、松散土、丘陵地形、强风和大雨共同造成了大规模侵蚀，直到 20 世纪才得到检测和修复。移民决意改变地貌，使之成为他们熟悉的风景。到了 19 世纪，他们已经开始以工业级规模大张旗鼓地开展这项工作：新西兰的一大片土地被种上了欧洲草类；在澳大利亚，移民很快就坚信本土植物和动物都是无用的，需要从更丰富的环境中引进物种。“环境适应学会”趁势引入鸣禽、花卉、装饰性灌木和树木，以及其他一大群被认为“有用的”物种，其中就包括后来泛滥成灾的兔子和骆驼。结果欧洲的植物和动物（更别说杂草和害虫了）成为甚至比欧洲移民更为成功的殖民者，尤其在那些一年到头都是生长季节和缺乏自然天敌的地区。英国游客在今天的新西兰可能会看到奇怪的标识：“危险！前有黑莓！”。这个警告并非虚张声势，因为黑莓生长得如此猖獗以至于羊会困死在黑莓丛中。一位自然主义的先驱称：黑莓是“可怕的步行者”，总是沿路生长。

大多数破坏作用在当时并没有显现出来，或者只有当破坏极为严重时才会暴露出来。移民社会倾向于忽视移民进程中的负面影响——定居给脆弱的自然环境带来的危险。为了吸引钱和人，也就是更多的投资和移民，保持“正面形象”至关重要。《澳大利亚无限》在 1906 年是非常活跃的刊物。那些质疑它所提供的证据的人，或者像格里芬 · 泰勒那样指出澳大利亚干旱荒芜的恶劣条件的人，都变得不受欢迎：

泰勒不久后就离开澳大利亚远走加拿大。另外，移民社会逐渐认识到自身的长期性和独特性。到19世纪70年代，人们热衷于将加拿大描述为“一个北方国家，国民是健康、强壮、善良的北方种族的后裔”。澳大利亚人和新西兰人也编造出了类似的故事，将自己描绘为“更优秀的英国人”，比生活在大城市的英国人更健康、更强壮。随着移民定居点人口增加，早期移民所抱怨的千篇一律被各式各样的地方特色所取代。当地的景色变得有“个性”，也变得“美丽生动”。澳大利亚的灌木和加拿大的北部一样被认为充满了浪漫气息，是诸如“加拿大七杰”之类的艺术家们热爱的主题，成为一种国家认同的象征。

驱逐原住民

在一个新的国度建立“本地认同”（Local identity）必然包括丑陋的一面。英国移民社会一方面（面对国内的一方）表现得很开放，而对另一方面却很封闭。每当遭遇质疑他们土地所有权的原住民，他们的本能反应便是买下原住民的土地，然后将他们请走或者干脆把他们赶走，如果有必要，甚至将他们杀掉。在这些白人国家里，原住民没有立锥之地：最多就是分得一块小小的保留地，让他们慢慢地灭绝（他们的文化和肉体都难逃厄运）。在加拿大、澳大利亚和新西兰，尽管殖民者对待原住民的方式大有差异，但是原住民都被迫让步。到1914年，他们似乎成了白人占领历史中的注脚，只有新西兰不同，这里的毛利人顽强反抗，争取到了北岛高地，维持了一大块毛利人保留地以及关键的政治权利：在议会中给毛利人保留了4个席位。南非的情况又不一样。殖民者在这里（通过赶尽杀绝的方式）驱赶以狩猎和采集为生的桑人（又称布须曼人），但是对科萨人、祖鲁人和其他牧民（他们也种植粮食），这些策略则完全不起作用，因为他们人数太多且扎根于此。这一策略又对白人有用，因而白人也不愿意把他们完全驱赶出去。在这个发现金矿之前贫穷到无法吸引大规模欧洲移民（英国人的数量通常少于出生在当地的“荷兰人”）的国家，黑人的土地和黑人的劳力同等重要。因此驱逐的方式有所不同。南非的（绝大部分）黑人被剥夺了土地、变成了奴隶。他们生活在殖民者圈出的“定居点”，被迫用劳力换取生计，法律将他们从白人的南非隔离了出来。尽管四处都能看到他们的身影，但是从文化和道德上来说，他们就是隐形人——强权从心理上把他们排除了出去。

移民还深受外部威胁的困扰——亚洲移民的悄悄入侵。中国人在19世纪50年代早期的淘金热中到了澳大利亚，约10年后，新西兰发现了黄金，于是一些人又前往新西兰，其他人则渡过太平洋（或从加利福尼亚出发）到达了不列颠哥伦比亚省，他们先是奔向这里的金矿区，然后在19世纪80年代参加建设加拿大太平洋铁路——该铁路横贯美洲大陆，从东西海岸同时修建最后交汇于落基山脉。印度人被带到了纳塔尔，作为契约劳工在甘蔗园工作；1899~1902年英布战争（又称南非战争、布尔战争）之后，中国人被引入南非兰德金矿充当矿工。在这些地区，白人移民社区的敌意越来越深。白人劳工疑心廉价的“有色人种”劳工会拉低他们的工资、抢夺他们的饭碗：在经济萧条期，例如19世纪90年代的澳大利亚，这种恐惧感不断加剧。白人东家厌恶印度人的竞争。此外，一种更为复杂的情感助长了这种赤裸裸的利己主义。到19世纪末期，在澳大利亚、新西兰和加拿大的白人移民们的国家建构逐渐强调道德和宗教改革、严格的社会规训和民主平等的重要性。外来者、“行事乖张者”、恶棍和无用之人，以及为拓荒生活所抛弃的人，都受到排斥。现代社会要求秩序和进步。显而易见，在这个新的社会阶段，中国人或者印度人都被认为是不正当的侵入者，他们会对道德凝聚力产生威胁，也会提醒白种人自己粗野、残暴的过去。所以到了1914年，通过了将中国人和印度人驱逐出白人澳大利亚、白人新西兰、白人加拿大和（颇具讽刺意义的）白人南非的法律。

移民是个辛苦的过程，充满了疑虑和不确定性。迁徙有时是相当痛苦的经历，但也只不过是个开端。争取土地所有权、开垦土地、改造地貌、定居、驱逐一切敌人，这一切都是艰难的工作：举棋不定会导致高昂的代价，猜测怀疑可能造成满盘皆输。移民社会残酷的种族歧视不过出于恐惧、焦虑和自负，它反映了移民承受的无情压力——一旦定居点陷入萧条、实验失败，那么他们必须不断地继续搬迁。“没有人口，就要灭亡”成了某个移民社会的政治口号。作为民粹主义的座右铭，它适用于所有的移民社会。

第五章

征战

Unfinished Empire

The Global Expansion of Britain

殖民战争

1902年12月，伦敦的战争部（负责管理军队的部门）列出了一份《1857~1899年》——即19世纪下半叶两场大战（1854~1856年的克里米亚战争和1899~1902年的英布战争）期间的“英国主要战争”清单。根据这张清单，英国参与的战争共有15场，不过其中一些战争包括了好几场战役，而且正如清单的名字所暗示的，在那些规模较小的冲突（例如在肯尼亚、乌干达、尼日利亚、南非的东开普地区以及1870年的加拿大西部）中，如果英国投入的军队人数低于3 000~4 000，则完全被忽略不计。即使如此，这张表格仍然显示了英国在那40多年中军事行动所涉足的范围之广是多么的令人咋舌：1856~1857年在波斯、1857~1859年在印度（印度民族起义）、1858~1860年在中国（第二次鸦片战争）、1860~1866年在新西兰、1867~1868年在埃塞俄比亚、1873~1874年在西非（阿散蒂战争）、1878~1880年在阿富汗（第二次阿富汗战争）、1879年在祖鲁地区、1880~1881年在德兰士瓦（第一次布尔战争）、1882年在埃及、1884~1885年在苏丹、1885~1886 年在缅甸、1895 年在吉德拉尔（位于印度的西北边界）、与马塔贝列人（1896 年发生于今津巴布韦境内的马绍那兰战争）、1897~1898 年在蒂拉赫（也在印度西北边界）以及 1896~1898 年的第二次苏丹战争。如果我们把自 1600 年以来英国在爱尔兰、北美、加勒比海地区、南美、中东、南非和西非、印度、斯里兰卡以及东南亚参加的所有殖民战争都加入这张清单，人们很容易形成英国人是用别人和自己的鲜血换来帝国的成就这一印象。

正如我们将看到的，上述观点有待进一步验证。但是事实上，有组织的暴力行为在英国扩张中起到了巨大的作用。在北美大陆上，移民定居点要发展就不得不时常与美洲原住民人发生摩擦，有的时候是直接用武力对抗他们，有的时候是与法国和西班牙发生冲突使原住民人间接受累。1759~1760 年，英国人征服了新法兰西，与原住民之间的摩擦也达到了高潮。英属加勒比海地区领地的扩大是通过与其他殖民者展开竞争、镇压零散的原住民以及反叛或逃跑的奴隶而达成的。在澳大利亚和新西兰，英国人的对手众多，情况也各不相同，于是诉诸武力来扩张移民定居点的范围并压制抵抗成了自然的选择。在南非，英国人跟东开普和纳塔尔的恩古尼人打了 100 年，并在今津巴布韦展开征服并建立了一个国家。发生于 1899~1902 年间的布尔战争目的是为了打破阿非利卡人（即布尔人）政权的权力，阿非利卡人的政权被纳入了战后成立的南非联邦，直到 20 世纪 50 年代。在非洲，英国殖民地当局享受到了军事胜利带来的红利：西非的阿散蒂人和约鲁巴人，东非的基库尤人、卢奥人和乌干达湖区的一众小国，全部被英国殖民者收入囊中。英国人在中国享受的众多特权以及在中国香港的据点是 1840~1842 年和 1856~1860 年两次鸦片战争的战利品。1882 年 9 月的泰勒凯比尔之战奠定了英国在中东的权力基础，也致使埃及和对它至关重要的苏伊士运河于 1882 ~1956 年间一直处于英国的掌控之下。印度的情况也一样。在孟加拉的普拉西（1757 年）和布克萨尔（1764 年）、南印度的塞林伽巴丹（1799 年）和阿索（1803 年）、旁遮普的阿利沃和索布劳昂（1846 年），英国人借助武力无情地（但远非轻而易举地）摧毁了一切竞争对手，建立了自己的统治。1800 年之前在印度的英国人超过了 15 万，控制了世界上最庞大的常备军之一。

当然，英国扩张背后的暴力行动有些并不在帝国当局掌控之中，有些还是有悖掌权者的意愿。移民和商人、探险家和猎奇者、当地盟友和附庸绞尽脑汁利用殖民地当局的弱点或让其产生先入为主的印象，以影响殖民地官员的决策。强有力的总督们，例如南非的巴特尔 · 费里尔（Bartle Frere）和新西兰的乔治 · 格雷（George Grey），一边策划边境战争一边极力说服伦敦政府相信他们只是关心防御问题。大多数的暴力行动并不是发生在战场上，而是发生在小冲突、袭击、报复行为和警察执法中——这种残酷、不间断、低强度的斗争一直持续到把本土居民赶走或接受奴役为止。有的时候是“白人”打“黑人”，但是更常见的是冲突的双方都有非欧洲人。在北美洲的英国人利用美洲原住民盟友与法国人（法国人也这么干）以及其他原住民争斗。非洲的英属白人部队往往规模很小，却配有由黑人盟友和随军流动的平民组成的庞大分遣队。1899~1902 年间的英布战争是为数不多的例外，但即使在那时候，交战双方也都招募了非洲人参加作战或者承担诸如侦查、送信等非作战工作。东印度公司赖以征服印度的军队中大部分都是本土的印度兵，对他们而言，为公司效力的荣誉不亚于为任何印度统治者效力。欧裔新西兰人对抵抗的毛利人的进攻主要依靠所谓的库帕帕，即投靠政府以寻求好处的毛利部族。

殖民战争并不只有同一种形式。对国内的英国人来说，最昂贵的战争是与欧洲竞争者之间的，这些战争有时是欧洲某场重大战争的附带事件；而最普通的殖民战争形式则是更为局部的冲突，正如那些出现在战争部清单上的战争。这些局部冲突同样具有相当大的多样性。其中有些可以被归为直接的征服战，对原住民国家政权（例如祖鲁兰、缅甸、苏丹马赫迪王国）或者对未建国民族（例如基库尤人或毛利人）的战争都属于此类。但是通常情况要模棱两可得多。往往某个地区在被征服很久之后才爆发暴力冲突，暴露出征服的不彻底。只有当名义上的统治转变为真正的干涉，或者移民开始占据土地，被征服的民族才会奋起反抗。因此殖民战争不光是为了征服，也可能是为了镇压，1857~1859 年印度民族起义就属于此类。这些殖民战争中交战双方目的迥异：英国人是为了掌控、遏制或者巩固未被彻底征服的地区；当地人则是为了在丧失独立之后尽可能地留存他们的政治、文化和经济自治权。在极端的情况下，这种冲突有可能升级为种族灭绝：尽管英国殖民者本意并非如此，但 19 世纪的塔斯马尼亚就遭受了这种结局。殖民战争的对象也不仅仅限于亚洲人、非洲人和美洲原住民，在英国人看来，最具危险性的冲突是与白种移民的交战，因为对方往往装备精良、组织严密、情报完善——这一点不仅是对于英国军事弱项的情报而言。尽管在 1775~1783 年美国独立战争中，美洲移民从英国的欧洲对手那里获得了关键援助，但是反抗者的持久力和战斗力其实远远超过了英国派去镇压他们的军队。英方出动了一万正规军和忠实的英裔加拿大人民兵组织才镇压了 1837~1838 年法裔加拿大人起义。1899~1902 年与两个布尔共和国的战争将英国军事力量逼到了极限——暴露了英军明显的缺陷，继而引起了英国人广泛的焦虑。

无论战争是否发生在局部地区，都需要两方（或多方）拿起武器而非寻求和平、屈服投降或放弃作战目的。通常我们可以说这种有组织性的暴力行为似乎是可接受的风险，只要具备两个大条件：1. 势均力敌，双方都有战胜的机会；2.“和平”这个看起来更具有威胁性的选项。当然，事实是，战争从来都没有这么简单，错综复杂的因素都会影响决策。其中最关键的因素之一就是情报，只有在掌握情报的条件下才能判断风险的大小。一方或双方所能掌握的情报数量可能有限、令人误解或者已经过时，也有可能情报的提供人动机不纯，或者理解能力不够。情报的来源和传递都会让情报产生偏差。然后统治者和将军或地位较低的参与者需要拿着情报去找专家解读，这些专家顾问也同样重要。然而未明说的设想、个人的目标、无知或偏见会影响专家提供的建议和评估。第三，决策是在“哪里”敲定也会对战争的爆发产生巨大的影响。如果当地没有强大的中央或缺乏有力的控制，在某个地区擅自开展军事行动可能引发更大规模的冲突。一场小混战（吉卜林称之为“边境站的小战斗”）、一次“全力追击”、一个挑衅的姿势都可能点燃爆炸性事件。就算是最老练的政府也要（现在仍然如此）小心翼翼地处理这些危险，以免遭受其累。在殖民条件下，这些危险所带来风险必定很高。

外交之外的关系

引发矛盾的部分原因在于世界不同地区所遵从的外交行为准则以及其背后的思维方式是有差异的——即为何应当如此行事。从外交上讲，欧洲是一个拥有独特习惯的特殊世界。第一，自从文艺复兴甚至更早的时候，欧洲各国就互派常驻大使。文艺复兴时期的一句俏皮话说得好：“派人去国外为自己的国家撒谎。”这些大使中的佼佼者们往国内送回一系列报告：威尼斯大使留下的对英国事务的详细记载对后来的史学家们来说一直是宝贵的历史资源。第二，共享的外交程序协定（包括语言和礼仪的细小变更）提供了一个敏感信号的范围，通过这些信号，两国得以掌握彼此之间的关系变动。第三，从 17 世纪中期开始，欧洲各国就已经认可体系中的所有国家都享受主权：国内事务不容它国干涉，各国作为独立的自治单位存在。

当然，这些不足以限制统治者和专制君主的野心，无法阻止 1772~1795 年波兰（欧洲最大国之一）遭到三次瓜分的命运，也不能维持欧洲和平。欧洲体系的最大优点在于有不间断的情报流动，在于和平时期有针对外国人境遇的规范，也在于大多数国家中央可以严格控制外部关系。到了 18 世纪中期或者更早，欧洲人越发将这种地区模式视为理想模式，认为其他人（非欧洲人）的行为是与之相悖的行为。清楚地认识自己的国界、有效控制自己国界内的地域、保护外国人及其财产以及采用“文明的”治安和刑罚手段，这些成了某个国家是否有权与欧洲国家平起平坐的判断标准。可以预见，世界上许多统治者都因为这条标准而落入了“野蛮”一类。这并不会妨碍欧洲国家和这些“野蛮”国家签订条约达成共同利益，或者如 1815 年后非洲的情况一样，获取当地政府支持废除奴隶贸易，但它的确意味着欧洲国家是否尊重这些国家的领土、独立甚至财产得依据他们是否有“良好表现”或是否愿意接受贸易而定。“或许从某种意义上来说，”英国外交大臣帕默斯顿对西非情况谨慎地评价，“不应该用大炮强制推行贸易。但是从另一方面来讲，没有安全的保障贸易就不可能蓬勃发展，而没有武力保护就不可能维持安全。”他继续说：“占领拉各斯或许能成为压制奴隶贸易和推行合法商业的有效和重要步骤。”正如我们所见，拉各斯就这么被吞并了。维多利亚时代的人们对于非洲统治者主权的认可不是建立在合法权利基础之上，而是看它是否能给自己提供方便。

然而，在世界上的其他地方，“野蛮类别”的适用度也是有限的。在 18 世纪的欧洲人看来，中国的形象完全与野蛮相反。因为中国生产的奢侈商品深受欧洲人推崇，中国又怎么可能是野蛮的呢？有些评论员甚至拿理性的“士大夫官员”的有序统治与欧洲贵族相比较。中国的问题在于其统治者的世界观中对英国（和欧洲）的定位令人难以接受地低下。1793 年伦敦政府将经验丰富的外交官马嘎尔尼勋爵派往中国说服清朝皇帝同意英国在华设置常驻大使馆。马嘎尔尼一到北京就惊恐地发现面圣的礼节需要他双膝及地行“九叩”大礼，跪拜之时额头要触地，也就是“叩头”。在与中国官员愤怒地讨论过后，中方让了步：允许马嘎尔尼仅单膝及地，就我们所知，他最终逃过了行九叩之礼。但是观点的差异不仅在于跪拜之礼。马嘎尔尼努力争取在华设常驻大使馆：“我告诉他（一位中国高级官员）欧洲主权国家通常会派外交官常驻彼此宫廷，目的是为了增进两国间的友谊以及避免误解。”但是他却被告知“中国从来不这么做，它也从来不往哪个国家派遣大使”，而且只允许所有来北京的外国人逗留 40 天。这种轻蔑的应答部分体现了中方井然有序的世界观。中国人对欧洲有所了解，并对当时有关法国的消息大为警惕。①但是他们把欧洲人看作“外夷”，对这些远居海外的民族所知甚少且关注得更少。他们的文明世界（即东亚）由承认中国为“中央之国”的至高地位的朝贡国组成，这些附庸国承认中国统治者的“天子”地位。中国人宁可在严格监管的前提下与欧洲进行贸易交往，也不愿意发展互惠友谊关系。自 18 世纪早期以来，中国施行的统治系统要求所有外国商人只能去一个贸易口岸（位于广东），在被官方许可的商人集团——商栈做生意，商栈全部设置在江中的一个小岛上，当贸易季节结束时所有外商都要离开。

马嘎尔尼本人告诫不能进攻中国，他将中国比喻为“一艘古老的、疯狂的……战舰”。如果中国衰落（“也不是完全不可能的事”），英国在亚洲的利益可能会遭受严重的损失，尤其会受沙俄扩张的冲击。然而约 40 年后，不稳定的英中关系开始破裂。随着中国放开贸易（东印度公司于 1833 年丧失了与中国进行交易的官方垄断许可），越来越多的英国商人涌入中国贩卖鸦片——在中国绝对不愁销路的外国商品。当中国当局禁止鸦片进口，接着于 1839 年 4 月查封并销毁了商人的存货，英国人驾着战舰进行了反击。但是双方之间无法弥合的文化冲突以及商人反对禁烟而进行的游说活动导致了 1840~1842 年第一次鸦片战争，英国入侵中国。“我们已经给了中国人一次惩戒性的教训，”帕默斯顿几年后写到，“除非他们打算把我们当同等的伙伴，否则我们必须将他们的其他任何努力扼杀在萌芽状态。”具有讽刺意义的是，对平等的追求却导致了“不平等条约”，1842 年签订的《南京条约》就是众多不平等条约中的第一个。《南京条约》规定英国商人在一系列通商口岸免受中国司法管辖，把香港岛割让给英国，还规定英国商品在中国的关税最低仅为 5%。在

① 此处指法国大革命。——译者注

那个世纪接下来的日子里，英国人（及其他欧洲人）的存在以及他们无休止地扩大商业和传教活动的努力不仅造成地方性摩擦不断，同时也成为后两次战争的根本原因。[①]然而英国人抵抗住了瓜分中国或征服中国的诱惑，伦敦的观点是："一个印度就够了。"或许也如著名国际律师马滕斯（F. F. Martens）所言，中国作为一个统一的国家历史悠长，不适合殖民式征服。于是英国人转而寄希望于改革中国的法律和金融体制，强行打开中国门户，建设铁路、发展贸易。中国的主权地位或许惨遭打击，但是英国并不希望它就此灭亡，即使需要在英国的托管之下。这与印度的情况是不同的。

英国人在公元1600年之后作为商人而不是征服者前往印度。作为商人，他们需要讨得地方政府的欢心——主要是德里的莫卧儿皇帝的欢心。无论私底下怀着什么情绪，东印度公司的官员们在表面上都得小心翼翼地顺从皇帝。当受到皇帝召见，他们身着莫卧儿朝臣的服饰以表明自己是"他的"人。东印度公司在1700年前有过一次挑衅皇帝权威的行为，结局很是凄惨：1688~1689年东印度公司发动战争，派出军事力量想要加强它在印度的地位，结果导致它在苏拉特的商栈被关闭，孟买也被封锁了，公司只能接受皇帝提出的条件以求得和解。1757年，克莱武能在孟加拉普拉西战役中获胜是因为莫卧儿王朝权势衰退，而且有该省伊斯兰教教徒总督的配合。但是即使他取得了普拉西大捷并在后来的布克萨尔战役中再次凯旋，克莱武仍然不愿意改变公司的从属地位、否认莫卧儿王朝的君主地位，他强调这样的举动会引起其他欧洲国家的怀疑。国内的政治家也担忧公司的过度扩张会让它破产[继而对伦敦金融城产生巨大的（间接但必然的）"撞击"效应]。1784年的《印度法案》就是为了控制公司在印度政府的权力，它严厉地声明："在印度追求征服计划和扩大自治领与国家的愿望、荣誉和政策背道而驰。"面对其他强有力的"莫卧儿王朝继承者"（如海得拉巴、迈索尔和马拉塔联盟），公司的政策是维持"均势"。但是随着拿破仑的崛起，一切都改变了：1798年拿破仑入侵埃及，法国可能给英国的宿敌、迈索尔统治者蒂普苏丹提供援助。英国人决意要建立对抗蒂普苏丹的联盟。总督韦尔斯利勋爵（后来的威灵顿公爵亚瑟的哥哥）拒绝接受任何支持扩张的建议，反而

① 此处指第二次鸦片战争和八国联军侵华战争。——译者注

坚持公司的唯一目标是阻止外国势力的入侵（或许只不过是以 50 步笑百步罢了）。迈索尔遭到攻击，蒂普在 1799 年首都保卫战中阵亡。法国的威胁解除了（法军被赶出了埃及），但是印度仍然没有平静。

英军在迈索尔的胜利反而加剧了马拉塔联盟与公司之间的仇恨，双方都在力争对莫卧儿皇帝的控制权。德里的莫卧儿傀儡皇帝虽然名存实亡，却仍深受“印度各个阶层人民，尤其是……伊斯兰教教徒的尊敬”。英国人害怕马拉地人、锡克教教徒（旁遮普是另一个继承国家）和北印度的其他好战民族会联合成新的联盟对抗他们。结果便是印度中部和北部战乱频发，直到 1818 年最后一战中马拉塔战败（旁遮普锡克教徒的独立状态一直苟延残喘到 1849 年）。此时英国人才开始认为自己在印度拥有“至高无上的权势”，可以册立或废黜印度统治者。但是他们仍然小心谨慎，从不公开否认自己在印度的地位来自莫卧儿皇帝颁给公司的特许令。当“德里的国王”（现在英国人对他的称呼）派遣伟大的智者拉姆 · 莫汉 · 罗伊（Ram Mohan Roy）作为使者前往伦敦抱怨公司的各种行径，可以想象情形有多么尴尬。一直到 1835 年公司的钱币上还印着莫卧儿皇帝的头像。1857 年印度大起义造成的冲击最终把主权问题提上了日程。最后一任皇帝巴哈杜尔 · 沙（Bahadur Shah）与起义有牵连，他试图造反，于是被流放缅甸，于 1862 年病逝。1858 年的《印度政府法案》废除了公司统治，扫清了一切不确定性，它规定：“印度应该在女王的统治之下。”英女王此时成了印度的君主。

因此英国人在印度的政策不乏自相矛盾之处。出于审慎，他们保留了老一套政府机构的绝大多数部门，即使他们对政府收入系统的压榨程度要高得多。他们在制定法律的时候咨询了印度教和伊斯兰教教徒学者。尽管许多英国官员都是坚定的福音派信徒，但是东印度公司统治期间对所有的宗教信仰小心翼翼地持了中立态度。在一系列的征服战争中，他们努力把自己塑造为迫切地索求莫卧儿皇帝的青睐的国家势力之一，而不是外国入侵者。借助这些方式，他们谨慎地把印度当作一个不同的世界而不是野蛮地区来对待。但是他们的考虑还有另外一面。随着统治的巩固，他们越来越倾向于认为是英国统治把印度从混乱之中解救了出来。他们不停地强调那些印度社会中欧洲人难以接受的特征。东印度公司总是将扩张的理由粉饰为不得已的自卫，而扩张背后的动机显然并非如此——从扩张战争中，公司的员工能大赚一笔。东印度公司军队里的军官们搜刮抢掠，公司官员则将收入投资于急于寻求官方靠山以对抗印度债权人的“贸易行”。有个著名的事件：一次，马德拉斯总督拒绝派遣军队去收回公司官员们私下借给阿尔科特统治者的债务，官员们勃然大怒，竟然发动政变把总督扔进了监狱（后来他死在狱中）。在帝国的这个边境前沿，私利和公利往往难以区分。

如果某个时期或地区里移民人数众多，这种“非官方”扩张要比官方推行的扩张所带来的战争风险要难处理得多。在中国和印度，英国人相对稀少，官方的控制力相当强大，当地的抵抗也很强烈。但是还有许多地区的情况与中国和印度不同。第一批抵达新英格兰的移民目无法纪。当清教徒前辈移民们在一个叫迈尔斯·斯坦迪什（Myles Standish）的职业军人带领下登陆时，他们擅自从一个印第安人粮仓中搬取粮食（他们称之为“上天赐予的发现”），几周后又回来再拿了些，并洗劫了印第安人的坟墓和茅屋。恐惧和饥饿造成移民们草木皆兵，再加上对周围的印第安人所知甚少，移民们很容易因为一点小事就对这些没有伤害过他们的原住民采取野蛮的报复行动。没有几个移民有时间或兴趣研究他们的原住民邻居：除了少数几个中间人（通常是商人或者传教士）之外，移民对原住民的价值观、信仰、兴趣和忧虑一无所知，而中间人的观点还往往不被信任。由于没有什么重大事件颠覆他们的世界观，移民社群没有理由放弃自己的种族、宗教和文化偏见，并带着这些偏见对待原住民。相反，出于个人利益，他们有着强烈的动机保留这些偏见，并且在必要的时候用暴力将其表达出来。对于绝大多数移民社群来说，新财富的主要来源在于获得土地。粗糙的农耕方式、经济较富裕的移民对土地投机的热衷、人口的压力造成移民不惜一切代价无止境的扩张。对土地短缺的担忧会赶跑资金，从而使殖民地陷入停滞。所以殖民地绝不敢缺少土地，这导致了殖民者从原住民手中购买（或夺取）土地时通常采用强制性、攻击性或威胁性行为。边境地区要么没有法庭，要么法庭机能不全，无法解决争端使双方都满意，这意味着细小的违法行为（例如偷窃或侵入）轻易就能上升为局部或地区性暴力冲突。双方的报复行为致使彼此之间的仇恨根深蒂固，往往要等到原住民彻底放弃抵抗（有时还要更久之后）才能消停。

结果便是从17世纪到20世纪初，在移民遇到原住民的绝大多数地区，“边境战争”是少不了的。1675~1676年的菲利普国王之战（也称为梅塔卡姆战争）中，尽管魁北克的法国人给阿贝内基族提供援助，新英格兰的白种人仍然攻破了该地阿冈昆人民的抵抗，不过英国人的北部边境直到1760年才平静下来。1715~1716年的雅玛西战争发生于南卡罗来纳（白种人在这里鼓励印第安部落互相奴役彼此）；1712~1713年北卡罗来纳对抗塔斯卡洛拉族的战争为白种移民清理出了广大的土地，大量印第安人被血腥屠杀或奴役。在南非，英国人接着与开普北部干旱地区的桑人以及东边的科萨人展开持久战。对于靠狩猎采集为生的桑人来说，带着武器、牛群和羊群到来的布尔人意味着他们赖以生存的野生动植物会遭到损害，本来就稀少的水源会更加紧缺。所以桑人的抵抗极其顽强而且致命。与科萨人社群的冲突原因不同，由于布尔人和科萨人都要养牛，所以双方必须争夺草场。18世纪70年代晚期他们狭路相逢，双方长期就放牧权发生争执，牲口盗窃时有发生，报复行动也随之而来。双方对于“边境”（此处指双方都能随便闯入的地带，而不是经过协议划定的边境）都缺乏有效的管理机制，想要调停难上加难。布尔人因为位于开普敦的殖民地政府不能给他们提供支援而愤怒地宣布独立。直到近一个世纪后战争正式打响之前伦敦政府也不愿意准备资源（经济或军事资源）发动全面征服战。

在遥远的澳大利亚，几乎也是同样的模式。如我们前文所说，这里的英国入侵者直接否认原住民的土地所有权。但在最初的近50年里，对澳大利亚的入侵基本限于滩头堡，仅仅在近海地区占据了相对较小的地区。原住民撤往内地，发生的种族冲突不多。可是在这个阶段晚期，由于绵羊饲养业蓬勃发展，为了寻找新的草场，白种人掀起了往内地搬迁的热潮。和其他采集狩猎民族一样，澳大利亚原住民也面临着野生动植物消亡以及水源不足的威胁，于是他们采取了游击式的抵抗：偷窃、杀死绵羊，赶跑或谋杀牧羊人。白种人则以血腥暴力镇压作为应对。1837年在新南威尔士的麦奥溪，约25名原住民人被残忍地谋杀，殖民地当局对参与这次屠杀的几个白种人处以绞刑。这件事造成的部分结果是此后大多数边境暴行被干脆隐瞒。19世纪30年代晚期，白种人开始迁往维多利亚东南部树木繁茂且风景宜人的吉布斯兰德。不久后他们就与科奈原住民发生了冲突，双方进行了针锋相对的攻击。很快，更黑暗的事情发生了：1843年在沃里戈尔溪白种人包围并杀害了150名科奈人，其中包括妇女和儿童。从那时起到1860年止，几次屠杀后科奈人口几乎消失殆尽，直到近些年证据才浮出水面。

但是如果由此觉得移民们能够为所欲为、随便地击败原住民，那就大错特错了。移民的武器并不总是更精良：通常在白种人大规模到来之前，原住民很不幸地没有时间（也没有多少东西可以用来）做交易，他们来不及在白种人逼近之前准备好枪支。但是在美洲、新西兰和黑非洲的许多地区可以购买到枪支，当地人也的确在白人势力壮大起来之前便使用了火枪战术。定居点中由农民或商人组成的民兵组织显然不可能在森林或灌木中如履平地地作战，而且他们往往缺乏纪律性，不愿意牺牲，也不情愿离家太久。就算是精于枪战和马上作战的布尔突击队在与科萨人和桑人的战争中也是输赢各半。此外，干旱的北部内陆以及开普东部边境上的浓密灌木也让白种人头痛不已。白人的武器、机动性和防御车阵只有在南非高原一马平川的草地上才能发挥决定性的作用，而在与祖鲁人或在德兰士瓦东部的群山及灌木中与佩迪人交战时则用处不大。当然移民也不是完全的“孤立无援”，他们不仅有隐形的盟友——疾病，还有原住民民族内部分裂的问题。或许正是面对顽强的敌手所遭受的挫折致使得边境战争如此激烈。战场上的成功并不意味着胜利，只有彻底消灭了对方，或者是，例如南非的情况中完全奴役了对方才算是。后来20世纪欧洲常见的恐怖行动、暴行和“总体战”等由此可见端倪。

小型战争：如何排兵布阵

本土的英国人无法忽视这些殖民战争，在当时的道德高尚的人们看来，这些战争是肮脏和令人厌恶的。事实上，在1815年之前，在主流观点看来，英国的扩张和繁荣完全依赖于陆上和海上的军事实力。在各国商业势力——法国人、西班牙人、荷兰人和英国人竞争激烈的年代里，“军事实力”和“繁荣”紧密相连。重商主义并不赞成自由贸易，而是主张处心积虑地将外国人从宗主国与殖民地之间的贸易中剔除出去。英国人迫切地希望打入竞争对手的商业帝国，尤其是打入西班牙从佛罗里达延伸至合恩角（西班牙的加利福尼亚殖民地还得等到18世纪70年代才建成）的广大美洲疆域。他们也害怕如果不采用侵略性的扩张政策，自己的贸易范围就会被对手包围起来、阻碍发展或者干脆丢了地盘。因此只要欧洲局势紧张，各国就忍不住去海外搜刮战利品。这里英国人可以倚仗从1700年开始就已经奠定的称霸于海上的军事实力来弥补陆军的弱势，并（对于需要依靠议会支持的政府而言尤其重要的是）争取爱国主义者或者沙文主义者的支持。

出于各种原因，英国军队被派往遥远的海外。加勒比海地区频遭刀兵之灾，因为“糖岛”是殖民地财富最主要的来源。1655年，克伦威尔派遣了一支军队从西班牙手中夺取了牙买加。1741年，一支远征军前往攻占西班牙的重要基地卡塔赫纳，结果英军惨败，一万士兵有80%病死。为了守卫北美殖民地，英国人急于攻占魁北克。法军将魁北克的堡垒建立在峭壁之上，固若金汤，法国人可以在此从容地把守圣劳伦斯以及通往北美内陆的水路入口。1711年，一支超过12 000人的远征军受命抢占此地，结果令人尴尬地失败了：在入河口处由于一场暴风雨损失了几艘战舰，指挥官们斗志尽失，仓皇地放弃了远征。英国人在奥地利王位继承战中要走运些，新英格兰的4 000殖民地民兵于1745年6月攻下了据守圣劳伦斯湾的路易斯堡——不过《亚琛和约》的签订让英国不得不将其交还。与此同时在印度，英法两国的东印度公司争相寻找盟友、努力破坏对方的贸易。1746年法国人攻占了马德拉斯，英国人随后收复了马德拉斯，但是和平仍然可望而不可即，1754年第一批英国军队被派往印度（在此之前公司一直依靠自己的地方军队，加上1748年英国国内出现的诸多“独立公司”和伦敦政府派遣的海军中队的支援）。

1756年七年战争的爆发是个转折点。在接下来的50年里，北美洲、加勒比海地区以及印度的殖民战役不再是附带事件，而是英国人为了帝国的生死存亡而进行的世界性战争。事实上，从1775~1783年的美国独立战争以及其他发生于1793~1815年之间的战争中，确实可以看出加勒比海地区和印度地区的斗争对于保卫英国至关重要，所以往往是从经济上和战略上两方面对抗欧洲敌国。在下一章中我们将会看到，在与拿破仑的长期消耗战中英国取得了两次重大胜利：1805年特拉法尔加海战大捷以及1815年反法联军在陆上获得的伟大胜利。[①]这一切带来了巨大的地缘政治优势，海上霸权加上战后的欧洲均势使得英国不用再同18世纪一样时时警惕秉持重商主义的竞争对手。当然英国人还是密切关注法国和俄国在东地中海地区的意图，担心他们会攫取通往印度的陆路。19世纪60年代和70年代，沙

① 此处指滑铁卢战役。——译者注

皇的军队向里海东边行进，从此英国人对沙俄通往印度的计划严阵以待。但是在世界广大范围内，英国人都可以采取军事行动，正如维多利亚时期一位经历丰富的旅行者所说，仿佛“大海是英国的”。他们大多采取“小包便士”战术将军队化整为零——殖民地小型卫戍部队每次出战只有几星期或几个月时间。他们把远征军派往中国、埃塞俄比亚、西非和埃及，信心满满地认为他们只会面对局部抵抗。在那个世纪的大多数时间里，他们大有理由确信在欧洲以外的地区只需要投入小规模军队作战，而且战争耗时不会长、耗费相对低廉。

最大的例外是印度。从军事的角度说，印度是兼具债务和资产属性的奇异混合体。到了 1840 年，东印度公司已经有了一支 25 万人的军队，是当时亚洲规模最大也最现代的。但是公司也从国内军队招募了两万军人来印度（1847 年超过三万人）作为倚仗。印军叛变——1857 年印度民族起义的核心，改变了这种军队配备状态：英国不得不派了 9 万英军恢复英国统治。等到尘埃落定，英国决定削减一半印度兵，而英军卫戍部队人数则扩增到了叛变前的三倍。自此英国兵与印度兵的人数比为 1∶2，任何叛变迹象都会被扼杀在摇篮中。其中一半的英军作为保卫苏伊士以东英帝国属地的战略储备。此举的主要优点就是可以用印度纳税人的钱供养英军，因为印度能支付一切日常开销，最大的缺点则是需要不断输送新人补充人员损耗，因为印度的死亡率仍然奇高。军队剩下的人怨声载道。

大体上 1860 年之后英国裁掉了超过 30 万的常备军，其中 2/3 是印度人或者驻扎在印度的士兵。英国打算保留剩余兵力的一半左右在本土进行训练，密切监视爱尔兰的动态或用以应对欧洲可能发生的紧张局面，其他士兵则被遣往殖民地。英军的基本组织方式是“营”，每个营有 30 名军官及约 900 名士兵，既可充作卫戍部队，也能赴海外作战。不设置参谋部，每当需要组织远征军时，指挥官会从自己的圈子里或从有事业心的申请者中挑选中意的人选。由于要去欧洲以外的战场参战，所以指挥官最关心的问题是运输和后勤：得把部队送过去并保证军需供给。在 1850 年以前，绝大多数高级军官年轻时都参加了 1793~1815 年间所谓的“大战”，之后的高级军官大都具备在亚洲或者非洲或者与新西兰毛利人作战的经验。到达阵地之后，他们所面临的最大挑战是决定战斗目标和战术。欧洲战争的游戏规则非常直接，如果军队打了败仗，主权国就会投降并签订条约。但是跟欧洲以外的敌人作战却不能这么想当然。

陆军上校查尔斯·卡尔维尔（Charles Callwell）1896 年出版了经典著作《小型战争：原则与实践》，他在书中归纳了三种不同的战争种类：镇压起义的战役、以征服和吞并为目的的战役以及“洗刷耻辱、报仇雪恨或打倒危险敌人的战役”。卡尔维尔承认小型战争的主要难点是战争条件的多样化，任何对小战争的总结都具有不确定性，但是仍然有一些可以遵循的原理。他指出，对于小规模战争来说，“对敌方士气的打击通常比获得战斗胜利重要得多”，而且“有时小规模的军事行动会把目标限定在造成常规战争相关法律不会允许的破坏活动”——这个绝妙的措辞掩饰了英军在中国、阿散蒂和缅甸摧毁房屋和农田、洗劫宫殿的暴行。缺乏可靠的情报、在没有道路或铁路的地区要面临的交通问题，再加上疾病带来的威胁赋予了小型战争独特的性质。与现代常规部队之间的战事的不同之处是“小战争主要是与自然抗争”。后勤、情报和对打击敌方士气的追求（愤世嫉俗者会称之为“制造恐慌”）是制胜关键。

事实上在卡尔维尔之前英军就已经在殖民战争中运用他的策略。军事行动通过“纽带”——交通线作为作战单位和大本营的连接枢纽，提供军需补给，如果发生大规模灾难还能作为避难所得以指挥实施。军队不惜一切代价保护交通线。有时英军也会切断与本部的联系以获得更大的机动性，但是代价很可能非常高昂。要拖着行李搬运车拉着粮食、水和军火，缓慢行军会严重拖后腿，也会在战役中分散火力。英军最大的败仗之一发生在 1880 年 7 月阿富汗赫尔曼德谷附近的迈万德，当时一支印英部队采用的行军路线致使 1 700 多人被对手歼灭，这就是分散兵力的后果。有时为了出其不意地给予敌方致命的袭击，需要牺牲补给。这种策略既是着眼于军事，也注重心理因素。按照惠灵顿的描述：“敌军一露面我们就发动冲击，胜利就是我们的了。”卡尔维尔也认为：“对付亚洲军队的方式就应该是直接袭击，用绝对的士气破其斗志。”一次彻底的摧毁就能粉碎敌人的斗志，如果敌人不愿作战，那么英军的战斗目标便转为给对方造成名誉和财产上的最大损失：赶跑统治者、摧毁都城、抢掠一切可以被转移的财产。

但是（正如我们后面将看到的）战场并没有这么容易被掌握。从战术的角度来说，最要命的问题是如何确保优势火力（通常是英军所具备的优势）发挥作用。一般英军会列队行军以保证冲击力和速度的最大化，在需要发动最大火力的时候改列成行。这种战术的危险之处是一旦敌军攻势过猛就能冲破阵型，英军必定会溃不成军，就如1879年1月英军在伊桑德尔瓦纳的遭遇。另一种战术——方阵，有时更受欢迎。但这也不是完美的解决方案。如果要把军队补给和交通工具保护在方阵中心，阵型就会不可避免地被放大，防御能力会相应地大幅降低，围在阵中的牛群也会在枪林弹雨中大受惊吓；而如果不管补给和交通工具，敌军又能轻易地把它们掠走，会让英军很被动。方阵能有效地分散敌军火力，敌人无论在哪条边线上都无法投入太多兵力，但从另一方面说，如果敌军集中火力猛攻任何一边，阵型都会被攻破。头脑冷静的敌军可能选择方阵的4个角作为突破口，因为此处与两边的联结最为薄弱。因此，如果敌方火力猛烈，采用方阵迎敌是非常危险的选择。战役指挥官必须考虑各种因素权衡得失：地形、敌军的长处及装备、当地援军、包括白种移民或原住民队伍的忠诚度和士气采用的战术能起到的成效，毕竟指挥官至少需要依靠这些人搜集情报、侦察和参加小规模战斗。英军部队训练有素但数量有限，通常指挥官最关心的是如何用有限的兵力发动奇袭、击溃敌军。

交战的另一方情况又如何呢？那些拼死抵抗英国入侵的民族需要时间备战。英军指挥官总是很心急：他们知道伦敦政府耐心有限而他们前途未卜。应对英军的最好战术就是非常规战争，消磨英军的斗志、推高他们的作战成本。但是没几个当地统治者能轻易实现这个战术，因为他们也担心自己的政权会受影响，毕竟非常规战争从本质上要求下放权力。绝大多数亚洲和非洲本土国家政权都经受不起战争的折腾，损失一次收成或者把一部分人从粮食生产中抽调出来都可能会对经济造成致命的打击：补给跟不上，抵抗就无从说起。对于人口稀少的民族来说，战场上的人员损耗无法得到弥补：没有医疗条件，伤者也会很快死去。枪支通常还是有的，但往往型号老旧、效率低下，而且抵抗军还不能熟练操作。自从19世纪70年代英国人开始使用速射步枪、笨重的加特林机关枪（当时人称“加特林一卡，地盘准垮”）被马克沁重机枪所代替、英军能有效地利用轻型野战炮（对绝大多数非洲军队来说，这种武器简直就是噩梦），双方火力的巨大差距便造成了伤亡情况的天差地别。1898年9月恩图曼一战中，基钦纳（Kitchener）指挥的英埃部队仅损失了48名士兵，而他的敌人马赫迪军则损失了至少一万人。

所谓的“典型”殖民战争或许并不存在，我们也不应该想当然地断定英国人每次都能凭借士兵的训练有素和先进技术取得胜利。18 世纪 50 年代，英国人在美洲用惨痛的代价明白了一队真枪实弹的英国军人也是可能在丛林中被一群“原始落后”的敌人消灭的。1755 年 7 月，布拉多克（Braddock）带领英军试图攻占位于今匹茨堡的杜奎士尼堡，结果遭到印第安人伏击，伤亡惨重，1 200 人的队伍死伤了 2/3（布拉多克本人也没能逃过一死）。布拉多克惨败的原因包括：没有事先侦察、队伍排列太集中、没有先占领行军路线周边的高地。而英军在印度遭遇的反抗军队通常和他们一样兵强马壮。正是由于对补给的重视（惠灵顿的重要特点，后来在欧洲派上了大用场），东印度公司的军队才能够在战场上坚持得更久，直至把敌军拖垮。东印度公司的巨额收入帮助它支付购买职业军人装备所需的费用，榨干了 18 世纪晚期所有在印度的军队依赖的所谓“军事劳力动市场”。但是英国的胜利也是有着苛刻条件的。美国独立战争时期，叛军广受周边群众的支持，而当地英国的忠诚拥护者被剥夺财产、蓄意谋杀，生活在恐惧之中，英军因而独木难支。第二次英布战争（1899~1902 年）中，布尔突击队员“游弋”在草原上，任何一个农场都可能被用作临时基地，英军对此头痛不已，于是残忍地血洗村庄或将平民集中控制。好在布尔军队规模极小，英国这才于 1902 年 5 月取得了不完全的胜利。英军也不是只在对抗欧洲敌军时才会畏缩。背靠阿富汗广大国土的印度西北边境就像个无底洞，英国人只能不停地往里填充兵力。英国分别于 1838~1842 年以及 1878~1880 年两次入侵阿富汗，先是出师不利，第二次出兵招致了对方的猛烈报复，最后不得不撤军。位于边境地区的阿富汗部落几乎能召集近 50 万战士，而且这里地形险恶，到处都是大山、深谷和隘路，英国人退而求其次地选择了牵制策略：对敌人进行各种形式的贿赂（或者叫“津贴”）、外交手段、周期性地进军以及惩戒式的战争。20 世纪 30 年代的一本军事手册中对此评论道：“只要达到了惩戒目的，就可以停止军事行动了。”至少从某种意义上来说，殖民战争的艺术在于明智地挑选敌手。

沃尔斯利将军

仔细研究维多利亚时代晚期的三场战役，我们能更加详细地了解英国的殖民战争方式以及他们的敌人所尝试过的策略。这三场战役都发生在非洲，作战地形却有不同：浓密的森林、开阔的草原、沙漠和三角洲。每一场战役都证明了补给和交通的重要作用：其中两场是有意为之，一场则是无意中造成的。第三场战争是祖鲁战争，小型战争大师沃尔斯利（Wolseley）之所以没来得及赶到战场执行他的战术绝非偶然。沃尔斯利尖锐地称“发动这场战争是疯狂的行为，继续这场战争是愚蠢的行为”。与此相反，沃尔斯利的主要任务是为了强加惩罚式的和平，永远地终结祖鲁的国家军事力量。

沃尔斯利因为1873~1874年的阿散蒂战争而名声大震。阿散蒂是一个西非国家，是今加纳的重要组成部分。阿散蒂有一支组织良好的部队（一位参战的英国军官评价其“纪律严明”），装备精良。白人在海岸上占据了几个破旧的堡垒，招致了阿散蒂统治者们的（阿散蒂土王）憎恨；英国人给芳蒂部落提供庇护，阿散蒂土王不时强调自己对芳蒂的统治权。在双方的不断冲突中，最血腥的一幕发生了：当时的英国总督出兵进攻阿散蒂，结果被盟友背弃——总督和手下的25名白人军官被斩首。因此当1873年3月新一轮入侵阿散蒂军事行动开始时，伦敦政府紧张地关注战事。阿散蒂击溃了芳蒂部落的抵抗力量，于是伦敦政府从西印度群岛团抽调了一营黑人部队，并派遣了100名皇家海军陆战队成员，但是这批人很快就病倒了。前线催促伦敦出兵阿散蒂首都库马西，而伦敦政府含糊其辞，却派了少将加尼特·沃尔斯利带着手下的30名“特种勤务官”赶赴战场。

沃尔斯利是维多利亚时代技艺精湛主义的典范。他是个爱尔兰新教教徒，他的父亲也曾是一名军官，他父亲在他7岁时去世了。沃尔斯利参加了1852年缅甸战争、1854~1856年克里米亚战争、平定印军叛变以及1858~1860年的中国第二次鸦片战争，19世纪60年代早期的美国南北战争时期，沃尔斯利在加拿大服役。他于1869年出版的《军人手册》在军中广为流传，显示了他对后勤重要作用的深刻理解。沃尔斯利1870~1871年率远征军前去镇压反抗加拿大接管马尼托巴的混血起义分子，他的领导才得以大放异彩。他显然是应对眼下黄金海岸紧急局势的不二人选。

很难完全确定沃尔斯利当时的意图。我们基本肯定的是他本人坚持认为要打败阿散蒂军就必须借助本土派遣的军队。他制订了一套详尽的计划，打算从最强阵营挑选一支精锐部队，但是内阁对此不置可否。殖民大臣金伯利（Kimberley）勋爵告诉沃尔斯利他应该去寻求“光荣的和平”。出发途中沃尔斯利已经安排从塞拉利昂雇用一些伊斯兰教教徒战士，也征召了一些从拉各斯带来的豪萨人。他手下的核心成员——特种勤务官（其中不乏维多利亚时代后期最出色的英国军人），肩负着从沿海部落征召一支当地人组成的大型部队并带领其作战的重任。“极度的好脾气、亲和力和忍耐力，再加上不可动摇的目的性和决心，是最为重要的。”沃尔斯利如此教导他们。1873 年 10 月初沃尔斯利抵达战场，他的第一个任务就是组织英国人在这里的总部——海岸角奴隶堡的防御，以防距此地仅仅几英里的阿散蒂部落发难。在阿布热坎帕那场混乱的战争中，那些被英国军官用棍棒逼着上战场的芳蒂人很明显在阿散蒂军面前不堪一击。《泰晤士报》通讯记者温伍德 · 里德嘲讽沃尔斯利是个“滑稽可笑的”光杆司令、对阿散蒂的进攻是彻底的失败，并且他声称自己看到沃尔斯利在灌木丛中如无头苍蝇一般走错了方向。

在此期间，沃尔斯利已经给伦敦传去了不容忽视的消息——他威吓政府：如果再不派兵，英国将输掉这场战争，届时必然颜面尽失。沃尔斯利的名声（以及名声附带而来的宣传效应）意味着他的观点不能轻易被忽略。故消息传到英国国内的那天，他要求派遣的两个营就接到了军令赶赴战地，同时还有一个营也做好了出征的准备。但是附加的条件也很严苛，沃尔斯利只能在“至关重要”的情况下使用这些兵力，只有在确保军事任务能立刻完成的前提下才能动用这些英军。不仅如此，这些援军甚至在“采取决定性行动的时刻”之前不得登陆。这种极端谨慎的部分地反映了当时军队承受的巨大压力，这一点我们在前面提到过：这是英军深度参与印度战事的后果。但是它主要反映了英军对于这个被称为“白人坟墓”地区的疾病的恐惧。疟疾、黄热病和痢疾可以轻而易举地将一支军队消灭于无形。沃尔斯利必须用最快的速度和最小的代价击败阿散蒂。

他已经决定要摧毁阿散蒂的首都库马西，因为这样一来“大捷鼓舞起来的士气”能够“永远地摧毁阿散蒂的军事声望”。沃尔斯利最大的特点就是筹谋。他精细地规定了部队着装：灰色的粗花呢夹克和长裤（用以御寒、防发烧）以及头盔（防晒）。为了在密林作战，士兵还需要配备短步枪。每周发放 4 次酸橙汁，点火驱除“瘴气”，出征之前提供可可、饼干和奎宁。“如果感觉肠胃有任何不适，”沃尔斯利下令说，“马上找军医开药。”当务之急是为进攻库马西准备好前进基地：一个和海岸之间有道路连接，能够提供补给品和装备的内陆军需库。为了修筑道路、搬补给品和运输军队，需要找一大批劳动力：每三个士兵或者每一个军官就需要配一个搬运工。只有当集结工作准备就绪，白种士兵才会登陆，远征才会开始。

沃尔斯利的方法非常粗糙，但他十分幸运。阿散蒂士兵们莫名其妙地撤走了，可能是因为他们也被疾病所累而且也让敌人的顽抗弄得士气大减。沃尔斯利的芳蒂盟友没了合作的兴趣，劳动力和情报都成问题。他的地图也成了废物：原本打算用于架设轻便铁道的沿海平原结果是丘陵地带，他的蒸汽火车头只能在海滩上躺着。但是他的“特种勤务官”没有让他失望，他们通过“贿赂、许诺和略施威胁”（显然是委婉语）搜集了情报。如果搬运工逃掉（据里德称，这些劳工既没吃的又没报酬），英军就会将他们的村庄付之一炬，以儆效尤。当地一些受过训练的人也逐渐被组织成了一支小型军队。英军终于拔营出征。1874 年 1 月 21 日，英国人渡过了普拉胡河，进入阿散蒂境内。士兵们收到的命令是：“保持冷静、枪口低射、慢速射击、直捣黄龙。”

沃尔斯利运势不减。出征 10 天后，阿散蒂军在距离库马西几英里的地方与英军对垒，双方进行了 12 小时激战。在密林里，神出鬼没的阿散蒂狙击手们扰乱着英军的阵形。“在印度或中国的平原上，你可以随时观察周边的环境，因此即便作战时困难重重也没什么，”沃尔斯利寄给妻子的家书中写道，“但是这里的森林一望无际，根本看不到 100 码①之外的情况，让人时刻紧张。”友军炮火也可能造成伤害，交流几乎是完全不可能的事。英军只好列成方阵前行，四个角上配有火箭。这场战争中的关键因素是火力的不平衡：英军虽有加特林机枪却并未使用，但是他们的史奈德步枪给他们提供了优势；阿散蒂军也有枪炮，可绝大多数都是被称为“丹麦枪”的滑膛火枪。阿散蒂军的密集发射造成英军高地营 25%的死伤，然而（正如里德指出的一样）他们的子弹威力太小，仅能造成轻伤：倘若他们有史奈德步枪，“我们将会遭受重大损失”。经过一天的战争，英军只有 6 名士兵丧命，而英军的枪炮不断低射，摧毁了阿散蒂军一次次有组织的进攻。几天之后，英军进入了几乎废弃了的库马西。他们争先恐后地冲进有着 12 个庭院的摩尔人风格的王宫，发现这里满是书籍、钟表、银盘、波斯地毯，甚至还有一份 1843 年 10 月 17 日《泰晤士报》的副

① 1 码≈ 0.91 米。——编者注

本——里德特地记录了下来。但是，他们该做什么呢？

答案只有一个：尽快离开。沃尔斯利的参谋布拉肯伯里（Brackenbury）认为，“再开展任何可能导致另一场战争的军事行动”或者追捕国王都是“不可能的”。患病人数在不断增加，补给在不断减少，沃尔斯利害怕拉长撤退路线会导致无法将伤病员带回海岸。在库马西城仅逗留了一天之后，1874 年 2 月 6 日一大早，英军四处放火，然后满载着战利品撤军了。两周之后沃尔斯利已经回到了海岸，3 月 4 日他已经上船出海了。3 月 14 日阿散蒂国王签署了条约，宣布放弃对海岸的所有权，并承诺开展自由贸易、开放通往库马西的道路，以及用沙金向英国支付赔款。沃尔斯利取得了巨大的胜利（其中最大的胜利就是将白种人军队的死亡率控制在了 1%，这是史无前例的成就），但是这场胜利带来的好处却少得惊人。阿散蒂人养精蓄锐伺机再战。

祖鲁战争的情况不同。自从英国人 1843 年吞并纳塔尔，他们就开始战战兢兢地生活在祖鲁国的阴影之下。此地的白人无力击败祖鲁，而伦敦政府又无意派兵相助。但是 19 世纪 70 年代末，形势急转直下。布尔人在德兰士瓦建立的政权摇摇欲坠：在东部边境山区与佩迪人的战争就是一场灾难，将其推向破产边缘。当英国人派代表团决定前往德兰士瓦准备将其和纳塔尔合并时几乎没人反对。在伦敦政府和当地顾问——纳塔尔官员西奥菲勒斯·谢普斯通（Theophilus Shepstone）的鼓动下，开普的英国总督认为现在是时候在整个南部非洲施行单一政体、将互相争斗的白人和黑人国家合而为一了。看起来祖鲁国成了最后一个大障碍。成年男子有义务为国王当“阿马布托”（即战士），这是祖鲁军事实力的基础。战士被编入军团（根据年龄划分），祖鲁统治者们用总结、改良的复杂演习方法精心训练这些军团：所谓的“角”团将敌军拉入战场再从两翼和后路形成包围圈，强大的侦察以及在紧要关头训练有素的长矛攻击是制胜的关键，相当于沃尔斯利的“枪口低射……直捣黄龙”。直到祖鲁势力被灭，英国人才声称整个地区的和平发展将被无限期地继续下去，这个观点受到白人土地投机者的热烈欢迎。

开普总督巴特尔·弗里尔爵士决定趁热打铁。由于此前东开普已经爆发了一场边境战争，所以本就有一支小型英国军队在当地。战争结束后，军队赶往北边的纳塔尔。英军对祖鲁稍加挑衅之后，祖鲁国王塞奇瓦约（Cetshwayo）收到了最后通牒，要求他解散阿马布托军。当赛奇瓦约拒绝服从时，入侵开始了。弗里尔和他的指挥官切姆斯福德勋爵急于迅速进军制胜，因为伦敦政府并没有批准他们的计划，所以需要赶紧造成既成事实，于是切姆斯福德匆忙行事。他们没有遵从沃尔斯利一贯坚持的耐心集结，三支英军纵队向祖鲁兰长驱直入。其中一支纵队陷入包围无法脱困，另一支在北方被突然冒出来的祖鲁武士团堵截。第三支渡过图盖拉河分成了两部，其中一部由切姆斯福德率领继续潜入敌方进行侦察活动，另一部则在伊桑德尔瓦纳扎营。

接下来在1879年1月22日那天发生的就是一场屠杀：军队中的1 700人里只有不到100人得以逃生，其中既有英国正规军也有白种殖民地居民和黑人。这次事件证明英国人也可能在殖民战争中一败涂地。当时他们的营地太大，无法安全防御，情报又太少，直到最后一刻他们都不知道祖鲁大军杀到了。来不及备战，营地又无法防御，英军没有摆出方阵而是排成了列，企图借助强大火力阻止祖鲁军队的进攻。但是英军队列太长太单薄，祖鲁有条不紊的攻击马上打破了英军防线，继而进攻侧翼。英军阵形大乱，分裂成组，与敌人短兵相接。祖鲁军不留俘虏，因此只有那些幸运的（或者有马的）士兵侥幸逃出、捡回条命。直到今天，发生这场战役的狮形山仍然阴气森森，提醒着人们这里曾经发生过的恐怖一幕。

伊桑德尔瓦纳之役是一场令人震惊的惨败，在那一天里士兵阵亡的人数是维多利亚时期所有殖民战争之最。两个月后，在更北的坎布拉，一名在阿散蒂服过役的老兵伊芙琳·伍德（Evelyn Wood）指挥一支白人和黑人的混合军队在他的驻守地粉碎了祖鲁军的进攻，使敌人伤亡惨重。英国人现在带着4 000人、10门野战炮和两挺加特林机枪杀进了塞奇瓦约在乌伦迪的都城。这次英军组成了方阵，在7月4日的战役中击溃了祖鲁军的进攻（尽管不是很轻松），就此粉碎了祖鲁势力。累积的阵亡人数（尽管伊桑德尔瓦纳战役中祖鲁军大胜，但他们也损失了许多士兵）无法得到补充。指挥系统解散了，食物也消耗光了，塞奇瓦约本人被俘虏和放逐，祖鲁王国分裂了。让人百思不得其解的是，阿散蒂军的及时撤兵让阿散蒂得以避免全面卷入战争，而塞奇瓦约为什么要义无反顾地一头扎进这场阿散蒂人极力躲避的战争呢？

这个问题的答案有三方面因素。第一与阿散蒂土王不同的是，塞奇瓦约除了直面战争之外并没有别的选择。他知道屈服就意味着失去权利：英国人给他下的最后通牒明确地表明了这一点。第二，阿散蒂有地形复杂的内地可撤，他却无天险可据，也没有条件组织游击战。祖鲁兰的大多数地区都是开阔的草原，英国人可以相对轻松地部署大军，英军的骑兵也能大展身手（而在阿散蒂的地形英军无法使用马匹）。第三，尽管疾病的确是个不可摆脱的问题（虽然沃尔斯利收兵是因为害怕传染病），这里的英军却没有达到因为担心传染病而需要退兵的地步。塞奇瓦约无法做到每当英国人迅速撤回海岸他就谨慎收兵保存实力。一旦迫不得已开始战争，他能够给英军造成沉重打击：将近 1 200 名英国人以及当地人的分遣队员被歼灭，相比之下，阿散蒂战争中只有极少数英军阵亡。但是因为枪械落后、人力有限、欠缺补给系统，他无法给英军带来足够的打击以迫使其签订停战协定。

沃尔斯利非常震怒，他认为切姆斯福德指挥的这场战役纯属浪费资源，完全不能达到目的。但他没能及时赶到阵地，无法阻止切姆斯福德因塞奇瓦约的战败而获得战功。三年之后，沃尔斯利在埃及显示了自己的能力。埃及财政已经破产，为了抵制国外势力的干预，开罗成立了民族主义政权（该政权的核心是能承受金融“改革”冲击的军队）。在经历国内激烈的关于埃及问题的争辩之后，格莱斯顿政府已经决定要推翻埃及的民族主义政权，主要的理由就是它对通往印度的便捷航线苏伊士运河产生了威胁。在亚历山大港进行的海上军演导致了严重的后果，不仅远没有达到促使埃及垮台的目的，炮轰反而激起了人民暴动，许多欧洲人被杀死。入侵计划早已拟定，1882 年 7 月初命令传达了下去。英国辛苦从国内军营和地中海基地凑集了 25 000 人（根据殖民地的标准，这就是一支大部队了），从印度征召了约 7 000 人（既有英国人也有印度人）。没人觉得这会是一场轻松的战争：埃及的地形是个可怕的挑战；埃军是一支兵强马壮、训练有素的军队；民族主义领袖阿拉比上校深得埃及民众支持。英国入侵者只要遭受一次败绩就可能在政治上受到致命的影响：阿拉比的名声将飞涨，而英国人可能会迫于国际压力不得不撤兵。

这正是沃尔斯利擅长解决的难题。他必须决定入侵哪里以及如何迅速取得决定性的胜利。地形是关键。在亚历山大港（进入埃及的必然通道）与开罗之间是尼罗河三角洲，每年 8~10 月间尼罗河水上涨，洪水泛滥，三角洲大多数地区都被淹没在河水之下，这会给军事行动和行军造成极大困难。沃尔斯利没有选择这里，而是选择了位于苏伊士运河中部的伊斯梅利亚登陆，印度分遣队可以在这里与其

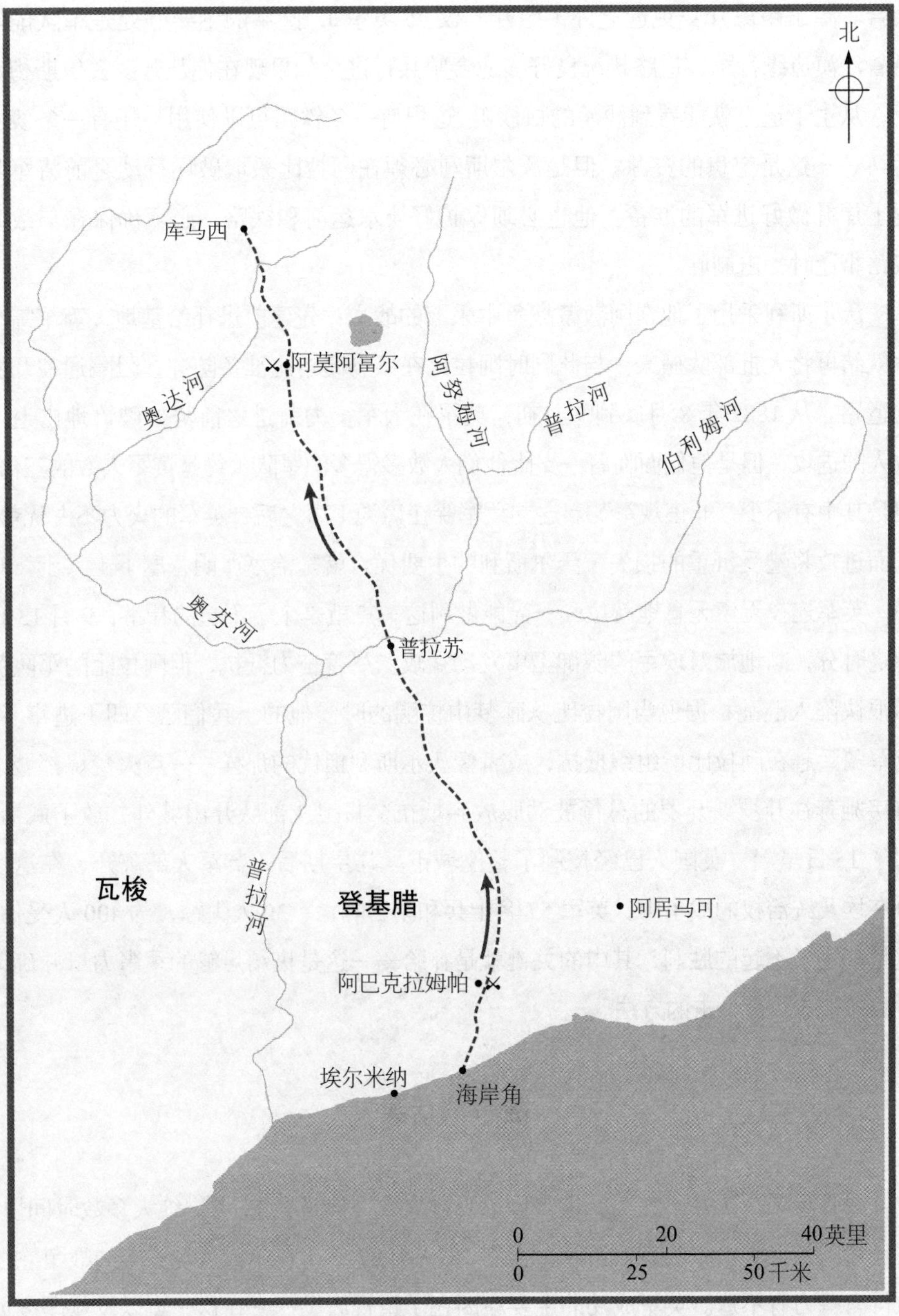

图 5–1　1874 年阿散蒂战争：沃尔斯利进攻库马西路线图

会合。除了距离开罗更近之外（距开罗仅 75 英里），此举的主要好处是军队能够沿着沙漠边缘行军，道路状况良好，适合骑兵行进（如果现在你从开罗去伊斯梅利亚，从主干道上就能看到沙漠的白沙）。这里有一条铁路可以使用，还有一条淡水运河——这是宝贵的资源。但是沃尔斯利必须在阿拉比采取破坏行动之前将军队运上岸并做好进军的准备。他也必须保护好淡水运河和铁路，必须确保在与敌人狭路相逢时一击制胜。

沃尔斯利采用了他在阿散蒂战争中采取的战术：先建前进补给基地，等军需准备就绪再将大批部队搬来。与此同时阿拉比在泰勒凯尔比准备防守，阻隔通往开罗的道路。从 1882 年 8 月底到 9 月初，英军在大军全力前进之前势如破竹地击退了敌人的进攻，但是他们面临着一支比他们人数多得多的军队（约是英军人数的三倍，但是其中有不少"非正规军"）。这支敌军躲在壕沟工事之后，英军的火力不占优势，正面进攻将遭受沉重的损失。沃尔斯利的主要优点就是治军严明，麾下士兵士气高昂。英军连夜无声无息地就位——光能做到这一点就是个了不起的壮举，9 月 13 日拂晓时分，高地旅对埃军的防御工事发动猛攻。尽管奋力抵抗，但阿拉比的军队仍然很快陷入混乱；据说当阿拉比从睡梦中惊醒的时候他的士兵们已经四下逃窜了。英军骑兵赶在阿拉比能组织抵抗，或者像沃尔斯利担忧的那样——点火焚烧都城之前疾驰奔往开罗。开罗的总督被劝服放弃抵抗，将卫戍部队开出城外并放下武器。到了 15 日早晨，英国人已经控制了整座城市。几星期后，英军大部离开。在这场争夺埃及统治权的战争中，英军 57 名士兵和军官阵亡，30 人失踪，约 400 人受伤。这是一场了不起的胜利，其中的关键就是补给——这是集结足够的军事力量并确保对敌方造成致命一击的方法。

战争的后果

尽管英国军队并不完美，也曾经遭受过失败，但是在 19 世纪绝大多数时间里，它是帝国防卫和扩张的有效工具，直到 1899~1902 年与布尔人那场长久的战争它才显得有些力有不逮。英军成功的主要原因在于重视后勤——在这一点以及从印度或英国本土装备及派遣军队的非凡速度上，惠灵顿、沃尔斯利及其"接班人"基钦纳

图 5–2　1879 年祖鲁兰：英军进军图

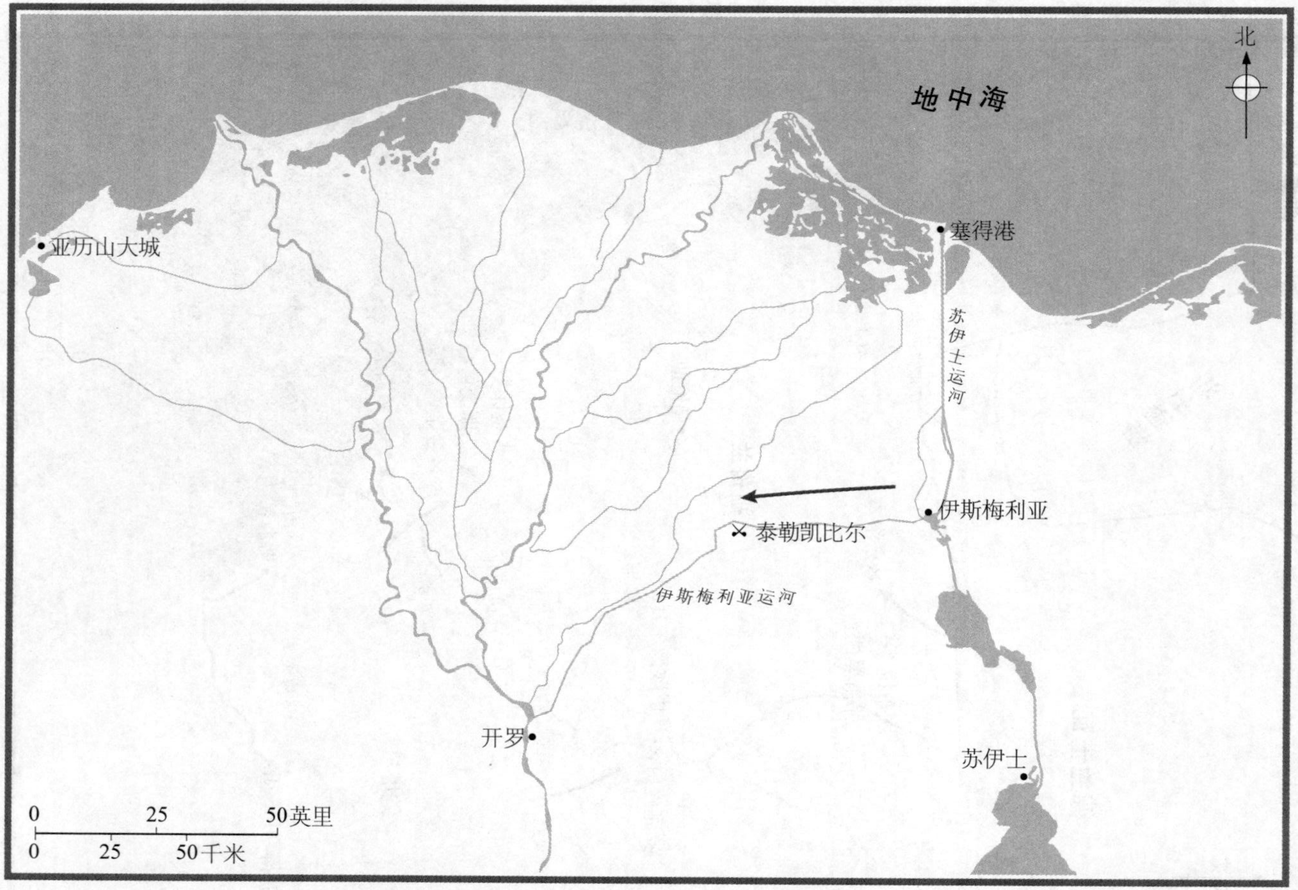

图 5–3 1882 年英国入侵埃及

勋爵（他也同样善于筹谋、小心谨慎）都是大师。19 世纪 70 年代之后，英军的成就主要可以归功于武器的优势——当然（正如前面我们看到的）这并不总是决定性因素。在没有轮式运输工具的地区只能依靠人力运送机枪和弹药（一架马克沁重机枪需要 5 个人才能搬动），因此必须节约使用这些武器。1897 年在北尼日利亚发生了两场战役，各持续了两天，为了节省弹药，机枪只被使用了三分钟。而且英军火力的消耗也很高：某位专家曾经估算过，在伊桑德尔瓦纳战役后不久的著名的罗克渡口战役中，英方守卫军共打出了约 20 000 发子弹，歼灭了 650 名祖鲁战士——30 多发子弹才能歼灭一名敌军。纪律、士气以及军官不计后果的狂热情绪激发了猛烈的攻击。几乎持续不断的军事行动带来的好处就是军队随机应变的能力得到加强——在不熟悉的地形中，这种能力是必要的，而且英军也逐渐对有些战场了如指掌：最熟悉的就是印度的西北边境和南非。

但是英军并不是单独作战。在印度及周边，一大部分负担落在了“印度兵”的肩上：他们在阿富汗遭受了灾难性的打击。只要可能（例如阿散蒂和祖鲁战争中），英国人就会招募大批本地人作为非正规军团或分遣队参与战争。这些本地军队的部分任务是为英国白种人军团扫清道路。“当配有本地军团时，”政府训令规定，“先派它检查可能隐藏敌军的丛林或崎岖地形，再命令欧洲军团前进……”当地援军也被征募为后勤提供所需的劳动力。只要有白种移民，他们对当地的了解就能为英军所用。最重要的也许是军队有一个无形的盟友可依赖：英国的海军实力既能为陆军保驾护航也能确保将国内的增援输送到战地，正因如此，英国的军事力量才得以遍布世界各地。亚洲乃至非洲没有几个地方是英军到达不了的。谁能想得到 1876 年埃塞俄比亚皇帝劫持了几个英国人当人质，12 000 英军就大军压境入侵了距离大海 250 英里的峭壁上的默克德拉？他只能绝望地投降或自裁。

但是这段往事有不为人知的另一面。英国扩张中的暴力绝大多数给地方造成了隐蔽的、与日常生活息息相关的影响。就算在英军参战的地区，许多情况也被忽略或者没被官方记录下来。很少有人注意到平民伤亡，无论是直接还是间接造成的。但是我们可以从当年的布尼奥罗王国（今乌干达西部）发生的情况估量这些暴力战争造成的影响。英国人于 1894 年入侵布尼奥罗，或许是为了加强对临近的布干达的政治影响，因为与布干达的联盟关系对于稳定英国在非洲中东部的大湖地区的地位至关重要。英方军队是一支杂牌军，成员五花八门：有几个喜好探险或寄希望于用特殊任务的报酬偿还债务的英国军官，有一些苏丹雇佣兵，一大群由部落首领带领的瓦甘达族，再加上必不可少的马克沁和哈奇开斯机枪。布尼奥罗战士们在武器上无法与英军抗衡，他们的防御栅栏被英军远远地用炮轰开，牛群也被英军掠走，村庄被焚毁。英国人对这场攻击和屠杀视若无睹。但是布尼奥罗的国王卡巴雷加得以脱逃，于是抵抗仍在继续。之后10年间断断续续的战事造成了灾难性的后果：战争中断了农村经济导致了灾荒，农业倒退了，人们迫于战乱的频繁迁徙导致卫生状况无法保障，继而无法控制疾病。这里和其他地方一样，战争就意味着疾病。这些后果造成了持续的影响，布尼奥罗陷入贫困人口暴跌，只能痛苦地缓慢恢复元气。在如此脆弱的生态系统中，帝国的触角可能给某个地区造成了可怕的伤害而不自知。

第六章

交通与贸易

Unfinished Empire

The Global Expansion of Britain

“我认为，”查理二世的廷臣、经济学家塞缪尔·福特雷（Samuel Fortrey）1663年写道，“不应该在海外建立种植园……除非是在那些可能为我们国家增加财富和贸易的国度……”看起来这条意见再明显不过了，毕竟光是建立殖民地就很费钱，管理费用相当昂贵，保卫殖民地的花费更是个无底洞。如果这个殖民地不能使英国贸易增加，那么把它纳入帝国版图又有什么用呢？无利可图的帝国本身就个自相矛盾的说法。

事实上，这个常识性的观点只是论战的开始。从始（约1600年）至终（约1970年），在英国海外帝国的整个历史中，各个时代的人对于这个观点到底有多少价值一直没有定论。但是大家都认同繁荣和实力紧密相关：贸易能创造财富，有财富就有实力，实力能充当守护神，也应该能促进贸易的发展。大家只在这一点上能达成共识，除此之外各方观点迥异。最基本的问题是：从商业的角度来看，殖民地是否具有任何特别的价值。正如亚当·斯密提出的，附近的市场货物运输和信贷流通速度都更为快捷，也能提供更多就业岗位，舍近求远地一味鼓励“殖民地贸易”真的值得吗？拥有这些殖民地是“增加”了英国的商业活动还是仅仅将其转向了另一个特定的方向？限制殖民地的经济生活，将其局限于生产特定的产品并仅销往英国（斯密那个年代的规定）是明智之举吗？没有这条限制的话，殖民地可能更加繁荣昌盛（这是个合理的假定），自由和富饶带来的结果就是它能从英国购买更多商品。如果控制殖民地贸易最多是施加反作用，那么英国的帝国势力何苦顶着风险、承担着巨额成本维持这种状态呢？这个问题在1776年，也就是《国富论》出版的那年，引起了许多人的反思。

而且也不见得所有贸易都是好的贸易（至少不是每个人都这么认为）。一些17世纪的观察者（其中包括詹姆斯一世）对吸烟（弗吉尼亚的经济就是依靠烟草出口）的道德影响有着深深的质疑。吸烟会动摇社会规范、鼓励放荡举止（的确，烟斗一度意味着我们所说的“红灯区”）。在18世纪，人们曾经担忧从印度进口的奢侈织品会降低英国人的品位、引诱英国人沉溺于所谓的“东方式的”纵欲。中国陶瓷和丝绸涌入英国又引起了人们的恐惧，英国人害怕过度消费会导致贪婪，进而腐蚀社会凝聚力。到了18世纪晚期，英国参与西非奴隶贸易激起了人民的愤怒。在印度的东印度公司作为帝国的掠夺手段遭到了人们的猛烈攻击。英国的海外商业行为，尤其是在帝国或准帝国环境中的商业行为从19世纪开始处于严苛的监督之下，因为在这些环境中往往伴随着压制和暴力。英国人在中国销售鸦片、在非洲贩卖枪支、在世界各地出售廉价酒，以极不可思议的低价购买土地或矿产权（就像塞西尔·罗兹的英国南非公司在今天的津巴布韦的行为一样），强迫当地人服劳役修铁路或道路。有些人相信如果发展商业的目的是为了带来和平与文明，那么就应该用和平与文明的方法开展商业，英帝国在海外的所作所为无疑使得这些人以及人道主义者们义愤填膺。

在上述有关贸易的论战背后隐藏着更深层的忧虑：英国所受的影响。有些地方的贸易活动需要国家行为来保障，例如维护帝国统治、吞并新土地、给予优惠和津贴，或者使用武力打开市场，这必然会出现一个疑问：谁获利最多？是不是像亚当·斯密所称的那样，强制殖民地把产品卖给英国的规定是重商主义利益集团积极促成的，他们才是唯一的受益者？如果果真如此，那么缔造帝国的基础——重商制度仅仅是少数人致富的工具，牺牲的却是大多数人的利益。19世纪中期，伟大的自由贸易主义者理查德·科布登（Richard Cobden）公然抨击英国在印度的扩张是一个阴谋，是在以世界和平为代价给纯属冗余的贵族谋取财富，而世界和平才是英国富强的真正保证。19世纪末期也出现了类似的舆论。激进分子J·A·霍布森把英国的“热带”帝国（英属非洲、东南亚等地区）看作金融家的阴谋。伦敦政府受（腐败的）新闻舆论威吓并受信息不足的人民被媒体鼓动产生的“沙文主义”情绪影响，将无数纳税人的钱用于兼并新地区，唯一的目的就是让伦敦金融城的金融利益集团获利。在霍布森这里，帝国经济状况再次被描述为一场骗局：少数人赚了钱，而多数人被爱国主义情绪冲昏了头，既没有盼到社会变革，也享受不到和平的自由贸易所能带来的真正繁荣。

这些批判是否中肯并不重要，重要的是它们反映了社会广大民众（不仅仅是激进派）的质疑。人们怀疑帝国与贸易并不是天然的伙伴，用政治力量达到商业目标永远是有关系的圈内人的杰作。这显然进一步引发了另一个顾虑：帝国的所得会使得特权阶层进一步获得或巩固权力，改变原本的社会、政治平衡，并根据特权阶层的意愿重塑道德和意识形态风气。18世纪晚期，英军对纳波布的攻击是因为人们害怕那些带着不义之财和东方式道德（也即非基督教的）标准的从印度回国的有钱人会购买地产，并跻身于贵族阶层成为新兴统治阶级。所谓的“西印度群岛人”，即依靠糖和奴隶贸易大发横财的在国外居住的种植园主和商人也引起了类似的仇恨。J·A·霍布森（以及其他激进派作家）的论战利用了当时公众对于世界性的财阀阶层在幕后操纵一切的恐惧。约翰内斯堡令人咂舌的金矿（以及通过投机黄金股所获得的利润）就是看得到的证明。人们很容易觉得南非的矿主（塞西尔·罗兹是他们的领袖）连同他们在伦敦金融城的朋友是攻打布尔人的背后推手，正是他们将英国拉入了昂贵的、令人不齿的、持久的战争。接下来必然是辩称保护主义、征兵、侵略性的外交政策以及军国主义紧随其后，而民主改革会就此终结。一方面有激进的反帝国主义者，另一方面也有人坚称死板地坚持自由贸易（1850~1931年英国的主导原则）将置英国于危险的境地，无法应对全球经济不可预见的变化。的确，有关帝国与贸易的辩论久已有之，早在亚当·斯密之前以及他去世很久之后一直持续不断。这场论战之所以热度不减是因为民众意识到了社会各界的经济安全与海外商业息息相关。

然而对于英国商人和贸易者来说，他们最关注的是如何具体、实际地获得商业上的成功。和所有生意人一样，他们首先要做的是找到（并维持住）他们的市场。

这不仅仅意味着要击败竞争对手。打入市场是商人的第一个任务，往往也是最难的任务。在约 1830 年之前的重商主义时代，商人面对的是直接的贸易禁令，除了英国本土，他们无法与其他海外帝国进行货品买卖。和英国一样，西班牙也尽可能地在它的美洲帝国施行闭关政策——英国商人对此愤恨不已。葡萄牙在半岛战争中需要依赖英国人对抗法国，因而不得不向英国出口商打开殖民地贸易市场。在世界的其他地区，虽然具体内容各有不同，但是全都有类似的禁令。日本直到 19 世纪 50 年代晚期才向英国开放。除了极少数几个荷兰人之外，没有几个欧洲人胆敢冒险挑战隔离原则，因为有这个胆子的都没了命。直到 19 世纪 40 年代，与中国通商的唯一合法途径仍是通商口岸。在广东商业制度的约束下，官商（也就是商行）与英属东印度公司的代理人进行交易，每当贸易季结束，所有外国商人都被要求离开广州（他们通常撤离到附近的葡属殖民地——澳门）。直接跟中国顾客做买卖或者出售“未经批准的”商品是被严令禁止的。因此英国商人沿着中国海岸巡游将鸦片出售给中国人的行为是对中国贸易规定的双重挑战，也是战争的起因。就算是在没有这些官僚规定的地区，英国商人也很可能非常不受欢迎。这些地区的中间人已经习惯了从进出口贸易中抽取提成，在他们眼里，英国商人的存在显然是个威胁。非洲商人在尼日尔三角洲诸如邦尼、卡拉巴尔这样的港城用战舟舰队（有的船上配有大炮）阻止外国人向上游航行直接进行奴隶和（后来的）棕榈油交易。1832 年他们杀害了探险家理查德 · 兰德（Richard Lander），他是伟大的伯肯黑德企业家麦格雷戈 · 莱尔德（Macgregor Laird）的搭档，大体上维持了他们的控制直到 19 世纪 80 年代。

除了这些人为造成的阻碍，商人们还面临着许许多多的其他困难，尤其是自然造成的困难。在蒸汽动力运用于航海（在 1830 年之后的西方世界和 1860 年之后苏伊士以东）和陆地交通（时间差大致如前）之前，商人们基本上受制于风力和水力，风向和洋流决定他们能去哪儿、何时去哪儿以及拉什么货能赚钱。进入河道网的容易程度是另外一个关键因素：例如著名的刚果盆地与大洋的连接处有瀑布和湍流阻隔，从马塔迪到斯坦利湖（今金沙萨）之间的 200 多英里路需要乘牛车艰苦跋涉，到达斯坦利湖后又可以乘船航行，这是 1890 年 7 月约瑟夫 · 康拉德（Joseph Conrad）的行程路线。在当时既没有铁路也没有全天候道路的条件下，除了能够自己走着去市场的商品——例如奴隶或澳大利亚绵羊，陆地运输极其昂贵，只有运载奢侈商品才可以承担长距离路程的运输费用。但是即使商人历尽千辛万苦到达了市场，也没人能确保他的货品能顺利地销售。精明的商人会细心地关注顾客的需求和品味。比如，如果主营业务是布料，就必须了解当地社会和宗教信仰能接受的花纹和（尤其是）颜色以及哪些布料种类适合当地的气候和潮流。“每个部落，”在东非探险的约瑟夫·汤姆森（Joseph Thomson）有些气恼地记录着，“都必须要自己专用的棉布类型，要有专用的色彩、尺码和珠子间的着色，不照着办还不行。”通常这都是些小规模市场，但是顾客的喜好差别却很大，不同的文化传统塑造了顾客的不同品味，这迫使商人们要巨细靡遗地去了解顾客，对他们来说，这与现代世界贸易中的大容量、大市场营销方法截然不同。

商人不能光顾着销售从英国带来的商品，要想获得成功就必须开展双向贸易：找到有价值的返航货物，顺便帮助顾客们偿付货款。与拉丁美洲的贸易在 19 世纪上半叶日渐衰退，就是因为缺少可拉回国销售的回航货物。于是勇于探险的商人们四处搜寻可买的产品。沙金和象牙引诱着两名前海军军官——费尔韦尔（Farewell）和金（King）于 19 世纪 20 年代来到了纳塔尔海岸。他们从今德班的基地战战兢兢地派遣了一支贸易使团去觐见祖鲁国王恰卡。商人们可能还需要等待丰收季节的来临，等到时机成熟再将合意的货品从遥远的内陆拉到海边。船只在海港等着装满货物返航，但是逗留是要缴纳逾期费用的，所以商人们还需要权衡这满仓货物能带来的利润与逾期费用孰重孰轻。一旦回到英国，他们必须通过在伦敦发展起来的组织化市场（或“交易所”）或者通过拍卖和展览会把返航货物卖给大批发商（如“蔗糖代理商”）。他们希望促进海外商品的消费量，例如藤黄（一种植物染料）、阿拉伯树胶、古塔波胶（亦称马来胶，用于制作电报电缆）、象牙（19 世纪晚期每年有 500 吨象牙进口至英国，其中河马牙最受欢迎）、鱼胶（从温水鱼鱼鳔提炼出来的胶质）、虫胶以及人们熟知的其他各种涌入英国的大宗品：糖、咖啡、茶叶、木材、原棉、羊毛和谷物。

但是所有商人都知道，打入新市场和在老市场赢利其实都依赖于海外贸易中看不见的因素。他们的优势（英国为商人提供的优势更胜于绝大多数贸易国家）在于廉价信贷。信贷是所有交易的润滑剂。正是由于伦敦能够提供无比充裕的资金（约 1800 年后银行系统动员了地方储蓄以供伦敦金融城使用），信贷才会如此廉价和易得。长期信用贷款对于远方的市场至关重要，商人能用它购买货品运往国外，出售货品获得收益，或者以物易物把当地的商品运回英国销售，整个交易过程可能长达两年之久。农民、种植园主、牧民、伐木工、野生橡胶采集工和棕榈树栽培者的收入有特定的季节性，他们能给商人们带来宝贵的返航货物，于是越来越多的英国商人用贷款垫付货款。信贷就像一块磁铁，吸引着各行各业的生产商加入这个贸易网络，促使贸易网络不断膨胀（从19世纪到1913年这段时间里，从世界范围内来说膨胀了大约20倍）。但是信贷（或者信用失效）同时也是商人生意中最具风险的因素之一，许许多多的危险会威胁他的收益乃至他的偿付能力。如果某个地区的商业信息有限或完全缺失，商人就不得不判断是否有利用贷款进行商业活动的必要：就算是在国内他也需要花费大量时间努力偿付即期付款或任何形式的付款。他必须应对价值不断起伏的各国货币：19世纪60年代的加尔各答，贝壳还在作为货币流通：256枚贝壳价值等同于一卢比，缅甸在1852年前并不使用硬币，人们在交易中使用黄金、白银或铅，还需要称重和检验真假。商人在国内的债权人如果陷入危机就会把他一起拖垮，而他的代理人和合伙人也可能会做不明智的投机（每当价格波动，生意人很难抵制投机的诱惑），不声不响就让他血本无归。1815年之前的一个多世纪里战火几乎未曾停歇，万一资产被敌军罚没或者市场突然被关闭，就算是最能赢利的投资也可能毁于一旦。詹姆斯·克里斯普（James Crisp）曾遭此厄运，詹姆斯的妻子是著名的伊丽莎白·马什（Elizabeth Marsh）。即使1815年战争结束之后，当地的混乱也可能危急商人的生意甚至生命。

无论何时何地，商人和贸易者都面临两大挥之不去的问题，而距离和延迟使得这两大问题更为紧迫。第一个问题是很难获得精确信息——有关于市场、价格、他们要打交道的人们信誉度的信息。在1840年之前的大航海时代以及随后的蒸汽时代里，商人们疯狂地渴求信息。他们会要求他们派驻在当地的人手定期寄信汇报，然后坐立不安地等待邮件。维持一个广泛的通信网络是商业的生命线：在约翰·格莱斯顿（John Gladstone，英国前首相威廉·格莱斯顿的父亲）的合伙人看来，在操劳了一天之后寄出20封乃至更多的信件是司空见惯的事。约翰·格莱斯顿本人为了投机美洲玉米而在1791~1792年间跋涉了14 000英里的路程。无论是在国内还是在国外，商人们都会聚集在一起倾听各方消息、闲聊八卦、数海港停泊的船只、提心吊胆地听谣言、关注彼此的行动。他们组成商会，把大家愿意分享的情报搜集起来，并建立“交易所”，在那里列出产品价格。从19世纪50年代开始逐渐普及的电报和海底电缆使人们能迅速地获得重要信息：1866年架通了第一条横跨大西洋的电缆，到了19世纪70年代，印度、东南亚甚至澳大利亚都能直接与伦敦联系。尽管如此，在伦敦金融城和其他地方一样，许多商业情报一如既往地通过口头传播。

第二个大问题是信任——经济学家称之为“委托代理问题”。在绝大多数商业交易中，生产者和消费者之间隔着一长串联系人。在伦敦的商人需要靠得住的海外代理人确保货物安全到达目的地、以公道的价格出售以及收取货款和安排返航货物。商人派驻在当地的人员又需要与另一长串债务人、债权人、供应商、销售员打交道，通常这些地区全无法制可言，语言障碍就像喜马拉雅山一样无法逾越。他们往往别无他法，只能找土生土长的当地人充当中间人——例如中国的“买办”（这个称呼还有葡萄牙的影子）和印度的“杜巴适”（即翻译），这些人作用巨大，他们本身就与商场和官场有着千丝万缕的联系，有能力推进贸易的开展、按时收取货款和维护与当地当权者的关系。远在伦敦的商人没什么办法阻止驻扎在海外市场的手下进行欺诈、盗窃或滥用资金，他们唯一的防范措施就是在挑选合伙人和代理人的时候小心谨慎。他会尽可能地挑选家族成员，要不就挑姻亲。如果要在家族之外选择人选，他更喜欢挑与自己有着共同宗教信仰、道德规范的人，最好是跟他同一个教堂的会众；共同的种族和地区背景是进一步的保证，故而苏格兰籍的贸易合伙人遍布世界各地。截至1914年，掌控了大部分英国贸易的贸易公司们仍然按照这些历史悠久的原则雇用员工。近至1936年著名的对华贸易公司怡和集团（旧名“渣甸洋行”）总裁还感叹说：

> 尽管我对“英格兰东海岸”（指剑桥）充满敬意，但是我认为英格兰以北的人民最适合从事我们的日常业务……我非常渴望保留公司的苏格兰团体。但是，我并没有轻视大学生的意思……我只是认为大学生需要有踏实、沉稳的苏格兰人从旁支持辅助。

这位苏格兰总裁凯瑟克（Keswick）想说的似乎是：如果需要高智商，就得找牛津和剑桥的高才生；但是要信任，就得找苏格兰人。

来自牙买加的意见

1792 年牙买加议会委员会提出：

> （我们）不得不向议院指出，西印度群岛的甘蔗为祖国带去了数不尽的利益……英属西印度群岛的产物与从大不列颠各地运往伦敦港的一样，都是国家财富的组成部分……殖民者每将一英亩土地开发为种植园地，祖国的财富就增长一分。

坐在议会的牙买加种植园主和商人的确有理由认为英属加勒比海地区的岛屿，尤其是牙买加是英国世界贸易不可或缺的中心。18 世纪下半叶，这些岛屿出口至英国的货物（主要是蔗糖）占出口总量的 1/3。加勒比海地区出产的商品被转出口至欧洲：到了 1805 年，它的咖啡出口量居世界首位。正如议会所说，每年蔗糖缴纳的进口税高达 140 万英镑，约占海关关税总收益的 1/3，大概占政府财政收入的 1/12。在欧洲以外的地区中，加勒比海群岛是英国出口商品的最大销售地：1775 年它的消费量已经超过了北美大陆，远胜亚洲、是非洲的两倍。其中一部分原因是因为加勒比海地区的（白人）居民富得流油。1770~1775 年牙买加自由欧洲人的平均资本净值高达 1 200 英镑，这个数字几乎是北美大陆最富裕地区（弗吉尼亚和卡罗来纳）人均资产净值的 10 倍，是新英格兰的约 40 倍。

加勒比海地区的繁荣源于欧洲尤其是英国对蔗糖永无止境的消耗（英国人比任何一个地方的人都爱吃糖，尤其爱在茶里加糖）。1700~1790 年间出口到英国的蔗糖价值翻了 4 倍，接下来的 50 年间又涨了两倍。蔗糖既可以加入茶水中调味，也可以加入糖蜜和果酱，因而迅速成了生活忙碌的工业人口首选的“方便食品”。英属西印度群岛也是英国大西洋贸易的中枢，它贪婪地吸纳进口的奴隶（其中一部分再出口给附近的西属美洲），推动了英国与西非的奴隶贸易（直到 1807 年奴隶贸易被禁止）。每年都有几十个几内亚人从英国出发去开展奴隶贸易，他们带着货物，在到达目的地之前，他们会用这些货物在欧洲或者美洲以物易物，一旦到了奴隶海岸他们就可能要逗留一年之久。通常会有小型船只（“补给船”）随之同行，这些船只源源不断地在大西洋上运输奴隶，直到用来以物易物的货品耗尽为止。到了 18 世纪 80 年代和 90 年代，英国航运业约 15% 的运力用于奴隶贸易。另一面，加勒比海地区从北美购买粮食，雇用新英格兰的海运人力资源运输粮食。加勒比海地区支付的钱大大填充了美洲殖民地的钱包，如果没有这些费用，美洲大陆上的殖民地是远远不能从英国购买那么多商品的。加勒比海地区，尤其是牙买加，也是英国向西属美洲帝国那些理论上封闭的市场走私商品的基地。1813 年英国运往加勒比海地区的货物中近半数被再出口至西属美洲。西属美洲多以金条购买这些走私货品。“我倾向于认为，”商人托马斯 · 欧文（Thomas Irving）1786 年写道，“每年我们从交易中获得的收益不低于 100 万美元，这不仅为我们西印度群岛和大陆殖民地提供了流通货币，也让我们有能力用真金白银买下大批货物运回英格兰。”一旦送回伦敦，金条便能用于巩固英国的货币供应。在那个货币短缺可能引起贸易停滞的年代，这一点至关重要。

到了 18 世纪晚期，牙买加已经成为英属糖业群岛中最生机勃勃也最大的一个。1739 年，那里有 429 个蔗糖园，而 40 年后激增到近 800 个。奴隶人口从 18 世纪 30 年代的 10 万人飙升至 1810 年的 35 万，几乎占了英属加勒比海地区奴隶总人口的一半。晚至 1817 年，牙买加总人口中，在非洲出生的占了 1/3。它的白人人口（约 2 500 人）也是最多的。商业上的巨大成功使得这里的种植园主们得意扬扬，甚至可以称得上趾高气扬。牙买加愤怒地将英国议会对它内部事务的干涉——包括奴隶制度，驳斥为违犯宪法的行为。下议院 1823 年提出议案反对奴隶制（比彻底废奴早了 10 年），遭到牙买加议会的公然抨击，称其为“毁灭性破坏……为了讨好狂热分子而牺牲这个曾经宝贵的殖民地（迄今为止被视为英国皇冠上最璀璨的宝石）上的居民”。1831~1832 年奴隶起义也被怪在英国议会头上，因为正是对牙买加内务的干涉引起了“邪恶的悸动”。

从牙买加往东（逆风而行）航行两周后到达巴巴多斯和背风群岛（圣基茨岛、安提瓜岛、尼维斯岛和蒙塞拉特岛），从 1624 年（在圣基茨岛）到 1632 年（在蒙塞拉特岛）英格兰在这里进行了殖民。（1627 年被殖民的）巴巴多斯是第一个英属糖业殖民地。蔗糖生产工艺很可能是由荷兰人从巴西传来的：为了保证甘蔗汁的最大产量，甘蔗一被割下就被尽快送往磨坊榨汁，然后在煮糖室将甘蔗汁加热，再从糖蜜中把蔗糖结晶分离出来。整个蔗糖制造过程，无论是在热带气候中种植

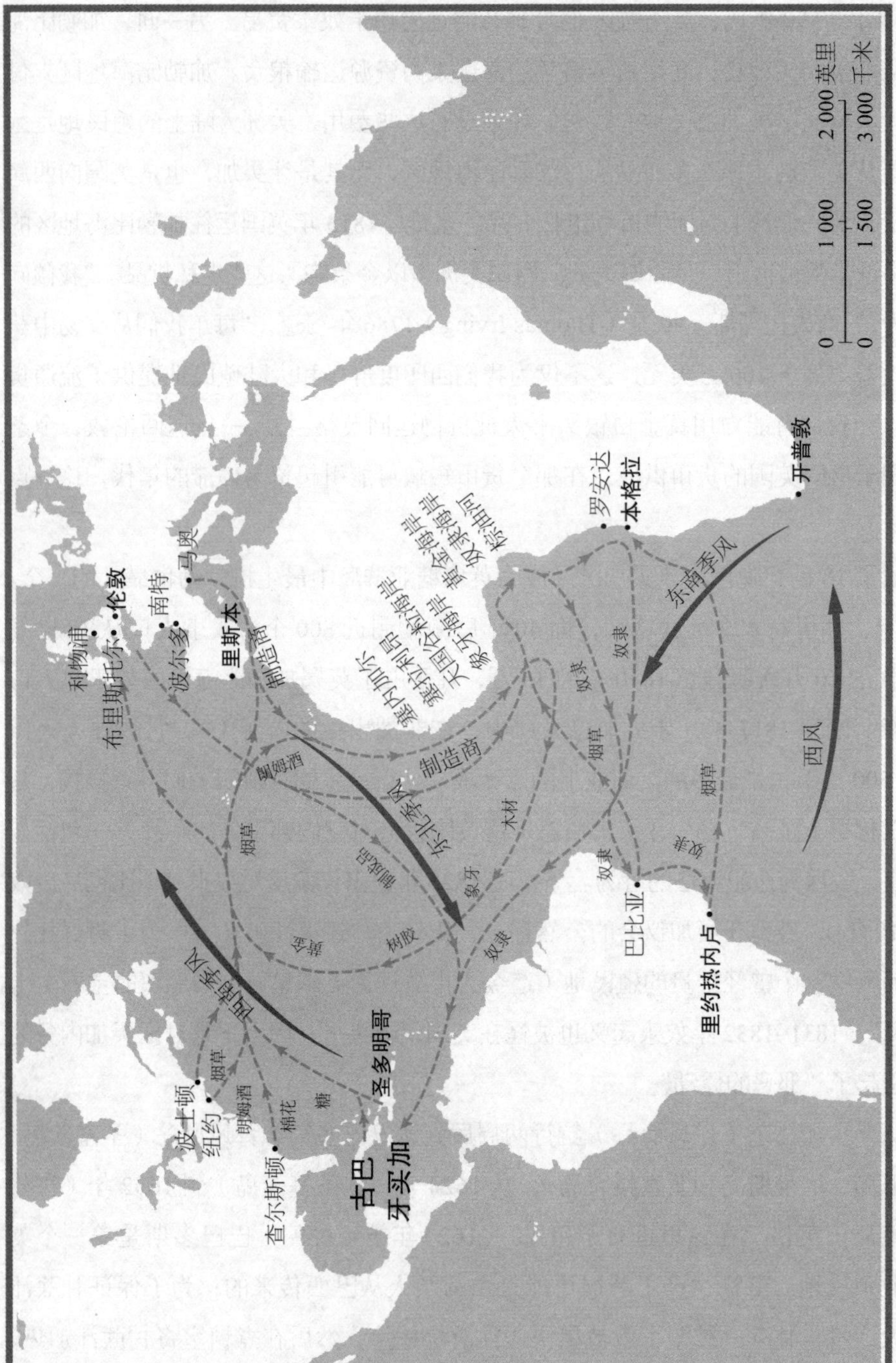

图 6–1　18 世纪的大西洋商业

甘蔗、清除杂草、砍收甘蔗，还是在磨坊榨汁都充满艰辛（虽然没有英国的磨坊那么黑暗，但是更辛苦、危险），正因如此，17世纪晚期来自英国的契约劳工迅速被非洲奴隶所取代。巴巴多斯飞速发展成为帝国的“宝石”，比牙买加获此殊荣要早得多。18世纪早期，巴巴多斯享受着与英国（以当时的标准看）快速、定期的联系。虽然从泰晤士河起航在海峡里逆风而行绝不是美妙的经历——要与盛行西风带做不懈的斗争，但是从普利茅斯或法尔茅斯出发只需要8星期多一点的时间就能到达巴巴多斯殖民地的首府布里奇顿，这意味着巴巴多斯比土耳其或当时所谓的“黎凡特”（指今叙利亚、黎巴嫩地区）要近得多。一旦船只到达马德拉岛——通常船员会在此地购买种植园主爱喝的加烈葡萄酒（“马德拉酒”），就能顺信风而行，用不了6星期就能抵达巴巴多斯。截至1700年，每年都有100艘船只从英国驶往巴巴多斯岛，而风向能保证全年都可回航（有时回航旅程需要8~9星期），不像往来于印度的船只要受印度洋随季节而改变的季风风向的影响。正是由于通行的方便以及对巴巴多斯和背风群岛的掌控，英国人才能于1655年从西班牙手里夺得牙买加，并得以在1815年前势如破竹地囊括加勒比海的多个地区：1763年获得多米尼加、圣文森特和多巴哥，1797年获得特立尼达，1803年获得圣卢西亚和德梅拉拉（今圭亚那的一部分）。

英属西印度群岛看似比任何地方都更有说服力，它证明了商业上的成功以及随之而来的财富依赖于帝国的建立——统治的建立。蔗糖种植园创造了惊人的利润，但是它也需要稳定持续的信贷和资本来维持榨汁磨坊、机器设备的正常运转、支付购买奴隶的费用，才能周而复始地支付它的运营成本。这意味着种植园主与他们在伦敦的代理人[如退隐泰晤士谷福利宫的前种植园主威廉·弗里曼（William Freeman）]之间以及富有的不在地种植园主与产地驻守的人员之间保持紧密定期的联系，其中有些人本身就是大种植园园主，如西蒙·泰勒（Simon Taylor）。保持联系的意义在于能够在需要时求助于英国法律体系，毕竟种植园主的成功和信贷问题经常导致产权纠纷。或许最重要的是，蔗糖种植园要保持生意兴隆就必须要安全稳定，只有祖国（英国）能提供这样的保障。随着群岛上白种人与奴隶之间的人口差距不断增大（尤其在牙买加），帝国卫戍部队和国内援军才能保证时有发生的奴隶骚动不会失控。1791年后海地的革命势力推翻了殖民地统治并引发了英属群岛起义浪潮，这对帝国是个深刻的教训：防卫一刻也不可放松，否则局势将不可掌控。1776年英属西印度群岛的种植园主们拒绝加入北美大陆奴隶殖民地的起义运动（北美殖民地的白种人人口远多于奴隶人口），这并不是偶然现象。当然也不仅仅是镇压奴隶的问题。自从英国人最早建立殖民地到1805年特拉法尔加海战稳固英国的海上霸主地位，英属群岛一直遭受其他跟英国一样实行贸易隔离原则的竞争大国不时的破坏、争夺。1756~1763年七年战争期间，法属马提尼克岛基地的巡洋舰在西印度群岛海域俘获了约1 400名英国商人。1778年英属多米尼加被一支法国远征军占领。如果没有坚定的决心和强大的力量保护宝贵的海外资产，英属大西洋经济体利润丰厚的贸易早已损失重大。

18世纪80年代之前及之后的很长一段时间里，没有谁会质疑在当时看来显而易见的事实：要繁荣就要掌控大局。正是那些建立了海外帝国并合理利用了帝国体制的地区才真正达到了繁荣。忽视对殖民地经济的监管，以及更糟糕的，任由殖民地被其他国家势力抢占，是愚蠢的叛国行为。这个观点并不像后来的自由贸易者们理解的那么简单，自由贸易者狂热地搬出亚当·斯密的《国富论》作为反驳，却往往对斯密的学说一知半解。其观点的基础仅仅是残酷的现实：前工业世界的机会有限，人们靠天吃饭。天气决定收成，进而控制着工资、生活水平以及增长前景。

有这么一种说法，17世纪50年代~18世纪70年代的经济学说和经济政策处于一套条理分明的重商主义理论支配之下，但是史学家早就推翻了这种说法。成千上万的史学家就商业、进步和财富问题发表了论文、演说、记载、传单和对话，他们的作品给予公众不同的指导，突出不同的优先项，（多半是在）为不同的利益集团和压力集团招纳追随者。但是在不同派别的唇枪舌剑之间，我们能看到困扰了英国人很长时间的几个强大假设，其中首要的就是公众对全球经济的消极情绪。当然，当时人们完全了解从哥伦布时代和瓦斯科·达·伽马时代开始欧洲贸易活动的对外扩张。英国商人们无比羡慕、甚至可以说愤恨西班牙美洲帝国的崛起和荷兰人在亚洲的贸易。当他们意识到英国自己的大西洋殖民地也有商业机会时，他们做出了充满激情的反应。从17世纪中期开始，英国与黎凡特和印度的贸易越来越举足轻重；18世纪中期之后，对太平洋的探索和逐渐打开的中国市场展现了一条通往新贸易世界的金光大道。但是总体上说，当时的人并不知道贸易“总”量（更不用说产量）不仅有可能而且完全有能力无限增长。相反，他们以为消费者需求增加的空间有限，很快就会达到饱和点。

这种误解背后的逻辑很简单。蒸汽动力被用于陆地交通、纺织和生产金属制品之前，在绝大多数制造领域，生产率的增长非常有限。制造更多的产品就意味着要雇用更多工匠，如果工匠的工资不变或者甚至随市场需要上升，那么他们所生产的产品价格就不太可能下跌。在那个时代，最关键的是顾客能掏出多少钱。如果顾客要买更多的东西，他们的实际工资或购买力必须增加。而在此之前，他们的生存费用，尤其是购买食物的成本，将必须下降，这样人们才有可能购买别的商品。但是购买食物的成本可能下降吗？现代的农业化学制品革命和各种新兴技术大幅提高了粮食作物的产量，此外，家禽饲养也在同步增加。18 世纪中期，尽管人们广泛使用改良的耕种和饲养方法（英格兰的农民也确实提高了生产率），但在当时指望食物供应能赶得上人口增长简直是不切实际的——这是经济学家托马斯 · 罗伯特 · 马尔萨斯（Thomas Robert Malthus）的基本论点。相反，看起来更可能发生的情况是人口的增长远超粮食的增长，因为随着人口越来越多，人们甚至不得不在边际土地（指贫瘠的、无利润可图的土地）上耕种粮食了。还有个最不可控因素——天气，天气决定一年收成的丰歉。因此经历过 17 世纪“小冰期”的人们有消极看法也不足为奇。虽然在英国发生的饥荒越来越少，但它就像盘踞在欧洲大陆之上的幽灵，让人不敢掉以轻心。指望依靠从欧洲农场进口便宜的粮食——尤其是在战火纷飞的那个世纪里（1700~1800 年间英国跟一个或多个邻居打了 41 年），真是荒唐的乐观。

上述观点的主要思想就是：可供进行贸易活动的总产量不可能增长太多，而且市场的总规模（无论是全球市场还是英国市场）也被环境限制因素所束缚。尽管亚当 · 斯密坚称劳动分工、专业化和商业自由会带来生产率增长、刺激贸易发展，但连他也承认迟早有一天（他希望这一天能迟一点到来）每个国家“所获的财富，将达到它的土壤、气候和相对于他国而言的位置所允许获得的限度，因而没有再进一步的可能”，他乐观地加上了一句：“也许没有哪个国家的财富曾经达到这种程度。”如果贸易总量或多或少有个定数（不把从新开放国家获得的横财计算在内），那么也就是说，一个国家的所得正是另一个国家的所失，这样一来尽可能地把资源掌握在己方商人和船主手中、在缺乏商业动机的地方用规定下死命令很有意义。确实，如果没有有力的强制保障，即使是暂时的小挫折也可能变为长期的、致命的失败。另外有两个异常强大的假定支持着这种受围心态。

第一个假定着重强调贸易失衡的危险。部分原因是当时人们认为贸易逆差意味着国内就业岗位会减少，继而造成人民贫穷、社会动荡。为了填补贸易逆差必然出现黄金外流。东印度公司为了从印度（英国的毛织品在印度销路很差）进口奢侈织品而出口白银的做法在当时引起了极大的争议。相反，如果贸易能够达到平衡，则能给国家带来黄金。后来的作者们把这种黄金至上的观点斥为“金银通货主义者的谬论”。但是当时社会所担心的是，黄金外流会导致流通的货币减少。如果货币减少，它的实际价值就会上升，工资会缩水，就业率会降低，国内贸易会逐渐衰退。这些担忧在殖民地更为突出。危机或战争会加剧黄金短缺问题。在人们甚至无法想象“军工生产”工业化的年代里，政府需要现金以购买国外装备、聘请雇佣军以及拉拢盟友。因此能够带来黄金收入的贸易是宝贵的：与葡萄牙签订贸易条约的主要目的之一便是赚取葡属巴西的黄金。

第二个假定不仅与贸易有关，也关系航海业。因为商船舰队既可以作为辅助部队对抗敌军入侵，又是（用当时流行的话说）“海员的摇篮”——经验丰富的水手在战时可以被强征入伍，故而自从中世纪以来，每届英格兰和英国政府都强调保持一支大型商船舰队的重要性。这些理由是伦敦政府禁止纽芬兰发展为定居殖民地的部分原因，政府规定鳕鱼渔场（高达 1/3 的英国航海业为渔场工作）必须在深海区，不得发展到海岸。一份官方报告宣布：“在纽芬兰的……女王陛下的子民，绝不允许建立殖民地，也不能……占有……纽芬兰的任何地产。”这条规定背后的理由是自 1660 年《航海条例》颁布开始，所有从英国属地运往英国的货物都必须用由英国船员驾驶的英国船只运输。最具有商业头脑的大臣之一利物浦（Liverpool）勋爵告诫道：“记住，的发展航海是我国的要务。在几个世纪里我国一直致力于发展海上力量，哪怕是以贸易为代价也在所不惜。”

由此可知，殖民地无比重要，但只是在特定的条件下。其产出品与英国类似的那些殖民地（如新英格兰）的价值并不突出，它们只是凸显了那些最重要殖民地的价值。既能够出产如烟草、蔗糖、咖啡、靛青、大米等在欧洲供不应求的热带产品，又能够消耗那些在欧洲不好出售的产品，这才算得上是最有价值的殖民地。这些殖民地不被允许生产自己的产品，或把产品直接卖给外国卖家，或购买外国产品、使用外国船只。如果能够严格执行这些规定，殖民地就相当于英国国土的延伸，（就如牙买加议会所说）大大提高了英国的生产能力，是促进贸易均衡的宝贵工具。可是如果没有贸易控制这个手段——帝国的真正意义所在，诸如牙买加、巴巴多斯或弗吉尼亚等殖民地不仅能给英国的船运和贸易带来增益，也很可能会把好处送给英国的死敌法国和荷兰。虽然 1783 年北美洲 13 个殖民地分离出去成立了美利坚合众国，但并没能像大家预言的那样阻止英美贸易的极速扩张，直到 1815 年和平稳定到来之前对更自由的贸易的诉求都没有取得多少政治方面的进展。

从重商主义到自由贸易

被亚当 · 斯密抨击为“重商制度”的其实是几十年来生产者和商人获得的各种保护和特权的复合体，通过将其和“国家安全”联系起来，这套制度确立了自身的正当性。到了 19 世纪二三十年代，重商主义已经逐渐瓦解。西印度群岛蔗糖产业的巨大利润一方面由于种植园主采取奴隶制而饱受道德方面的指责，另一方面则面临帝国其他地区种植园主们的严峻挑战，这些地区的成本比西印度地区要低得多，同时还使用“自由”劳工（这是个相对而言的说法）。英国的奴隶贸易已经终止——1807 年正式被法律禁止，从 1834 年开始奴隶制本身也被废除。旧商业格局的第三个支柱是掌握了与印度及中国贸易垄断权的东印度公司，但是它恣意妄为地滥用特权，再加上被拿破仑“大陆封锁体系”赶出欧洲的商人们众怒难平，1813 年东印度公司在印度的贸易垄断权被撤销。20 年后，公司又失去了它最赚钱的垄断权——从广东进口茶叶的特权。

一场商人起义促成了这些翻天覆地的变化。1793~1815 年的世界性战争摧毁了作为英国主要竞争对手的几个帝国，打开了许多原本封闭的殖民地市场。1815 年之后，英国商人的贸易范围和自由度前所未有地宽广。反对帝国贸易（即从殖民地进口商品至英国）保护政策和抗议致使物价居高不下的高关税的呼声越来越高。殖民地贸易的特殊待遇和有关航运及海员的严格规定维系着英国的安全和繁荣这种说法在 1815 年之后越来越站不住脚了。在战后萧条时期还有个更大的危机威胁着英国的稳定，那就是食物的价格。粮食的高价造成了广大人民的不满情绪，减少了消费，继而降低了就业率，大批工人下岗，使得“贫困救济”系统更加捉襟见肘。政府的领袖人物很大程度上认可了自由贸易的逻辑，却遭到保护主义拥护者的阻挠。自由贸易者们大力抨击所谓的《谷物法》（该法律规定粮食价格不到高位不得进口小麦）是土地贵族（即政治上的统治阶级）滥用权力的结果，因为高粮价最大的受益者正是这些贵族。更糟糕的是，限制廉价食品进口被视为对快速增长的制造业上的双重征税：食品价格不降低，制造商们就无法降低工人们的工资、减少成本，而且也会赶跑那些意图用谷物交换英国商品的潜在顾客。这个观点的最负盛名的倡导者是经济学家大卫·李嘉图——“比较优势”理论的提出者。李嘉图认为，最明智的做法是从生产成本最低的生产商那里购买你所需要的商品，将劳动力和资本资源用以集中生产自己最具优势的商品。这样才能将贸易和“效用”（从商品中获得满足和福利）最大化。

就这样，英国的重商主义赖以立足的旧规则和信念被一系列地缘政治结构变动——各重商主义帝国的解体和工业化逐渐推翻。不过还是发生了一场浩大的政治危机才给自由贸易扫清了道路。工业生产方式——尤其是将蒸汽动力运用于纺纱和织布，或许让英国的制造商们节省了大笔成本，但在19世纪三四十年那种萧条的环境中，它似乎很可能让市场饱和，进而让制造商们破产。所以降低成本和寻找新买家的任务比任何时候都来得紧急。甚至连1841~1846年任首相的保守党人罗伯特·皮尔（Robert Peel）也承认的确需要使农业和工业的利益“重新达到平衡状态”，尽管在1841年竞选时，他还是《谷物法》的支持者。直到1845年爱尔兰大饥荒爆发才推翻了保守势力，粉碎了保护主义的靠山，废除了《谷物法》，也为19世纪50年代几乎完全废除贸易限制埋下了伏笔。幸运的是这次大饥荒与世界贸易大扩张同时发生，验证了绝大多数英国人的观点：自由贸易是英国繁荣昌盛的秘诀。

从重商主义转变为自由贸易是不是使得帝国成了多余？在西方世界，答案可能是“差不多，但也不完全是”。19世纪中期，英属西印度群岛从商业意义上来说已经成了一潭死水，它已经落在了巴西、古巴和爪哇这些低成本蔗糖生产地之后。美国成了英国最大的贸易伙伴（19世纪英国从美国进口商品的价值已经超过了与亚洲贸易的总额）。兰开夏郡的纺织厂用美国南部奴隶们生产的原棉制造棉布——截至1914年都是英国出口数量最大、价值最高的商品。美国人购买英国的纺织品和金属制品，但是他们顶住了开展自由贸易的压力。事实上对英国来说，老东北区（指费城与波士顿之间的商业和制造区，纽约居于中心）既是竞争对手又是合作伙伴，与伦敦和利物浦关系紧密。毫无疑问，利物浦靠与美国贸易为生。占据了棉产品贸易75%份额的也即最大公司是美国的布朗兄弟公司，由一个叫亚历山大·布朗（Alexander Brown）的北爱尔兰移民建立。到了1810年，布朗兄弟公司设立了利物浦分部，由布朗的英国亲戚打理，负责管理棉产品的运输并出售赚得的汇票。1863年，公司的金融业务已经发展壮大到足以在伦敦金融城开设“布朗–希普利商业银行”——最大的美国贸易金融业务银行之一，也是巴林银行的劲敌。巴林银行的许多业务也来自大西洋彼岸：1803年拿破仑决定出售法属北美西部大片内陆时，正是巴林银行为杰斐逊融资购买路易斯安那；1846年当英美两国为“俄勒冈乡村地区”的所有权争执不下时，阿什伯顿（Ashburton）勋爵——也是巴林银行的人，被派去平息矛盾。在商人看来，帝国在北美的残留势力引起的嫌隙、美国人对英国发起的废奴运动的痛恨以及加勒比海地区和中美洲的竞争关系（讽刺的是，美国人还怀疑英国对古巴有图谋）都说明了帝国是商业发展的阻碍而不是助力。

南美洲的情况稍有不同。随着巴西和前西属美洲殖民地的放开，英国商人得以蜂拥而入。可是无论是组织返程贸易还是消除当地政治家和商人的疑虑都需要时间，当英国于19世纪40年代晚期使用海上力量向阿根廷政府施加压力时，英国商人们集体陈情请求英国停止施压，因为压力起到了破坏性的负面作用。到头来是因为当地的地方势力出于自身利益而不是由于英国的坚持说服了南美各国政府放开贸易：一方面是因为有势力的地主急于找市场，另一方面，关税收入也能促进当地经济发展。只要是有地方特产且这种特产能被运回欧洲的地区，英国商人就会全力深入。安东尼·吉布斯公司在秘鲁稳稳地抓住了向英国运送作为肥料的海鸟粪的特许权；在巴西（彼时仍是奴隶国家），英国商人进军巴伊亚和伯南布哥的蔗糖贸易；当19世纪六七十年代咖啡贸易蓬勃发展的时候，大部分咖啡贸易是由本部设在里约热内卢的约翰斯顿斯公司掌控，而英资圣保罗铁路打通了海岸到咖啡产区的道路；在阿根廷和乌拉圭，布宜诺斯艾利斯和蒙得维的亚的英国商号控制了大多数皮革和咸肉贸易。当19世纪七八十年代（紧跟着冻肉和谷物贸易）地区经济腾飞时，英国人已经做好了充分的准备为当地提供贸易增长所需的银行、保险公司和铁路投资。

帝国的主要武器——英国的海上力量，也不是完全派不上用场，在它的帮助下，英国确保了欧洲各国复兴西班牙帝国的图谋胎死腹中。然而总的来说南美国家具备法律制度（得自殖民历史）和政治意愿来促进市场资本主义和支持开放经济。英国商人之所以能占据特殊地位是因为当地经济缺乏信贷资金和商业情报，即对成功与否至关重要的有关价格、市场和信用评级的信息匮乏。英国商人既有海外资金的渠道又有信息网络，实力显然更胜当地竞争者，也更有能力安全应对商品贸易的危机。

我们的第三个例子是加拿大，在这里，帝国的重要性要大得多。作为英属美洲帝国仅存的部分，英属北美洲依赖于与帝国的关系。创建了独立的北部经济的商人们（绝大多数在苏格兰出生或者是苏格兰人的后裔）需要英国的帮助才能逃脱被南方富裕邻居商业兼并（或者干脆征服）的命运。英国开始自由贸易之前，他们的木材和谷物在英国市场享受着帝国特惠制。伦敦政府由于担心美国人的进攻而打算加强卫戍部队（19 世纪 60 年代晚期前英国没有放松过警惕），所以乐意投资于区际铁路。1867~1873 年确定了联邦制之后，在区际铁路基础上发展而来的干线铁路帮助加拿大成为一个经济和政治实体。当地的中心城市——蒙特利尔的商人们希望将生意发展到内地，而伦敦政府手里掌握了关键区域：五大湖西北方广袤的、（基本上）空旷的土地。直到 1869 年，这里一直是哈得孙湾公司的领地。英国君主早在 1660 年就给哈得孙湾公司颁发了特许状，尽管有来自美国的压力，但是历任英国政府都保护了它的所有权。正是这片巨幅土地的低价出售再加上英国殖民地不列颠哥伦比亚的加入，1867 年之后加拿大才成为真正意义上横贯大陆的自治领。

加拿大经济发展的结果是创造了集中在其经济中心蒙特利尔圣詹姆斯街（今天的圣雅克街）的商业和金融圈。蒙特利尔银行依靠其在伦敦的关系网络吸纳信贷和资本，再将钱借贷给客户。它与哈得孙湾公司（该公司仍保留了在北美的商业团体和部分地产）的加拿大合伙人建立了紧密的联盟关系，其中包括前皮革贸易商唐纳德·史密斯（Donald Smith），即后来的加拿大首富斯特拉思科纳（Strathcona）勋爵。截至 19 世纪 80 年代中期，加拿大银行最大的合作伙伴是总部在蒙特利尔的加拿大太平洋铁路公司。加太铁路竣工于 1885 年，这条铁路大动脉将加拿大东西海岸紧紧地连在了一起。加拿大太平洋铁路公司在加拿大经济发展过程中起到了关键作用。它主要由英国投资者提供经费修建而成。太平洋铁路公司使加拿大西部地区在经济上变成蒙特利尔的殖民地，也靠着它才得以确保加拿大的经济能够独立于美国而存在。它的利润主要来自于有效垄断横贯大陆的交通以及（尤其是）平原地区出产的出口英国的小麦。太平洋铁路公司的经理们梦想加太铁路能成为英国与东亚之间的必经之路，他们完全明白太平洋铁路公司的命运取决于加拿大在帝国中的地位、加拿大对英国君主的忠诚度（对抗美国共和主义）以及流向加拿大的英国移民和资金。所以在战争期间，蒙特利尔的商业精英强调自己的英国特性并对加拿大的支柱——“与英国的关系”保持绝对的忠诚并不奇怪。

博物学家阿尔弗雷德·拉塞尔·华莱士（Alfred Russel Wallace）曾写道：

> 对于欧洲的游客而言，没有哪个地方的吸引力能比得上新加坡的城镇和岛屿……虽然政府官员、卫戍部队和大商贾都是英国人，但是占人口比重最多的却是中国人。有些中国人是富商、内地的农业家，不过绝大多数是技工和劳工。本土的马来人通常是渔民或船夫，警察也主要由他们担任。有许多马六甲的葡萄牙人在这里当文员，要不就是中小商人。来自西印度的大批克林人大多是伊斯兰教教徒，他们以及许多阿拉伯人多做些小买卖或者开商店。所有的马夫和洗衣工都是孟加拉人，还有一批人数极少但是声誉极高的帕西商人。除此之外，有一些爪哇水手和本地仆佣以及来自西里伯斯岛、巴厘岛和其他岛屿的贸易商。战舰、许多欧洲国家的贸易商船、成千上万的马来快速帆船、中国平底帆船……小渔船和小客船挤满了港口；城市里满是漂亮的公共建筑和教堂、清真寺、印度教寺庙、中国式寺院、美观的欧式房屋、巨大的仓库以及让人眼花缭乱的老式克林和中国式集市，郊区布满了中国式和马来式小村舍。

这活脱脱就是约瑟夫·康拉德（Joseph Conrad）小说中描述的世界。这里的商业生活与苏伊士地峡南部和东部大部分地区差不多，截然不同于大西洋经济体。对于欧洲而言，东方的经济体遥不可及：从欧洲绕过好望角到达印度需要花费的时间是去往巴巴多斯旅程的三倍。往来于欧洲与印度之间的交通由季风控制：3~10 月季风将船只从好望角吹往北方，其他时间则将船只吹往南方。在开辟苏伊士运河之前，可以途经埃及和红海或者沿幼发拉底河往下航行至巴士拉和波斯湾运送邮件甚至一些乘客（通常是逃往他乡躲避瘟疫的人）。但是到了苏伊士以东，横跨大西洋的航运在速度、规律性、便捷性和廉价性上都没有保证。这边没有奴隶经济，无法量产出口至大西洋彼岸的大批主要作物——棉花、蔗糖和咖啡，也没有大型移民社会。（19 世纪 60 年代约有 100 万名白种人在澳大利亚和新西兰生产羊毛和黄金，但澳大利亚和新西兰的殖民经济更适合被当作大西洋经济体的独立部分看待。尽管他们的贸易和交流没有完全将亚洲排除在外，但是他们的确越来越专注于与英国的直接交易。）亚洲、阿拉伯和非洲商人掌握了海岸和内地贸易，而且他们的平底帆船、快速帆船和独桅帆船运送货物的价格只是欧洲船只的 1/10，所以无论在何地，欧洲人都免不了要与他们进行激烈的竞争。在这个世界里商人们需要更多的贸易技巧。五花八门的度量单位（例如印度的 ruttees、mashas、拖拉、西尔和莫恩德——孟加拉的莫恩德是孟买的近 4 倍，中国的斤、担和两）、货币和交易方式（例如中国的银条是按鞋型的“银锭”出售）折射出一个古老复杂、与重商主义关系盘根错节的贸易世界，也反映出大范围的专业化生产程度。这与大西洋商业的简单明了相去甚远。和其他外来者一样，英国人也不得不入乡随俗。

他们之所以能适应这样的经济环境主要是因为印度。最早英国人是作为印度统治者——德里的莫卧儿王朝的特许经营者在印度做生意。他们的竞争对手包括葡萄牙、荷兰、法国以及亚洲的商人。如果不是有对英贸易的垄断权，商业风险和运营费用早就让东印度公司破产好几次了。但是到了 18 世纪中期，随着公司贸易范围不断扩张（部分原因是因为英国繁荣了），公司不声不响地在印度海上站稳了脚跟并拥有了一只小型私人军队，与此同时公司的贸易伙伴——当地的统治者们越来越依赖于海外贸易带来的利润，英国东印度公司因而成了所有欧洲国家东印度公司中最强大的。当 1756 年英国东印度公司在孟加拉的地位被那位靠不住的统治者攻击时，公司在当地驻扎的人手开始着手把公司转型为具有军事和行政管理职能的势力，首先是在孟加拉（从 1765 年开始），截至 1820 年，印度次大陆的大部分地区都在英国东印度公司的掌控之下。1856 年英国东印度公司吞并阿瓦德，到达了权力的顶峰。两年后，在突如其来的印度民族起义之后，公司的统治草草收场，对印度的统治权（直到那时候在法律上还是模糊不清的）落入了英国君主的手中。

普拉西战役之后的 100 年间印度发生的殖民转变带来了许多商业上的转变。当东印度公司从孟加拉的纳瓦布手中接管财政收入时，它分出了部分岁入购买在欧洲供不应求的印度棉纺织品，从此以后公司不再需要往印度运金银。对于公司员工来说这是棵摇钱树，高额工资、福利、公司的新权力所允许的私下交易填满了他们的钱包，有些人甚至因此成了富豪。具有讽刺意味的是，正是这种无法无天的行为（被国内道德高尚的人和眼红的人大力抨击）为英国在亚洲贸易的发展打下了基础。公司的特许状一直允许英国私营商人参与港脚贸易，即亚洲内部的地方贸易。公司的新财产对港脚贸易产生了三个方面的影响：第一，它吸引了为数众多的新玩家冲着新机遇涌入东方，尤其是在一连串的扩张战争中，英国东印度公司的军需创造了很多新机会。第二，因为英国东印度公司的员工也在寻找投资机遇，所以他们的收入（无论是合法的还是不合法的）大幅推高了港脚贸易的可用资金。第三，公司用这些钱进行投资、监管款项、在投资者"退休"时安排把最后收益汇到英国，这些工作由"经营代理商行"打理。在第二次世界大战之前甚至之后，"经营代理商行"组织管理了绝大部分英国的亚洲贸易。

经营代理商行是什么事都做的全能机构，它们是英国在信贷、远程合作和商业情报上所具备优势的典范。它们提供现金或信贷、充当旅游中介、监管种植园和其他英资商业投资、安排产品的买卖和欧洲"必需品"的进口、提供保险、拥有或租用船只、接受储蓄者的存款——收益率往往高得难以想象。但经营代理行并不是没有风险：在1829~1834年的那场危机中，几乎所有代理行都因为过度投机而倒闭。但是1861年，光在加尔各答就有约70家代理行。它们是英国商业扩张的先锋部队，并在所有可能控制当地贸易的地方建立了分支：缅甸、马来亚、新加坡、波斯湾和东非。例如在缅甸，仰光的经营代理行把控了高利润木材的出口贸易：它们被称为"柚木经办商"；在新加坡，它们买入胡椒、香料、樟脑（用于制作樟脑丸）、蜂蜡、咖啡、黑檀木、玳瑁、沙金和檀香木。分支机构的职员都是年轻的英国人，他们不愿意结婚，住在单身宿舍，无聊了就去找情妇、喝酒或者屠宰动物找乐。但是经营代理行也需要依赖大量的当地中间人，通常是阿拉伯、亚美尼亚、印度（多是帕西人）或中国的商人和投资者。只有这些当地人才能获得顾客需求的第一手资料，并应付一长串的掮客。复杂的各国度量衡对当地人来说不是问题，他们了解当地的货币，能够筹集当地信贷并给国外银行无法触及的生产商提供贷款。

英国在东方经济中所占的地位取决于印度这个不可或缺的地区。英国与印度之间稳定的资金流（很大一部分来自于印度政府支付给在英国本土投资者和领退休年金者的部分）为这个庞大的商业网络提供了稳定的保障。印度的海军和陆军，或者说英国人在这里招募的人力和资源，是英国政治和经济扩张的利器。正是孟买海军（后来的印度海军）把波斯湾变成了英国的“湖泊”，守卫着从巴士拉到卡拉奇和孟买的航线。孟买成了大多数伊朗对外贸易的商业中心。英国在东非的影响实际上是“英属印度”的影响：肯尼亚和乌干达早期殖民时代使用的货币都是卢比。公司（在伦敦政府的许可下）在拿破仑战争期间攻打东印度群岛的荷兰人，尽管公司主管起初认为占领新加坡不仅没有意义而且会引起纷争（今印度尼西亚于1815年被交还给荷兰人）——胜利的果实就是新加坡和马来亚。最重要的是，还有中国。

英国东印度公司从18世纪起一直与中国开展贸易，它购买深受西方国家喜爱的丝绸和陶瓷。但是中国人对英国的商品并不十分感兴趣，英国人只能用美洲的白银支付中国商品（中国对白银的需求巨大），中英贸易因而受阻。乍看之下，1760年后英国人对茶叶需求的急速增长使得中英贸易障碍更为加剧，然而事实上英国东印度公司在印度扮演的新角色提供了一个解决方案：公司可以用印度的财政收入购买印度商品，例如原棉和靛青，而中国人也会购买这些印度产品。接下来公司又发现了印度西部和东部都出产鸦片，鸦片销售很快就变为政府垄断，占财政收入的近1/5。英商在广东的贸易活动处于中国政府的严密监管之下，公司当然不敢在中国当局的眼皮底下出售鸦片，但是它可以把鸦片卖给在印度的港脚贸易商，再由他们把鸦片运往中国销售。一项重大的商业经营活动就这样被付诸行动。公司员工希望把在印度的收入寄回英国，于是与代理人们一起进驻加尔各答或孟买。这些资金继而被用于购买鸦片出口至中国换取茶叶（或者茶叶购买权），然后把茶叶出售给公司换得汇票，再去伦敦的公司总部把汇票兑换成英镑。通过这种迂回的方式，资金由印度流回了英国（有时用于在伦敦兑现的汇票是从前来购买茶叶的美洲商人那里买到的），对华贸易就此展开。后来公司丧失了中国贸易垄断权，自由贸易者接手贸易，鸦片贸易也导致了战争。英国人在鸦片战争中获胜，迫使中国政府开放了海岸，把鸦片市场进一步扩大，并允许英国商人在不受中国政府控制的通商口岸定居。于是，在通商口岸兴起了一个小型的外国商业社会——配有仓库的大型码头、航运代理商、银行、电报局、海关、俱乐部、单身宿舍和带阳台的住宅楼，应有尽有。约 10 000 名中国买办在管理与通商口岸之间的内地贸易，而能够提供短期“拆款”的中国钱庄对于通商口岸经济来说同外国银行一样重要。但是最早的胜利是由从印度派遣的军队和船只取得的，在 1850~1911 年中国动荡的年代里，通商口岸数量稀少的英国人也是去印度（以及香港的海军驻华分队基地）寻求保护。

印度以及它的英国统治者们对东方经济的影响在威廉 · 麦金农（William Mackinnon）的职业生涯上体现得淋漓尽致。麦金农是个苏格兰人，出生于克莱德湾入海口的坎培尔敦。早年麦金农在格拉斯哥寻找发财的机会，他迈向成功的关键一步却是 1846 年作为一家公司（他哥哥是这家公司的合伙人）的代表去了加尔各答。只过了一两年他就在加尔各答建立了后来发展为麦金农—麦肯基公司的合作企业。1852 年麦金农在格拉斯哥创建了自己的公司，管理棉纺织品出口业务。在与麦金农利物浦公司（他哥哥的公司）霍尔的合作下，他成了船运商，也有了自己的船只。在 19 世纪 50 年代早期，随着 1852~1853 年缅甸战争打开了仰光港和伊洛瓦底江贸易，麦金农创建了加尔各答及缅甸航运公司，为后来一系列重大事件埋下了种子。几年以后，另一家新成立的航运公司竞标印度东海岸的邮政合同。邮政合同以及它所附带的政府津贴是航运成功的关键所在：正是邮政把海上商业与帝国联系在一起。当麦金农 1862 年 1 月与巴特尔 · 弗里尔（Bartle Frere）爵士会面，他的成功便指日可待了。弗里尔即将当上孟买的总督，是印度最有权势的官员之一，他决心在波斯湾加强孟买（和印度）的影响力、促进卡拉奇的贸易，在他看来，麦金农的轮船是实现这个目标的理想工具。于是在费里尔的支持下，麦金农赢得了到波斯湾的邮政合同。揣着这笔经费（每年 5.5 万英镑政府津贴，总额超过 100 万英镑），麦金农把手头上杂七杂八的轮船与合同合并成立了一个新公司，新公司的名字很有派头——“英印轮船公司”。这家公司成了印度政府的官方承运商（负责运输军队和邮件）。到了 19 世纪 70 年代，加尔各答每 5 艘船里就有一艘属于英印轮船公司。麦金农在接下来的职业生涯里一直致力于寻找拓展这个海上帝国的方法。他尤其注重东非，因为作为一名虔诚的苏格兰人，他被利文斯通推广“基督教、通商和文明”以消灭异教信仰、奴隶制（以及伊斯兰教教徒统治）的宏伟计划所吸引。而这次投资的悲惨结局是他的不列颠东非公司的失败，或许还加速了他的死亡。

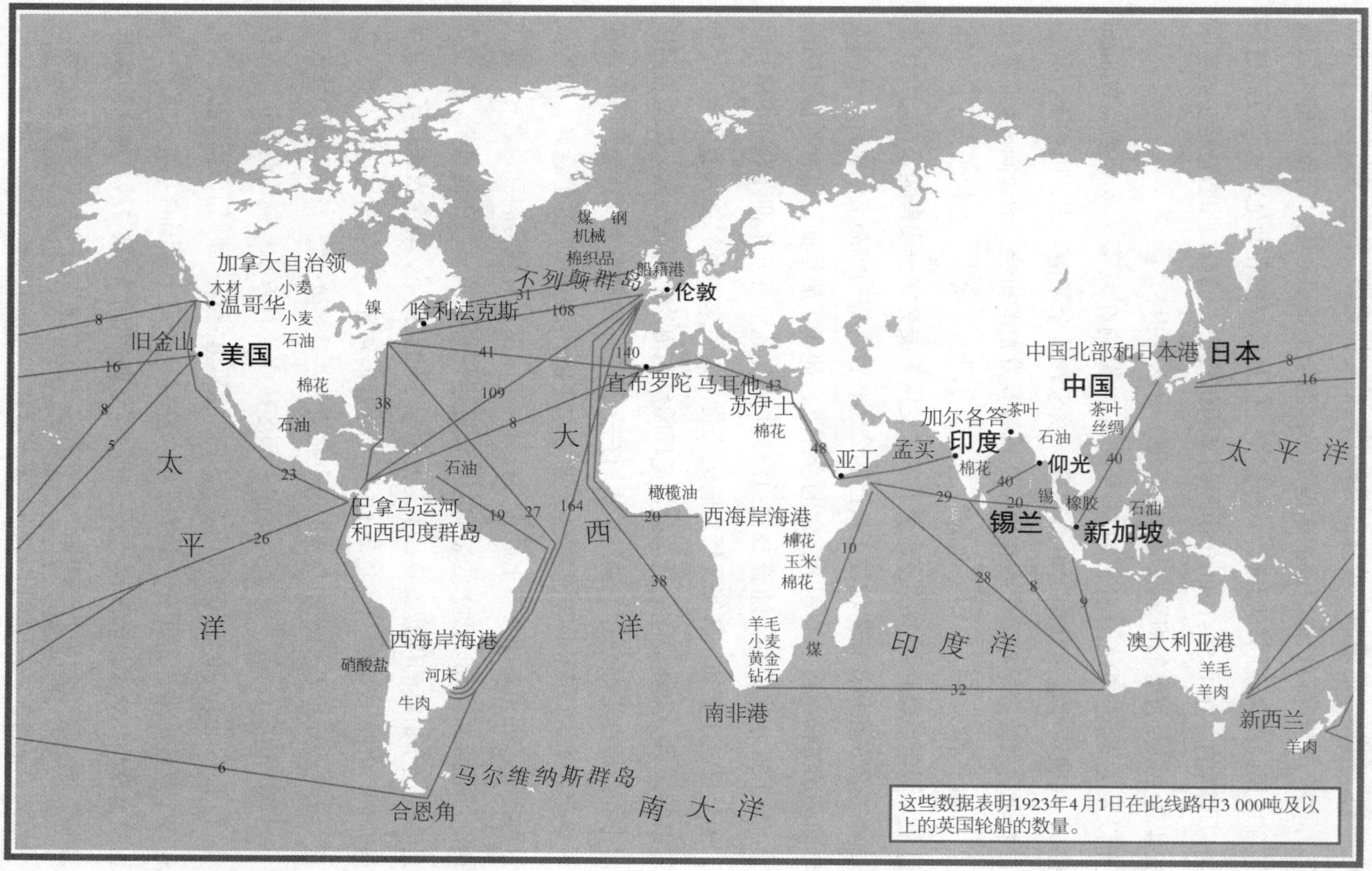

图 6–2　1923 年英国主要贸易路线和商品

帝国经济

当然，并不是以印度为基地的英国人独力塑造了东方经济。在广大的南洋海域，从纳塔尔到斐济，印度外来劳工（有些是签订了契约的短期劳工）对种植园经济的增长起到了举足轻重的作用。印度商人和放债人（例如跟着英国人去了缅甸的马德拉斯印度放贷者）对利润的要求比英国同行低得多，他们对商业起到了不可或缺的补充作用。他们深入亚洲和非洲那些欧洲商人疏忽或者忽略的地区。随着1869年苏伊士运河竣工通航，东西方经济的联结更加紧密了，到了19世纪70年代甚至可以称得上全球经济，交通的进步和电报交流促进了市场融合，普通食品的价格也逐渐趋同，这或许是世界正在逐渐变为单一经济体的最好指示器。而且不仅商品流动增加了，1870年之后来自欧洲的资金流量，包括长期投资和投机性质的“热钱”也迅猛上涨。此外，虽然长距离移民主要来自欧洲，但从中国和印度来的移民数量也在增加。

然而对于英国人而言，全球经济的迅速扩张也是个预警，预示着工业和帝国两方面新的竞争对手崛起，尤其是德国。与20世纪晚期的全球化不同的是，这次经济全球化发生的背景是世界已经被殖民帝国瓜分完毕，而且，吞并没有“文明”政府统治的土地在这个时代里（在欧洲）被视为完全合法合理。看起来亚洲和非洲地区商业活动的增加以及由此导致的对外来代理商和市场的依赖会使这些前现代政权的统治加速衰落，成为地缘政治中新的不稳定区域。更雪上加霜的是，一旦世界贸易出现衰退，无论多么短暂都有可能鼓动强国要求设置贸易封锁区以确保自己的出口贸易在此区域内不受其他竞争对手的影响。正是出于这些顾虑，一场挑战自由贸易、支持帝国贸易保护政策的运动开始了——用关税壁垒将大英帝国拱卫其中。这样一来，英国工业不会受到国外低成本生产商“倾销”的冲击，英国的就业率不会下降，生活水平也会提高。某位强烈支持关税改革的人曾称：英国的贫民窟正是不断深入自由贸易的产物。而且（通过降低打入帝国以外海外市场的压力）此举能减小英国与其他竞争者——如德国、俄国和法国之间的摩擦。

可是在1914年之前，英国选民极力反对关税改革。其中一大原因是不管关税改革派怎么争辩都不能否认全球化经济给英国财富创造了巨大增益的事实。世界贸易的增长，尤其是大宗商品交易（英国的粮食进口量在1870~1912年之间增长了三倍），是个绝佳的机遇，创造了对长途运输系统的迫切需求，而英国人在运输上投入了大量资金，在此方面他们的专业知识堪称天下无双，他们拥有无人可比的优势：轮船和铁路。的确，正是蒸汽动力带来的交通成本的大幅降低支撑了贸易的扩张。英属电报公司——例如原曼彻斯特棉花商人约翰·彭德（John Pender）创立的东方电报公司，掌控了商业信息的供应。随着越来越多的地区参与商品经济出口自己最占市场优势的产品、购买更多的进口商品，它们对外汇银行、保险公司、运输商、船舶经纪人以及铁路、港口、船只和电报等硬件的需求与日俱增。英国人恰好在这些服务上一直遥遥领先，他们可以通过提供服务在新增贸易上收取丰厚的佣金。最重要的是，新世界经济要求调动额外的资金来修筑新铁路、开展新城市的建设（从布宜诺斯艾利斯到上海）、开发供不应求的自然资源（橡胶、锡、铜、金）。

就是在这种背景下，伦敦获得了在全球经济中至高无上的地位。这里的伦敦指的不是伦敦白厅，而是伦敦金融城——位于斯特兰德大街的另一端，占地约一平方英里的商业中心。[①]金融城有限的几条街道、小道、巷子里布满了各种各样的办公室：清算银行、零售银行、商人银行、海外银行、保险公司、印度铁路公司和南美铁路公司、运输公司、船舶经纪人、著名的对华贸易公司怡和公司、普通商品（如蔗糖）和特殊商品（如人的头发）贸易商、大型帝国公司（如位于伦敦墙路的塞西尔·罗兹的英国南非公司）以及大量高级专家，如采矿工程师。金融城的两大支柱是英格兰银行和伦敦证券交易所。边上坐落着几个码头——伦敦码头、萨里码头、莱姆豪斯码头、西印度码头、东印度码头、米尔瓦尔码头和维多利亚码头。所有这一切象征着伦敦金融城作为世界贸易的中心、信贷的提供者和海外投资的来源在全球范围内广泛的商业活动。无数商品被运往伦敦，部分原因是因为英国需要为工业进口大量粮食和原料，另外一部分原因是因为自由贸易——商品先运到伦敦再转出口至欧洲的其他市场。专业交易者和商人云集于此，他们对商品进行检验、重新包装、拍卖和出售。但是伦敦还有许多商业交易涉及并未到达伦敦或其他英国港口的商品。

① 斯特兰德大街一端为特拉法尔加海战广场，广场以东坐落着英国议会和政府诸多部门，是英国的政治中心。——译者注

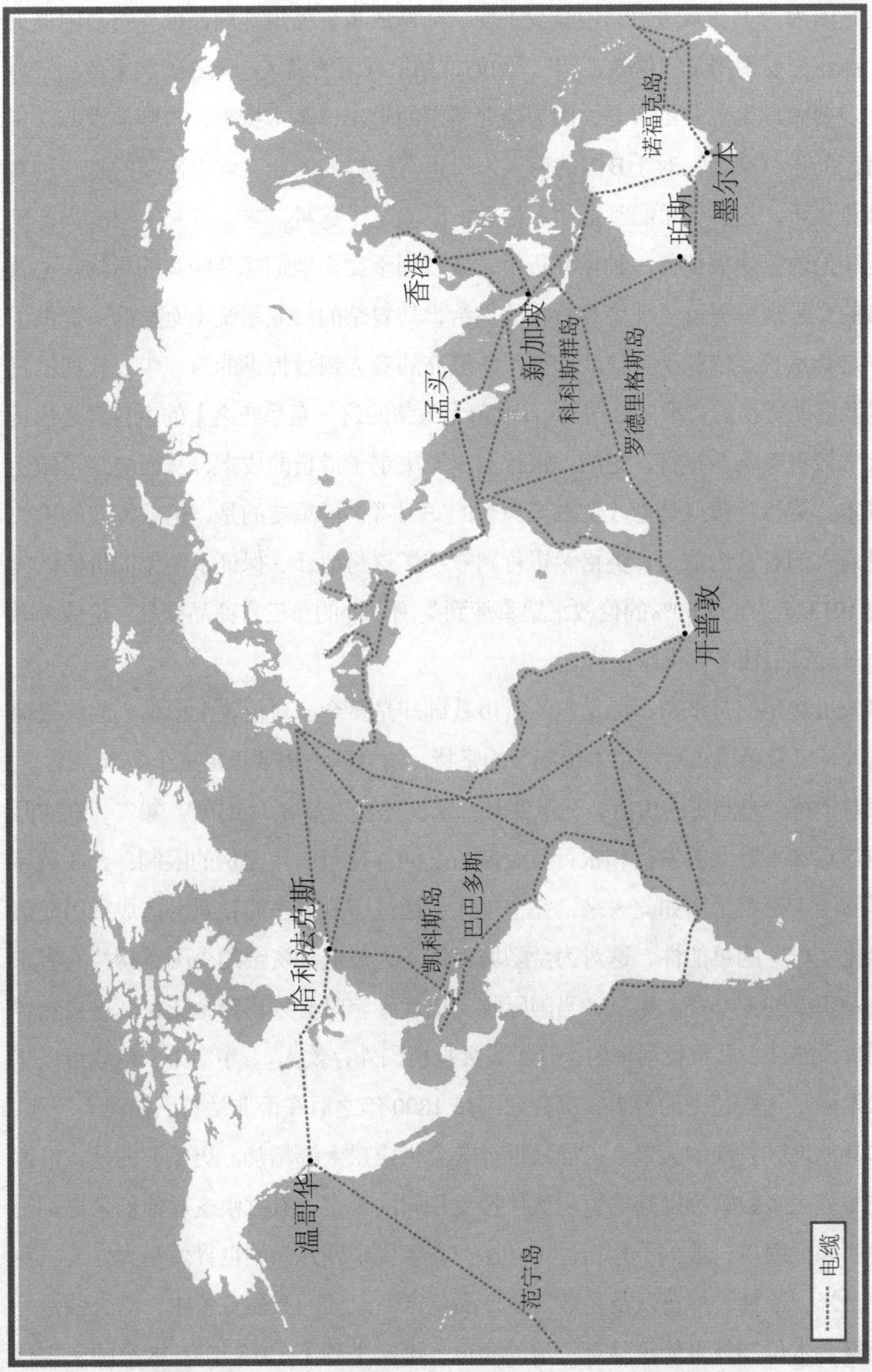

图 6–3 1929 年英国海底电缆系统

这是因为为了在双边贸易中减少不便、降低成本、缩短延期，世界贸易中很大一部分商业交易使用了“伦敦汇票”。例如，如果A国的商人想从B国购买商品，他可能发现要做成生意并不容易，因为除非两国的进出口基本持平，否则他没办法用钱或者产品进行交易。对于B国的商人来说也有同样的问题。双方需要的是一种共同的结算代币，这种代币必须通用。伦敦汇票满足了这种需求。拿到汇票的人都确信它能在伦敦兑换成任何一种世界货币，或者用于交换他们想要购买的货物。伦敦金融城的交易规模保证了现金和货物的供给，其复杂的商业系统（有偿的）提供了保障。这套系统又依赖于存款池和被不断填充的商人银行提供的短、中、长期信贷款项以及襄助贸易的“承兑公司”。看似杂无头绪的这一套系统之上的主持者是信贷的最大掌控者英格兰银行，它的“银行利率”决定了借贷的成本，从而决定了做生意的成本。英格兰银行是伦敦金融城声誉的守卫者，最重要的是，伦敦汇票的价值基础是商人们对它的信任，英格兰银行则守护了这份信任、保证了汇票的价值。由于（到1913年为止）60%的伦敦汇票牵涉到英国以外的第三方商品交易，伦敦金融城故而对这份信任不得不厚而待之。

伦敦虽然用的是纸币，但是它的货币基础却是黄金。对伦敦汇票信心的终极保障是伦敦（以及英国）对“金本位制”的坚持，这意味着需要满足三个要求。第一，英镑相对于黄金有固定的价值，在需要时可以被兑换为黄金（金币）。第二，在实际操作中这意味着钞票的发行和银行黄金储备之间存在着一定比例的限制：约3英镑纸币等同于1磅黄金。如此一来，完全排除了通过印刷更多的钞票而造成货币贬值或“量化宽松”的可能性，这对为金融城提供了大量流动资金的外国英镑持有者来说是一剂重要的宽心药。第三，当国际收支出现赤字时必须用黄金支付，这自然导致可用货币的减少和银行利率的上升（又会吸引国外存款人）。事实上，伦敦可以相对轻松地满足这些苛刻的要求，部分原因是1890年之后在南非兰特、西澳大利亚、育空和其他地区发现的大量金矿导致世界黄金供应量大幅增加。更重要的是，伦敦能够说服绝大多数欧洲以外的贸易伙伴接受相同的规定，有时候这对他们来说相当痛苦。原因很简单，他们不想错过19世纪90年代中期开始的世界贸易大发展。在小麦、玉米、蔗糖、棉花以及无数其他产品生产商之间的激烈竞争中，信誉就是一切。拒绝金本位制就可能沦落至三流的角色。事实上到了1913年有28个国家实行

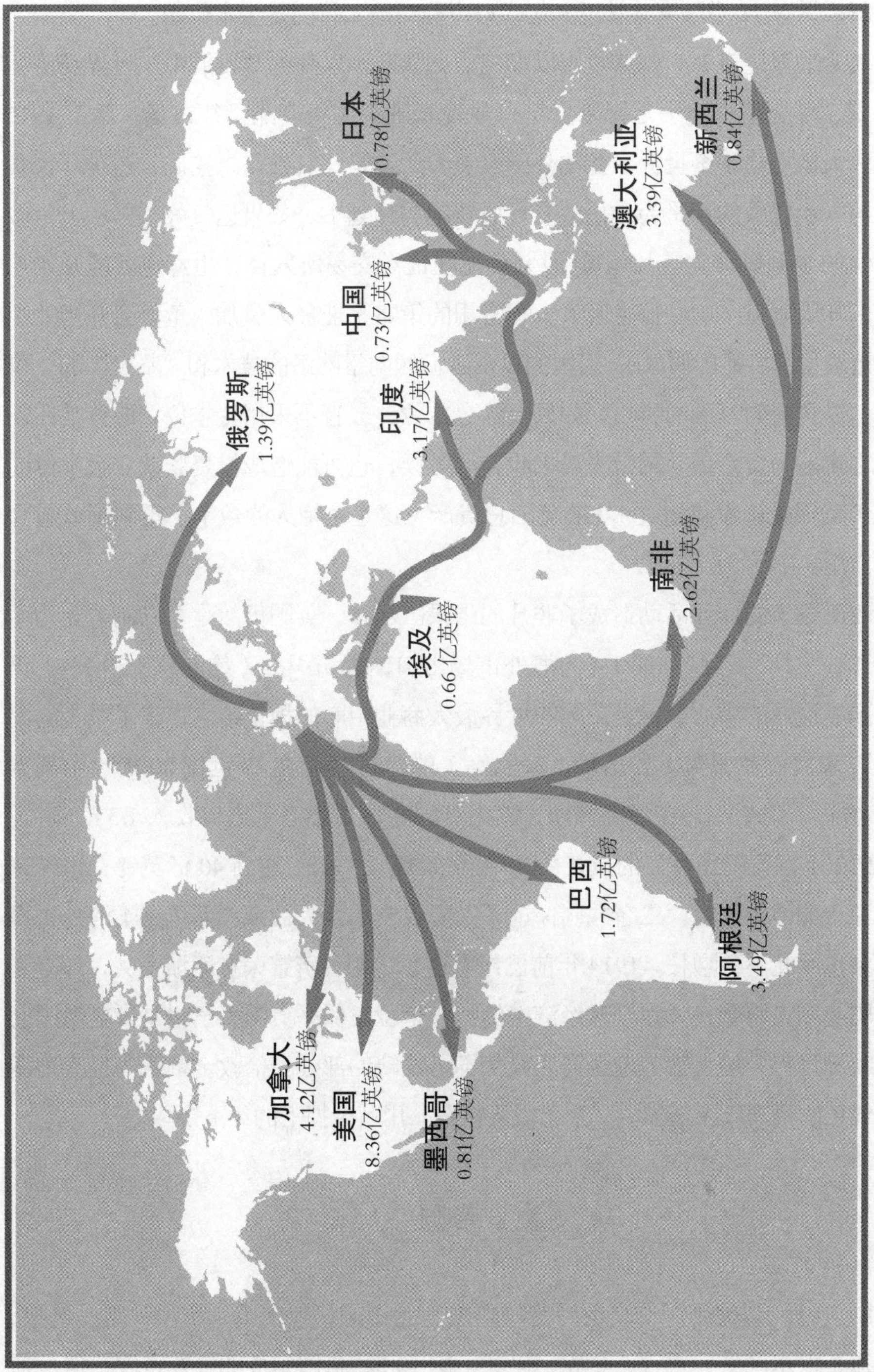

图 6–4　截至 1914 年英国的海外投资

金本位制，另有 11 个国家共计近 9 亿人口声称自己实行的是金本位制。

伦敦金融城还有一个诱惑物可以抛出。如果欧洲以外的“发展中”世界经济体急需信贷，那么他们也一定渴求资金以建设基础设施将产品运往市场。截至 1913 年，伦敦大概筹措了全世界半数的外国投资。无论是建筑铁路、挖矿、还是开设种植园，第一步要做的都是为在伦敦发行股票编写计划书。如果运气好（再加上伦敦不太审慎的金融媒体美言几句），股票就能在证券交易所发行，生意也就能开始启动了。未知因素太多，硬信息又太少（常用的策略是征募人员加入董事会充当“小白鼠”造成稳健可靠的假象），谨慎的投资者们倾向于熟悉的技术和“坚挺”的、可兑换的、以黄金为基础的货币。如果废除金本位，或者不采用金本位，即使是在新的资金必定能为资金借入国带来最大收益的时候，也可能造成投资紧缺。金本位的保障对于英国投资者将超过 1/3 的英国总资产（这是个惊人的数字）投到国外起到了助力作用。

伦敦所聚集的商业活动造成了非凡的结果。当然，英国仍然是个以制造业为主的经济体，它所生产产品的 1/4 向海外市场出口，棉纺织品（约占总出口 1/4）仍然是英国制造业的中心。但是英国的世界最大商业中心的地位给它带来了最多的财富增长。来自商业服务（如运输、保险等）的隐形收入在 19 世纪 80 年代中期到 1913 年增长了约 70%，在最高峰期，它为英国赚取了相当于出口收入 1/3 的收益。1900~1913 年，英国在海外的投资由 20 亿英镑翻了一倍，达到 40 亿英镑，也带来了同样惊人的海外收益。二者共同保证了国际收支的巨大盈余，而可用于海外再投资的资金也因此不断增长。1914 年前已经有迹象表明经济繁荣在逐渐消失，却毫无迹象表明英国人将会丧失在全球经济中的特权地位。似乎英国人已经是大英帝国乃至“非欧洲世界”绝大部分地区商业繁荣不可或缺的部分。伦敦金融城为世界地图上标为红色的帝国版图增加了一个用债务黏聚、用黄金捍卫的经济帝国。

商业帝国

英国人已经构建了一个全世界范围内的商业帝国，包含了一个由铁路、电报、电车轨道、供水系统、银行、仓库、码头、矿山和种植园组成的产业帝国。但是他们的商业在多大程度上依赖于帝国这个工具——包括通过炮艇和卫戍部队投射出的帝国武力、帝国的统治以及帝国安插的霸占当地资源的外人。答案当然不一而足，视地点而定。英国人给南美洲诸国提供了许多借款，但是但凡可以不动用武力（例如19世纪90年代早期秘鲁的情况），就算是最纯粹的帝国主义者也不会有武力干涉的念头，不会动用“英国舰队和英国大兵那些劳民伤财的手段”。金融纪律并不是由唐宁街的命令强制执行，而是由罗斯柴尔德家族位于伦敦的总部“新庭”悄无声息地维持着。在享受内政绝对自治的“白人自治领”，与其说是它们自愿从属于帝国，不如说是它们与帝国积极合作的意愿（以及熟悉的制度和品味）让它们成了英国投资和出口的理想地。但是在欧洲和美洲以外的世界，完全可以说英国贸易需要帝国，或者说由于帝国的存在，英国贸易获益良多。

例如在中国，毋庸置疑，英国以及其他外商如履薄冰。借助武力，他们先是进入中国港口，然后进入内地市场，并通过不时地显示海军军事实力维持自己的威慑力：无处不在的英国炮艇管辖着中国的主要河流和海岸。在中国的英国人深知如果没有通商口岸（在此不受中国税务和法律的制约，外国人可以拥有自己的财产），没有压制中国关税的不平等条约以及多由英国人供职的控制着港口、提供航标的中国海关税务司，他们的生意将无法继续。至少对英国人来说，香港殖民地是中国的直布罗陀，万一事态失控，至少在这里还有最后的安全保障。1899~1901年义和团运动证实了这些“中国通”的担忧并非杞人忧天。一支由俄国、法国、德国、奥地利、日本和英国组成的联合军队冲入中国解“北京之围”，援救一小群被义和团包围的西方人。义和团被剿灭，但是伦敦也得出了一个沮丧的结论：其他列强的军队抵华，他们的海军和陆军无疑也能威慑北京政府，这意味着英国的在华商业需要无限期地借助帝国的帮助。

在非洲，帝国的作用又要不同。在西非，英国人有时使用武力打开贸易通道，强行推行摄政政体以抢占法国帝国关税壁垒之后的潜在价值市场。在东非、中非和南非，帝国的商业意义更加直接。尽管关于非洲的宝藏有着各种各样的传说，但是欧洲人很快发现恶劣的自然环境、稀少的人口以及交通的困难给发掘财富带来的不便：19世纪90年代中期，从桑给巴尔地区到乌干达需要两个月的“步行”路程。这必然得出一个残酷的结论——要积累财富就必须依靠高压统治，至少要达到外来殖民者要求的程度。高压统治意味着可以没收土地、强征劳工，这两者通常同时发生。因此殖民统治对白人统治阶层来说是经济控制的工具：它可以把大块移民定居区域与原住民保留区分割开来，也能征收赋税迫使非洲男性在南部非洲中部地区的农场或者钻石、煤炭、黄金矿区找工作，以满足殖民者对廉价外来劳工的贪婪需求。仅仅用了一代人的时间，无数的非洲男性就被推进了工业世界的辛苦体力劳动，住进了像监狱一样的围地（吃睡都在里面），还不得不忍受残酷的工作纪律——被殴打是家常便饭。例如，南罗德西亚矿区的工作条件恶劣得令人发指。事故、疾病和营养不良导致1906年每1 000个劳工里就有76人死亡（英格兰是16.5人）。非洲人被白人踢死或打死的事件时有发生，（白人）陪审团更喜欢将死因判定为“脾肿大”并宣告被告无罪，这种死因出奇地常见。然而直到1914年人们几乎普遍接受了只有白人的统治才能保证经济进步这个假定。

最关键的例子还是印度。如前所述，印度是英国商业进驻亚洲的平台。印度商人和人力是英国商业的辅助力量，有的时候甚至是主要力量。然而印度的重要性远不止如此，它还吸收了绝大部分英国主要出口品——棉布。这不仅是因为英国统治撬开了它的边境、禁止它实行保护本土纺织品商人的关税政策，而且也因为英国人不断修建更多铁路（用印度的钱）打开它的市场。没有理由认为自治的印度也会沿着这条道路发展：如果印度自治，结果很可能会截然相反。经济情况越来越复杂。印度的大型英国卫戍部队、英国官员的退休金以及印度向伦敦借贷的用于修建铁路的资金，有时并不是出于经济或战略方面的实用性，而纯粹是为了借贷产生的利润，这使得印度实际上成了英国的债务人。印度每年用在非英国市场赚得的外汇偿还这些债务。所谓的“国债”（又称“本国费”①）把印度的美元和马克（帝国统治的间接红利）输往伦敦，帮助伦敦弥补在世界其他地区的亏空，对于英国的金融霸主地位是个宝贵的支持。为了保险起见，在世纪之交，卢比的价值被谨慎地设为与英镑价值挂钩。实际上英国人已经吞并了印度经济中能够加强他们的全球经济地位的那些部分。

但是在这个帝国与财富的故事中还缺了一环。关于英国的世界地位，一些敏

① 这是加给印度的一种赋税，用于支付英国行政的开支和印度英国殖民政府所欠债务的利息。——译者注

锐的观察家认为，真正的秘诀是煤。被某位作家称为英国的“黑印度”和另一位作家称为英国的“力量腰带”的是成千上万的煤田，它们为廉价能源提供了充足的源泉，也是英国相对于除美国以外的其他富国的一大优势。煤不只是内部资源，截至1913 年，它已经成了英国的第三大出口品。煤的出口远至阿根廷，帮助了英国运输业维持盈利。但是煤老大的统治（正如悲观论者所告诫的）不可能万古长青，挖掘的成本越来越高昂，它的地位也很快就受到了石油的威胁。1914 年之后，以煤炭为基础、以贸易为生命线的帝国将进入一个新世界，在这个世界里，它的主要资产将开始不断缩水。

第七章

统治方式

Unfinished Empire

The Global Expansion of Britain

散落世界的广阔帝国

德国的帝国主义者弗里德里克 · 瑙曼（Friedrich Naumann）（1860~1919）在其于 1915 年出版的战时宣传册《中欧》里评论了（嫉妒地提及）“英帝国主义的非系统性特征”。他写道：“英国的‘海上帝国和殖民帝国’散乱地分布在全球各地，缺少系统性的组织方式，如同英属世界每一个部分的历史和它们被占领的过程一样……英国人的灵活性就存在于这其中：我们称之为原则，英帝国把其当作操作方式，其领导者具有天生的冷静和适应能力，以及不可动摇的自信……”

这是一个恭维却又深刻的描述。相反，帝国统治的常见形象，就像留着大胡须，穿着短裤的巨人借由意志将自身的权威强加于愤慨的人民，这其实是一种合意的（或者不合意的）虚构，但我们仍不难发现这常常被标榜为所谓的“历史”，真是令人唏嘘。这样一来，一个标准化了的权力机构的假象形成了，它由伦敦作为中枢展开指挥和控制。而事实绝不是如此。首当其冲的破绽便是大英帝国属地惊人的规模和多样性。到 1913 年止，100 多个独立的政治单位效忠于英国政府（这还是在把 600 个左右的印度土邦排除在外的情况下）。历经了几个世纪，这些国家最终成了大英帝国麾下的疆土。它们几乎展现了人类社会的每一种多样性，与此同时，其内部的多样性有时甚至是达到了极致。沙漠居民和游牧民，山区居民和部落，矿工、森林居民和渔民团体（比如在纽芬兰），被禁锢于水稻栽培的桎梏中的农民（正如在缅甸三角洲地区）和在温带的自治领的自耕农，奴隶主和奴隶（19 世纪 30 年代以前），种植园经济中的工人和雇主，工业社会里的“无产阶级”和“资产阶级”——所有这些或者更复杂的多样性都能在这个包括了世界许多最大城市以及一些穷乡僻壤的帝国中体现出来。如果说帝国的统治（也许是“施加影响”）目标是达到最低水平的凝聚力和秩序，其践行者不需要审视统治规则，只需要掌握像马基维利所宣扬的统治佛罗伦萨所需的政治手段即可。

而这并不是全部。因为英国在每一个声称对其有某种权威的社会里都面临着它的政治“传统”：这种政治传统深藏于宗教信仰的伪装之下，有时则公开进行激烈的抗争活动。“传统”规定了在地方精英眼中何种形式的权力是合法的，好的统治标准是什么样的以及对私人和宗教事务干涉的限度。有意或无意地打破这些规则都有可能是在冒险，甚至导致更糟的结果。在某些情形下，这意味着给予那些宗教领袖和神职人员很大的自主权，而这些人通常都声称自己拥有独立的统治权。又或者，这意味着将移民和定居者的权利赋予代议政府或使用英国法律而非当地法律来管理这些人。再者，这样做要求对割让条约或征服中规定的权利进行认真的遵守——这也是在魁北克或前荷属圭亚那的模式。

如果英国政府试图更进一步将单一的统治模式强加给这些地区就有可能面临激烈的抵抗。若没有征服的计划来彻底重塑这些地区的政治格局，这几乎不可能成功。英国人并不反对大规模的高压政治，但他们不愿意为此付出代价。如果不能从当地资源（就像在印度一样）得到支持，他们就会对其系统性的开发应用表现得漠不关心。事实上（就如我们所见），纵观帝国的大部分地区，他们更倾向于通过领土割让条约进行扩张，通常借由一些强制手段或移民的迁徙进行攫取。这两者的逻辑都是基于权力的下放。在第一种情形下，他们最终会和当地的权力经纪人妥协以维护他们的权威并且尽快降低军费。在第二种情形下，他们被逼迫着尽快赋予殖民社群内部自治，殖民社群认为自治是与生俱来的权利。粗暴的镇压（尤其是在美国独立战争的阴影下）

令这些宣布了对“与英国的关系”保持忠诚的殖民社群感到匪夷所思。

如果说只要小心谨慎和耍政治手腕就能确保成功，那么统治一个帝国再容易不过，并且帝国的寿命也会长得多。可就像大多数涉及范围极广的行动一样，帝国的统治往往没那么简单。一个经过一致同意的、条理分明的和有明确目标的帝国政策常常只是一个不切实际的幻想。部分原因是没有一个唯一的舵手来驾驶帝国这艘大船。相反，因为统治依靠许多代理人和盟友，太多人互相角力想要掌舵，结果是使得帝国这艘大船看起来左右摇摆呈之字形甚至是U形。另一部分原因是，追求帝国权威的行动常常是相冲突甚至是自相矛盾的。举例来说，很明显一个有效的统治体系需要强大的收入基础，这也是所有现代化国家的基本要素。但是从18世纪60年代末美国殖民地的印花税事件到19世纪90年代末塞拉利昂的小屋税务战，英国一再认识到增加新税种会迅速激起反抗。为了维持权力就必须收敛野心：殖民国家不得做过多出格的事情以防其彻底崩塌。同样的抑制因素限制了其社会和经济改革的推进。一种观点认为，很明显，如果殖民经济对于英国是有利的，或者能抵偿统治产生的管理花费，那么就应该让它更具活力。不论英国人走到哪里，他们都默默地促进自由贸易并培养符合资本家需要的习惯。在各个地方（正如在缅甸和肯尼亚），他们向移入的商人和农民发放执照以鼓励其种植经济作物。但是创造“现代”经济的做法，比如西方产权观念的灌输、自由市场的实施或不限制外国人定居者、种植园主和商人自由发展被英国当局一再地拒绝。因为他们害怕激怒自身所依仗的地方精英。他们对于冒犯当地宗教信仰或广泛支持基督教的传教都感到顾虑重重，尽管他们怀疑，理性地说，伊斯兰教（举个例子）是站不住脚的，印度教是迷信与无知的产物。

因此虽然英国的“政策”走向主要是在伦敦形成的，但并非不考虑地方局势的变化，也留给殖民地官员相当大的自由裁量权。如果没有足够的手段来对殖民地事务实施有效监管，那么任何其他行动都很难展开。这部分是由于“蜗牛般的通信速度”。1774年埃德蒙·伯克（Edmund Burke）说道：“在命令与实施之间，大海翻滚，时光飞逝。”那个时期前往美国殖民地的航行需要13个星期，最少也要4个星期。“在如此大的帝国里，”他告诫同胞们，“在远离中心的地区，权力的运行效率一定差得多……这是永恒不变的状态，也是这个幅员辽阔而又互不相连的帝国的永恒法则。”在汽船问世以前，发送指令和收到回复之间，通常需要几个月的时间。运送邮件的汽船（和铁路）的出现逐渐将时间降低至数星期（到1911年止，到加尔各答需要19天、开普敦20天、新加坡23天、悉尼34天、惠灵顿47天），当电报普及后，这一时间甚至缩短至几小时（尽管由于费用的原因这一方式并不被提倡）。另一个原因是没有一个统一的指挥中心来管辖帝国事务。从19世纪中期开始，伦敦对帝国的监管被分成了6个部门。大多数殖民地（不是所有）归殖民部监管。19世纪80年代及以后的非洲保护国以及埃及（1882年起成为英国殖民地）、苏丹以及在中国通商口岸里的租界（不是香港）起初受外交部管辖。英国最大的殖民地——印度拥有专门的印度事务部，印度总督受其管辖。总督（有自己的外事办公室）要管理英国在波斯湾、伊朗南部、阿富汗和西藏的利益，与此同时还要治理亚丁和缅甸，帝国在东方的大部分事务也属于其职责范围。其他部门也染指帝国事务这块大馅饼。海军部负责外部防御，这让陆军部格外眼红。陆军部拥有少量的英国步兵营，这是帝国权力重要的储备力量。所有这一切都在白厅虎视眈眈之下。到19世纪中期，减少公债的不懈努力将维多利亚时期的财政部推到了顶点。“财政部的爵士们”认为海外开支是下一个需要钳制的项目。他们毫不掩饰对恳求者的公开藐视，寄往陆军部的公文有时只有几个字：其含义不言而喻。就像英国在尼日利亚北部统治的前几年一样，地方财政申请补贴以补足行政管理的开支，为了表示不满，财政部对其实行报复性的“财政控制”：每一项花销，精确到一便士都需要英国政府的批准，且审批过程相当之久，这使得那些不幸的英国官员看到数据后在帐篷里汗流不止，甚至被其逼至崩溃或借酒浇愁。

在这些条件下，伦敦采取积极主动的策略不是不可能，但的确是极其困难的。不同部门之间重叠的管理范围使得合作变得十分必要。当合作不能达成的时候，争端就得交给内阁来处理，而内阁在夏天也许有几星期的时间都不会召开会议。对于涉及的有关部门，最坏的结果也许就是一个殖民地的事务引起了公众的关注。当然，一个显而易见的事实是，每一个殖民地都有一些既得利益者在英国生活，它们常常由商人、传教士、人道主义者、前任官员（印度熟手）和移民社群的代表组成。他们常常激昂地四处游说，但收效甚微。这些人在英国不大能引起公众的关注，因为其争吵和不满是遥不可及且晦涩难懂的。不过有两点会使他们的抱怨变得更加危险。倘若他们足够团结到高呼殖民地处于危险当中，又或者他们能发现牵动着维多利亚道德底线的那根弦——奴隶制度，强制劳动，金融违规或公娼，他们就可能引发一场骚乱。媒体会变得活跃起来，对议会的盘问会随之而来，某位内阁大臣很可能会被要求对此做出解释。更糟的情况是殖民地爆发动乱或起义，或军事冲突。之后媒体的纠缠可能会持续数星期，而内阁只能空口无凭地承诺已经采取及时的行动控制住了局面。这对于被牵涉的殖民官员来说是面临最大危险的时刻。如果他的失误让某位大臣难堪，其前途就岌岌可危了。他也许会在公开急件中被告知，这位大人物已经对自己失去信心（这样的谴责足以对其事业造成毁灭性打击），将其名字从晋升名单中剔除——尼日利亚北部一位杰出官员就曾经亲身遭遇过这样的经历。又或者他可能会被免职。

殖民部所管辖的帝国包括移民殖民地如加拿大和澳大利亚，动荡的南非，旧西印度殖民地、新近吞并的热带非洲地区（1880 年以后）、直布罗陀、马耳他、塞浦路斯、锡兰（今斯里兰卡）、马来亚、新加坡和中国香港地区，以及一长串较小的属地。这就是殖民部之所以更倾向于被动反应而不是积极行动的原因。殖民部人力资源稀少：到 1914 年止，高级官员只有 30 多人。随着 19 世纪 30 年代奴隶制度的废除，其最辉煌的时刻转瞬即逝——废除奴隶制是其面对不满的移民和种植园主强行推行的一项重大政策。随着自由贸易的开始，帝国放弃了控制殖民地经济的任何尝试。帝国主要忙于为其形形色色的附属领地选定总督，草拟指示（避免其过分活跃）并对其进行密切监视以防不测。如果总督越权或（举个例子）容忍奴隶交易和奴隶制度，就会被申饬甚至免职。总督对新法律出台、经费增加、建立新军队或疆域扩张的要求有可能得到同意但更有可能被拒绝。若一个总督背后有靠山，或在媒体里有眼线，或知道利用中枢官员对其所提供情报的依赖，那么他就很难被控制且更别说失去官职。

从行政管理的角度来看，英国掌控了一个东拼西凑的帝国，帝国里充满了矛盾和奇事，英国的统治时好时坏。帝国的发展虽不稳定但十分迅速。但到 19 世纪中期，三种不同模式的统治（广义上来说）在三个不同的帝国运作：移民殖民帝国，印度帝国和直辖殖民地帝国（大多数殖民地归属于此大类）。

移民政治

在殖民地的所有民族中，白人移民最难统治，并且给伦敦造成了最多的麻烦。“所有人都赞同这样一个观点……英国政府对于殖民地事务的干涉只是在添乱，为了避免受到干涉可以采取各种让步和安排，这么做也不会……引起更大的麻烦……”詹姆斯·斯蒂芬（James Stephen）说道。他是一位强硬的知识产权律师，并于1836~1848年期间担任殖民部的高级官员。斯蒂芬的外号叫作“比大臣更大臣的斯蒂芬”，这个外号掩盖了他的洞察力，他坚持认为伦敦的干涉常常造成不愉快的结局：“我们几乎总是以失败告终。”他的这些看法主要是针对移民殖民地，而大英帝国的历史中有大量的证据来支持他的观点。

就像我们之前所见，那些自1607年后移居到美洲殖民地的人相信他们具有与生而自由的英国人一样的权利，包括成立代议政府。伦敦政府不仅完全没有否认此种诉求，更是在一系列的宪章中承认这种权利，于是代议机构开始在种植园里涌现。当然从理论上来说，行政权力仍然掌握在伦敦任命的总督以及咨议会里由总督亲手选定的咨议员的手中。而事实是，权力的天平并未向他们倾斜，因为民选议会控制了开支，总督得不到资助来回报他们的支持者。到17世纪90年代，英国本土的帝国政府对令人烦恼的殖民地采取了“有益的忽视”这一政策，任他们处理自己的政治。主要在美洲进行的七年战争（1756~1763）花销巨大，这导致了一种新局面。然而当伦敦敦促美洲民众分担帝国的支出（尤其是帝国庞大的战争债）并设法征收这笔钱时，却遭遇了暴风骤雨般的思想论战，对暴政的指控以及暴力抵抗。到18世纪70年代中期，除了守备部队驻扎的地方，帝国权威彻底崩塌。1781年10月，康华里的军队在约克镇投降之时，帝国的权威完全消失了。

失去北美13块殖民地的打击迫使英国反思。在英帝国在北美的残余部分，即今加拿大东部，伦敦设法通过两种方式支持总督。第一，政府通过授予土地来创造忠心的“贵族阶层”。第二，政府资助其精神盟友圣公会。到19世纪20年代，这种现象逐渐消失了。说英语的移民憎恶腐败的寡头政治，也厌恶对神职人员保留地的分配不公（圣公会信徒是少数）。在说法语和信奉天主教的下加拿大（今魁北克），宗教仇恨使得这些不平越发强烈。1837年，随着经济萧条日趋严重，两个殖民地都爆发了叛乱：说英语的移民所在地上加拿大爆发了短暂而激烈的起义；下加拿大的叛乱更加持久且惨烈。这是一次重大的危机。说法语的下加拿大省份控制了进出内陆的通道，镇压叛乱需要强大的军队力量。这次危机发生之时，恰逢地中海东部爆发危机，与俄罗斯爆发战争，以及关乎比利时未来的一场外交行动之时。英国担心下加拿大变成另一个爱尔兰（叛乱与天主教），因此，必须有一个紧急的解决方案。

对策的出台需要一些时间。1839年德拉姆（Durham）勋爵领导的委员会发布了报告。德拉姆说道，最佳方案是让英国人大规模移民以压倒恼人的法国人，并剥夺他们的政治权力。他更著名的声明是谴责代议政府的形式是徒劳且不可行的。正如同行政机关不能控制议会，议会也不能替代行政机关，两者皆会导致政府的软弱。因为当选的议员从来不办公，他们几乎没有欲望展现自制力和判断力。他们不但不给选民提供一个实际的方案，反而成了不负责任的蛊惑民情的议员，对政治秩序造成破坏。应该利用这些人的力量使政府变得更加有秩序。德拉姆的结论是简单的：当选的议员应该组成政府部门（就像在英国本土一样），议会应该有权力开除他们。这是“自治政府”的萌芽，从那一刻起也成为所有英属移民社会的护身符，起到了类似宪法的作用。出现这样的结果是必然的。移民议员很满意能够在地方事务上几乎获得完全自治。帝国政府只需掌控真正属于帝国的事务：对外事务、国防和宪法的制定。留给移民领导层最重要的事情是殖民地经济的迅速发展。

德拉姆的策略过了将近10年才得以实行。伦敦拒绝了权力的划分，德拉姆认为这是危险的做法。总督设法在本地获取支持并成为党派领导。到19世纪40年代后期，他们面临了由“英语派”和“法语派”的议员组成的同盟，这些人决定夺取实际的行政权力。伦敦屈服了。此后，只有得到了议会支持的议员才能成为咨议会的一员，一旦失去议会支持，他就会被剔除。但是这种制度在加拿大的新省面临巨大危机之前几乎没有就位，这个新的省是由说英语的上加拿大和说法语的下加拿大组成的准联邦。总督手下的新部长提议，为那些在1837~1838年动乱期间遭受损失的人进行赔偿，甚至包括（有争议的部分）叛乱的支持者。一场暴风雨来临了。英国政府的支持者大怒，要求总督必须否决那些不忠的议案，接着便爆发了骚乱和纵火行为，媒体对此大肆报道。但是总督埃尔金仍然坚持自己的立场。如果他否决了议案并告知伦敦政府，他手下的部长们就会辞职且谴责他处事不公。自治政府本想避免的危机又猛烈袭来。若总督想要维持与英国的关系——与帝国及国王的联系，这是超越政党的，总督就必须按照部长们的建议行事，因为他们是议会里的多数党。总督于 1849 年 4 月告知殖民部："如果我不能恢复几个竞争党派之间的中立性——这是我通过不懈的努力想要维持的状态，那么我也许应该被撤职了……"这是一个关键的转折点。不久之后，在 1850~1852 年期间，伦敦认为在澳大利亚和新西兰殖民地也应该建立自治政府。

让人惊讶的也许是，来自英国的移民会如此坚持自治，而且为了实现自身的诉求会变得如此咄咄逼人。就像斯蒂芬所说，他们极难控制是不争的事实。不过他们的这种特点也不是那么让人费解。移民社群很难被欺凌，他们往往比非移民社群更具组织性，并且能熟练使用从本土借鉴而来的机构——协会、政党以及最为重要的媒体。其次，在本地保留民兵的传统意味着许多移民拥有武器：伦敦从未享受过对武力的垄断。第三，即使他们这样做了，用处依旧不大。移民社会的标志是他们与本土有大范围的联系，他们在那里不仅有亲朋好友，还与本土有宗教和商业交流。因而，对移民社会采用暴力压制（比如 1776~1783 的模式）几乎是不可能的。与之相反的观点是可以忽视移民中间的政治活跃分子，这就如同认为白厅的官员能处理英国扩张的事宜一般，是十分荒谬的。他们认为只有本地的移民才能了解英国在北美、澳大利亚或是在新西兰的利益以及如何推进这些利益。是移民体现了英国的真正美德，展现了真正的英国爱国主义，捍卫了英国的"天命"①。移民对帝国的看法在本土慢慢发展，直到 19 世纪 80 年代中期才被广泛接纳。

但即使对于有移民社群的殖民地而言，自治政府的设立也不是一个放之四海而皆准的解决办法。有太多的复杂因素可能导致这种做法很危险甚至不可行。这有可能是因为移民或种植园主人数太少，而他们却面对大量的原住民、奴隶或者自由的黑人。基于这类原因，伦敦在特立尼达岛、斯里兰卡和香港阻止了任何形式的代议政府的设立。这种糟糕情况来自一个有理有据的怀疑，一位总督这样说道："高人一等的种族在农业和商业上的利益一定会和那些弱势群体的利益产生冲突。"这意味着移民会将原住民的土地据为己有，把他们变成农奴，甚至设法消灭他们。撇

① 19 世纪中后期，被美国人广泛持有的一种信条，即扩张美国在北美洲的领土，扩大美国政治和经济。——编者注

开本土的人道主义者可能会为“奴隶劳工”呼吁的风险，移民压迫常常潜藏着大范围起义的危险，英国殖民军得像消防队一样迅速集结。第三个复杂因素出现在那些边界还没有确定的殖民地，以及混乱与暴力丛生的地方。如果规模大到本地的移民民兵无法对付，而且将英国殖民军也卷了进来，移民议员对内部安全问题的决定权就被剥夺了，以免他们浪费或滥用英国宝贵的军事力量资源。最后，移民驻地只是殖民权威管辖的一部分，后者管辖的范围还包括了原住民保护国或者间接统治的地区，允许移民实行自治可能会削弱总督在非移民聚居区的地位。

这些问题不仅出现在白人移民者占少数的地方。在澳大利亚，原住居民与白人之间有着明显的利益冲突，两者之间出现了严重的隔阂。但是白人拥有的物质力量明显占优势，而且伦敦自身遵循“不属于任何人的土地”[①]的信条，所以原住民没有土地权。在19世纪30年代，英国殖民军撤回但并未限制白人对原住民土地的扩张和侵占。新西兰的情况则不同。在新西兰，毛利人拥有在怀唐伊签署的割让条约里保证的土地权。但毛利人依然全副武装，而且他们在某些地方面对的不仅是与少数移民的对抗。伦敦官方认为移民的存在是一件麻烦事，并且厌恶他们需要依靠伦敦的帮扶来扩张殖民地的做法。殖民部认为最佳的解决办法就是将移民或白人（尤指祖先是欧洲人的新西兰人）限定在一系列圈起来的土地上，然后将新西兰的其他地方（尤其是在毛利人聚集的北岛）作为“原住民保护国”，通过地方行政官来统治，地方行政官仅听命于总督而不是移民中的政客。因此，自治政府被准许成立了，但是英国政府与毛利人的关系也因此受阻。这是一种不稳定的解决办法。白人迅速激增，许多毛利人的土地被出售。在19世纪60年代中期，一位野心勃勃且自信满满的总督乔治·格雷与毛利人展开了战争，以此来树立权威，他派遣了10 000名英国士兵参战，移民也兴高采烈地加入了战争。尽管毛利人最终保留了一部分权利，但白种人的胜利却确保了新西兰到1870年已经成了白人的国家，移民的权力不再被来自伦敦的监管所束缚。

最极端的例子非南非莫属。在南非，每一种复杂性都以极端的形式出现了。当英国人从荷兰人手里夺取了开普殖民地以保卫他们前往印度的航路，他们误打误撞

① terra nullius，不属于任何人的土地，未并入任何国家的地区。——编者注

地陷入了这片充满冲突的大陆。英国人向本地白人表示拒绝成立代议政府的决定，部分原因是本地白人是荷兰人（他们未必很忠诚），部分原因是对黑人劳工的待遇实施新规，以及废除奴隶制度受到了本地白人的强烈反对。英国人很快发现，将自治政府交给少数移民的做法使他们面临了更加强烈的反对。开普的东部边界是野蛮的战争地带，在那里，荷兰裔南非白人（布尔人）和科萨人之间经常爆发战争——这些大规模冲突被白人称为“卡菲尔①战争”。当英国殖民军受命保卫边界时（1812 年在格雷厄姆斯敦建立了第一个主要的据点），毫无疑问，移民在殖民地与非洲邻居的关系中拥有绝对发言权。之后问题变得更严峻了。19 世纪 30 年代后期，在臭名昭著的“大迁徙”过程中，心怀不满的布尔农民从侧翼包抄科萨人占有的土地，他们首先向东北方向前进到纳塔尔，当英国占领了纳塔尔后，布尔人又回到了郁郁葱葱的高地草原腹地。布尔人的组织结构是比较原始的（在布尔人派系的纷争中，两个独立的共和国出现了），但是他们的火力优势起到了决定性作用。由骑在马背上的步枪手组成的“突击队”声称对高原草地拥有主权，他们把黑人赶到所谓的“定点位置”，然后征召劳工。结果将南非这片大陆变成了一片广袤且混乱的疆域，黑人在这里如同白人一样，被到处折磨，互相倾轧。英国总督遥望这片大陆的一角，首先被殖民者的无能惹怒了。有一件事情他们非常确定：将控制权交给白人——老资格的荷兰人或者（少数）新来的英国人，将会导致一场灾难。

19 世纪中期后，静观其变不再是一种选择。在开普的白人要求建立自治政府，就像在其他的移民社群一样。1853 年，他们被允许成立了议会，但是议会没有行政权力。伦敦采取了直截了当的策略。“如果殖民者不允许他们自身被统治……那么他们就必须接受统治的责任。”一位殖民大臣不耐烦地说道。一旦他们照做了，英国殖民军就可以回家了，保卫疆域的任务就落到了移民的肩上。事实上，这是一种虚张声势的做法。伦敦的真正目的是要让殖民地为监管非洲人聚居区（包括今西斯凯，特兰斯凯和莱索托）埋单。这些地区是被英国渐渐纳入帝国保护之下的，督拥在这些边界地区总有作为“高级专员”的特殊权威。当 1867 年发现钻石后，殖民地经济便开始复苏，英国政府设想了一个完美但不具有可操作性的解决方案，那就是以

① 蔑称，“非洲黑人”。——编者注

开普殖民地为领导建立一个南部非洲联邦。对所有非洲民族而言，这是一个经过深思熟虑而出台的和谐政策，目的是为了确保疆域的和平。对加拿大模式的借鉴让南非成为一个英属的进步的、可靠的和自给自足的殖民地。但两个北方的布尔人共和国的反抗使得这个计划流产了，强硬的布尔勇士保罗·克鲁格（Paul Kruger）为德兰士瓦省赢得了独立，之前此地于1877~1881年之间被英国人占领。19世纪80年代中期，威特沃特斯兰德发现了黄金，新近富裕起来的德兰士瓦共和国看上去很安全：事实上它很快成了在南部非洲地区具有统治地位的国家，威胁到伦敦最为看重的到英国印度和其他亚洲属地的海上通道。经历了一系列的波折后，英国移民长期以来对代议制政府的诉求摧毁了克鲁格的国家并且引起了一场战争。

这些“外侨”主要是英国人，他们蜂拥至金矿区，提供了约翰内斯堡急需的技能和商业知识。受到了塞西尔·罗兹和他的朋友们（渴望在非洲南部建立一个以开普殖民地为领导的英国殖民体系），以及新任开普殖民地英国高级专员艾尔弗雷德·米尔纳（Alfred Milner）爵士的鼓舞，他们要求伦敦为其赢得政治权利，这些权利是被克鲁格以他们是外侨为由否定的。英国内阁发现自身已经陷入与布尔人建立的共和国之间的对抗，布尔人随后发动了战争，争取先发制人来对抗英国的军事压力。随后在1899年10月开始了三年的艰苦战争。由于双方都已精疲力竭，一个不稳定的协议达成了。布尔领导人放弃了他们想要成立一个独立的共和国的要求，转而支持成立一个由4个殖民地（开普殖民地、纳塔尔殖民地、奥兰治自由邦和德兰士瓦）合并组成的南非联邦，联邦实施自治，并且以帝国内属于英国政府管辖的加拿大、澳大利亚和新西兰为模板。他们的动机并不令人费解。英国人在南非的白人中间属于少数群体，但他们是举足轻重的，这是由他们在冲突（跟随英国殖民军）里的角色所造就的，最有才干的将军扬·史末资承认，这是白人之间的内战。设法强行建立布尔人共和国是有风险的，有可能会引起一场新的战争。也许在此过程中，白人在南非的统治会受到影响。布尔人的妥协塑造了南非接下来80年的历史。自治政府、政治联盟和自治领地位的确立为少数群体的白人移民、布尔人和英国人完全掌控了南非黑人的命运，黑人现在是英国的臣民。最残酷的讽刺就是，移民自治政府和其关于自由的话语开启了种族隔离之路。

英国是否仍旧统治着他们的殖民社会？一位爱开玩笑的殖民地总督也许会问：

“什么是统治？”伦敦已经承认了自治政府，而且通过建立联邦，鼓励移民社群变得更加独立。使用武力来阻止他们离开帝国（比如“美国的出逃”）不是可靠的选择。相反，英国人通过三种不同的英国纽带来维持他们的依附。第一种便是加拿大人、澳大利亚人、新西兰人和南非英国人中间的“英国”身份的存在感，让他们认为帝国是白种人的联邦。第二种便是相互间依赖关系意识的树立——无论是财政，商业、战略上都是如此，这就使真正的独立变得不再那么吸引人，甚至是危险的。第三种更加微妙。在所有的自治领里，特别是在南非，殖民地通过一系列宪法性规定剥夺了独立的合法性，而这些宪法性规定源于对遥远的英国政府的神秘效忠。通过成立共和国或者离开帝国来放弃这种忠心，会拆散政治团结的结构，从而引起分裂或更坏的结果。也许这就是最能被接受且能以不显眼的形式出现的统治。

印度：非英国式的统治？

印度与许多其他移民自治政府之间的区别非常大。在印度，由英国本土任命的英国官员行使行政权力，（在1909年之前）不受代议政府任何因素的制约。他们的上级是总督，常常由英国议员担任，这些议员并非新内阁成员的“第二组十一人”（也许他们在向进入“内阁”努力）通常是贵族。移民团体要求在本地实施自治的权利被明确拒绝了。相反，来自于英属印度治安官机构的所谓“治安官”形成了行政上的寡头统治，这被埃德蒙·伯克称为“治安官的王国”，治安官对共同利益有着敏锐的嗅觉——“共同利益高于委派他们的国家以及他们现在所在的国家……”他们的统治不是取决于印度人的观点，而是取决于如何处理他们在本土的靠山和印度的臣民之间的矛盾。他们必须要将印度视为一个对于英国而言是荣誉与利润的来源。他们必须强调他们的政权不仅起到了保护作用，且无可取代。但他们也必须展现印度人的顺从是极其重要的，并且他们作为外国人，其权威不仅是公正的并且是不可动摇的：也就是说抵抗是无用且多余的。

从传统帝国的概念里戏剧性地脱离出来成为不安的深刻来源。在传统概念里，帝国是自由的英国社群在英国商业和战略的保护伞下移民的地方。1765年东印度公司吞并了孟加拉，东印度公司的“员工”所享有的财富和权力也引起了本土的警愓和震惊。克莱武和沃伦·黑斯廷斯并不像英属北美的移民，种植园主和商人一样，他们更像是（16世纪征服中美洲和南美洲的）西班牙征服者：引人注目、全能、难以企及的富有。伯克在对黑斯廷斯管理记录的著名的抨击里（英国国会于1788~1795年对黑斯廷斯展开弹劾聆讯）谴责权力的腐败是“东方式”的独裁。“在印度的英国民族，”他高声说道，“……是任人唯亲的官吏的民族。他们组成了一个共和国，一个联邦，而这其中却没有人民。”这其实暗示了这些治安官们在东方领土上染上的多种恶习有可能会被带回英国本土。

这种传统在激进政治中保存了下来。按照这种论调，英国对印度的统治使自己走向了毁灭之路。士兵寻求晋升和掠夺，穷困潦倒的贵族寻求财富：两者对于扩张东印度公司领地、在东方发起战争，甚至是对俄国发起战争都饶有兴趣。为了应付印度人起义的风险（这一点令人震惊地于1857年后成了现实），就需要在本土建立一支随时待命的军队，甚至是建立征兵制度。理查德·科布登说道，英国不再统治印度任何一个地方的那一天，会是快乐的一天。但“自由帝国主义”思想的出现驳斥了这种观点。其提出者包括政治家、历史学家托马斯·麦考利（后为勋爵）以及古典自由主义哲学家约翰·斯图尔特·密尔，他们均曾在英国东印度公司任职：麦考利在加尔各答的印度政府担任法律委员，密尔担任英国东印度公司伦敦总部东印度大楼的官员。麦考利反对伯克的“东方梦魇说”，麦考利在1833年著名的演讲中和两篇关于克莱夫和沃伦·黑斯廷斯的被广泛阅读的论文中都提到了这一点。对印度的征服是英雄般的行径，英国人的勇猛和美德遍布征服之处。因为莫卧儿帝国统治下的印度社会“一片混乱”，英国的殖民统治成了拯救印度的壮举。东印度公司不但不参与掠夺，反而开始了对“已腐烂实体的重建”。密尔在《论代议制政府》中提到了麦考利关于秩序与进步的宏大主题。密尔认为，代议政府是一种方式，并非一种结果。它在印度的过早扩展可能会破坏其终极目标：即建立进步的好政府。开明的英国统治并非对权利和责任的轻率放弃，而是通往自由主义的真正道路。对于印度民族起义的恐惧强调了一种观点，即在印度维持自由必须有武力的保卫。

事实上，后印度民族起义时期形成的政权更加矛盾。首先，1858年维多利亚女王接手印度的统治权意味着东印度公司完成了之前的代管使命。东印度公司不再借机占领土邦——这是起义发生的主要原因。这样一来，王公可以得到片刻的平静。

其次，在招募政府公职人员时，英属印度能排除种族和宗教的影响——尽管本地有诸多不满情绪，这个诺言之前只在关系破裂时期才被遵守，直到两次战争期间。第三，对于“进步”的实施，可以巧妙地符合印度人的观念。将基督教强加给印度人或者干涉他们的宗教信仰都是没有任何问题的。最引人注目的是这句承诺：“在拟定及执行法律的过程中，（将）赋予印度古代的权利、惯例和习俗应有的尊重。”伯克和密尔达成了一致。

但英国究竟是如何统治印度的呢？众所周知，英国人占少数，英属印度是“几百人统治上百万人”的例子。此种情形也是有佐证的。于18世纪90年代成立的统治机构，英属印度治安官体系的人数也不到1 000。与此机构“签订了契约”的人员（之所以这样说是因为他们签订的契约禁止他们经营商业和接受礼物）几乎全是来自英国的白人，大都来自牛津大学或剑桥大学，他们于19世纪后期被招募，占据了印度政府中的所有要职，这些职位就像是专门为他们预留的停车位似的。当然，他们不是唯一在印度的欧洲人（“欧洲人”是对白人的通称）。另有好几百人在印度帝国警察署工作（比如作家乔治 · 奥威尔于20世纪20年代在缅甸担任殖民警察）。1860年之后印度军从250 000人削减到140 000人，到1887年大约有1 600名英国军官，这个数字稳定上涨，直到1914年。1857年以后，在印度还驻扎着一支全部由英国人组成的守备部队，一共包括70 000名英国军官和军人。在英国招募的医生、教师和工程师都在官方工资名单上。

有一点不可否认，很少一部分行政精英们管理着印度，他们深深意识到自身相对于被统治对象的外来者身份。“我们充其量就是外星人，最坏不过也就是固执而冷漠的种族，”一位官员于19世纪70年代写道，“我们被召唤去统治的种族从本质上来说是一群冲动且感情用事的人……我们对他们从来都很强硬，他们对我们也从不坦诚……。”当然，在印度的1/3的土地上，英国的统治都是间接的：统治是通过一系列条约和“特许状”由印度王公来实行的。印度王公被英国“常驻官员”从不同程度上实施了监管，这些“常驻官员”部分来自英属印度治安官机构，部分来自印度军的军官。如果英国人一旦认定有管理不当的事件发生（更别提更加严重的不端行为），处罚是——最坏的结果就是免职，但前提是常驻官员能煽动其远方的上级冒着风险卷入这场激变中来。事实上真实的情况是：这是一场充满阴谋诡计的游戏，充满对王公忠诚度的责难和愤怒的抱怨，以及对常驻官员滥用权力的无视。常驻官员也许会默默鼓励印度王公的对手们，以此来检验是否有确有其事。区分身份尊贵的官方标志（特别是头衔，因为王公之间的竞争很激烈）也许会被约束或拒绝给予。其他地方（比如在印度动荡不安的边境）直到1893年“杜兰线”的出现才划定了印度与阿富汗的边界，英国人不定时地对全副武装的部落社群施加持续的控制，这些社群来自位于印度河西岸的“殖民区”，但往往最后使用的是边境外交手段，通过使用现金和惩罚性质的巡逻，软硬兼施来达成目的。在突袭与还击的这场游戏中，就像吉卜林指出的一样，“机会在弱者一边”。

印度政府的真正工作其实更加单调乏味。政府工作的范围并不是王宫或是黑暗的山谷，而是印度广袤的农业平原地带，以及成千上万的村庄和农民。印度政府的首要任务是在这个人口密集的农业社会里维持秩序，无数的人在此寻求安居乐业（其中一些人组成了强大的“村落兄弟会”，当然也有一些人没有加入），他们都属于田野里长期受苦受累、负债累累的劳工。第二个任务是收取“土地税”，这是印度政府财政的主要来源，是印度政府在农业盈余中分得的一杯羹，该税目以现金的形式征收，因为政府是土地的最终拥有者。英属印度治安官机构当中的精英人力，也就是治安官，驻扎在大约250个区（这其中很多个区都有超过100万居民）。这些区由英国直接统治的省划分而成。如大家所熟知的一样，“税吏”是每个区的头领，他负责王宫事务以及收税，同时还需一直监视是否有威胁到英国统治权威的政治动乱的迹象出现。若当地人有对他或其他欧洲人不敬的表现，或是在常常对立的社群之间出现了关系的缓和，则会引起他的疑心，进而导致有警告性的调遣甚至向统治机构发出电报。1897年7月，西北省份（今北方邦）的总督报道，“印度教教徒和伊斯兰教教徒之间的关系出现了缓和”，尽管“我完全不能肯定地说这已经到达了阴谋的层次”。

英国对印度的统治并未派遣很多公务员，（也许一个区只有3~4个治安官），对于此类现象，通常的解释是他们在乡村精英当中吸引了一批“合作者”，这些人在乡村的社会权力是维持政治稳定的关键。这是一种会引发一系列问题的解释。为何印度人要与力量微弱的英国入侵者合作，并且还如此自信？为何印度人要交出自己创造的盈余中的大部分，何况这些盈余几乎没有用到改善印度人的生活上来而是用于维持军费以及维持英国守备部队上，更别提欧洲公职人员的养老金和薪水了。为什么印度人并没有发动更加普遍的抵抗和起义，反而没有更加成功？至少，这两点也许可以解答部分疑问：第一，英属印度是在非同寻常的条件下建立起来的。第二，他们从印度早期的君主那里继承了遗产。

英国人在印度统治的第一个100年（1757~1857），在印度的英国人与其说是一支治理国家的队伍，不如说他们是一支征服力量，东印度公司主要是为战争而形成的一支守备部队的集合。到第一个100年，英国人战胜了、占领了或征服了在印度次大陆上的每一支重要的地方权力。他们这样做具有战略性的动机（为反对俄国和法国的干涉增添砝码）。东印度公司拥有强大的军队（最高峰时拥有超过30万名常备兵），对掠夺有贪婪的欲望，这也造就了一种前冲力。东印度公司为战争自行筹募资金，这也减弱了伦敦反对进一步扩张的影响，因为伦敦方面担心东印度公司破产，甚至在本土出现类似于18世纪70~80年代发生的危机。但是在印度的殖民者也十分担心他们零星分布在印度的如马蹄形的各个属地可能会被全副武装的王公随从掠夺。不论动机是什么，东印度公司参与的战争达到了关键的目的。1860年以后（甚至在此很久之前），在印度次大陆的大部分地区，没有一个印度邦在英国统治区发动政治异议或者发动地区级别的反对活动。为了镇压王公们的野心，英国使印度的政治极度地方化。这其实是为了证明令人精疲力竭的争夺行政权力的斗争运动也存在着相当多的好处。当然，在英属印度的北部内陆被称为“印度斯坦”的地方，这种运动被大规模的动乱[即1857年发生的印度民族起义（下一章会谈及）]所打破。但令人震惊的是，英国东印度公司领地的大部分结构（尽管并非全部）得以保存了下来。

争夺行政权力的主要战场是税收体系。在这里，一个重要的事实就是英国并不需要发明或强加一种新的征收土地税的方式：他们只需从前任统治者那里继承即可。他们有强大的动机使这个制度以对他们有利的方式运行：为东印度公司的战争埋单，（到1813年）资助英国东印度公司的商业活动。的确，控制税收制度是在每个区承认英国政治权力的关键。治安官们坚持道，在各个地方，他们发现本该归政府所有的税收被地方豪强抽取了。18世纪渐渐消失的莫卧儿帝国权威以及地方各邦的出现为地方精英创造了极佳的条件，他们作为税吏和秩序监护人的职责可以实现最大化。他们曾经需要缴纳的贡物及税收被转而用作他们自己在当地的权力基础：据点和堡垒，以及号称“刽子手”的私人军队。因此在英国声称殖民权力的各个地方，都紧跟着对税收的严苛把关。税收记录被仔细审查，以前对税收的要求被提出，调查演变成了辱骂。这是一项十分烦琐的工作，需要印度辅助人员的合作——并且还建立在英国只是在重申自己作为统治者的合法权利的诉求之上。

但这注定是极其困难的。直到英国打垮了更大的地方势力，比如贝那勒斯的查特·辛格或位于迈索尔的恐怖的蒂普苏丹，他们最终于1799年被打败和消灭，英国因此才得以与一些地区强大且全副武装的地方豪强抗衡。在南印度，他们面临着许多“柴明达尔”，柴明达尔在自己的管辖地和要塞统治着小的土邦。英国的策略是镇压他们对税收的诉求并且要求柴明达尔及他们的随从人员解除武装。那些顺从的柴明达尔会得到一次性的税收结算以及永久性固定交税的义务。随着柴明达尔收入的降低，他们要在支付随从和应付东印度公司的税吏之间做出选择。这样做的目的是为了孤立那些反抗的柴明达尔，或者激怒他们发动公开的起义。起义发生之后，也许不是十分迅速，武装的报复便随之而来。或早或晚，东印度公司会派遣一支印度兵来罢免柴明达尔，摧毁他的据点，并且安置一位更加合作的豪强来取代他的位置。

英国人总能找到富裕的、出身好的、有教养且愿意与新的政治权威或者统治者站在一边的印度人，这些人认为英国对合法权利的诉求比那些奢望在中央权威的残余中分得一杯羹的武士首领（如南部柴明达尔和“北部柴明达尔”）的诉求更加重要。一旦取得了对税收制度的掌控，无论掌控力度是大是小，英国人都能将统治者的法律和行政特权发挥到极致。因此归少数人继承的庄园就归英国控制的“沃兹法院”所有，该法院有其自设的管理者。地区官僚机构的底层阶级提供了可观的资金来奖赏那些忠诚的人以及惩罚那些麻烦制造者。名誉上的地方法官组成的骨干队伍由当地精英招募而来，他们审理的案子比较少。被排挤或是免职是极其丢面子的事情，他们会不惜一切代价避免其发生。当然与之相应的也有分配的头衔和荣誉（这是最受欢迎的英国式手段）：这很明显地暗示这种头衔和荣誉的拥有者得到了税吏的青睐，因此也就得到了政府的褒奖。反过来，税吏也明确地表示，一旦发生了动乱，无论是犯罪性质的还是政治性的，他都期待本地的重要人物在第一时间向其报告。一位英国官员说道，这些重要人物知道在他们的地区究竟发生了什么，而且应该对我们做出解释。如有必要，权贵需要被间谍监视。在困难时期，二者被期望组成“忠诚”同盟。的确，在这样一个本土化的制度当中，税吏的技能和力量对于操纵影响政治的多种来源举足轻重。马德拉斯政府称，为了出色地完成其工作，税吏需要表现得十分积极。“他必须精通或熟知当地人的各种语言、性格和生活状况，了解土地使用权的各种解释，知晓公共税收来源以及扩大来源的方式。”从1796年开始，精通某个省的主要语言成了晋升为税吏的条件。税吏同样被要求要到他们管辖的区走访，最多的时候一年要去4次，目的是显示其军事力量并且留心其印度下属。在大多数省，需要对缴纳的土地税做定期的重新评估。这需要由英国的“结算官员”到每个村、每块地做实地调查。这些结算报告涵盖了大量的关于土地肥力、农作物、土地使用权和人口的信息，构成了印度社会历史的重要来源。

英国的统治之所以能成功克服无知和外来性的障碍，其原因可以归结为对官僚主义的留存。当然，英国的官员们离机器般高效的工作效率还差得很远。在英国于19世纪50年代和60年代新征服的旁遮普邦，一种朴素的男性思潮被有意地建立了起来。旁遮普邦的治安官生活得很艰辛，并且经常要搬迁，因此他们几乎随处可见。如果一个人想要随身带一架钢琴，那么他一定是怪异的（或者是鲁莽的）。他得到的“奖赏”只会是搬迁得更加频繁。“我会打烂他的钢琴。”一位总督听到后斥责道。就像在任何官僚机构一样，往上爬的路并不总是平坦的。约翰·比姆斯（John Beams）无奈地抱怨家族关系和裙带关系常常决定了晋升。他哭笑不得地回忆起了一个场景：他接到临时通知，集合了一大支舰队来运输军事力量，结果在舰队到达之前不久，他就被其上级打发走了，于是这次行政功绩就归功于上级了，并且这位上级官员还能得到应有的奖赏。同样，治安官的行政范围也是有限的，准确地说是因为他们过于依赖印度盟友和辅助人员。若他们面临着一个地区势力中的强势派系，那么这些派系对于任命地区官僚机构的影响是难以破除的，即便是在税吏自己的行政机关或者办公室也是如此。英国人在村级任命事务里的影响力很小，比如警察、税吏或者会计。打造一支高效的、可靠的且不腐败的警察队伍被证明是同样困难的。更糟糕的是，英属印度治安官机构的规模有着严格的限制（因为它要支付的工资和养老金数额巨大），这就意味着官员们经常要在地区之间调动，来弥补人员空缺或者其他原因造成的不便。

19 世纪 70 年代，起义被镇压之后，治安官政权面临着潜在的新挑战。印度需要变得更加现代化。于是，英国人开始推进印度的铁路建设。电报、汽船和苏伊士运河将印度与欧洲的距离拉近。印度与欧洲之间、印度次大陆之间，新闻、信息和观念的传播更加迅速。更多的印度人开始阅读英语，他们对英国的了解更加深刻，恰巧在此时，格莱斯顿自由主义正在改变其权术。格莱斯顿自由主义强调人民与政府之间的紧密政治联系是有必要的。关于英国在印度的统治 “非英国化”的呼声开始被重视，1885 年印度国民大会党成立，为印度实行自治造势。使事情更复杂的是，就像在世界的许多其他地方一样，经济与社会发展的压力迫使治安官更广泛地干预印度人的生活和社会，并且花费更多金钱发展铁路、水利、森林保护、农业、公共卫生以及疫病预防。许多城镇的迅速发展要求对卫生和治安问题有更加系统的处理方法。英国人需要从印度精英们那里获得更多的、不同类型的合作。他们需要增加税收，同时需要阻止一种主张，即印度受过西方教育的专业人士（在孟加拉的某区到 1913 年为止有 403 位辩护律师）组成的阶级从道德上来说更有资格统治印度（基于格莱斯顿自由主义）。

治安官的反应就如同被包围的寡头政府一般，但他们依旧不择手段。与治安官同等级的“学者型的政府高官”这个少数群体只会纸上谈兵。他们制造了一股学习人口普查、地名词典、民族志报告和政治史的热潮。随之而来的是与日俱增的一系列调查。这并不只是一个数据库。透过他们的视野，印度的各个部分就如同不相容的碎片一般，被种族、语言、宗教、种姓、职业和地区分开，而印度变成了一个“地理名词”。这种观点对说英语的印度人这类“少数群体”代表的印度次大陆无法想象的多样性不以为然。印度是一个政治体的整体概念被重新塑造了——在印度人和英国人眼里一样，这样的做法证明治安官自身的道德权威作为印度进步的、开明的和公正的监护人形象。就本土的观点而言，这次运动获得了巨大的成功：没有一位英国大臣（不论他的观点是多么开明）胆敢公然批评英属印度治安官机构。治安官对于印度受压迫大众的无私保护在政治话语里成了（也许接近）不容冒犯的事务。

同时在印度，治安官们贯彻了更加迂回的策略。他们承认有必要让印度代表与他们的政府为伍，并且改善政府过度专制的外部形象。印度人被允许进入本地的政府部门，1892 年和 1909 年的改革规定他们可以在省议会作为候选人或当选议员，由省议会负责立法。印度国民大会党的领导最初对这些让步颇为欢迎。这些让步被刻意设计得对说英语的印度精英不那么有吸引力。治安官要确保他们自己手上有决定被代表群体和内容的权力。他们还要维持当选议员与候选人之间的平衡。代议制必须反映由治安官定义的印度社会的层级结构，所以议会成员并不是由印度人民选举出的，而是由不同种姓、职业、宗教和地区的社群来决定的。治安官还必须确保其行政权力不被议会的程序性规定影响，始终牢牢在握。治安官渐渐开始接受这种观点，即权力的下放是维持他们统治的最佳保证。他们直截了当地拒绝了印度国大会党的关键要求，这个要求是英属印度治安官机构的人才选拔应该对合适的且合格的印度人开放。治安官统治阶级的种族一致性需要被完好保留。

1914 年以前，除了阶段性动乱的爆发以及（欧洲与之相呼应的）孟加拉的激烈的反英运动，几乎没有太多迹象表明英国的统治处于真正的危险当中。认为英国的统治将在 30 多年以后消失无论是对于英国还是印度理智的观察者来说都是很荒谬的。就像英国人承认的那样，英国的统治是有基础的，存在于其对武装力量的垄断。英国大量的守备部队以及一支特意由印度人口中非主力群体组成的印度军已经足够强大到能够毫不费力地镇压任何武装起义（今天的印度是一个非武装社会）。1857~1858 年英国残暴地对印度进行了“第二次征服”，随之而来的是“白色恐惧”，这些记忆根深蒂固：对于几乎所有的印度人来说，用暴力将英国的统治推翻简直是不切实际的幻想。治安官统治的第二个明显的优势是在印度的英国人维持了种族纯净，并且潜移默化地被印度民族大起义的记忆所强化。他们得到了两点教训，首先，信任当地原住民是有风险的；其次，在任何时候都应该捍卫种族纯净。英属印度治安官机构的宗旨就是团结在一起实行统治。第三个优势是，尽管表面上英国的统治是与当地实际格格不入的殖民政权，英属印度治安官机构统治的日常工作很大程度上是依靠印度统治的古老传统，尤其体现在英属印度的税收制度以及对本地习俗及法律的尊崇上，这些现在已经正式被编成法典。殖民主义在印度并不仅仅是一个指挥系统。它体现了由程序、规则和官方身份组成的一张大网。英裔印度人——不是英国人，被要求参与社会生活并且发表公众看法。他们用一种奇怪的社会和行政术语来表达看法，这种术语既不是英语也不是印度语。打破这种思维模式说起来容易，做起来难。对于许多印度民族主义者而言，不管多么坚信建立一个自由的印度民族的愿望，英国的统治依然意味着对过去枷锁的幸运逃脱，只要英国应允敞开大门，这就是他们通往未来的理想道路。他们认为若想成功统治，那么刚性的英国品质、个性和良好的体格都应该注入每一位新的印度精英的身体里。这就是之所以莫逖拉尔·尼赫鲁要把他的儿子送去哈罗公学与剑桥大学的原因，他期望儿子能成为一名真正的印度治安官而非民族主义政治家。

但如同我们现在所知道的一样，改变正在酝酿。没有任何一种制度能抵制无法预知的危机和那些政治天才。由第一次世界大战引起的巨大的政治压力和政府明显的过失迫使治安官将印度推向了自治。同时，圣雄甘地于1920~1922年发起了“非暴力不合作”的伟大运动，这是一个全新的学说。他几乎是单枪匹马地将印度国民大会党从一个年会组织变成了一个现代大型运动的发起者。治安官尽管十分失落，但并没有出局。他们精心策划了一系列新的策略来调解冲突和矛盾。但是长久以来握在他们手里的游戏规则已经被永远改变了。

王位背后的耳语

18世纪90年代以来，当英国在一战时期开始占领许多新的殖民地时，英国人对新纳入麾下的附属领地均采用直辖殖民地的形式统治。这种统治模式很简单，但是鉴于每个地区的实际条件差异，具体的运作是各异的。基本的做法就是保留总督的行政权力，同时在立法机构（即“立法议会”）安排在地方有影响力的人士。出于谨慎考虑，促进殖民地的权威人士——世袭名流、地主和商人与远方统治者合作是十分明智的做法。不过，地方代表需要具备两条重要的资质。首先，本地代表常常需要任命及委任，而非选举。其次，这些“非正式议员”数量几乎总是少于所谓的“正式议员”，“正式议员”主要由行政人员构成，并且一般会按照总督的要求投票。因此，这样做会避免美国殖民地曾出现的问题，在那里，掌控财政预算的是立法机关，而非行政机关。同样，要想真正走上代议政府的道路是希望渺茫的，更不用说自治政府。对于在伦敦的政权捍卫者而言，这才是重点。他们认为无论是建立代议政府，还是自治政府，都不适用于非欧洲的子民，因而伦敦拒绝了热带殖民地里少数几个白人种植园主和商人对宪法的诉求。这是伦敦采取的一项剥削占人口多数的非白人群体的策略。他们甚至愿意在某些条件下让殖民地的发展进程倒退。1865年牙买加爆发的叛乱暴露了由小部分白人群体支持的代议政府存在的诸多不足，西印度殖民地中的自由黑人或被解放的黑人占据了人口中的大多数，牙买加叛乱后，这些地区都被改为直辖殖民地。

采用直辖殖民地的统治方式有诸多便利。通过调整非正式议员的组成和数量，以及拓宽或收窄立法议会的工作范围，这种方式可以适应各种各样的英国属地。一位工作稍微熟练的总督就能够利用他的任命权阻止不满的发生并且找到新的盟友。但是这种统治方法似乎在相对小规模的社会里才能运作得更好，因为在那里，语言和种族的多样性并不十分突出，或者说人口主要由单一移民构成——欧洲人、亚洲人或非洲人。如果这些条件达不到，那么这种统治方式就会受到诸多限制。在西非的殖民飞地，英国的管辖早已深入内陆，一位英国的大臣用生动的词句来描绘这种情形："与海滩上的要塞仅仅隔了一发炮弹的射程。"但是，在19世纪八九十年代，随着非洲的分裂，这些小的沿海飞地占领了大量落后的穷乡僻壤，这是欧洲势力与本地殖民官员争抢与威吓的后果。关于统治的问题就被暂时搁置了。在西非和东非，最终结果是确立帝国统治的一种全新方式，这就是"间接统治"，其影响十分深远。

间接统治首先在尼日利亚出现。其提出者是弗雷德里克·卢格德（Frederick Lugard，后为卢格德勋爵），他于1900~1906期间担任北尼日利亚高级官员，1912~1919年期间担任尼日利亚总督。卢格德的事业颇有异国情调。由于失恋，他从印度军队请辞，开始在东非寻求死亡或光荣（很显然更倾向于前者）。19世纪80年代，对于欧洲人而言，东非依旧是一片完全陌生的地域。卢格德在今马拉维与阿拉伯奴隶经过短暂的战斗之后，他被英国政府特许的皇家不列颠东非公司派往乌干达，为英国宣告权力。与他的苏丹雇佣兵一起，卢格德展现了他在强制外交和宣传方面的天赋。他著有《英属东非帝国的兴起》一书，这本书的出版是为了赢得英国是否应该吞并乌干达的争论。卢格德也在媒体或公开平台发起政治运动，激起英国反奴隶的热情。乌干达于1894年被英国吞并。

现在，卢格德有足够的资格担任殖民地总督。另外一位由前任士兵转业的商人乔治·戈尔迪（George Goldie），从伦敦得到特许状来保卫英国在尼日尔的利益，以此来反对法国对尼日尔的争夺。戈尔迪于1886年建立了“皇家尼日尔公司”，该公司使用强硬的方法开拓了通往尼日尔内陆的贸易之路。到19世纪90年代中期，除了与法国从萨赫勒向南进发的先头部队的那场热战，皇家尼日尔公司卷入了该地区的所有战争。卢格德作为戈尔迪皇家尼日尔公司军队的指挥官，他的任务就是抵制法国对本地的影响，并且拉拢本地统治者支持皇家尼日尔公司。皇家尼日尔公司的财力被证明不足以应付武装斗争，于是公司的财产被国有化（在1898年），从此由伦敦接管。卢格德被任命为高级专员，企图让皇家尼日尔公司的诉求成为政治事实。

1900~1906年，卢格德在北尼日利亚领导了一系列侵略战争，在此期间，一个矛盾的副产品诞生了，即间接统治。卢格德的军队除了拥有一些先进的武器外，规模其实很小，并且几乎全部由非洲人组成，这就使卢格德面临了额外的风险。北部富拉尼族的埃米尔[①]统治着“红土筑墙，墙面有浮雕”的城邦，其中卡诺是最强大的，它也是西非内陆的奴隶市场。他们的骑兵希望能控制广袤的大草原。卢格德的军队火力强大和胆量超群，再加上豪萨人对富拉尼族领袖的不忠，这一切使得卢格德获得了胜利。但是卢格德产生了一些错觉。他一开始就意识到自己几乎没有什么选择，除了维持现有的政府体制，他只能要求埃米尔承认英国的权威。“我以伊斯兰教先知阿拉和穆罕默德的名义发誓”，誓言是这样的，“我会尽心尽力为爱德华七世陛下服务……我绝不允许自己对国家不忠。”埃米尔必须把手放在《古兰经》上说出这番誓言。以前的秩序被保留了下来：伊斯兰法律和法官、封建贵族和对农牧民的直接征税都是如此。在北尼日利亚的统治仅由少数英国政治官员来完成，采取了最低限度的高压，官员们甚至没钱买办公室的设备（卢格德手下的官员必须购置打字机），这些都是毫无问题的。随着实行间接统治的英国其实仅拥有有限的权力这一事实得到普遍认可，间接统治开始焕发生机。

但是对于卢格德和他的拥护者而言，间接统治很快成了至高无上的原则。尼日利亚的其他地方，比如拉各斯背后的约鲁巴王国和尼日尔河三角洲东部的伊博民族聚居地，英国人占少数，于是他们倾向于将本地事务交由本地人管理，英国人只要求对他们的过境人员和贸易进行保护。卢格德认为这种做法是有问题的。必须通过

① 埃米尔，亚洲和非洲部分国家的伊斯兰教教徒统治者。——编者注

命令的单一链条捍卫英国权威。若想达到此目的，只有通过足够强大的非洲原住民统治者征税或强制执行本地法规来完成，他需要对英国常驻官员负责。只有通过这种方式，英国的统治才会是有效的：权力是集中的，但也被小心翼翼地掩盖了。在某些地方，原住民统治者没有这些权力，比如在约鲁巴王国，权力分散在世袭名流中间，而原住民统治者则没有这样的权力。又或者在没有首领的伊博人中间存在着需要英国人介入这种反常的现象。“传统的”君主不仅实施名义上的统治，也是实际的统治者。在那些没有首领的地方，需要一位由政府授权的“大人物”站出来。很显然，对这种做法的反对之声也是存在的，在尼日利亚南部的英国官员十分愤怒地表明了他们的反对态度。特别是在迄今为止无首领的社会里，这样做会招来骂名。但是在1912年以后，当卢格德带着英国政府的授权回来并将尼日利亚南北部合并时，所有的反对声便戛然而止。

卢格德的成功部分来源于他声望的提高、战时作为总督的成功（尼日利亚的部分地区是战争地带）以及他妻子的帮助。他的妻子是弗洛拉·肖（Flora Show）——泰晤士报的编辑。但是卢格德的主张同样有不可否认的逻辑。卢格德认为采取直辖殖民地的模式是虚伪且危险的。他反对的理由主要有两点。原住民统治者，即使是有文化的，也不见得会说英语，于是不能在主要的机构（也就是立法议会）起作用。相反，立法议会的程序和常规对在沿海地区的受过教育的（常常是基督徒）的非洲精英（即克里奥尔人）有利，这些人宣称他们代表内陆的非洲人和北部的伊斯兰教教徒，卢格德认为这是十分荒谬的。“这是英国殖民政策里最主要的一种统治方式，”他说道，“也就是大多数原住民人口的利益不应该屈从于少数欧洲人或少数受过良好教育且欧洲化的原住民的利益，这两类人的利益通常与大多数原住民人口的利益是不同的，并且常常是相反的。”其次，采用直辖殖民地模式统治的政府里，通常有一个独立的司法机构。此机构先入为主地采用英国的立法程序（包括法律代表）以及陪审团审判。卢格德认为这些毫无疑问是十分可怕的。法官只会再三猜测行政权力的意图，法律的规定会与伊斯兰法律冲突，陪审团常常从少数说英语的人里面选择，见钱眼开的律师转眼成了煽动者：对于一个拥有广大腹地并依靠少数常驻官员的个人权威治理的政府来说，这样的政体本身就预示着骚乱。

卢格德最有力的一张牌是宣称如果没有英国的支持，传统形式的权威将会很容易崩塌，从而导致他们的非洲新子民成为一帮难以控制的暴民。英国在这里没有了在印度的财政基础、官僚机构和军事力量，想要像在印度一样完成“骚乱中的救赎”简直不可能。间接统治因此成了社会和政治稳定的关键。如果1914年以前间接统治难以普及，那么第一次世界大战和在俄国爆发的革命都给帝国自信带来了正面的影响。卢格德及其拥护者反复给此地区的人民灌输一种全新的思潮。他们声称间接统治是满足英国统治需要的最佳的政体。间接统治是殖民控制能够接受的方式：它结合了自治这种最安全的统治方式与对本地习俗和惯例的科学调整。当卢格德的后继者作为总督列举了间接统治的诸多不足（比如无法促进商业发展，对“授权首领”的辱骂，对“惩罚性巡逻”的持续依赖）后，伦敦给了他冷遇。差不多一年之后，他发现支持卢格德的主张才是明智的。“在卢格德所有完成的事情或者还未完成的事情中，”他告诉官员，“……政治官员在支持埃米尔权威的时候必须格外小心……政治官员应该只是王位背后的耳语者……而绝不能觊觎王位。”

在英属东非，卢格德提倡的间接统治运用范围更窄。在乌干达，英国人的确发现了具有高度组织性的王国。乌干达1900年与英国签订了条约，其境内最强大的一个布干达王国实行自治，其地位相当于乌干达保护国的一个省，卢格德其实并不赞同条约的内容。“肯尼亚”最初只是重要交通路线上的一条小径：从海上到湖区（即维多利亚湖）的运输路线，在这里可以上船前往被陆地包围的乌干达。正是因为看好在富饶的湖间王国里进行贸易，而不仅仅是看好肯尼亚的前景，皇家不列颠东非公司才选择了北部路线，绕过了德国的势力范围——即今坦桑尼亚。这条贸易路线经过了沙漠、森林，穿过了悬崖峭壁，最终到达维多利亚湖。它还通过了一片带状区，东非好战的马赛人是这片土地的领主。皇家不列颠东非公司需要“食物补给站”来慰劳辛苦的搬运工。谷物能够从森林和高原的农业人口那里购买，这些人与马赛人之间维持着一种不稳定的平衡。他们希望建立一个稳定的食物市场，以及运输食物的安全通道。皇家不列颠东非公司的官员以及帝国官员（通常是同一批人）于1895年接管了这片区域，建立了小型的本地军队，为食物销售者保驾护航。他们与马赛人结盟，那时马赛人被大范围的牛瘟所影响，为了对反抗的基库尤人施加权威，他们决定为基库尤人和马赛人的牛埋单。当乌干达铁路完工（1912年可以到达位于基苏木的湖区），英国人不再依赖脆弱的贸易路线，他们还可以让有限的军队（由大约200名印度士兵和700名非洲士兵组成）发挥更好的作用。

英国人应该怎么统治新保护国里广泛分散的民族？东非保护国专员查尔斯·艾略特（Charles Eliot）爵士说道，1901年他有17个食物补给站，一般有1名欧洲官员以及最多20个士兵。欧洲官员不敢长时间离开食物补给站，而且对于边界之外的地区仅有很少的掌控权。征税是不可能的。他需要更多的欧洲官员轮流外出，以及更多的警察。“仅有巡视是不够的。为了让野蛮的原住民了解欧洲官员究竟是谁……他应该不停地出现……这里需要的是……持续且稳定的压力。”9年之后，一个更加类似于行政部门的机关出现了。肯尼亚现在有省级专员、区级官员以及区级官员助理，他们被要求一年里进行三个月的“巡视”。一位新的总督吉鲁阿尔（Girouard），他是一名北尼日利亚的退伍老兵，他赞成卢格德的主张。英国的现场专员应该记下本地的风俗和法律。在选择首领、长老、酋长的时候，他们应该知道“人们的意愿”，避免搅乱本地继任的规则。通过“原住民机构”来统治是十分关键的：“文明的引进过程中若出现了非国有化或士气低落的倾向，就应该设法避免。”“我警告那些支持直接统治的人，”他继续说道，随着卢格德的精神变得更加强大，“如果我们允许部落权威崩塌或者被忽略……数量上来说处于绝对少数的群体的我们……就只得去对付暴民了……”

但是在肯尼亚，有一只巨大的苍蝇落在卢格德派的药膏上——实际上是两只。因为伦敦用英国纳税人的钱修铁路，以更好地治理肯尼亚。修建铁路必须要求资金，所以这笔钱就由公认的“骨瘦嶙峋”的政府来埋单。铁路并不是由非洲劳工，而主要是由印度的“苦力”修建的。许多人继续留在这个国家，开着小店，做着生意。到20世纪20年代，印度人开始提出政治要求。然而，在政治方面，“白色的苍蝇”更大。为了使肯尼亚能存在下去，伦敦决定迅速注入商业经济。这就意味着安排白人农民为铁路生产货物并且为出口种植农产品。肯尼亚因此很快成了一个行政混合体。移民要求像南非一样自治（以及能够使用黑人劳工和分得大块土地），同时殖民官员被认为要支持部落权威和传统风俗。这是一种极不稳定的结合，肯尼亚动荡的历史就起源于此，并且一直延续到“茅茅运动”（1952~1960）时期及以后。

“若征服者威廉拥有马克沁机枪、打字机和一些现代发明，”卢格德的一位官员说道，“他只用很小的力量便可占领英国，他会建立官僚形式的政府，并且只有少数的区级专员分布到各处。”英国在印度和非洲的统治模式尽管有着明显的差异，同样也有许多共同之处。在这两个地方他们都依靠本地的政治盟友——愿意合作的精英，并且他们更喜欢那些他们眼中属于保守势力的人。英国认为自身的统治是加强传统，并且他们也在改善传统。通过要求印度人和非洲人参与不同等级的政治生活、宗教或部落社群，英国人其实加强了控制，在英国统治之前，这种划分不那么固定。也许正是有了惊人的成功，他们织就了由不同身份的人构成的一张大网，殖民地的民族对此是接受的，至少是默认的。不过当英国人的统治开始依靠原住民盟友——牧师、警察、村长、首领、地主和王室成员，他们最初对本地和地区政治注入的影响就已经获得了军事力量，这一直是英国最终的制裁方式。英国的优势并未完全依赖于武器的强大：他们征服印度的时候并未使用马克沁机枪或连发枪。他们的优势在于征兵的方式，常常是在偏远地区，并且更重要的是他们通过定期的工资来维持结盟。英国通过给本地的权力掮客特许权来降低支付军事帮助的需要，这也是在完成合作性质的协议（能够稳固英国的控制）中最关键的一个因素。

促成英国成功的还有其他因素。英国权威的秘密在于他们让被征服的民族或多或少处于独立的隔离地带，并且限制他们之间的横向联系，将其尽可能降低到最小。政治联系是纵向的：最顶端的是“压顶石”——只有少数英国官员在顶端。这还不是全部。所有帝国面临的政治风险是他们的政治代理人会建立自己的本地势力来扩大影响，通过通婚“变成原住民”。在印度和非洲，英国人采取了保护措施，并且 19 世纪后保护措施变得越来越严密。这就是他们的行政框架必须保持的种族团结：背叛本地原住民在文化上是绝不可能的。通过蓄意保持社会距离以及对各种社交严格限制来强化这种团结。不论是不是有意而为，这种做法都给帝国权威增添了一抹神秘的色彩。没有了社会交际的通道，印度人和非洲人几乎没有抓住遥远的统治者的世界观、价值观和动机的方法。猜测统治者目标和意图有时几乎是不可能的，官员的秘密活动都是自己来管理的，这种做法有好处但是也有坏处。正如一位精明的英国政治家泰然地说道：“从来没人相信我们的善意。”

第八章

反叛行动

Unfinished Empire
The Global Expansion of Britain

“路易斯 · 瑞尔（Louis Riel）……你被判有罪，你犯了人类能够犯下的最严重、最有害的一种罪行。你被判犯了叛国罪……现在我需要履行令我痛苦的职责，即宣读法庭对你的判决……你将被带到执行死刑的指定地点，被处以绞刑直到你死去……”法官于 1885 年 8 月在西加拿大（当时）灰蒙蒙的小城镇里贾纳说道。瑞尔的罪行是领导说法语的混血儿和印第安人反对渥太华的加拿大联邦政府（因此也反对英国政府）：用对他的指控来说，他企图“恶意且不忠地……用武力和武器推翻并摧毁依法建立起来的政府”。三个月后，瑞尔走到了绞刑架前。

反叛与帝国

反叛体现了帝国统治黑暗的一面，反叛的威胁和阴影有可能成为令人恐惧的现实。屈从与反抗之间常常只有一线之隔，反叛也没什么稀奇的。殖民地是未开化且动荡之地。在加勒比的种植园维持殖民权威常常是艰难的。总督和种植园主往往一起落马：在一场使用了大炮的战斗后，暴露了自夸倾向的总督被困在自己家中，最终被谋杀；在美国大陆，一位来自弗吉尼亚的富裕种植园主于 1676 年领导了“贝肯叛乱”，烧毁了殖民地的首府；不走运的马德拉斯总督皮戈特（Pigot）勋爵于 1777 年被英国官员罢免，并且在拘禁中死去；邦蒂号船长威廉·布莱（Willian Bligh）1808 年担任殖民地总督，因激怒了新南威尔士的自由移民，最终在自己床底被守备部队擒获，一年后才被允许坐船离开，他徒劳无功地催促舰长用他的枪“摧毁悉尼”；1808 年“朗姆酒起义”的领袖轻松地逃跑了。这些事件以及其他一些事件相对而言是微不足道的，其中的一些甚至是闹剧式的。但还有很多事件并非如此。

事实上，实事求是的记述通常都会把英国的扩张看成一个曲折的前进过程：一系列大的突发事件转变了原有的前进方向，或者使进程在自己的轨道中夭折了。这些突发事件就是大规模的反叛。最暴烈的一些反叛往往离英国本土非常近：1641 年爱尔兰第一次大规模起义（导致了英国内战的爆发），1689 年詹姆斯党叛乱（其失败极大地增强了新教徒的支配地位），还有 1798 年爆发的第二次大规模起义（促成大不列颠和爱尔兰联合王国的成立）。19 世纪 80 年代爆发的“土地战争”导致“自治”成了“解决办法”。1916 年爆发了第三次大规模起义；1919~1921 年爆发了从某种程度上来说成功的起义，导致了爱尔兰自由邦（今爱尔兰共和国）的诞生。在美国大陆，1763 年庞蒂亚克战争引发了大规模原住民在泛阿巴拉契亚内陆的起义，而彼时英国正在为击败法国而庆祝。英国人为阻止接二连三的起义做了让步——起义可能会向东扩展到临近白人定居点的那些印第安人的地盘上，这会激怒殖民者，对英国政府来说，他们是更加危险且具有组织性、有武装保护的对手。1775~1783 年在北美 13 个殖民地爆发的大规模移民起义，后来被冠以一个宏大的名字：“美国独立战争”，大英帝国在北美的领地从那之后只剩一半。美国独立战争之后，英属北美帝国内的印第安人隐隐有壮大的趋势，伦敦担心这将引发白人移民的叛乱。1837~1838 年，在加拿大爆发了起义，英国主要的担心就是美国的影响（以及直接干涉）：这就是导致英国最终决定在北美殖民地实施完全内部自治（“自治政府”）的原因之一，此举也使其他白人移民社会把自治认为是“与生俱来的权利”。1815 年后在英属西印度群岛爆发了奴隶起义，尤其是 1831 年在牙买加爆发了圣诞节起义，有 20 000 名黑奴加入了起义，这是废奴再也不能被推迟的最后证明。于是，废奴法案于 1833 年诞生了。1857 年爆发的印度民族大起义并未摧毁英属印度，但是它对帝国的自信心和英国人对待种族问题的态度产生了巨大的影响，并且在英国统治形式中留下了持久的印象。1857 年以后，英国人因为担心更多的起义而在印度采取严密监视活动的行为遭到了谴责：此举的影响是广泛的。几乎有一半的英国军队此后驻扎在印度。在 19 世纪后期，荷兰裔南非白人的反抗活动阻挠了英国在南非大陆的前进。这种反抗行动在 1899~1902 年第二次布尔战争达到了残酷且血腥的顶点。英布战争的直接结果并未产生大的意义，只是确保了白人移民在中南部非洲相对于非洲人的至上地位，但这场战争却促使英国人开始重新思考他们在全世界的地位。

如果重大的反叛行动塑造了大英帝国的模样（而不是英国政治家或政策制定者想要英国成为的样子），这种说法也可以应用到那些发生在几乎所有殖民社会的规模要小得多的起义上来。1688 年爆发的“光荣革命”推翻了詹姆斯二世的统治，为英国议会的最高权力铺平了道路。在遥远的美国殖民地也爆发了与之相呼应的起义。在马萨诸塞州、纽约和马里兰州都爆发了起义，反对詹姆斯二世的总督和他们企图实行的中央集权政策，在北美大陆上和英属加勒比的岛屿殖民地同样爆发了有效的抵抗。反抗行动的主要结果是加强了殖民地自治，虽然 70 年后伦敦试图对自治进行限制，不过他们的这种努力后来都成了徒劳。从另一方面来说，英属西印度群岛里小型殖民地爆发的奴隶起义，以及于 1729~1739 年在牙买加爆发所谓的“逃奴之战”，加剧了占人口少数的白人种植园主的恐慌气氛以及他们对殖民权威的依附心理。除了表达一些类似的不满，他们不敢对北美大陆上实行奴隶制的殖民地表示支持，因为 1770 年之后的叛乱分子主要是白人。在 19 世纪的新西兰，英国 1840 年与毛利人签订了《怀唐伊条约》，英国人开始面对害怕移民扩张的毛利人社群的抵抗。一些毛利人领导者为了阻止其他毛利土地持有者将土地出售给白人，以及重新夺回他们认为已经丢失的主权，于是在 1860~1872 年爆发了毛利战争。尽管最后他们失败了，但是他们顽强的抵抗以及移民对于库帕帕帮助的依赖为自己在这片已经大体上成为“白人国家”的土地上保留了重要的政治权利。发生在加拿大的 1869~1870 年和 1885 年的两次叛乱，最初是由梅蒂人（1869 年）发起，之后是梅蒂人及印第安人一起抵抗白人移民的流入，这些移民主要来自以英国新教徒为主的安大略省。第一次叛乱几乎没有流血，瑞尔的“临时政府”随着沃尔斯利将军和他的军队的到来迅速倒台，沃尔斯利的军队有 1 000 人，是由英国常备兵和加拿大民兵组成的。伦敦和渥太华都十分不情愿制造出一个政治殉道者。加拿大总理尽管高声宣扬希望抓到瑞尔，却私底下资助他逃跑。第二次叛乱更加严重。瑞尔又一次成立了临时政府，这次建立在今萨斯喀彻温省的北部。当他的追随者在达克莱克抽回了一支骑警力量并杀死了 12 个人后，他们又引发了一场由黑人混血人和印第安人发起的叛乱（北美大草原西部的印第安民族人口大约是 20 000）。大约 8 000 人被派去镇压起义，几十个人被杀死，瑞尔在巴托什一役后投降，之后他的命运就如本章开头所述了。

瑞尔的叛乱和死亡对加拿大政治产生了持久的影响，他的死刑象征着法裔加拿大人为反对安格鲁撒克逊人在加拿大联邦日渐增强的地位所做出的牺牲。到 19 世纪中期，随着英国移民的涌入，法裔加拿大人成了人口上的少数。从 19 世纪 80 年代后期开始，法裔加拿大人的民族主义化成了一股政治力量，这股力量几乎让所有加拿大政治家都不得不妥协。在纳塔尔殖民地爆发的巴姆巴萨叛乱产生了完全不同的影响。这是一场由祖鲁人在 1906 年发起的暴力叛乱。随着白人移民对强制劳动力的需求越来越强烈，祖鲁人丢掉了土地和地位。大英帝国对叛乱的残暴镇压引起了年轻的温斯顿 · 丘吉尔的公开谴责，当时丘吉尔还是伦敦自由党政府里的一名副部长。如果说瑞尔的叛乱企图将“英国人”和“法国人”分开，那么巴姆巴萨叛乱则将英国人和荷兰裔南非白人拉到了一起。在关键时刻，南非的白人政治家商量建立一个由 4 个殖民地组成的政治联邦，对叛乱的担心使得建立一个强大的中央政府的需要迫在眉睫，以化解纳塔尔省的英国人对一个由布尔人统治的国家的抵制情绪。

如果我们将对“依法”建立起来的殖民政府的每一次暴力破坏都包括进来，反叛活动的清单可以被无限拉长。当然，我们需要记住“反叛”本身是一个难以捉摸的字眼。它既是一个口语用词，可以用于指任何形式的骚乱，无论它多么本地化或者有局限性，它都可以作为政府使用的法律描述以威胁那些不满的人或者为自己的行动辩护。在许多反叛活动中，对殖民权威的挑战往往是附带的，而非直接的。1836~1919 年，“Moplahs”（或者叫 Mappilas，即南印度贫穷的伊斯兰教教徒农民）发起了超过 30 次的叛乱来反对他们的印度地主，这些叛乱常常是为追回土地做出的报复行动。他们总是被军事行动镇压，军方主要是担心叛乱会扩大到其他地方。

这些农民的目的并不是推翻英国人的统治，而是希望寻求英国的帮助来反对本地的压迫者。英国人自己常常倾向于将武装骚乱归类为犯罪活动或者抢劫行为（强盗行为），并且否认有任何政治目标。军事和财政上的便利可能也会造成对“叛国罪”视而不见。英国拒绝移民用军事行动反对1860年爆发的毛利国王运动的要求，殖民地大臣（在12 000英里之外的伦敦）冷淡地说道：“如果他们（毛利人）仅仅是尊敬他们的国王……并且没有冒犯女王的和平……这样的蠢事应该留给时间去解决。”

但是起义行动常常是非常普遍的，无论是大规模还是小规模，不管有没有罢免统治者的雄心壮志。这些行动多少告诉了我们帝国的本质和英国所采取的统治方式。众所周知，英帝国的统治体系是将权力下放的，尤其是在移民社会。除了在一些“要塞殖民地”，比如直布罗陀海峡或马耳他海峡，英国的统治几乎在每一处都要依赖地方精英的支持，无论是欧洲人，亚洲人还是非洲人。这样就为帝国节省了一大笔开支：避免了维持昂贵的英国官僚的需要，只除了很小的一部分。也避免了动用大批军事力量来实施政令的需要。但这是需要付出代价的。将权力如此大范围地交给本地势力带来了政治上的风险，而且造成了负担。地方“代理人”以及帝国的盟友有他们自己要追求的目标：他们与统治者的部分“协议”就是统治者对他们社会地位和利益含蓄的支持。正因为有这一点优势，地方精英（或白人移民）忍不住要最大限度地剥削他们治下的人民（这是精明的英国人清楚意识到的一种倾向）就不足为奇了。但是若没有持续的监视或行政上的干预（这正是“合作”需要刻意避免的），那么要限制权力的滥用，甚至判断这给殖民政权带来了何种危险就十分困难了。然而，如果麻烦出现了（比如马帕利亚叛乱，或在新西兰爆发的毛利战争），帝国迟早都要（而且常常很快）动用军事力量。

在某种程度上，这是对于本地代理和盟友很大程度上依靠未经同意的力量的默许。如果英国失去了高压的手段，或者丢失了相对于地方精英的威信，那么整个统治的结构（和税收）就会迅速崩溃。不管喜不喜欢，合作者必须要相互支持。英国人在这种情况下也注定会担心若不显示帝国的权力，他们对代理人的控制就会被削弱，他们的威信会下降，而且合作的政治成本也会不可避免地上涨。高压和合作因此是一枚硬币的正反两面。依靠合作者还有第二个重要的影响。帝国权威在臣民相信它的永久性和合法性的时候才是最有效的。在那些权威已经非常有效的地方，这成了“霸权”的一种形式：即对殖民地人民的身体和思想的双重控制。如果权威是通过地方精英过滤并且调整到符合他们需求的，那么这种权威就会越发扩散，并且更多地面对本地压力和冲突。而它本可以对臣民保持一些神秘感。臣民的沉默反映了他们并非自愿地同意而是“务实地屈服”，一旦强制的威胁被解除，屈服就会迅速收回。因此，是被统治者的顺从和恐惧才使得如此多的殖民官员对维护个人尊严和威信如此着迷。也正是因为殖民控制的脆弱性才使得反抗活动变得十分危险，而且这也解释了不安的宗主为何要对反抗行动予以残酷的回击。

是什么促使臣民通过集体的抵抗行动来反叛？接下来的案例研究非常详细地分析了缘由。首先我们可以发现一些比较常见的原因：明显的诱因有可能是生活的苦难或财产损失，但是在多数时候，实际情况远比这要复杂。最极端的苦难就是以土地为生的许多人的命运，尤其是在印度。同样，1833 年被释放前在农场和种植园劳作的数量巨大的奴隶（差不多 80 万人）也遭受了极端的苦难。但是极其贫困的人甚至是奴隶发起的叛乱是间歇性且偶然的。叛乱更可能发生在他们担心自己的生存状况进一步恶化之时，也有可能是因为遭到驱逐，以及它们面临新的劳动负担或者（1831 年在牙买加奴隶当中出现的）口粮减少。这些人之所以觉得不公平是出于一些新的强制要求，或出于对他们的地位和荣誉的强烈打压。如果整个职业团体或有组织的群体觉得受到了这种威胁，集体反抗的可能性就变得更大。如果不满又多了宗教的因素，这种混合因素引起的效果可能是爆炸性的。

宗教是大多数殖民社会的黏合剂。几大世界性宗教以及它们本土化了的变体规定了最终被接受的信仰，这些信仰囊括的范围从性道德和两性关系的见解，到关于财产和宇宙形状，无所不包。任何异己的存在都是令人不安的。如果他们有任何企图扰乱宗教惯例或对圣人或圣地不尊重的迹象，都必定会引起麻烦。如果一名宗教的信徒害怕这样的变化会危及他们自己来世的希望，或者玷污了宗教仪式，抵抗的强烈欲望就变得势不可挡。当然，宗教的形式可能在不同的地方表现出巨大的区别。宗教在某些地方被社会精英控制（比如埃米尔和乌里玛[①]——“有学识的人”——在北尼日利亚），他们常常倾向于降低宗教的极端影响。有些地方的情形正

① 乌里玛，伊斯兰教国家的学者、宗教权威或法学家。——编者注

好相反，那里宗教之间竞争十分激烈，在社会精英尚未完全巩固自己地位的边缘地带，宗教狂热（有可能是殉教的传统）有可能会盛行。承诺精神和肉身解放的“先知”和“圣人”的出现可能会给原本也许是无组织的对现状不满者注入一定的目的性、组织性和团结性。在牙买加爆发的叛乱中，浸礼会传教士和传教员带来的影响饱受种植园主诟病。叛乱的煽动者奴隶山姆·夏普（Sam Sharpe）就是这样一位传教士。

因此在那些不满被宗教控制和被能言善道的鼓动者煽动起来的地方，反叛就变得更加常见和危险。在那些地方精英充当殖民国家和其臣民的中间人的地方，地方精英的行为就很关键了。他们有可能会分裂或者遭遇来自社会弱势群体的压力。只要足够大胆，地方精英对叛乱的反应更可能是始终保持袖手旁观，而不是作为帝国主义者的看门狗，直到叛乱结束。在新近征服的地区，殖民吞并尚不完全，这种袖手旁观的本能就可能会特别强烈了。在殖民权威尚未根深蒂固、疆域足够辽阔的地方，以及沙漠、沼泽、山地和森林这些为叛乱者和逃跑者提供了安全庇护的地方确实更可能经常发生叛乱。

那些叛乱发生的客观条件并不一定直接导致叛乱的发生。我们一再看到叛乱的发生主要有三个关键的诱因，这些诱因的影响被谣言、假消息和人们的恐惧加剧了。第一个诱因是害怕政府采取先发制人的袭击或报复。在那些叛乱者的意识里，他们的行动常常是防御性的，是为了防止威胁或避免受惩罚。牙买加奴隶叛乱之前，传言肆虐：种植园主打算通过杀死男性奴隶和拒绝解放妇女儿童来阻止废奴。那些被指为不守纪律的奴隶担心可能会受到这样野蛮的惩罚，暴力看起来是比和平屈服更好的选择。弗吉尼亚发生的“特纳起义”（也是在1831年）导致逃亡的奴隶杀死了50多名白人（与之形成对比的是同年在牙买加的那场更大的叛乱中，只有两名白人受伤）。在南印度的马帕利亚叛军，担心不体面地死在萨卡尔（政府）的手里，从而更倾向于殉道。在密拉特的印度兵叛乱者深知在英国人回来后他们即将面临的命运，便努力消除英国人统治的所有影响——通过杀死他们抓到的英国人，这是他们生存下去的最大希望。第二个诱因是信仰——常常是被误导了的，这会使叛乱得到更多的支持。也许那些起义的领导者一定要相信他们自己的充满希望的预言，或者消除他们自己的疑虑：他们极少有途径接触到确切的信息。第三个诱因在于，赋予叛乱“逻辑性”的是叛军经常严重低估他们要面临的力量。在那些半文盲社会，通信十分落后，眼前所见便是事实。叛乱者对自己的帝国主义对手庞大的势力范围和资源的了解非常有限，叛乱者经常对对手的火力和采取暴行的手段毫无概念。有时候他们还抱有一线希望，希望英国人会离开。事实上，英国人迟早会回来，而且往往会更快，并集结了足以镇压叛乱的力量。英国人仅仅花了一星期的时间来消灭牙买加奴隶起义，花了6个月的时间来遏制（虽然不是终止）印度爆发的民族大起义、超过一年多一点的时间来约束布尔人在1899年寻求的独立，最终导致了一场无法获胜的消耗战。所有的这些并不能说明每一场叛乱的影响都是很有限的。至少有一次，英国人遭遇了彻底的失败。①1778年，在北美独立战争开始后，为了对抗他国干涉，英国和三个欧洲国家展开了一场海战。结果到了1783年，伦敦放弃了叛乱的北美13个殖民地——但并未放弃北美大陆其他地方。

人们是如何展开叛乱的呢？在叛乱者和政府军或警察之间的暴力冲突常常是一系列叛乱行动的高潮，而不是第一步。事实上，并不是所有形式的叛乱都要求与整装待发的力量进行近距离对抗。离开和移民是对殖民权威无言的拒绝。在一个有利的环境下，这样的“看不见的叛乱”有可能获得程度惊人的自治。在19世纪30年代后期，逃亡的奴隶在牙买加山峦起伏的内陆与种植园主的民兵战斗直到精疲力竭后，他们获得了一个条约和可观的自由。18世纪30年代后期，荷兰裔南非白人从开普殖民地艰难跋涉着离开，他们首先到了纳塔尔，当纳塔尔被占领后，他们又分散到南非内陆广袤的草地高原。英国人要求他们投降，谴责布尔领导者是叛乱者，并于1848年在朋普拉次与之进行了血腥的对抗。不过之后英国人放弃了，承认了布尔人的独立，但后来又后悔了。

在那些无法逃离的地方，需要用直接的行动来中断英国人掌控的权威，并且要落实到具体的条款。一个叛乱先行者的当务之急是将个人反抗转变为政治行动，以调动更广泛的支持。这对于在赢得（或至少参与）战争或论战是至关重要的。塑造一种广为流传的印象十分重要，那就是政府的权威和赢得权威的条件已经消逝。不过这是远远不够的。警惕的政府会采取收效迅速的那些对抗手段——监禁反叛者、

① 此处指北美独立战争期间，法国、西班牙和荷兰相继与美国缔结同盟，共同反对英国。——译者注

夺取据点、部署军事力量有可能摧毁这种假象并且在起义获得上升势头之前将其平息。起义者不得不迅速行动来逃避这样的命运。他们需要从国家的统治之下逃脱并寻求保护。他们制造的大范围的混乱会分散国家的注意力，分散其军事力量；毁坏国家的通信网络（电报和铁路），会减缓其反应速度并且延缓信息的返回。但是叛乱者还需要做一些其他的事情。他们必须说服自己的支持者形成大规模的团队，最好武装起来，建成一个平行政府或临时政府。最迫切的事是他们获得可以帮助他们粉碎政府对地方合作者的掌控、威胁（或破坏）其间谍和线人网络并削弱其残存的威望的力量。除非他们能够做到这些，否则机会渺茫。他们所希望的最佳情况就是政府军事力量的灾难性瓦解。正是这样一种瓦解——武装暴动的结果，推动了英国在他们强势的时代所要面临的最大规模的叛乱。

移民叛乱

英国政府在自身面对的所有叛乱当中最害怕的就是移民者的叛乱。这部分是因为在这样的情形下，英国自身的政治和军事策略常常会吸引来自海外和英国本土的最为仔细且挑剔的审视。最为重要地，大多数移民社会的特点是，他们与英国有频繁的联系，并且在英国有很多盟友和支持者。那些反叛的殖民者可以轻易地发布信息来满足政府的批评者。所以对于政府和执政党而言，要使英国人的观点达成一致注定要难得多——尽管没能达成这个目的反而使叛乱者士气大振。非移民叛乱者与移民叛乱者有着明显且尖锐的对比，几乎没有政治盟友与他们同行，他们也没有将自身的情况登上媒体的途径。以最坏的角度描述非移民叛乱者的行动和目的，或者强调他们的“野蛮行径”以及否认任何不满的存在往往要容易得多。这样就多了一个好处，不论英国采取何种残暴的方式来镇压这样的起义，都不会明显地引起本土的注意，甚至不会引起批评性的评论。

这种好处还可以更加深入。英国在移民社会的帝国权威天生就比较脆弱，几乎从移民社会一开始就如此，除非（比如在西印度群岛的白人）他们有特别的理由保持忠诚。这种权威既不是建立在合作上，也不是建立在对某些问题的明确批准上，它常常是以某种代议机构体现的。在印度，英国没有对移民社会征税的“权利”，尽管英国已经从印度过去的统治者那里继承了这样的权利。而且很早以前就有一条规定：殖民地的法律只能在特殊情况下才能被否决。总督作为帝国中央的代理人只能控制很少的当地资源，并且眼看着自己的资助被嫉妒的议会削减。如果总督要坚持自己的主张，他会面临暴风骤雨般的批判，指责他侵犯生而自由的英国人的权利，并且还会有咄咄逼人的意见说他抱有专制的野心。更糟糕的是，他的臣民拥有不可忽视的动员能力来迅速展开政治行动。报纸和其他纸质媒体比如宣传册或传单更能传递观点。殖民生活的日常机构——陪审团、乡镇会议、甚至是赛马会，可以使地方上的意见组织并团结起来，展示其强大。尤其与大多数非移民人民不同的是，移民社会总是有武装的，而且地方民兵常常有政治和军事上的双重影响力。

对于在伦敦的帝国政府而言，这些都是采取埃德蒙·伯克有名的“有益的忽视”政策的极佳理由。但这个精明的建议并不总是可行的，更别说是明智的。第一，几乎很少有问题能比土地问题在移民社会更能引发高涨的情绪，这主要是因为土地的投机购买和转卖常常是移民精英财富的主要来源。移民精英必然憎恨任何控制他们土地扩张的行为。不过对于帝国官员而言，移民的逻辑是自私且愚笨的。如果置之不理，和原住民接壤地区的战斗就成了家常便饭，因为原住民不愿失去土地。恢复和平需要帝国军队介入——还有帝国开支。第二，在那些原住民民族享受帝国保护的地方（这也许是以条约的形式规定的），移民违犯条约触怒了英国的宗教或人道观点，帝国介入也许就很难避免了。第三，移民社会追求经济私利的方式可能是母国所不能接受的。在平常的时代这也许只是一件恼人的事情，但是在一个商业和财政动荡的时期，这可以成为争执的主要原因。如果移民中的政客们不得不取悦苛刻的本地选民，他们的帝国同行同样也得考虑宗主国的利益，并且保留他们自己的世界观和私心杂念。

1765 年 8 月 26 日晚上，一大群暴徒袭击了托马斯·哈钦森（Thomas Hutchinson）的家，他当时是英属北美马萨诸塞湾省最高法院的首席法官和副总督。哈钦森和他的家人逃走后，暴徒们花了一整晚有条不紊地劫掠和破坏他的房子，拆毁房子的装饰甚至推倒墙壁。这是第一次也是最严重的一次暴徒行为，逐步地威胁着那些与省政府和英国任命的总督站在一条阵线的殖民精英里的成员。似乎没有控制这些暴力突发事件的方法，事件的受害者从中发现了他们的政治敌人所操控的力量。受害者们意识到一个事实，那就是殖民地已经变得几乎难以控制。“权力在百姓手里”，哈钦森几个月之后写道，“那些不符合他们意愿的法律不会生效。”不到10年，随着在康科德和列克星敦发生散乱的交火事件，在马萨诸塞湾省爆发了公开叛乱，并且迅速蔓延到殖民地的其他地方。

以如此加快的速度陷入暴力和战争并不仅仅是不寻常的：甚至对于很多美国人而言这看起来更像是无理取闹，且充满矛盾。因为（白种）美国人已经享有了比世界其他地方更大限度的政治自由。选举权比在英国都更广泛，税收更轻。当选议会可以比英国的下议院更大限度地控制行政权力。这里没有上议院（成员可以被国王任命），没有赞助资金来帮助英国的大臣们结党营私，如果有了这些资金，他们只需要考虑自己选区的利益即可。土地相对而言更充裕，这使财富分配比在英国本土更加公平——也许比其他任何地方都公平。此外宗教自由也更加广泛。

这种悖论当然是明显且真实的。美国殖民地享有的广泛自治鼓励了“国家党”思想的滋长，这种思想以怀疑的眼光审视行政权力，认为行政权力本质上是腐败且专制的。行政权力增长和滥用的威胁要求积极的监视和强有力的抵制传统。只要伦敦坚持有益的忽视，这种思想多少能与对英国议会的至上地位产生理论上的共鸣，并且与对英国关系及与生俱来的自豪感共存。对法国的恐惧和憎恨依旧根深蒂固地存在于这片大陆，这也是英裔美国人开展西进运动的主要障碍，它使得忠诚不仅是慎重的，而且是自然的。没有了英国的保护，扩张的希望是渺茫的。但是在1763年以后——法国的势力被击垮，一切都变了。

危机始于金钱。为了对付激增的债务和平息本土纳税人的愤怒，英国政府决定从战争受益者（正如他们所看到的）那里收回一些战争的巨大开销，受益者是北美殖民者。结果是英国议会于1765年通过了《印花税法案》，这是一次尝试对北美殖民地使用印花征收不太昂贵的税收的尝试，以法律文件的形式承认了英国权威。结果导致了一场骚乱。“在加拿大和彭萨科拉之间没有一个家庭不知道印花税法案。”哈钦森抱怨道，他本人对这个不考虑后果的愚蠢法案强烈不满。该法案成了公敌——它是英国企图颠覆议会和拆散殖民者自治政府的证明。设法通过殖民地总督的权威以及他们的盟友来实施法案，这让许多美国人发现了由后来被称为“效忠派”或“托利党”带来的潜在危险。帝国的决心并未局限于这个法案。1763年公告（为了阻止类似于庞蒂亚克战争的起义发生）鲁莽地禁止在阿巴拉契亚山脉以西进行殖民扩张，这激怒了那些以殖民扩张为主要目标和战争果实的人。帝国贸易规则更加严格地实施是为了制止殖民商人对关税的逃避，这进一步激起了人民反抗情绪，也成为“暴政”的另一个表现。

不难发现，为何有如此多的美国人会相信他们自己是腐败的，贵族精英打算强行实施专制权威，以及在殖民地打压生而自由的英国人的权利的受害者。如果他们怀疑这种威胁，到18世纪60年代后期，同样有很多的英国激进分子会想要告诉他们，他们是英国和美国斗争的一部分，并且他们是为了维护英国人的自由。然而，这是从抵抗和抗议（甚至是暴徒恐怖行为）到公开叛乱的危险的一大步。尽管在13块殖民地上都有对英国的反对派，但这一步最先是在马萨诸塞湾省迈出的，这里也是1765~1775年英国和美国人发生冲突的战场。在马萨诸塞湾省爆发的抵制和英国关系的叛乱最为激烈，英国的权威在这里比在任何其他地方终结得更彻底。

之所以形成这种局面是有很多原因的。马萨诸塞湾常常最可能成为一个麻烦的省份，其自治的模式、普遍集会的传统以及广泛的选举权（约有多达80%的成年男性选民）意味着政治权力相当分散。几乎所有男性都具备读写能力，这就为各种类型的印刷品创造了一个很大的市场。强烈的地方主义传统导致了对中央权威深深的怀疑。新教教派中的公理会反对圣公会的等级制度，支持自主“集会”，对任命制官僚的厌恶又加深了一层。到18世纪中期，新土地的日益短缺，以及不愿意移民的态度导致了新的社会冲突。随着土地价格攀升和大地主阶级的出现，反对剥夺自耕农平等权以及不公平的财阀统治的声音开始显现，宗教的“大觉醒”使得反对炫耀和享乐的情绪高涨。像哈钦森这样在政府任职的高官深陷“上层圈子”丑闻，因为他和他的家庭参与了以牺牲农民、手工艺人和没有土地的穷人的利益来聚集财富和权力的不道德阴谋。

殖民地政治激烈的派系冲突，被开除官员的不满都成了印花税法案点燃的火苗轰炸的对象。此后，在政府任职的精英们徒劳地争取控制当选议会，同时还面临着媒体暴风雨般的辱骂以及暴徒行动的持续威胁。他们最好的应对策略就是劝说在伦敦的帝国政府放弃提高税收的希望，并且恢复有益的忽视这一政策。但是伦敦拒绝了，部分原因是它需要钱，部分原因是如果给马萨诸塞湾省退路的话，会导致帝国权威普遍崩塌，加之对“1763年公告”规定的疆域以及贸易规则失去控制。于是，伦敦打算给马萨诸塞湾省一个教训。1768年9月，一个骑兵中队进入了波士顿港并举起了枪。两个步兵营也登陆来支持总督。但是这场行动的后果却是灾难性的。辉格党成员的政治宣传取得了成效。英国军队被袭击了，并且挑起了1770年的臭名昭著的“大屠杀”，从这次事件之后英军突然撤退了。但是当英国采取进一步行动来对美国征税时（这次英国授予其东印度公司向殖民地销售茶叶的专利权）却遭到了强烈的反抗（1773年12月发生的“波士顿倾茶事件”），伦敦再一次进行了尝试，结果导致了更大的灾难。

实际上，伦敦采取了进入紧急状态的形式。军队撤回到本土。波士顿港被封闭了。为了防止陪审团的恐吓，刑事审判在英国进行。马萨诸塞的宪法被修改了。这些就是“不可容忍”法案。听起来是一个普遍的警告。1774年9月，第一届“大陆会议”召开，来自13个殖民地的代表都参加了会议，他们在费城集结，公开谴责对殖民地人民权利的侵害，不过在这个阶段暂未放弃同盟。同时，在马萨诸塞湾省，一场暴力战争逼近了。马萨诸塞湾省最后一任总督托马斯·盖奇将军（Thomas Gage）在美国生活了20年，并且与美国人结为连理，对于他而言，最紧急的任务就是阻止政治上的骚乱变成武装冲突。但是这已经太晚了。1774年9月，他派遣了一支军队到马萨诸塞湾省炸药库收缴火药，这个炸药库是马萨诸塞湾省主要的军火库。但这次行为不但没有让政治热度降温，反而让他的对手确信他在计划军事上的政变并逮捕了他们的领导者。于是他们举行了武装民兵的示威，他们在人数上大大超过了英国人，进一步袭击了已知的或可疑的效忠派。几个月之后，盖奇再次行动，这一次他选中了在康科德的军火库。本地民兵事先收到了警告并且提前武装，集结到了一起。一次擦枪走火导致了双方由对抗演变成为在康科德和列克星敦惨烈的交火。英军虽突破重重埋伏艰难返抵波士顿安全地带，却最终造成65人丧生，200多人受伤。1775年6月，他们在这座城市被敌军包围了。尽管收回了邦克山，能够眺望海港，但由于损失惨重，民兵们放弃了突破包围的一丝希望，叛乱扩散的范围越来越大。在弗吉尼亚——美国最大最老的殖民地，一位农业贵族回应了号召。他与“民主的”马萨诸塞大相径庭。托马斯·杰斐逊为殖民地议会争取到了与英国议会平等的权利，并且谴责国王没能阻止英国议会进行非法干涉。国王乔治三世于1775年10月告知英国议会美国殖民地已经爆发了起义，而他其实只是在陈述其必然性。

长远看来，我们会发现这是移民叛乱里的极端案例。对英国人来说，美国人的不妥协成了一股可怕的风暴。在这个有着强大对抗双方的危险世界里，英国人被抵偿帝国防御开支的紧急需要推着前进。英国人关于经济私利的观点使其放松了对美国贸易的监管，这其实是潜在的致命性让步。他们认为殖民者对于未开拓的内陆的殖民企图是贪婪且鲁莽的，注定会引发争夺疆域的肮脏战争——而伦敦肯定要为此付出昂贵的代价。英国人的不幸就是缺乏实现他们意志的几乎所有的手段。他们没有资金来建立强大的效忠派，也没有力量来保护自己人。他们草率地依靠强大的军事力量，可惜为时已晚。他们缺乏政治智慧，而且不重视本地殖民者。事实上，原因还远远不止这些。美国是一个极其特殊的殖民地。除了近期激增的移民潮，美国大体上是由根深蒂固的社群构成，特别是在新英格兰这个叛乱的暴风眼。这培育了地方的身份认同意识，特别是在马萨诸塞湾省，本可以增强效忠派地位的英国移民十分稀少。这一点就成了宗主国与殖民地之间意识形态差别的原因之一。英国人从来就不足以打压强烈的美国情绪，效忠派甚至认为，1763年后他们的行动侵犯了已经被认可的权利。在宣传战中，英国人经常处于不利境地，有一大批媒体反对他们——报纸、漫画、传单和年鉴，这些都是来自美国的媒体。更糟糕的是，最近的一位移民托马斯·潘恩（Tom Paine）——他是塞特福德的一位裁缝，他的小册子《常识》为一个独立的共和国吹响了号角，改变了争论的内容，这本小册子总共卖出了150 000册。

美国也不是随便从灌木丛中劈出来的一个贫困的前哨基地。18世纪60年代，美国是一个非常复杂的商业经济体，其拥有的财富和专业知识可以用来支撑大型战争。更重要的可能是在革命的前奏期间，有一些富有的、接受过良好教育的、自信的精英们的存在，他们渴望国家未来能够获得独立。这次移民叛乱尤其突出的一点是其主要领袖的筹划能力，其中有约翰·亚当斯和托马斯·杰斐逊。当然，叛乱最终的成功很大程度上取决于来自国外的帮助。美国在1778年对英国人试图协商解决的努力的最后一击来自于法国与美国之间签订的条约，条约承诺援助交战中的革命派。事实上，从这一刻开始，英国镇压美国叛乱的斗争重要性有些下降，因为英国卷入了维护在印度、加勒比以及地中海利益的更广泛的战争中，他们同样担心不列颠本岛被入侵。

60 年后，英国人在北美大陆面对着另一场起义，这次是在加拿大——英国人之前的跨大西洋帝国的残余。事实上，他们面对的是两次同时发生的起义，当时被称为“上下加拿大”——今安大略省和魁北克省。两次起义的目标是那些被叛乱者认为是腐败且有过分特权的精英，英国人基本上把殖民地政府交给了他们。在两次起义中，起因都是种族和民族的问题，隔壁的美国若隐若现的身影让事情变得更复杂。可是最终的结果和美国的独立完全不同：不是分裂，而是有一个宪法公式使本土自治和英国关系协调共存。这是怎么成为可能的呢？

在上加拿大（安大略省）爆发的起义时间更短且程度并没有那么严重。在这里，农民和手工艺人憎恨“家族盟约”——围绕总督出现的一个上层的圈子变成的富有的寡头组织的权力。他们企图通过政府赠地牟利，因而与圣公会保持着密切的联系，圣公会拥有宝贵的“牧师保留地”。他们与银行家和地产公司也有紧密的同盟。起义是由在英国邓迪出生的威廉姆 · 莱昂 · 麦肯齐（William Lyon Mackenzie）领导的，他于 1820 年到达加拿大。经历了开始的一些错误之后，麦肯齐找了一份得心应手的工作，那就是竞选记者，工作内容颇有美国小地方的风格，揭露贪污、腐败和特权。他成了省内精英眼里的一根刺，以及“改革者”心里的领导。麦肯齐是美国共和党宪法的支持者，他极力要求并成功地将票投给刚刚来到这个省的出生在美国的移民。将麦肯齐处在边缘的激进政治变成起义的是他与日俱增的挫败感，因为总督和他的保守党顾问都不会从当选议会被开除，所以广泛的支持不能转换成为行政力量。麦肯齐十分确信（有一些正当理由）他的保守党对手正在利用橙带党（许多新教徒或苏裔爱尔兰人最近来到了上加拿大省）的民兵联盟来侵扰和威胁他。在越来越狂热的气氛中，1837 年末他策划将武装示威行进到约克（今多伦多）并且强迫政府做出改变。

这是一次惨败。麦肯齐的先遣部队遭遇了一小群效忠派的火力进攻后迅速撤退。他剩下的追随者已经准备好发起一次示威，但他们对大规模的起义并不感到愤怒。领导者逃到了国境外。同时在上加拿大省西部的美国出生的移民发起了第二次起义，他们被说他们面对着被剥夺的命运的谣言激怒，也被麦肯齐“获胜”的假消息鼓舞，不过起义同样很快以失败告终。但事情并未就此结束。英国人极度怀疑美国人是这些起义背后的黑手。有30 000~40 000名美国人参与了侵入英国领土的阴谋，在华盛顿的伦敦势力亨利 · 福克斯（Henry Fox）这样抱怨。“一大帮匪徒和暗杀者，”他说，“正在稳步实施他们的计划来破坏和毁灭英国的领土。”现在的旅游胜地尼亚加拉大瀑布以前是跨国小冲突的战地。在一次著名的事件里，一群（效忠派）加拿大人擒获了蒸汽船卡罗琳号，这表明他们怀疑船上搭载的是准备发动侵略的美国人，他们把船点着了，然后把它送到了瀑布的另一边。之后的骚乱很快就导致了英国人和美国人之间的对抗。

下加拿大（魁北克）爆发的叛乱更加严重。在暴力冲突的两个阶段，超过250人丧生。其中一位是约瑟夫 · 沙特朗（Joseph Chartrand），他是蒙特利尔附近的一个乡村教区的石匠和木匠。在筹钱的时候，也许是从客户那里，他偶然结识了一群年轻人。沙特朗迅速逃跑了，不过他们很快抓住了他并且在路边把他殴打致死。在最后的询问中，这群年轻人才交代他们原本是去参加集会，至少他们中间有些人已经是武装好的。一些目击者声称，在这个教区，恐怖的气氛已经蔓延开来，并且“效忠派没有受到保护”。另一个人说道，众所周知沙特朗是一个很暴力的人，并且大家认为他是一个间谍。这明确地暗示了沙特朗之所以被谋杀是为了阻止他向议会汇报有一群武装力量在行动，所以那些人才急着要把他杀死。但是为什么乡村会处于叛乱的边缘呢？另一位目击者宣称“帕皮诺先生下令在教堂门边宣读命令，要求人们准备好行进……而那些拒绝的人会因此而丢掉性命。”

路易斯–约瑟夫 · 帕皮诺（Louis-Joseph Papineau）不是穷乡僻壤里的土匪，而是一位富有且出身名门的律师，他父亲曾是一位测量员，后来变成了地主。19世纪30年代，帕皮诺在当选议会里是法裔加拿大人政党里的领导者。法裔加拿大人政党表达了在下加拿大省政府里说英语的少数群体与法裔加拿大中产阶级之间的不公平，他们对这种不公平的憎恨日渐加剧。他们不喜欢被这部分少数群体支配商业，再加上他们相信来自英国的移民正在迅速侵蚀下加拿大省中说法语的天主教信徒的人的性格，这一切都强化了法裔加拿大人政党的诉求。帕皮诺说道，英国政府想要“让我们去民族化，就是为了让我们英国化”。法裔加拿大人政党的目的就是将对议会的控制变成他们对政府的控制。随着斗争的继续，帕皮诺的话语暗示一个由法裔加拿大人组成的共和国是最终目标。英国少数效忠派对此的反应很愤怒，这种不满在蒙特利尔根深蒂固，这一切使得政治冲突越来越有种族色彩，但并不彻底。在法裔加拿大人政党的领导当中，有名叫尼尔森（Nelson）的兄弟俩，（很奇怪的是）他们是前海军军官的儿子。他们俩都是医生，也是激进分子，他们都会在即将发生的起义里扮演比帕皮诺本人更加有力的角色。

随着僵局日渐严重，在伦敦的政府变得越来越坚决。为了打破议会对所有公共花销的否决（以此来削弱行政权力），伦敦赋予总督一定权威来控制花销，并且不需要征得他们的同意。法裔加拿大人政党认为这就是一波镇压的开始，是对他们政治行动的集中攻击。他们谴责伦敦的行为是对他们自由的攻击。他们在乡村的支持者迅速开始集结。他们充分利用了一个旧的本地传统：对那些被控违反社群规范的人们实行惯有的羞辱——这被称为“大胡闹”。有传言说，英国人正在计划进行先发制人的攻击，教区组织警告他们中间的政府官员辞去任职并且切断与外界的联系。1837 年 11 月，政府给那些法裔加拿大人政党下达了叛国罪的拘捕令。他们的反应就是在圣丹尼斯和圣查尔斯两个村庄召集武装分子进行大型集会，这两个村庄距离蒙特利尔有 30 英里。起义开始了。

随后，起义似乎要陷入失败。法裔加拿大人政党打算宣布下加拿大独立。在他们宣布之前，一个英国的独立小分队到达，并且双方开始了一场枪击战。但这并不包括康科德。叛乱者分散着跑回了乡村。他们当中的一些领导者跨过了美国边境，差不多有 60 英里远，途中有 8 个人被逮捕了。但是英国总督科尔伯恩却告诉伦敦这只不过是茶杯里的一点儿小风暴而已：他抵制了效忠少数派的意见并释放了大多数的囚犯。到 1838 年 4 月底，戒严被解除。英国政府的特别专员德拉姆勋爵决定反对把领导者送去审判（在那里他们很可能面对死刑宣判）的做法，并把这些人流放到百慕大。但是这里出现了一个有趣的插曲。令德拉姆不安的是，一位爱管闲事的律师证明他已经越权。囚犯们因此被释放，然后迅速回到美国边境，在那里，一场新的起义正在被策划。英国人开始怀疑有更大范围的阴谋。“一个可怕的组织，被秘密的誓约和秘密的记号捆绑在一起，一定是存在的，”德拉姆向伦敦汇报道，“由于害怕这样的迹象……神秘的组织有时会发出秘密谋杀或大屠杀的威胁或警告，国家里的效忠派居民因此放弃了他们……偏僻的住处。”一些人一起逃离了下加拿大省。一切似乎都已经就绪，就等着起义的爆发。

起义最终在 11 月初爆发。由于害怕由猎人兄弟会（Freres-Chasseurs）组成的叛乱者网络，一群武装了的居民开始集结：有 3 000 人在内皮尔维尔集会，这里离美国边境不远，更多的武器被带进来，另一部分人去往蒙特利尔附近的印第安人居留地，希望能缴获他们的武器和弹药。他们最初的计划是打算通过麦肯齐的支持者在尼亚加拉发动袭击来拖延起义。罗伯特 · 纳尔逊跨过了边境，并且宣布成立了一个"临时政府"。但是所有的事情都进行得不顺利。美国人在边境缴获了藏匿的军火，印第安人杀死或俘虏了攻击者，效忠派民兵（包括 5 000 名来自上加拿大的英裔加拿大人）和英军扰乱了由罗伯特 · 纳尔逊和另一个名叫科特（Cote）的法裔加拿大医生领导的叛军力量，并果断地打击了他们。民兵烧毁了疑似叛乱者的房子。叛乱的领导者再一次逃跑了，罗伯特 · 纳尔逊在返回纽约之前甚至跑去了加利福尼亚，他在纽约最后发表了一篇关于霍乱的论文。并不是所有人都如此幸运，约瑟夫 · 卡迪纳尔（Joseph Cardinal），是一名领导了对印第安人的攻击的律师，他就是因叛国罪而被处以绞刑的两人之一。总督说，这种极端的例子是必要的，另一些被判有罪的人活着逃跑了。

起义虽然被镇压了，但是已经造成了可怕的影响。由于可能与美国爆发战争，以及与比利时和地中海东部（"前往印度的路线"）爆发危机与之相呼应，英国人的处境更加困难。伦敦派遣了大约 10 000 人的军队来保障加拿大的安全，这比 1775 年派给盖奇的更多。英国急需制定政治对策。这个对策出自于德拉姆勋爵，但是绕了好几个圈子。德拉姆发现在英国人与被他称为"加拿大人"的人群之间有着很深的种族敌对。他们的"互相不待见"意味着他们在社会生活中无法达成一致："甚至当孩子们争吵的时候，他们都将自己分为法国人和英国人两派，就像他们的家长一般。"加拿大人"发现英国人处处压榨他们，在土地所有权上、在商业上、在零售贸易上……在宗教上，在政府的整个管理上"。德拉姆的解决办法是极端的。他说（法裔）加拿大人是一群"停滞不前的人"。如果说在下加拿大占多数的说法语者与上加拿大的更活跃的说英语者融合在一起，那么从英国来的移民的影响就会很快成为这个落后社会的溶剂。那些野心勃勃的人会英国化：一个鲜明的法裔加拿大人的身份会消失。1840 年联合法案遵循了德拉姆的对策。但是德拉姆被证明是错误的。

主要的原因在于他的第二项主张。德拉姆在他1839年的著名报告里说道，叛乱是政治上遭遇挫折的产物。在那些没有办法使行政权力回应本土观点的地方，在那些反对派领导不能参政的地方，政治注定会沦落为不负责任的对民情的煽动，或者最糟糕的情况，沦落为叛乱。最好的解决方案便是执行温和政策。那些享有广泛公众支持的人应该被允许任职。这样做是期望能够防止为了破坏政治秩序的无节制的承诺以及控制权。经过了6年的政治调动，伦敦才接受自治政府——由获得多数支持的人担任部长组成内阁，这是管理殖民地唯一可行的办法。在这套政治运作方式下很多人都有可能上台，结果是法裔加拿大人政党曾经的领导路易·伊波利特·拉方丹（Louis-Hippolyte La Fontaine）抓住了机会。拉方丹在起义期间曾经在国外。他回来之后便排挤帕皮诺（某种程度上是因为他在起义期间缺席的行为导致了这种不信任）。他还反驳道，为了保存自身的文化特性（“文化幸存”），要求法裔加拿大人接受和英国的关系并且与上加拿大的改革派合作来建立自治政府。为了反对来自蒙特利尔的英国人凶恶的敌意（对他们而言他是一位隐秘的革命派）和暗杀的威胁并得到一位明智的英国总督的支持，拉方丹让法裔加拿大人服从他的计划。最终他与上加拿大领导的同盟创造了一个稳定的议会政体。通过让英国人和法国人和解，拉方丹（现在基本上被人们遗忘）塑造了现在的加拿大，也是他让自治政府成了结合本地自治与维持英国关系的一种可行方式。

加拿大叛乱并未遵循在美国大规模移民叛乱的革命路线。这其中的一些原因显而易见。首先在规模上有着明显的区别。在加拿大的两次起义里，叛乱者都不能召集足够多的一群拥护者来威慑政府的支持者。没有一次起义与英国人在列克星敦遭遇的那类激动人心的早期失败类似。忠诚的传统（几千名效忠派于1783年出逃美国到加拿大定居）以及最近从英国来的移民浪潮扼杀了麦肯齐赞成的地方共和主义。魁北克的历史学家依旧困惑的原因是，法裔加拿大人的叛乱大体上局限在蒙特利尔周围的南部地区，即属于上加拿大的效忠派民兵的范围。推动美国人起义的思想主张在加拿大没有那么强烈和普遍。虽然英国人一直担心这一点，加拿大叛乱者也没有得到美国人足够的同情，这是和美国独立战争的关键区别：外部援助因此是一个可以忽略的因素。事实上，美国人曾积极地阻止武器跨越边境。此时英国的政治大环境也大不相同了。鼓舞了美国叛乱者的激进浪潮在这里不那么明显也缺乏对议会至高无上的坚定主张以及对税收的要求。伦敦派遣解决危机的总督德拉姆勋爵、西德纳姆（Sydenham）勋爵、查尔斯·巴戈特（Charles Bagot）爵士、查尔斯·梅特卡夫（Charles Metcalfe）爵士以及埃尔金勋爵（西德纳姆，巴戈特和梅特卡夫均逝世过早），他们之间并没有统一思想。但是他们拥有更多的调度空间，并且比处理问题的前辈更有技巧。结果就是给温和派和改革派留下更大的空间来达成妥协，打破僵局。拉方丹有能力展现一名非英国人可以使用“英国式”机构来保留他们的身份——印第安人和非洲人后来紧紧抓住了这个教训。叛乱也许塑造了美国，它同样以更加微妙的方式塑造了加拿大。

印度民族大起义

1857年爆发的印度民族大起义最开始只是一场叛乱，后来演变成了一场政治地震。英国用了6个月的时间来遏制它，并花了超过两年的时间来镇压它。为了镇压起义，英国出动了超过90 000人的部队，他们大多数是从欧洲紧急赶来的。这次印度民大起义几乎完全是一场发生在北印度的事件，却波及比哈尔以及本德尔肯德，在这里，印度中部高地逐步下降为平原。尽管收到了早期的警报，孟加拉依然保持平静，南部马德拉斯的“管辖区”也是如此。这场地震的真正震中位于斗争失败又获胜的地方——印度斯坦：在德里与勒克瑙之间广大的恒河平原，包括河间冲积地（恒河和朱木拿河之间的区域）、阿瓦德（被英国人叫作奥德）和罗希尔甘德（意为阿富汗人的土地，他们自从莫卧儿时代起就在那定居）。这里是印度农业的腹地[河间冲积地是“全球最肥沃的地区之一”，一位早期的总督韦尔斯利（Wellesley）勋爵说道]，也是以前莫卧儿时代的心脏地带、印度帝国历史上的中枢以及伊斯兰教和印度教文化的港湾。没有一位印度的统治者胆敢忽略它，或者允许它落入敌人的手里。英国人从1801年开始占领这片区域的一部分，在三个关键的地区——旁遮普、阿瓦德和占西，他们的权力是非常新奇的事物。并且他们不能忘记北边不远处就是它们与阿富汗的边界（旁遮普被占领后这条边界更近了），1839~1842年不幸被侵略的场景还历历在目，这成为一种长期焦虑的来源。

起义被看作是愤怒、憎恨以及恐惧的巨大结合体，这其中混杂着期盼英国人消失以及以前的印度会回来的希望。若没有最初的密拉特事件，就不会有由这次起义引发的一系列事件和民族大起义。密拉特在德里北部，1857年5月10日星期天，那里发生了叛乱。叛乱本身对英国权威是可怕的威胁和艰巨的挑战，但若不是叛乱释放了英国统治引起的压抑已久的害怕、挫败和仇恨，那么它也不会如此重要了。因为英国对待那些阻挡他们坚持自己权利的人很粗鲁，甚至很残忍。作为一支拥有强大军事力量的征服力量——大体上是印度人组成的孟加拉军队，他们开始着手将北印度重新塑造为帝国需要的模样。英国于1849年消灭了北印度残余的力量（旁遮普的锡克教徒建立的国家）之后，他们采用了"无嗣失权"（没有法定男性继承人）的原则，于1853年接管了重要的土邦占西。就在起义的前夕，英国人粗暴地占领了阿瓦德土邦，其首府在勒克瑙。勒克瑙是印度最大的内陆城市，也是印度伊斯兰教文明最大的两个中心之一（另一个是德里）。他们使最后的佩什瓦王朝继承人（马拉塔联盟的世袭领导者曾一度匹敌英国人，号称印度的强大权力）的强烈仇恨，因为英国没收了他大部分的退休金，这个人就是纳纳·萨希卜（Nana Saheb）。他在比图尔旧城拥有一座幽暗的宫殿，比图尔离坎普尔有14英里，他的代理人被怀疑持续策划阴谋诡计。英国人对在德里的莫卧儿皇帝展现了正式的（也许是不真实的）敬重，因为他是表面上的最高统治者（东印度公司是他的附庸），现在渐渐被当成无能的退休者来对待。对于一些乌里玛而言，伊斯兰教正处于狂热的faranghi（即法兰克新教教徒）的威胁之中。的确，现在一些英国官员和士兵展现出来的对福音派传教的热情使印度教教徒和伊斯兰教教徒们都十分忧虑，由此带来的威胁不时出现在叛乱者的声明当中。也许最重要的是，英国人试图利用收取土地税制度标准化的做法将那些有"税收权利"（代表国家有征税的权利，并将一部分交给英属印度税吏）的人排除在外，他们未履行支付的义务，这样就拓宽和加深了起义蓄积的能量。各种因素起到的作用并不均衡，但显然不是某种单一因素导致了起义。一些人被最大限度地征税却依旧保持忠诚，或者说对起义的态度并不积极。一些人至少受到了农业商业化和叛乱中的糖、鸦片和靛蓝类染料的繁荣的影响。"干旱"地区的人们比那些得到灌溉的地区更加愤怒。所谓的"村落兄弟会"（一个有支配地位的种姓群体）本来控制着税收权利，现在又丢失了，因此他们被逼迫返回这里，仅仅是作为农民，他们不仅丢失了收入，还丢失了地位和荣誉。但是，就像我们将会看到的一样，很快会有其他因素引发乡村起义。

到1857年，孟加拉原住民步兵的74个团已经非常不满。过低的收入水平、失去的补助、掠夺物和战利品的缺失以及1856年“普遍征兵令”让所有士兵都有义务去海外服役（高级种姓印度人因为宗教原因不能跨海），这一切都导致了不满。英军占领阿瓦德惹怒了大量从阿瓦德出来的人，他们现在也失去了一些特权。更深层次的原因也许是因为过去的军队主要是从高级种姓印度人、婆罗门和拉其普特人中间招募的。他们不喜欢军队被低层种姓的新加入者稀释，不喜欢他们的地位受到威胁，害怕任何宗教侮辱迹象。早在1857年1月，大范围骚乱的迹象就出现了。在3月底，一位名叫潘迪的婆罗门士兵，在位于加尔各答附近的兵营袭击了欧洲军官，而潘迪的同伴在一旁看热闹。潘迪被处以绞刑。同时，英国人开始遣散那些被怀疑不忠的原住民兵团。在加尔各答的白人变得越来越紧张。但当时暴风雨其实是从遥远的北部、德里附近的密拉特来的。

85名印度士兵拒绝实弹演习，因为害怕涂了猪油蜡的子弹玷污了宗教信仰，麻烦真正开始了。他们被判处10年苦役，在战友面前和一大队英国军团的枪口下，他们被戴上了镣铐。第二天，也许是害怕英国人会过来拿走他们的武器或者取消军团，印度士兵率先发起了攻击。在英国人从他们的据点追上这群印度兵之前，他们已经杀死了41名白人——包括军官、治安官、妇女和儿童，并且前往德里。这已经让英国人震惊。就在几天之内，他们的行动在整个北印度被效仿。从远方的白沙瓦（开伯尔山口旁），到南边的印多尔，再到东边的迪纳杰布尔，关于谋杀和叛乱的报道无处不在。

这里关键的事实就是起义的庞大规模。印度士兵在超过40个军事据点发动叛乱。也许一共有大约70 000人参加起义，另外还有30 000人擅离职守。导致起义扩大的原因有很多。尽管证据不足，但这很可能是一场阴谋。最大的不满情绪存在于印度士官、连长和印度陆军尉官当中，他们对下属的控制往往比其他同级军官对下属的控制更多，其下属一般是从邻里和亲戚中征召而来的。舆论抱怨称白人军官十分懈怠且缺乏真正的权威。但似乎恐惧情绪也起到了一定作用。叛乱一旦发生就没有后路可退。印度士兵只要卷入其中，不论身处多么偏僻的地方，都不会被原谅。因为一些怀疑，他的团会被取消，他的生计也随即被毁。如果英军就在附近，那么他的命运可以总结如下：若他在交火中存活了下来，等待他的就是绞刑或者炮刑——英国人恢复了以前莫卧儿时代的惩处办法。1857 年 6 月，加尔各答的报纸《英国人》报道，“刺激很大程度上来源于印度士兵无缘由的害怕。他们知道他们当中的许多人致力于起义，同时也害怕政府复仇。有一个冷酷的逻辑：印度士兵逃脱报复的最佳机会就是杀死每一个可能做出对他们不利证明的白人。即使是囚禁对他们也是一种令人恐惧的提醒，提醒着他们英国人可能会回来。他们的直觉相信，除非他们能彻底抹除英语，并且不留任何痕迹，否则英国人必然会回来实施他们的报复和暴行。叛乱者有一句俗语，“英国人从来也不会忘记或原谅”。“每一座楼房……把我们联系起来的”都遭到了“烧毁和破坏”。1857 年 7 月萨哈兰普尔的治安官说道。但接下来发生的事情将士兵的叛乱变成了真正的起义。

叛乱的结果是摧毁了英国人所依靠的高压政治的基础结构：拉拢当地势力到英属印度的政治系统里来，这是必不可少的应对策略。随之而来的后果有两个。第一，心怀不满的权贵和他们富有组织性的拥护者也许会摆脱控制。充满魅力的占西邦主妃因为 4 年前丈夫的死亡被英国人剥夺了马拉塔公主的头衔，随着占西守备部队叛乱，她又重新回到了王位上。也许她想和萨希布（萨希布是佩什瓦的“继承者”）联合来重建旧秩序。“这些英国人是人类宗教的曲解者。”她在公告中宣称。当在坎普尔的英国人向萨希布求助来抵御叛乱的守备部队时，萨希布的机会来了。最开始，他保持中立，不过当印度士兵出发前往德里时，萨希布和他的助理坦提亚·托皮奉劝这些印度士兵返回，并且控制了这些人。阿瓦德的封建大地主（或 taluqdars），随着英国人骑上马鞍开始担心自身的命运，因此，他们召集了他们的仆人控制了勒克瑙。阿瓦德的国王被重新扶回了王位。同时在德里，密拉特的印度士兵行进到了这里，最后一位莫卧儿皇帝夺回了他以前的王位，重新成为合法权威的来源——但他并未掌握实权。在整个北印度，古老的政体正在回归。当萨希布于 1857 年 8 月访问勒克瑙（离坎普尔不远）时，他提醒接待者按照他的地位需要鸣放 21 响礼炮。但最后只放了 11 响。

第二个后果让英国人更加担忧。他们也许没把王公放在眼里，但是农民大起义全然是另一回事了。这次农民起义最有可能的诱因就是一些新闻或者谣言，这些谣言声称英国人即将离开而且他们的英属印度已经毁灭。还有很大一部分原因是这个地区地主或大人物的角色导致的，他们必须决定与谁站在一边。无论叛乱的士兵出现在何处，本地的权力平衡都会被改变。如果他们没有这样做，英国官员就迅速撤退到最近的要塞。农民行进到城镇中，或者到了地区的中心时，有时候会去洗劫（英语单词“loot”①是从乌尔都语借来的），但更常见的做法是烧毁政府机关，包括它的税收记录和声明。就像100年后英国的历史学家一样，英国人被乡村叛乱的模式给难住了。从一夜间的沦陷到暴力混乱，对他们自身和家庭突然的威胁以及对谁是否忠心的不确定（经常性灾难的诱因）带来了绝望的情绪。更糟糕的是，火器是随处可得的：农业社会并未解除武装。“武装的百姓人数……至少有300万，”《印度之友》愤怒地宣称“他们是印度武装的败类”。也许不那么让人困惑的是从加尔各答到白沙瓦的经济大动脉（英属印度的军事中坚，穿过了大多数叛乱的地区）依旧在运作，附近的人们已经准备好离开。也许这条经济大动脉意味着英国权力曾经到达的地方，也是英国的报复最有可能开始的地方。

对于英国人而言，最重要的就是遏制叛乱。他们在印度斯坦的心脏地带鲜有成功。不过在旁遮普，有电报可以提前报信，再加上英国人的无情和不耐烦，使他们恰恰有时间来行动。他们的优势之一就是白人军队的大部分都在这个省内，所以容易被征服，并且会威胁到阿富汗的疆域。即使如此，解除印度军团的武装并解散他们仍然势必造成血淋淋的杀戮。在白沙瓦，大约有40名叛乱者被枪决，他们变黑了的头部落在旁观者的人群里。这种残忍的示众产生了巨大的效应。英国人能够通过旁遮普的部落首领建立一支很大的“非正规”军事力量。正是这支军队（同在密拉特和其他地方剩余的派遣兵一起）包围了德里。德里看起来是印度起义的首府和中心。

叛乱逐渐演变成了野蛮的肉搏战。有些时候，英国人自以为位于高处，实则被困住了。随着臭名昭著的指挥官约翰·尼科尔森（John Nicholson）和他来自旁遮普的军队采取行动，转折点出现了。他是一位在都柏林出生的强壮而有魅力的（有些人说他精神错乱）福音派教会的信徒。当英国人在9月初准备好了重炮之时，他们已经准备好要杀出一条血路冲进要塞城市。不过一旦他们通过了城门，就进入了

① “loot”，即“战利品”。——编者注

狭窄的旁道，还会面临军队最害怕的城市里的好斗分子。“这是我人生中头一次，”年轻的威廉·霍德森（William Hodson）写道，“我有幸看到英国士兵始终拒绝服从他们的军官。”也许，足够幸运的是印度士兵的抵抗消失了。他们撤出了城市。莫卧儿帝国最后一位皇帝被擒获。护送者帮助他的儿子逃跑了，不过后来被英国追捕者追上并且枪杀，这似乎是英国人来破坏王朝延续的蓄意行动，国王的大部分侍从都被迅速处以绞刑。城市陷入了杀戮和洗劫。单单来看城市的 1/4 部分，就有大约 1 400 人因为英国军队的报复而被杀害。那些发动攻击的人中有 1/3 在那一晚丢掉了性命：其中包括差不多 600 名英国军官和其他人（包括约翰·尼科尔森），还有将近 500 名效忠派印度士兵。

如果英国人现在希望起义能平息，那么他们将会十分失望。当他们为占领德里而战斗时，起义的范围更广了，程度也加深了。他们在贝拿勒斯（瓦拉纳西）解除印度士兵武装的企图被证明是极其错误的。英国人制服了他们的抵抗，并且对叛乱者处以绞刑。消息传开后，在安拉阿巴德发生了暴力事件，阿拉哈巴德是亚穆纳河和恒河交汇的重要沿河城市，一些白人在那里被杀。英国人于 6 月 17 日到达，他们的报复是残暴的。在接下来的肃清中，几百人被处以绞刑，上千人丧生：大约有 6 000 人。在坎普尔的上游地区，英国的守备部队向萨希布和他的士兵投降了。在混乱中，英军坐船到下游的航程在中途被射击打断了。接下来发生了大屠杀，以及一起更加臭名远扬的事件：200 名英国妇女和儿童被杀，他们的尸体被扔到了城中的一口井里。这是对英国人现有的报复情绪进一步的毁灭性的刺激。同时，萨希布（参与了杀戮）自己在 7 月初自立为佩什瓦藩王，复辟“马拉塔联盟”的意图非常明显。发生在向西 100 英里的瓜廖尔的叛乱将一支新的叛乱力量带到了这里。

英国人面临进退两难的境地。尽管在平原的一端重新占领了德里，在另外一端重新占领了安拉阿巴德，他们仍然要面对在北方的罗希尔甘德以及在南方的本德尔肯德的场面壮观的叛乱。他们不具备再次对当地强加控制的军事实力：来自英国的增援仍然在从开普附近的漫长路途上。但是直到这些力量准备就绪，他们才会放弃上印度。这样做也许会坚定叛乱者的决心，也就是允许一个新政权的诞生。因为政治原因，重新占领坎普尔和勒克瑙（即叛乱地带的主要城市中心）变得紧急并且关键。他们也不能让英国反抗力量的资金陷入未知的命运。例如在阿格拉，英国人一直在等候武装出击队抵抗叛乱者控制的村落，但他们极少与在别处的同胞联系。因此在1857年7月，亨利 · 哈夫洛克（Henry Havelock）将军手下的一支小军队一路奋斗到坎普尔。不过这位将军对这座城市的控制是脆弱的，而且他最初对勒克瑙的进攻也被印度士兵粉碎了。直到11月份他们才将在管辖区[在那里，书籍被用作沙袋——《拉德纳的百科全书》中的120页可以用来阻止一颗火枪子弹]的英国人释放。又过了4个月，他们才获得这座城市的控制权。同时，他们的仓促返回也导致起义范围变得前所未有的广泛。重新占领坎普尔6个月之后，加尔各答的总督向伦敦汇报道："整个河间冲积地（附近的地区）中部以前所未有的程度被敌人控制……已经很多天没有阿格拉的任何消息。"即使他们能够击败印度士兵编队或占领一座城市，他们也缺乏使胜利变得具有决定性或者围捕叛乱者的资源。相反，印度士兵消失在了乡村里，回到了他们自己的村庄，或者成了当地权贵征税队伍中的"军事帮扶"。他们还会做什么其他的呢？

但不仅仅是英国人才进退两难。在他们统治消失（有时候是半个月或一年，在那些偏远之处则时间更长）且有一群印度士兵来到这个地区的时候，政策就被改变了。当叛乱者领袖出现的时候，一位英国官员说道："他们的活动一点儿也不匆忙，而是以最井井有条的方式进行的。他们通过信件召集了每个村落的柴明达尔（地主），从而榨取他们的顺从和贡物。"一旦这些人拒绝，武装力量就会被派遣至当地。地方精英也许期望建造一个以他们为基础的政权，或因为他们的存在而受到恐吓。在这两种情况下，他们都有可能被冠以"不忠"的名号。这并不仅是一个标签，而是一件事关生死的事情。当英国人回到一个地区，他们同样想要得到柴明达尔的拥护。但是没有哪个柴明达尔可以肯定如果他们就范的话他们对英国的忠心是否只在表面上被承认。如果英国人相信，或他们的间谍汇报，或者说如果他的敌人声称他不忠诚，那么柴明达尔就会在能够做出抵抗前被处以绞刑。当叛乱者攻陷这座城市的时候，在坎普尔的印度副区长依旧停留在其原位上。英国人回来之后，他被迅速地处以绞刑。英国采取了戒严的办法，带着仇恨的情绪，绞刑是最后判决采取的默认形式。许多人在他们的地区害怕和讨厌"印度士兵的统治"，更害怕东印度公司可能给他们带来的可怕命运，这是很难让人感到惊奇的。但是无视他们的传唤（在英国人的眼里）是明确承认其有罪。如果能够，他们定会实施惩罚。

一旦德里、坎普尔和勒克瑙沦陷，就终结了一个叛乱者政权的前景（最多是微弱的），这种悲剧的进退两难的境地贯穿了起义的整个过程。这并不等同于一支警队来包围或镇压特定区域的起义，而更像是一场战争。实际上，英国人认为每一个人都是反对他们的。“正是由于起义的本质，还因为需要确认大部分起义的不可能性，以及把他们带来的罪恶还给他们，区长建议要把叛乱者到过的村庄进行系统禁烧和摧毁。”那些能够携带武器的人都被射杀或被剑杀，他们的住所也被烧掉了，一位Khaki Ressala的成员回忆道，Khaki Ressala是一支英国准正规军。囚犯被处决了。结果常常是将农村人口调动起来，以反对不加选择的杀戮和烧毁的威胁，以此在主要城镇被收复之后延长乡村抵抗的时间。的确，随着英国军队的行进，可以在路边见到成百上千的印度人被处以绞刑，这一幕甚至令许多旁观的英国人感到震惊和恶心。

就在这一年即将过去之时，英国人在恢复叛乱者占有的城市方面取得了稳步的进展：1858 年 1 月恢复了法鲁卡巴德，3 月是勒克瑙，4 月是占西（这座城市有 5 000 人被杀），5 月是巴罗利，6 月是瓜廖尔。占西邦王妃在瓜廖尔过世，不过萨希布以及坦提亚 · 托皮撤回了乡村。在那里，战争继续。印度士兵在勒克瑙被赶了出来，分散到了阿瓦德来寻求支持——为了保住他们的性命。当英国人追赶他们之时，他们正和taluqdars（他们的要塞被无法穿透的竹子包围）展开一场激烈的最后一搏。到 1858 年 10 月止，一位英国官员抱怨道，仅仅是阿瓦德的 1/4 投降了，英国警察的公告仍然在传播。在埃塔沃南部平原的边缘，以及本德尔肯德高地，战争一直持续到年末之后。“数百名叛乱者依旧有武装……”1859 年 7 月，一位赫米尔布尔的治安官说道。萨希布消失在了尼泊尔的特莱，这是喜马拉雅山脚下的一片丛林沼泽地，他被认为死在了那里。坦提亚 · 托皮就没有那么幸运：他被英国人抓住了，并处以绞刑。1859 年 7 月，总督宣布了“和平的状态”。起义慢慢平息了。到起义彻底结束的那一天，大约有 2 000 名英国人在军事行动中丧生，将近 9 000 人因疾病而死。死亡的印度人的数量——印度士兵和治安官，从来都无从知晓，不过一定超过了 10 万人。

究竟是什么让英国人能够征服起义？从军事上的角度来看，一旦他们在第一阶段的风暴中存活，并且重新集结了旁遮普人和廓尔喀人，他们就会成为一支可怕的力量。他们拥有恩菲尔德式步枪和大炮，在火力上远远超过印度士兵，尽管印度士兵非常勇猛地搏斗，且被证明擅长防御，但仍不是英军的对手。虽然困难重重，但英军一直展现出凶猛的好斗性，直到获胜。他们的军官团认为牺牲是一种荣誉，因为这需要展现极大的血气之勇（一种还未探索的社会现象），这也许是一个关键性的因素：进攻德里的过程中有差不多一半的英国军官死亡。相反，叛军力量遭遇了无组织的领导。从政治角度来看，一大批英军的最终回归重建了基于对英国人强势的恐惧之上的平衡，改变了使他们的统治处于危险当中的高压和合作之间的“不平衡”。

印度民族大起义因而不能被看作印度的独立战争：因为它缺乏组织性，思想性和集体团结。起义没有外国力量的支持，而且起义的范围仅仅限于北印度。起义的爆发依靠孟加拉原住民军队的特别性质，那就是他们是作为衰退的且不满的农民中的精英参战。即使在北印度，起义也是不稳定的。许多印度人因为觉得起义危险且无用所以拒绝参加，而更多的人这样做是因为他们认为保持忠诚才是安全的。英国人采取了在其他地区多次使用的模式，但这一次试图预先制止起义的行动却引发了另一场起义。他们的报复行动加剧了当地印度兵强硬的抵抗并且使这种抵抗延续了更长的时间。因为这些原因，叛乱者和效忠者的动机变得十分难以确定。一些叛乱者被处以绞刑，尽管他们声称自己是无辜的，他们是形势、仇恨以及英国人迟钝的受害者。印度人对英国人的支持至关重要，英国人常常因为印度人的勇气和宽容才得以存活下来。明智的英国官员费尽力气驱散关于印度士兵暴行的丑陋谣言，阿格拉的情报局长曾撰文称，白人妇女被强奸的传闻绝对是假的。事实上，他们很快变得焦虑起来，因为一旦暴力平息下来，报复行动只会让他们的任务变得更加艰巨。

不出所料，如此大型的起义是具有标志性的。1858 年 11 月，英国女王发布公告，基于宪法权威，英国官方正式从名声扫地的东印度公司接手印度，公告谈到了和解，并且承诺对不同的宗教和种族实施平等对待的政策。但是在很多方面，英国人实施了对印度的第二次征服，并且留下了确切的迹象。在德里的伊斯兰教教徒被驱逐出城；勒克瑙的部分地区被夷为平地并且建成了宽阔的林荫大道以及更好的消防通道；坎普尔那口致命的井成了纪念和祭奠的地点——这有意识地提醒着在印度的英国人，种族团结是极大的美德。从政治上来讲，起义让英国人与王公达成妥协，安抚乡村精英并且强调了他们统治的“东方性”和“传统性”。因此，很自觉地，英国女王成了“皇后”，而她的子民对她也表现出相应的尊重。对几乎所有印度人而言，这件事带来的教训是，用武力攻击英国人只会导致灾难。当1885年印度国民大会党成立之时，其领导者常常强调他们的忠心以及对暴力的憎恶。

军事后果也同样引人注目。英国人取消了以前的孟加拉军队，包括其欧洲军团（其中有一部分并入了本土的英军）。当英国人改造军队的时候，首先缩小了规模，他们招募的人几乎全部来自效忠派旁遮普人以及强壮的山区人民——所谓的“善战民族”。北印度平原叛乱的高等种姓的农民被小心翼翼地排除在外了。还有一个铁规则被定下来：不论英国的印度军队规模多大，与全部由英国人组成的守备部队相比，绝不能超过2∶1的比例——这是一个强大的保险政策，由此产生的花费都落在了印度纳税人的肩上。最终，还有一个巨大的“心理遗产”。一位英国官员回忆起了他年轻时候的一件事，那时候来自印度坎普尔的一位商人签署了商业请愿书。当请愿书呈现在英国专员面前的时候，他对主要签署方说道：“在叛乱的期间我撞见了你的父亲：他是应该被处以绞刑的那些人中的一个。”暗示十分明显。签署方在混乱中撤出了，请愿书因此落空。这几乎成了一个陈词滥调，英国人最终是用刀剑来统治——或者是利用其进行威胁的，他们的防备永远也不会放松。也许这次“叛乱”精神的最后一次高潮出现在1919年4月的阿姆利则，在5名欧洲人在这座城市被杀之后，戴尔（Dyer）将军手下的（印度）士兵射杀了将近400名手无寸铁的示威者。戴尔因此名誉扫地。但是对很多在印度的英国人而言，他是一位在最恰当的时候阻止了一场新叛乱的英雄。

叛乱者和移民

反对英国统治的叛乱使印度人付出了很大的代价。但是这并未导致英国人进行大规模的征服和掠夺，因为英国人太少，而且他们需要印度人的合作来统治。其他人没那么幸运。由原住民发起的反对殖民国家和社群的抵抗和起义更加具有危险性。移民有着更加强大的动机彻底击垮对方以及对之实现完全的征服。他们不需要那么依靠本地的权力掮客，也不需要为他们寻求的——或者说他们相信的利益而做出妥协。而且一旦移民的桥头堡足够壮大，他们的心态就会发生变化，进而跨过心理上的门槛。他们已经占领了的土地现在成了家园一般的存在（也许还不是祖国）。这里现在是——或者应该是白人的国家，这样一来原住民最多是成了可以剥削的资源，最糟的一种可能是需要被镇压的一般威胁。其的结果就是道德意识的转换，这是极其重要的。原住民理所当然的权利如今被帝国主义重新打上了多余社会的野蛮的遗留物。作为旁观者，谴责这样的转变是很容易的，而认为我们不会屈服于同样的道德诱惑则更容易。

这种斗争的迹象在 19 世纪大英帝国的殖民疆域随处可见：无论是加拿大、澳大利亚、新西兰还是南非。在加拿大，发生冲突的可能性被原住民人口的稀少（部分原因是流入的疾病）以及对土地的有序购买降低了。但这种可能性远没有被完全消除——瑞尔的叛乱就说明了这一点。在澳大利亚（除了塔斯马尼亚，在那里，由移民民兵和军队发起的蓄意运动逼迫塔斯马尼亚原住民在 1830 年后离开海岸，开始了致命的流亡），大部分移民对原住民的袭击是地方性的、非官方的并（在那些有组织的杀戮之处）被刻意保持了低调。因为原住民人没有土地权，疾病又导致了人口的减少，所以不能应付大规模的抵抗，真正的起义——扰乱移民权利或要求移民放弃土地扩张，几乎不会出现。而在新西兰和南非，情况远非如此。

因为 1840 年签署的怀唐伊条约，英国的权威被扩展到整个新西兰，北岛和南岛的毛利首领也同意了其中一些模棱两可的条款。因此在英国人眼里，毛利人受英国的支配，对英国政府效忠并且需要遵守英国的法律。实际上，理论上的坚硬边缘被妥协缓和了。毛利人可以处理内部的争端，只要这样做不会损害英国殖民者的利益或者与英国人制定的法律过分冲突就行。事实上，普遍认为有两个新西兰，一个是毛利人的，另一个是白种人的，这两个新西兰被总督的权威结合到了一起。一方面，总督在毛利人首领中是有权威的，另一方面在移民者的领袖中也有权威。英国人对毛利人表现出反抗的反应完全是实用主义的：在那些力量不足的地方，英国人对其睁一只眼闭一只眼。但是到 1860 年，这种“有限责任”的方法在两个不同的地区仍处于巨大的压力之下。首先，在移民社会内部，部落的土地所有人对于出售更多土地有着日渐增长的需求，这些人的权利在条约中被视为不可侵犯。条约规定，这些土地先被出售给殖民地当局，然后重新卖给移民。但是，毛利酋长的焦虑也在不断增长，土地的丧失迟早会引发社会和文化的崩塌。

接下来的是僵持以及之后争执的爆发。在北岛的部分地区，毛利人开始对那些愿意把土地出售给白人的人施加压力。所谓的“国王运动”标志着毛利人需要发出更大的政治声音使总督府听见自己的意见，以此来对抗移民议会和他们喧嚣媒体的咆哮。在伦敦的帝国政府对这类新的毛利人政治主张采取了平静的态度。而移民者（到目前为止享有很大程度的自治）并没有这么做。在他们看来，一旦允许掀起一场政治运动来打击毛利人出售土地（他们宣称要通过恐吓来达成），势必会粉碎一个可行的移民社会的前景，并将殖民地推回到之前那种半部落经济的落后状态。他们认为激起阻止自由出售土地的阴谋是一种叛乱的行为。

1860年以后的几十年中，北岛的大部分地区，包括塔拉纳基、怀卡托河、普伦蒂湾和东海岸被“蕨类植物中的大火”烧毁了——这是一场发生在“叛乱”毛利人与英国人（移民民兵和常备军）和他们的毛利同盟者库帕帕之间的战争。无论在哪里的战争中，移民者都处于上风，他们采取了一种简单的、自私的逻辑。密谋阻止土地的自由出售是一种叛乱行为。而对于叛乱的惩罚是没收土地。那些能够证明自己没有参与叛乱的人之后可能会请求补偿——如果他们幸运的话。这些土地可以被政府出售，用来抵消镇压起义的花费以及移民对土地的渴求。1863年的《镇压反叛乱法案》为其提供了法律机构。大规模的没收行动标志着冲突的结束，并在那之后继续存在。60年过后，一位司法委员总结道：“在他们参与任何起义之前，原住民都被当作叛乱者对待，并且还针对他们发起过战争，在这种情况下，他们没有别的选择，只能自卫。”

在军事力量的支持下无情地部署一边倒的没收土地程序清晰地展现了移民的意图。毛利人却逃脱了被无限制的移民权力施加影响的最差结局。他们保留了大量的土地，而且在移民议会里取得了一席之地。他们基本上逃脱了移民者领袖在别的殖民地区对原住民的种族歧视。移民者的“中庸之道”反映了新西兰的情形。在这里，征召毛利劳工入伍的需求很低。那些在偏远的“高地中央”以及北岛东部的毛利人土地在这个时候没有多大的吸引力。当没收土地的管理负担威胁到国家破产时，没收充公的程序当然要喊停。因为这样有可能导致绝望的毛利人发起反抗，并且发生战争。毛利人也令英国对其产生了复杂的感情。条约中规定的他们的权利以及他们对英国政府的要求却无法被否认。与他们似乎注定要经历人口的下降直至最终的灭绝的命运相比，失去土地似乎更加容易被忍受。现在，一些白人被历史遗迹吸引了过去。这些遗迹反映了毛利人所遭受的苦难，但现在看起来只觉得有趣而已。

不像新西兰殖民地，南非是一片巨大且动荡的大陆，那里诸多政权并立且朝不保夕。牛车旅行者（即布尔人）在19世纪30年代末离开了英国人统治的开普殖民地，在陆地包围圈开辟出了他们的征服地带，在那里，非洲人的国家受到了自相残杀的战争的严重影响，这些战争被称作“姆菲卡尼”或“折磨”。他们拒绝了英国的主权，并否认对英国的依附关系。他们占领了非洲人的土地，一方面，急需非洲劳工，另一方面，他们也限制非洲人拥有枪支。他们对英国传教士的怀疑根深蒂固，并且谴责戴维 · 利文斯通（David Livingstone），这个尚且存活的维多利亚时期新教圣徒是一名恶贯满盈的军火走私犯（利文斯通并没有否认这种指控）。但是从19世纪40~80年代起，布尔人开始小心翼翼地扩张。他们的主要国家“南非人共和国”摇摇欲坠，缺少现金和武器来对其非洲邻居（佩迪人，斯威士人，向东的祖鲁人，向北的恩德贝勒人，向西的茨瓦纳人）施加有效的控制。能够用来更好地形容这次暴力的名词是“对抗”而非“起义”。

在开普的东部边界以及英国的纳塔尔，起义的原因和影响可以被看得更清楚。最后一次比较大的起义的发生地位于现在的特兰斯凯地区，大约3 500名科萨人被英国人杀死，他们的牛群被擒获，很多成年人幸存者被派遣到开普作为契约劳工。许多社群的土地被征服或没收了，他们现在聚集到了一起，暴力冲突也随之而来。对枪支的控制是造成紧张局面的最主要原因。1873年，一名纳塔尔酋长Langalibelele违抗了要登记他手下部落成员持有火器的强制令，并且辱骂了提醒他的信使。这导致了军方管制开始实行，移民民兵开始集结。在部落与白人军队发生冲突并且造成一些死亡之后，因为害怕最坏的情况出现，整个部落逃离了他们自己的领地。移民民兵为了寻求报复，在部落领地制造了一片混乱的杀戮，他们放火偷牛，无恶不作。Langalibelele因“起义罪”被带到法庭根据原住民法律审判。接下来上演了一出闹剧，殖民地总督装扮成首席法官，并且在草地的帐篷里主持了审判，他有的时候还会戴着头盔，有时候带着插上羽毛的头圈。审判小组里包括了法官、控方和陪审团，这虽然很费钱，却很方便。但有些奇怪的是，首领最终被判终身监禁到罗本岛，但很快这个惩处被伦敦否决了，因为伦敦认定这超出了总督的权力。

纳塔尔的历史掩饰了一个广为人知的错误认识，那就是英国人对待非洲人比对布尔人更仁慈和开明。纳塔尔于1893年被授予（移民）自治。其白人人口（1891年有大约46 000人，1904年大约有97 000人）的原籍几乎全部是英国。但是其前景令人担忧，因为这些白人一直害怕非洲人起义和北边祖鲁王国长期以来造成的阴影。祖鲁王国在1879年祖鲁战争之后解体，伦敦最终于1897年允许纳塔尔吞并其残余部分。两年之后，殖民地在1899~1902年的南非战争中被吞没。在战争之后的萧条中，麻烦开始了。

诱因是税收问题。移民政府决定通过对成年非洲男性征收投票税来重新振作已经崩溃的财政状况。白人普遍认为原住民本性懒惰，老板抱怨劳工短缺。投票税会逼迫无业人员工作，首领被要求在文职官员的办公室递交所有法律文件。这些政策毫无意外地收到了恶劣的反响，首领企图搪塞了事，但这并未打消殖民官员的疑虑。接下来发生的事情让不满的情绪演化成了起义。

1906年，在纳塔尔的三个不同地区，不愿意交税的情绪引发了对抗和严重的暴力事件。在这一年的前几个月，两名警察因在离殖民地首府不远的地方争吵而被杀。殖民地官员调集了移民民兵组成的“地区武装”。他们采取的策略非常简单。军队会行进到起义可能发生的地区，并要求这些地区顺从（有一幅现代照片展现了民兵在小山丘上躲在机关枪后排好队，他们对面是首领及其拥护者，英国国旗就在他们头上飘扬着）。在那些居民抽身（尽管这样不明智）的地方，牛群被没收，村庄被烧毁。如果没有遇到任何抵抗，那么这个编队就会被取消。同时，在遥远的北方的祖鲁王国边缘，一位酋长因为被怀疑拒绝投票税而遭到了罢免。这个人就是巴姆巴萨，不过他挣脱了被派去逮捕他的力量，逃到了森林里，与他的继任者展开了游击战。“地区武装”再一次集结，并且部署了同样的战术。它的火力和机动性具有巨大的优势。6月10日，军队在Mome峡谷控制了巴姆巴萨和他的拥护者。大约有1 000人被弹片、子弹和刺刀杀死，很少有人逃脱。但是起义的第三阶段在maphumulo地区继续进行，这里离从海边延伸过来的白人农场及种植园近得多。这里引发暴力的原因并不是对投票税的厌恶，而是因为它被强行实施的方式。白人骑兵的到来是一种不祥的预兆。没收牛群、不定时发生的暴行（包括谋杀）、殴打和烧毁是他们在该地区犯下的累累罪行。这样做引起了一个明显的反应。在他们到来之际，非洲人逃跑了，并且集结在一起互相保护，另一些人则寻求报复。不过当三名白人被杀后，这种警察行动便演变成了一场战争。也许是担心发生最坏的结果，也许是希望从远处的祖鲁人那里得到帮助，本地首领和他们的拥护者转移到了灌木丛并且准备好了战斗。当地区武装在 7 月初到来，他们迅速处决了叛乱者：在连续两次交战中，有 900 多人被杀。反抗被平息了，但是更多的惩罚出现了：掠夺牛群、烧毁土房、杀戮和殴打。整个地区被“消灭且烧毁……一团黑烟悬浮在山谷上，延绵几英里”，一份官方报告中这样描述道。一群美国传教士在“‘沿着散布着被杀害者腐烂的尸体的公路骑行……许多人死了’”之后很快到来了。纳塔尔的死亡人数未知，但一定是数以千计的。

我们如何解释移民极端的和不加选择的暴力回应？白人的视野被压倒性的恐惧统治着。反抗的任何行动都可以被看成起义的前奏——这种惊恐在那一年的事件当中遍布全省。尽管祖鲁王国已经不复存在，但是英国一直担心祖鲁人的报复，祖鲁王国的国王经常被密切监视。白人对非洲宗教和仪式也同样持有很深的怀疑，而且很快认为它们带有恶意的影响和意图。他们认为“战争医生”激发了一系列的叛乱。一位白人在 Maphumulo 发生暴力期间被杀，其尸块被带去向叛乱者“施压”。这更加确定了他们的信念，那就是他们面临的是野蛮的敌人，这些人不值得怜悯，因为他们除了使用武力，其他什么都不懂。这样的看法同样适用于非洲基督徒。的确，独立的非洲教会——所谓的“埃塞俄比亚人”，被强烈怀疑对叛乱有同情之心，这也许是因为非洲基督徒更明确地表示了不满，并且拥有一些外部支持。约翰 · 巴肯（John Buchan）的《祭司王约翰》稍后迅速出版了，该书对广为流传的白人情绪有着生动的刻画。也许最重要的是，在农业利益占主导的白人自治政府，他们完全意识到了农村地区的白人对于他们“不可动摇的”地位的要求。唯一能让许多白人感受到安全的就是他们的非洲邻居始终意识到一只反对他们的手会招致无法想象的恐怖报复。

还有另外一个因素。除了白人官员依仗的间谍网络，他们对于部落保留地的有效控制非常有限。如果首领不配合，他们几乎没有手段能找出那些给他们制造麻烦的人。正是手中权力的这种缺陷引发了高压政治最残酷的形式。所有人都被认为是有罪的，因此惩罚也是集体性的。因为法律的正规过程非常缓慢且容易导致事故，很有可能成为不满情绪的焦点而不是作为警告而存在，所以恐吓成为首选的手段。准确来说，是移民高压的这些特征加剧了叛乱，让一时的混乱演变成了真正的起义。

第九章

传教和文化

Unfinished Empire
The Global Expansion of Britain

帝国的历史常常只以单一维度呈现：帝国官员（或者移民）对支配地位的坚持以及原住民被镇压的经历。不过就像我们所看到的一样，这并非故事的全部。如果要统治得以展开，需要第二个维度：几乎在所有情况下，双方在政治上都需要依赖于某种形式的讨价还价，或者有时被称为“政治合作”。合作让本地精英可以保护他们自己的社会特权，并帮助他们控制帝国统治与地方之间的纵向联系。许多种姓、社群、部落和个人都被纳入殖民政权当中来提供服务——他们分别作为士兵、办事员、警察和教师，并获取酬劳。帝国的第三个维度是其经济和商业方面。帝国的存在是为了使其“所有者”（理论上至少是涵盖了所有英国人）获利。如果利益在本土的分配倾向于那些拥有社会特权和权力的人，殖民社会帝国的经济同样创造出了赢家和输家。赢家指的是从新的商业连接中获利的人，输家指的是那些局外人或者农奴劳工。对于很多“殖民者”而言，帝国的这种经济维度（以及其不可预知的变化）是最为重要的。不过还有第四个维度，对帝国来说，其影响难以确定。与其他维度相比，它的影响也许是难以测量的，但意义却非常深刻。

第四个层面就是观念性的。当然，殖民关系的许多方面取决于统治者和被统治者怎样"看待"它们。愿意在政治上或经济上合作反映了一种价值判断——经过计算的或直觉的，这种判断关于可能的选择和他们可能要付出的代价。但是大英帝国依靠的远远不止是这样实际的计算。它还呈现出一种道德和文化权威，其中暗含的英国人的价值观、信仰、制度和习惯就是标杆，其他一切都应该以其为标准——它们常常被认为是不达标的。更深的含义是，殖民政权或者与英国之间的关系远不是施加压迫或对限制其自由，而是解放、给予力量（维多利亚时代的人们并不会使用这样的字眼）以及带来进步（这是他们肯定会使用的词汇）。那些对当地与英国之间关系表示反对的人不仅很讨厌，而且会显得落后、愚蠢、无知。他们的文明如果不是真正的衰退，起码也是停滞不前的。更糟糕的是，"历史潮流"并没有站在他们那一边：他们的失败也就无法避免了。

这种文化主张形成了一套完整的体系，也许可以被看作是一种思想控制形式。乔治·奥威尔笔下的温斯顿·史密斯抬头看到了大洋国真理部白色混凝土的正面，他读出了他熟悉的标语："战争是和平。自由是奴役。无知是力量。"在英国殖民者看来，建筑是英国人建立的，街道的名字是他们授予的，雕像和纪念碑见证了他们的胜利和征服，并且研读官方报告里的语言，这样也许就能解读他们的信息："殖民主义对你们是有好处的。它就应该在这里存在。你最好适应它。"的确，一群有影响力的作家就强有力地声称，对殖民思想观念刻意的塑造、对"知识"的刻意重造是殖民统治机构必不可少的部分，也许是唯一重要的部分。这样的"认知暴力"为更显见的统治方式签下了保证书。

这种引人注目的想法的最杰出代表是美国文学批评家爱德华·赛义德（Edward Said）。在他的著作《东方学》中，他采取了这样一种观点，即所有的公众讨论都是由规定了什么能说，什么不能说的规则决定的。那些希望能参与公众讨论的人必须接受这类"话语"的规则，不然就会被认为是无知的人、罪犯、古怪的人或疯子。那些控制话语权的人因而能够行使巨大的权力，更加可怕的是，这种道德上的话语权虽无声无形，却无处不在地从思想上给原住民判了死刑。一个没有能说出口的想法或者被视为无意义的想法，是没有力量的。在赛义德对其声名狼藉的描写中，一群西方的知识分子将除欧洲以外的世界其他部分的学术和文化生活贬低为停滞不前的，这还不是最糟的评价，这些知识分子甚至将其贬低为倒退的；那些支持它的社会被认为是腐败的、专制的、残酷的并且软弱的——即使这些社会实际上并不落后也不野蛮。他认为欧洲殖民政权——其中英国是最重要的，是这种自私学说的狂热实施者。英国人对原住民文化展开了无休止的抨击，并对“殖民知识”形式进行了系统的宣扬，因为这对他们的权力开展十分有利，他们摧毁了被统治者的文化自信。西方科学技术的应用、西方地缘政治形式（领土国家）的强制实行、西方文学形式（特别是小说）的散播甚至是对历史的记叙，都为一种观点增加了分量：只有一种从传统（以及落后）里逃离出来的方式，现代化的也只有一种形式，那就是依靠殖民统治。

这种影响广泛的分析被证明是极其有吸引力的，尽管遭到了相当多的批判，这种影响也并未发生变化。与其契合的是，后殖民时代里对种族主义的延续是来源于某种“深层次的”心理结构，这种心理结构支撑了殖民主义的繁盛时期，同时也成了殖民主义的遗产。它同样肯定了一种主张，西方现代化和欧洲帝国（其中英国是最大的）的关系如同手足兄弟。作为对英国人先前的自满和中立态度的一大挑战，“东方学”的论调所提供的批判公式是一个强有力的砝码。但是，情况往往是这样，通过对这种假设的揭露，我们可以离那个被处心积虑地隐藏的复杂的现实更近一些，现实有可能处于危险的掩饰中。

有三点足以证明东方学不能准确描述英国扩张的文化影响。第一，它忽视了时间与变化的重要性，仿佛单一的态度和方法贯穿了 1914 年之前的整个时间段。事实上，英国人对非西方文化的看法在 18 世纪和 19 世纪经历了一系列的变化，许多之前的正统看法被完全推翻，且这种情况一再地发生。第二（经常被提及的一点），赛义德的论文几乎是单调得有些奇怪。他的论文认为英国对于非西方世界的观点是一个整体；推翻平稳的思维定式的重大争论还不曾出现过；文化习俗总是严苛的；那些能发表观点以及管理话语权的人是帝国的同盟者和代理人——就像在后来的纳粹和斯大林国家里的知识分子一样。第三（最坏的是），他们认定这些“文化帝国主义”的“受害者”是不幸且无助的。非西方世界对西方思想丰富且具有吸引力的反应的记录——利用、适应、接受、拒绝、修正、回收，消失在了一幅粗糙的漫画中，这其中仅有两种可能的反应——反抗或服从，二者必居其一。

真正的情况更加混乱和复杂。这并不仅仅是十分明显且乏味的自明之理，更是直击帝国文化影响的核心问题。最显著的特点就是互相之间矛盾心理的力量。当然，在任何殖民场景下，总有一些人会为帝国权力、殖民“使命”和所谓的“进步”的胜利而欢呼。但也总有那么一些人常常对此表示怀疑、不屑、不安或者挑剔，这种情况在殖民地和本土都有。他们的影响虽然断断续续，但有时候却极其有力量。在那些被殖民的人中间，有许多人怀着很深刻而激烈的憎恨之情，他们很坚决地反对外国的文化入侵，他们有很多理由这样做，并非完全没有私心。不过有很多人也赞赏它给不同的群体带来了机会、新的精神和个人解放。他们企图与外国文化和解，向其提供服务，乃至管理和利用外国文化，他们的外国政治宗主浑然不知他们的目的。甚至那些与时代格格不入的人的安全感、身份甚至是种族地位都渐渐与之有了紧密的联系。这些人我们之后会提到。

知识与帝国

海外帝国的存在产生了海量的文件。在英国殖民早期，大量的私人信件、报告、记述、指示、法律、发票和付款凭据在殖民地的管理者、士兵、商人和殖民者与他们在本土的通信人——官员、商业伙伴、顾客、债权人和家人之间流通。到18世纪晚期，这些文件汇聚成了一股洪流。关于世界最偏远地区的大量信息现在传回了英国。这样英国就有了关于帝国知识可靠的巨型数据库。这些数据的种类千奇百怪：政府报告和统计、图标、地图、调查和计划、外交信件、大使出访的半官方记录[比如麦卡特尼（Macartney）勋爵于1792~1793年之间到访北京]、殖民公司的宣传（新西兰公司吸引了投资者和移民）、探险家的记述[比如芒戈·帕克（Mungo Park），他对于西非的描述来自于藏在帽子里的记录，还有理查德·伯顿（Richard Burton），他伪造的去麦加的危险旅程得到了皇家地理协会的赞助]、科学旅行者的周记[比如约瑟夫·班克斯爵士（Joseph Banks），他与库克（Cook）一起航行，还有查尔斯·达尔文（Charles Darwin）或阿尔弗雷德·罗素·华莱士（Alfred Russell Wallace）]、先驱传教士的振奋人心的经历[最有名的是戴维·利文斯通1857年的著作《南非传教旅行考察记》，这是一本广受欢迎的畅销书]、海外报纸的报道（特别是来自于那些认为殖民战争实际上是淘金热的记者专栏）、大量的战利品和工艺品（有动物，也有人，其中一些是购买得来的，一些则是来自于劫掠，他们都被展示给公众）、收藏了大量图像资料的展览馆[这些尤为引人注目，这是官方委托的结果，库克和麦卡特尼都有艺术家跟随他们，东印度公司雇用了威廉·霍奇斯（William Hodges），同时还有自由的艺术家是为了追求灵感或出名而作了]。

我们可以看到信息和图像的巨大宝库主要有两种功能。这些资料可以被组织成一个系统或档案，这就允许英国人出于商业、战略和宗教等动机而绘制出某个地区的人文和物理情形。王朝的历史、他们军队的状况、地区贸易的流动、人民和部落的迁移、宗教习俗和仪式、社会等级和冲突、原住民知识体系以及它们的守卫者，还有自然和物质世界，这些都受到观察员私下和公开的调查和评估。英国人把这些资料整理成了手册，制定了对应的管理规则，然后根据不同地区的差异做出修改使其循环流通，进而将其压缩成为固定的模式，它们体现了英国人对于他们所进入的新的世界的认识。事实上，如果没有这些知识所提供的心理预期、经验法则或是地理定向，除了在那些仅能糊口的地方或者在规模很小的群体里，英国人作为外来者很难在一个陌生的环境里展开管理活动。他们在非欧洲世界里的庞大存在以及诸多行动带来的与当地的激烈冲突，都要求知识的量产和迅速传播以满足广泛的利益需要。

这些功能中的第二个部分是由第一项衍生出来的。知识的收集、整理和传播要求一个巨大的中转站以及数据库。在这里，信息可以被采集、处理、讨论、分配、购买以及出售。随着19世纪慢慢过去，整个世界成了一体，伦敦成了大英帝国巨大的仓库。一些机构出现了，有一部分高度专门化，一部分是非正式的或私人的，这些机构为海外的使用者和本土的订阅者整合知识，这些订阅者包括职业协会和科学协会、商业协会、博物馆、图书馆和艺术馆。对于英国的利益而言，他们提供的服务非常实用。实际上，这些知识机构还向更广泛的国内观众提供关于帝国的信息，同时也提供了对帝国进行讨论和想象的方式。

但是，认为是这股知识的洪流创造了英国人对于帝国的普遍观念是错误的。首先，英国收集到的信息来源广泛。它无法被简化为一种公式化的世界观，即为征服和帝国正名或者简单地为英国欺凌弱小的行为辩护。英国东印度公司活动的庞大卷宗每一年都被送回本土来平息议会里的批评声音（也许是要使他们麻木），这导致了意想不到的后果，那就是使大多数英国公众认为英国东印度公司的继续扩张是一种危险的错误。1837 年，有一大群目击者提供了有力证据，他们说服了针对“原住民”的议会特别委员会，使他们相信殖民扩张给他们带来了不可修复的损失。知情人有许多这类关于帝国的记述，记述主要采用控诉的形式——关于不公平、不公正、滥用和无能。作家很少不带目的地进行创作，除非只是为了挣钱。不过他们的目的各不相同，就像他们的动机和利益不同一样。一些受欢迎的作家（比如帕克和华莱士）都尽力消除对“不文明的”人民的蔑视。其他人公开警告，例如约翰 · 马尔科姆（John Malcolm），他是印度的一位英国高级官员，在他 1826 年的著作《印度政治史》中，他反对将英国的制度移植到印度并且过多干涉其现存的政治制度的做法。在移民宣传者中间，这种反对没有任何意义——如果目的是鼓励移民或是把原住民描述成野蛮或危险的存在，除非边境战争正在进行或者他们急需来自本土的帮助。传教士必须使在英国的潜在的捐赠者相信那些“不信教的”人群急需救赎，但也不能做得太过分，免得救赎泡汤。商业出资者勾画出了未开发的新市场的蓝图（中国特别受青睐），但是他们必须注意避免把它们描绘成不毛之地。

其次，这些作家的文字针对的群体同样被不同的利益和见解分隔开来。他们各自眼中的帝国是完全不同的。对于军人而言，帝国是一连串的海外补给站，是小型战争的前沿阵地，也是名誉和晋升的源泉。对于绅士科学家而言，帝国是巨大的标本库。对于制造商和商人而言，英国统治的帝国（大约 1840 年以后）是他们想要征服的自由贸易帝国的一小部分。他们认为东印度公司（1858 年以前一直由印度的统治者经营）腐败且浪费，成了阻碍了印度商业发展的障碍物。对于传教士而言，白人殖民充其量也只是不受欢迎而已。对于殖民游说团体以及移民家庭而言，加拿大、澳大利亚和新西兰对帝国至关重要。对于那些英裔印度官员以及他们在本土的同盟者组成的网络而言，正如他们在信件交往中明确表示的那样，殖民地是大英帝国中的干扰因素。对于每一场关于帝国的热烈的公开讨论中，关于奴隶制度和自由贸易，以及在爱德华七世时期关于关税改革和帝国联邦的争论，两边都有帝国的鼓吹者。

当然，英国人关于帝国的定义不只是游说团体以及利益团体的拼凑。他们围绕着某些宽泛的主张集结起来，这些主张十分模糊，所以能得到较为普遍的认可。但是这些主张也在随着时间变化，其影响也随着环境的改变而不断改变，并给那些坚定的反对观点和阴谋行动留下了空间。事实上，与其把公众意见看作一种真实的、代表所有人的力量，倒不如把它想象成几个由观点创造者构想出来的意见，在经历互相竞争后赢得了最多的公众支持。如果绝大多数报纸或记者都附和这些观点，并引导公众顺从它们——至少在公开场合如此，那么这种观点就可以宣告取得了胜利。预测公众观点的走向是政治生活中比较危险的一部分，在这个国家里，猜测一种新的情绪上涨之前它可以持续多久是极其困难的。到 1830 年，这个国家早就有了大约 300 万人阅读报纸，传播新闻的出版物成千上万，地区之间的差别被政治忠诚度、宗教、职业以及阶级去除了。

在 18 世纪中期，那些将欧洲殖民扩张的模式斥为可耻且危险的人占据了道德高地。事实上，这种可能性是存在的，正如威廉 · 罗伯逊（William Robertson）在他的著作《美洲史》中将哥伦布和达 · 伽马的航行看成使欧洲成为真正商业社会的重要转折点。事实上，商业被看成最高级的社会阶段——超越了狩猎和农业，并且是一个自由且文明社会的必要条件。但是欧洲殖民——尤其是在美洲（这是罗伯逊的观点），违背了一个高尚的理想。雷纳尔（Raynal）1780 年编纂的《两个印度的故事》一书收录了法国思想家狄德罗的文章，在狄德罗看来，欧洲殖民的目的是残忍的，远不是为了商业的发展，即对货物和理念自由且平等的交换，殖民是对人民的征服和摧毁。殖民对于欧洲人的影响几乎也是同样的恶劣：他们的情感被自身的暴力行为和由此带来的不幸感染而变得粗俗不堪。事实上，要想统治那些地理位置偏远并且有民族差异的殖民地，从政治上来说是冒险的，而且注定要失败。这些观点在英国的思想家和作家中间产生了很大的影响，这其中就包括休谟和爱德华 · 吉本，众所周知，他在《罗马帝国衰亡史》里警告过一个帝国达到“过度规模”的危险性。在《国富论》中，亚当 · 斯密期望有朝一日欧洲和非欧洲世界能够恢复力量平衡，这样欧洲人能够不再作恶从而免受惩罚。埃德蒙 · 伯克著名的争论提及了反对英国在印度统治的腐败和暴行，这其中同样反映了欧洲人在海外的恶劣行径以及他们给其他文化和民族带来的毁灭性的影响。

所以当罪犯殖民地于 1788 年在植物学湾建立时，第一任总督亚瑟 · 菲利普（Arthur Phillip）决定与原住民建立友好关系并阻止自己人用武力对待他们就不足为奇了。澳大利亚并不想成为第二个美国。菲利普认为原住民人具有“男子气概的”风度，曼利湾（在今悉尼港）因此得名。自由贸易作为通往文明开化道路的理想，与人道主义情怀的出现相互呼应（本身受到福音教派狂热的影响），它出现的最重要原因是奴隶制度的废除。英属西印度群岛的种植园主和奴隶主就像他们在西班牙和葡萄牙的同行一样，会对本地人施行残酷的暴行，这一污点长期以来一直是英国人抨击的对象。不过即使这些自由主义者的观点得到了广泛的传播，仍然有反对者。奴隶制度的支持者也会发起反击：爱德华·朗（Edward Long），一个种植园主的后代，在他 1774 年的著作《牙买加史》中为奴隶制度辩护，他认为奴隶制给作为“低等人种”的非洲人带去了秩序和纪律。另一位种植园主，同时也是历史学家的布赖恩·爱德华兹（Bryan Edwards）提倡改良奴隶制度而不是废除它。即使是在 19 世纪 20 年代，出于对其拥护者政治优势的考虑，奴隶制度的废除被一致认为是一项富有原则性的但不具有可操作性的措施。英国的大臣们早在 1810 年就认为代议政府能够被延展到“不论种族的人民身上”是极其荒谬的想法。伯克对将英国统治扩展到印度是危险的这一看法持有保留意见，但这种意见在对抗蒂普苏丹和马拉塔人的战争中遭到了漠视——这一做法作为对抗波拿巴领导下法国的帝国野心的先发制人策略获得了正当性。将行政机构的每一个职位安排给英国人而非印度人变得势在必行，这在 18 世纪 90 年代中期成了一项基本原则——一群吵闹的英国求职者有了一个信念，那就是追逐这些大有前途的职位。同时，英国人对亚洲各大帝国的前景越来越不看好。麦卡特尼勋爵在他 1792~1793 年访问北京之后称中国的局势很不稳定。30 年后，奥斯曼帝国被阿伯登（Aberdeen）勋爵肢解了，他是当时的外交大臣，因为“野蛮势力的笨拙结构会因为其自身内部衰退的原因迅速瓦解成碎片”。

因此，随着 1833 年奴隶制度的废除以及 1837 年特别委员会《原住民报告》的发布，人道主义浪潮达到了顶点。与此同时，关于非西方文化地位和前景以及现实中（如果不是理论上的）关于肤色和种族区别的负面观点仍然存在。事实上，19 世纪 30 年代是英国历史上的一个转折时期，在这一时期，英国人对自身的世界地位的看法开始发生转变，并最终形成了维多利亚时代的主导思想。18 世纪的“哲人们”对世界的展望，以及作家的意愿都被西方军事行动和技术的显著优势破坏了，比如 18 世纪伟大的东方学学者威廉·琼斯（William Jones）爵士试图给予其他文明知识上的平等。同时，曾在英国颇具影响力的功利主义知识分子运动渐渐失去了其作为社会进步的万能钥匙的诉求。功利主义的心理依据是，人的行为是受最大化享乐和最小化痛苦的欲望控制的，这导致了太多问题没有了确切的答案，尤其是关于在不同的社会里享乐和痛苦为何会差别如此巨大的问题。功利主义所坚持的观点是，制度转变的普遍模式会带来一个公正且进步的社会，这个社会将最终屈服于现实环境的约束，尤其是印度。相反，有一种观点得到了更多认可，即被功利主义者谴责的“历史的影响”，历史可能在塑造社会制度（尤其是法律）上具有决定性作用。特别是在英国，社会和文化观念造就了两个非常不稳定的因素：工业主义及其带来的不满情绪滋生出来的对无政府主义与乌托邦社会的幻想；宗教因素开始在神学与科学的争论风暴中消失。

预兆源于托马斯·卡莱尔（Thomas Carlyle）的爆发，他是英国维多利亚时代早期和中期的一位圣人（同时也是祸害）。在典型的暴力性语言里，卡莱尔认为在传统的人道主义态度中、功利主义思想里，以及“政治经济学者”的自由放任信条里暗藏道德的缺失，对此他展开了公开抨击。他所选择的目标是奴隶制度的废除，这注定会引起最大范围的攻击。他认为废奴的结果就是毁灭了英属西印度群岛并使解放的奴隶在懒散中耗尽生命。卡莱尔明确声称黑人生来就应该为白人劳动，他向一名亲奴隶制的粗鲁煽动者寻求帮助的行为引起了普遍的愤怒。卡莱尔的争论并不标志着英国新的种族偏见思潮的突然到来（就像一些容易激动的评论员所认为的那样），事实上连卡莱尔的朋友（包括约翰·密尔）都觉得他的言辞过于骇人听闻。但他粗野的表达方式已经很自然地招致了普遍的不满。

在19世纪40~50年代成型的新的社会理论中间，关键词是“进化”。这并不是查尔斯·达尔文和《物种起源》提到的进化，它在更早之前就出现了：“当进化论在准备起源之时，”某位风趣的历史学家说道，“达尔文还在3 000英里外的吊床上。”进化论的主要价值在于给理解为什么一些社会达到了比其他社会更迅速且深远变化这一问题提供了一个框架。它保留了18世纪关于不同社会阶段相继出现的观点：从狩猎采集阶段、农业社会阶段再到商业社会阶段。进化论对于这种转变的解释是，这是作为对愿望和需求的一种持续调整的过程。从文化和道德层面上来说，进化论最受推崇的部分在于它维护人类一致性的这个信念，这也被很多欧洲宗教和哲学思想所倚仗，同时也解释了为什么人类的社会和文化行为会有如此大的差别。第二个受推崇的原因在于，社会进化可以等同于进步和道德提升，因为成功的适应要求做出正确的选择——包括社会、文化和道德各个方面。社会进化还有一个明显的优势。作为一种了解世界的理论，它具有显著的灵活性。它的信徒可以将其与各种不同的狂热信徒联合起来，并在各种信仰中间（无论是平庸或奇异的）要求占据权威地位。也许这就解释了它为何具有巨大的影响力和文化生命力。

习俗、法律和宗教是如何将形形色色的人牵绊在一起的？又是什么造成有些国家繁荣富强、有些国家却贫瘠弱小？这些问题正是社会进化论研究的重点。这几乎相当于直言财富和权力的增加是成功进化的显著标志；商业停滞或政治瓦解标志着社会处于静止不动的状态或者是事实上的倒退。不过要筛选出能够解释为何一些民族比较发达而另一些则在原地停留的积极因素只是个选择的问题。新教教徒尤其强调其教义倡导的良好的社会行为，或者是它对上帝旨意的深刻理解：新教教徒顺应上帝对世界的安排。律师的关注点是物权法：个人对自身财产拥有权利，不管是继承来的或是遗赠，均不受统治者掠夺或任何干涉，这就解释了财富的积累以及对其明智的使用。政治家称赞代议制政府所扮演的角色，作家和记者称赞拥有自由言论的权利，道德家称赞避免了东方式放纵。理智地来看，进化论就像是一个向所有人开放的俱乐部，也是一个理念，这个理念的简单（和循环性）使其成了一个理想的批量产品。它恰恰出现在了最合适的工业时代。它进入了维多利亚时代的血液，并根深蒂固地存在下来。

查尔斯·达尔文的生物学并没有创造进化论，不过它为进化论者的弓上增加了几根弦。它促进了一种见解的广泛流通（并且增加了科学可信度），这种见解认为所有的生命都在“为生存斗争”，因为“自然选择”必然带来灭绝的威胁。遗传的影响能被那些认为遗传特征等同于种族的人所理解并接受。适应能力与肉体特征之间的联系推动了一种观点的流行，即专业观察者可以通过测量头部的形状或是鼻子的大小为不同民族和种族的文化能力排定等级。优生学的吸引力来自于害怕生理退化（达尔文的理论认可）会阻碍社会进步，甚至导致其倒退。不过有三点应该引起重视：首先，“社会达尔文主义”并非帝国扩张的宣言。对其很多追随者而言，最佳路线是在巩固生存和警示的斗争中而不是在无用的扩张中诞生的。欧洲人不能在热带气候下繁衍也是众所周知的事实。一位社会达尔文主义者写道，他们在那里居住就如同潜水员在海底。其次，对达尔文观点的使用和滥用大体上是19世纪90年代活跃气氛的副产品。在那个年代，帝国的、国际的和工业的竞争似乎急剧增长，公众讨论变得更加热烈。美国工业的发展、沙皇俄国、法国和德国的殖民扩张加剧了公众的恐惧。19世纪90年代及以后的社会达尔文主义者中最具影响力的是本杰明·基德（Benjamin Kidd，1858~1916），他反对用生物论据支持"社会效率"，而"社会效率"解释了欧洲的首要地位。"科学种族主义"只是为争论的一方加上了一枚砝码，并未成为争论的核心。

结果，社会进化论为英国人面对非西方民族时表现的截然不同的反应提供了托词。黑人奴隶制度终结，印度民族大起义，以及各殖民地对英国传教士的温和（如果不是有敌意的）态度使众多观察者清醒地意识到非西方社会的秩序和进步需要英国权威强有力的支持。但不是一种简单的逻辑就能将这种观点与吞并非西方国家、否认非西方民族权利或者轻视非西方文化体系联系起来。"粗俗的种族主义"轻视所有的外国人，尤其是那些黑色皮肤的人，但它并非无处不在。大多数英国人拒绝相信1857年关于印度人对待白人采取暴行的故事，这其中夹杂着一种深刻的关于英国人所执行的对待印度人措施的不安。的确，一个近当代的记述，蒙哥马利·马丁（Montgomery Martin）的《孟加拉军队兵变》将印度士兵刻画为受害者，而英国的"战争英雄"则被描画成病态的大规模屠杀者。英国人对1865年牙买加起义的残酷镇压被调查委员会强烈谴责，该委员会认为这是"野蛮、故意且残忍的"。当伦敦将自治政府让给南非的开普殖民地的时候，该政府坚持让所有肤色的人都参加选举，有资格参选的非白人的数量尽管很少，但对某些地区来说他们是很重要的。对于一个特定的社会来说，其内部并不总是能够就进步的方向达成一致。在19世纪80年代，英国对埃及的占领在自由党中间引发了强烈的反响，他们反对英国对埃及民主的压制。在国内的英国人厌恶种族自大以及在印度的英国官员的独裁主义。一位自由党大臣将他们比作"沙皇俄国中进行社会压制的官僚体制"。这种厌恶和怀疑得到了热烈的回应。殖民者对待原住民的做法常常招致批评。在这些反应背后有着越来越深的怀疑，即官员和殖民者不是在促进社会进化和进步，而是在毁灭他们的承诺，密谋反对他们本地的真正拥护者。

事实上，英国关于他们在世界上的地位以及帝国存在的意义，从大体上来看是达成了一致的，只在细节上有一些区别。维多利亚时代晚期的人很少会否认英国在全球事务中享有的中心地位：英国的工业、财政、海军以及帝国权力确保了这样的卓越地位。很少有人会怀疑这很大程度上源于英国进化的成功，英国比全球其他任何一个地方都要更快进化成一个文明、高效且多元化的社会。不过在关于如何更好地保持这种非凡的地位或这种地位是否能够维持的问题上，英国人却很少达成一致。关于英国应该如何对待不那么"高级"的文化，存在着广泛的不一致声音。正统的观点如是，虽然从文化上而言，伊斯兰教只是停滞的经院哲学的历史遗迹，但从现实的角度考虑，它应该作为一种强制实行的严格社会纪律信条而得到尊重。不过它与一个对伊斯兰教社会更理想化的回应共存，特别是那些被遗弃的[这是一个被威尔弗里德·布朗特（Wilfrid Blunt）、查尔斯·道提（Charles Doughty）和后来的T·E·劳伦斯（T. E. Lawrence）大力推广的传统]。通常人们会将伊斯兰社群划分为两类：一类被称为"阳刚"或"尚武"民族，这类人是殖民者极力拉拢的对象；另一类则是听话的农民阶段（"结实的农夫"），也就是在印度的那些英国人所说的"犯罪部落"[①]。维多利亚时期的观点主要分成两派：一些人对现代化亚洲和非洲中最原始或最初的民族主义者的理想表现出同情（就像1885年成立的印度国民大会党的领导一样）。另一些人认为他们是虚伪、无聊、不具代表性的少数群体，他们的动机是自己的地位和权力。这枚硬币的另一面则是原住民民族中间对于真实传统的追求，在一些陷阱里赋予殖民政权的意愿，并选择王公和首领作为真正的代表。这两大流派都在争论将"落后"民族与白人隔绝开来的优点。保留进步白人的文化活力以及种族凝聚力打动了一些19世纪晚期的观察者，他们认为在一个高度殖民化的世界里，这是不得已的防范行为。对那些认为与之相反的危险看上去更真实的人而言，隔离同样是具有吸引力的：白人贸易、文化和权力的腐蚀性影响会将原住民变成萎靡不振、穷困潦倒、无土地的无产阶级，他们是一大群拥有强烈仇恨情绪的人。

将英国与它的帝国联系起来的各式各样的知识、大范围的接触以及大量利益

① "犯罪部落"也译为"刑事部落"，生活在部落的游牧民族由于1871年英国殖民政府制定的《犯罪部落法案》而被污化为"犯罪部落"。——编者注

关系因此产生了，这并不奇怪，他们有一定程度的共识，观念和态度上也有许多差别。在与英国扩张有利害关系的众多支持者中间——殖民官员、军人、商人、移民、传教士、探险者和旅客，同样还包括那些社会改革家，他们关注着海外的帝国以便释放本土的社会压力，同情心注定是不能决定事务的优先级的。对少数激进派而言，帝国是英国腐败的和压制性社会结构的支柱：国内的社会正义要求帝国（某种程度上）的毁灭。对帝国所有坚不可摧的外部而言，关于帝国官方的看法总是定期被道德上的不安干扰，或者被大声疾呼的游说团体动摇。从长远来看，殖民者和他们的领导者在英国从来不缺少一些朋友或支持者来帮助他们，最终将希望纳入到一个自由的"英属世界"，这一点更加重要。英国人完全无意强加给他们的殖民地一种共同的文化，关于殖民地内部对这种文化应该是什么态度以及是否要冒政治风险来推行它的问题，英国也都没有达成一致意见。

传教

索尔斯伯里（Salisbury）勋爵（1830–1903）在青年时期说道，传教士是"一位信教的英国人，他的使命是伤害原住民的宗教感情"。这个观点他不会在公众面前提出，尤其在保守党是领导者或者作为首相在位的时期。对于世俗时代的我们来说，维多利亚时期群体心理中对传教的热情也许是最难以想象的。他们的神学焦虑甚至超过了宗教带给他们的精神慰藉，而我们对此一无所知。从18世纪90年代开始，一直到1914年，甚至是在此之后，传教士被赋予了一种责任感，那就是让公众更加了解帝国。许多维多利亚时代的人受到了以戴维·利文斯通为首的大批传教士的启发。事实上，当他被埋在威斯敏斯特教堂的坟墓里（1874年4月他的遗体被从非洲运回到了这里）时，他的影响力之大达到了前所未有的程度。不过传教士不只是本土宗教狂热的代理人，即虔信者派来为基督赢得异教徒的人。他也不是作为殖民权力的文化附属品（世俗的历史学家们"高人一等"的假设）——这是对英国新教传播现代研究当中特别强调的一点。传教士远未拥有不受挑战的道德和宗教权威，他发现自己不安地夹在了多股力量中间，这些力量包括他试图改变其信仰的人、殖民地的官员、怀有敌意的移民以及在本土希望听到好消息的赞助人。这些力量带来的束缚之大有时简直难以忍受。

1790 年以前，英国的传教热潮主要是关注海外英国人的宗教福祉。18 世纪 90 年代是一个分水岭。先后涌现了 6 个团体，它们招募、训练、赞助一些宗教信使到非基督世界。这其中就包括浸信传道会（1792）、无教派之分的伦敦传道会（1795）以及圣公会教堂传教协会（1799）。此种巧合是惊人的，并且隐藏着一定的竞争性。不过更深层次的原因是强烈的福音教派文化的发展，它在维多利亚时代的英国是占有支配地位的力量，其影响力一直持续到了两次世界大战之间。18 世纪 30~40 年代的福音运动，伴有宗教复兴运动的集会和通俗的表达招致了社会精英的怀疑。这个世纪后半叶发生的“感伤革命”使福音派受到尊重。这次革命反对关于人类行为动机的“机械”观点，强调“感性”以及同理心作为社会行为导向的重要性。它要求个人培养自己的道德修养，产生适度的情感来指导正确的行为。福音派的教义与这种情绪达到了完美契合。基督教徒应该努力通过冥想和祈祷建立个人与上帝之间的连接。目标是要获得高度的灵性，（因此）而产生对宗教职责的热衷。之后很自然地，福音教派基督徒应该传播好消息（他的心灵突破），并且帮助其他人这样做。通过自身的直接行动，或者通过第三方（比如传道会）的协助，他就能宣布其追随基督的信念。

由于仓促的城市化进程在道德方面所产生的影响带来的不安，以及需要展开行动介入难以控制的穷人中间以重建社会纪律的诉求，这种宗教性的冲动被强化了。对礼仪和道德的改革是福音教派的目标，它与法国进行的艰苦卓绝的斗争以及随之而来的社会压力使提高社会的道德凝聚力变得尤为迫切。它的胜利带来了双重的信仰：英国的存在是上帝旨意的一部分，英国因其存在给它的人民带来了福音派的职责。几乎与此同时，从 18 世纪后期开始，随着在太平洋、印度、中国以及西非和南非内部的新世界逐渐进入人们的视野，这种神圣目的观念被部分传到了国外。从这一刻起，英国人对于帝国的观念被注入了宗教和人道主义情怀，这种情怀从未消失。

这些团体的首要任务就是为他们自愿承担的责任寻找新成员。对于富人们而言，传教工作是没有什么吸引力的。那些向宗教迈出步伐的人来自于手工艺人的阶级，他们识字且体面，只是未接受过高等教育。威廉 · 凯理（William Carey）是印度的首位浸信会传教士，他是来自于北安普敦郡的一位鞋匠；罗伯特 · 马礼逊（Robert Morrison）是首位到达中国的新教传教士，他接受了成为一名“引导者”的训练。他的同事沃尔特 · 梅德赫斯特（Walter Medhurst）是一位印刷工；赫德森 · 泰勒（Hudson Taylor）创办了“中国内地会”，他是一位化学家的儿子；塞缪尔 · 马斯登（Samuel Marsden）是前往新西兰的第一位传教士，他是一位屠夫的儿子；在那些前往南非的人中间，詹姆斯 · 里德（James Read）曾是一位木匠，罗伯特 · 莫法特（Robert Moffatt）是一位园丁，而他有名的女婿戴维 · 利文斯通在存够了钱开始医疗训练之前曾在纺织厂工作。他们卑微的起点并不是巧合。传教的先决条件排除了在本土拥有较好前途的那一部分人。当塞缪尔 · 马斯登于 1811 年来到英国（他当时在澳大利亚）为前往新西兰的传教工作招募之时，他发现毛利人对同类相食的崇尚已经远远超过了对他的尊敬。“没有牧师……完成他们的宗教仪式……新西兰的这一特点使其被认为比其他任何国家都要野蛮。”他在自己的日记里抱怨道。相反，他找到了两种“运作方式”。吸引这些传教的新成员的是他们可以被任命为传教士，不必像在本土从事传教士职业的人那样被要求拥有正统的教育背景。传教工作带来了社会地位的上升以及宗教的成就。的确，比起精神坚守而言，那些传教的人不那么看重正统教育。也许他们才是明智的，园丁或木匠的技能比起那些“绅士般的”成就来得更加实在。完全的信奉取代了怀疑的精神，成为大多数传教士在面对的荒凉的幻灭时所采取的更好的回击。

当然不是所有的传教士都风格一致。上文提到过的传道会，以及该会很多年以后在外国的传教事例主要集中在德国。东非的第一位CMS（英国教会传教士协会）传教士约翰 · 路德维希 · 克拉普夫（Johan Ludwig Krapf），是一位来自威滕伯格的农民的儿子，他于 1844 年到达了蒙巴萨岛。接下来的 30 年，德国人在那里为英国教会传教士协会的地位打下了坚实的基础。在西非，传教的大部分工作都是由塞拉利昂的“解放了的非洲人”来做的。英属西非伟大的圣公会传教士塞缪尔 · 阿贾伊 · 克劳瑟（Samuel Ajayi Crowther）是一位来自今尼日利亚西部的约鲁巴人。他 50 岁时作为一名俘虏被卖掉了，他被放在一艘葡萄牙奴隶的轮船上（也许是开往巴西），第二天又被皇家海军巡逻队抓了回来。他作为解放了的非洲人被送去了塞拉利昂，在那里，从美洲来的解放了的奴隶与之前被俘虏的奴隶组建了说克里奥尔语的社会，还在殖民地的弗拉湾成立了教会学院。因为有着大量的基督徒，弗里敦背靠西非海岸的贸易通道，并借着由约鲁巴人移居而形成的紧密联系，塞拉利昂成了西非基督教传教重要的“分站”。克劳瑟（被英国女王接收）于1864年被任命为“西非各国，甚至超越了自治领范围”的主教。在东非，所谓的“孟买非洲人”（解放的奴隶首先被送去了孟买）之后到了“小型的弗里敦”（这个“弗里敦”临近蒙巴萨岛），扮演了（更加谨慎地说）相似的角色。

除了常规的形象，传教工作其实并不只由男性担任。因为在19世纪早期，“传教士妻子”为福音教做出的努力得到了普遍认可。的确，她们有的时候被明确看成“女性传教士”，如杰迈玛·汤普森（Jemima Thompson）于1841年出版的合集《英国女传教士回忆录》中提到的一样。讽刺的是，在英国有组织的教堂因此更加限制女性布道的行为，不过从19世纪50年代晚期开始，单身女性越来越多地参与到带薪传教工作中来。英国教会传教士协会于1873~1883年之间派遣了16位女性到国外，并且在约20年之后在全球雇用了400多人。在乌干达有一支80人的传教队伍，其中有一半是女性。事实的确如此，一位学者经过统计，到1900年为止，所有英国传教士里面有将近2/3是女性，尽管她们并没有在宗教权威体系里担任要职。招募女性传教士在某种程度上反映了接近那些在印度与伊斯兰教社会被隔绝的女性的重要性。还有一点也是得到了认可的，即如果基督教要想进入家庭，女性作为母亲而得到拥护也非常关键。“没有虔诚女性的帮助，”伟大的中国传教士郭士立（Charles Gutzlaff）说道，“是不会有一种关于家庭的永久认识的……因此同类型女性劳动者就像……男性一样是必需的。”

招募是一方面，部署又另当别论了。传教士如何到达他的（之后是她的）选定区域呢？这可不是无关紧要的问题。没有理由认为他的传教或是她的存在会受欢迎，甚至对他们自己的同胞也是如此。英国东印度公司对于印度人的反应很紧张，他们不准传教士在其领土出现，直到1813年被本土强烈要求停止这样做，当时议会正在讨论其特许状。在英属西印度群岛，他们被怀疑（不是没有理由）煽动奴隶的不满。在中国，他们不得不等到英国的军事力量在两次鸦片战争中强制打开国门。他们要么被当地人可怕的名声所震慑，就像马斯登抱怨的那样，要么被统治者直接拒绝停留。就像约翰·克拉普夫在东非发现的那样，如果他们被怀疑密谋妨碍奴隶贸易，或者被看作偷窃的侵害对象（克拉普夫有一把步枪，但不能擅自向任何人开枪），他们就会有生命危险。

事实上，尽管能够以帝国追随者的身份进入一个地区，但传教士还必须跨过两个实际的障碍。他们不仅要找到运送他们自己和家人到选定地点的方式，而且之后还要维持定期的联系，因为传教士有薪酬和补给，会被监督（确保他们服从团体的规矩以及其神学）。除去他和家人的衣服、医疗箱，以及“文明的”必需品，比如咖啡、糖和茶叶，他需要一些“装备”让他自己看起来很专业：圣经和书籍的储备是必需的；他可能还会需要工具来完成最低限度的自给自足，比如锹，斧头和锯子，还需要一些东西用来鼓励其皈依者。传教士很少能远离贸易路线经营，或者远离商人的领域。的确，有的时候他自己成为一名商人会更加方便。塞缪尔·马斯登坚决地要将毛利人从“黑暗王子”（他的比喻）那里拯救出来，因此他买了自己的轮船（他是一位富人）然后航行了 1 200 英里，航线从悉尼到新西兰的北岛，目的就是给毛利人买亚麻来换取他的贸易货物。这就是他交朋友的方式，马斯登迅速在北岛的海岸与毛利人社群建立起了联系。40 年后，戴维·利文斯通赢得了 Makolol（在今赞比亚）人民的支持，因为他承诺帮助他们在遥远的海岸出售象牙。

为了确认不仅是受到了欢迎，而且得到了停留的许可，传教士常常需要提供的不仅是精神慰藉——也许至少需要提供礼物。他也许会被迫提供枪支——随着詹姆斯·瑞德于 1813 年发现这一点，传教士渐渐感到这种需求变得难以拒绝，因为这些正是东道主最看重的贸易货物。的确，他们可以振振有词地宣称是生存要求他们在一个越来越暴力的年代做出这些行为。传教士作为本地争端的仲裁人（利文斯通的角色）、与殖民权威打交道的外交代表，或者反对殖民侵犯的直言不讳的战士，似乎作用不小。传教士作为优秀的语言学家，也许是殖民遭遇里关键的中间人。正是一位传教士翻译了（尽管看上不去并不是很好）《怀唐伊条约》，条约规定 1840 年 1 月新西兰成为英国殖民地。传教士的医术是另一项优势。正是医术帮助郭士立到达中国后打破了外国人的禁令，并且于 1850 年将传教士推荐给祖鲁王姆潘德（Mpande）。对于一些非洲统治者而言，传教的真正吸引力在于对国家建立做出的贡献。就像盎格鲁撒克逊英格兰“皈依的国王”一样，他们领悟到了宗教在切断亲属、派系和家族关系从而建立更广泛依附中的重要性。当然，这是以教堂与国家之间没有闹翻为前提的。但是明智的做法通常是不把他们所有的赌注押在神学上。布干达国王邀请了伊斯兰教教徒和基督徒到他们自己的王宫，并且让他们彼此猜测，尽管到后来被证明这是一种适得其反的策略。莱索托的统治者莫舒舒（Moshoeshoe）鼓励信教，他自己却精明地避免皈依基督教，直到生命的尽头。传教士之所以可能受欢迎，有诸多原因，不过也许最主要的是因为他们承诺给予由外部联系带来的好处——技术，信息，贸易和外交，并不受外在控制。但是对于他们是不是得到允许进行“交易灵魂”却没有保证。他们不大可能碰巧遇上宗教空缺，也不可能避免任何竞争。几乎任何一个社会都会有“通灵专家”，他们的威望（和成功）来自于所谓的“超自然能力”，能够驱赶各种形式的罪恶，并保护社群。这些人当然会憎恨强硬入侵者的到来，还会用尽所有的手段来让他们名誉扫地。站在他们的角度，传教士必须想出一个策略让他们自己迅速且和平地粉碎既定信念的强烈影响。这当然难以做到。

传教的一般平台是传教站。1849 年的一次普查显示，在开普殖民地有 34 个传教站，其中最大的一个可以容纳 2 000 人，这比平均规模要大得多。一般而言，一个传教站会有一个教堂、一个学校、一个研讨会，以及为传教士和他的同伴们准备的一排房子，同时还有花园以及可以获得食物的耕地。基督日历、钟表和教堂的钟声会规定时间。房子被建成了正方形（而不是圆形的小屋），且带有为保护婚姻隐私的两间独立的房间，这是为了提高（单身）妻子在家庭中的地位（这是传教士的工作重心），还可以将核心家庭与他们其他亲属隔离开来。在南非和西非，传教采用了属于伟大的福音教徒废奴主义者托马斯·福韦尔·巴克斯顿（Thomas Fowell Buxton）爵士的一个标语“圣经与犁”。它并未提到皈依者必须知道且系统化地读过《圣经》。犁的使用会让他的心灵升华得更完整。它代表着常规的工作、永久的居所（不会转变耕作）以及谦虚和道德要求的文明的装束（棉质裤子和衣服）。使用犁意味着拒绝锄头和以前的分工方式，即女性在田里工作，而男性打仗、搜寻粮草、狩猎或（像传教士怀疑的）无所事事地酗酒。犁地是男性的工作。宗教教义会让他回到田地而让他的妻子在家锻炼技能同时照顾孩子。《圣经》有益于思想，犁有益于身体，它们会带来神圣且彻底的革新。

不过哪些人会参与到传教活动中并且服从这些严苛的要求呢？政府给了传教士独立的地盘开宗立教，但批给他们的土地的地址却颇耐人寻味。原本指望他们可以直接向人民布道或通过集会教化原住民，但这个天真的预期却落了空，教堂不是在敌对的领土上就是被周围的原住民无视，结果使驻点成了勉力支撑的孤堡。在成为尼日利亚南部的地方，独立的传教用的房子被建起来，目的是展示生活的新方式并且摆脱习俗仪式的限制。在这里，会众大部分来自沿海的非洲移民和非洲商人。在南非，那些前来参与传教活动的人大多是绝望且无家可归的人，他们是大陆中黑人之间以及白人与黑人之间战争的受害者。伦敦传道会在Bethelsdorp（今伊丽莎白港附近）的传教站是科伊科伊人的避难所，有时称为“霍屯督人”或“开普有色人种”，他们避免了在殖民地的农场当农奴劳工的命运。如果布道所被赠予土地（就像在纳塔尔一样），或者传教士买下了农场（就像在纳塔尔的伊登代尔一样），他们就会吸引一帮追随者。身兼通讯员与旅行家的温伍德 · 里德（Winwood Reade）这样的怀疑派轻蔑地认为传教皈依是骗人的东西。“每一位我遇到的黑人女基督徒都是妓女，每一位黑人男基督徒都是窃贼。”他在1865年的伦敦人类学学会上这样说道。中国的观察者轻蔑地把他们称为“讨米的基督徒”，因为他们是来寻求住房和食物的，而不是进行宗教启蒙的。至于在印度的传教，类似的控诉也用到了“贱民”皈依者身上。的确，对于那些在传统社会拥有地位的人而言，皈依是要付出代价的。例如在一次传教活动中，皈依要冒着被烧掉船只的风险。皈依者要切断与其他亲戚的关系，还要杜绝他们互相之间的义务，因为这对宗教是不虔诚且不道德的，这都让皈依者处于压力之下。进退两难的局面因此产生了。

皈依者非常真诚，所以传教士注定要焦虑。强行实施皈依要求生活做出巨大改变的部分原因在于“阻止灵性倒退”。不过他们也不愿意通过繁杂的要求来对潜在的信徒施压。这里有一个关键的问题就是多配偶习俗。对于福音教派而言，几乎没有一条教义比婚姻关系的圣洁、家庭生活的重要更加珍贵。不过许多传教士认为，强制男性皈依者拒绝拥有多个妻子是过分的要求，传教行为因此被扣上了引起社会混乱的骂名。纳塔尔的主教约翰 · 科伦索（John Colenso），还有后来西非的主教塞缪尔 · 克劳瑟都迫切要求他们本土的上级灵活处理此类事务。克劳瑟力劝不应该拒绝一位多配偶妻子的洗礼。英国教会传教士协会委员会的见解与之针锋相对。“多配偶制度是对上帝法则的违犯。”他们直率地告诉克劳瑟。另一个问题就是奴隶制度。基督徒能拥有奴隶吗？答案很明显是否定的。但是在西非和东非，家庭奴隶（与加勒比风格的田间劳工形成对比）的存在在社会关系中过于根深蒂固，以至于很难迅速根除。让人惊讶的是，在本土的传教总部更愿意妥协。因为相距太远，当下的实际做法无从得知。不过南非的基督教皈依者似乎被允许继续遵循“婚前男方送给女方家的聘礼”的旧俗，这是“买妻子”（常常还有牛）的惯常行为，这在亲戚关系和联姻行为里是很重要的。

不过传教士拥有了他的追随者并且成立了一个定居社群后，他的角色会变成什么呢？这一点同样引发了热烈的讨论。一些人认为要维持牧师工作的连续性，因为这是对其角色的一种微妙的强调。但是其他人（包括戴维·利文斯通，约翰·克拉普夫和塞缪尔·克劳瑟则迫切要求一个更加彻底的政策。他们说，传教士应该是先锋派，成立一系列新的传教站，并且不能落后于其他皈依者。对于利文斯通而言，这有着特别的吸引力，因为他已经厌倦了牧师生活。他可以探索在地图上尚未有明确标注的非洲中南部，还可以把注意力从这个伟大的“传教圣人”似乎只有一个（短命的）皈依者的不寻常的事实上移开，从而充分实现自己的这些抱负。这同样涉及一个关键问题的核心：全世界传教活动是由谁来赞助的？这样做是不是意味着无限期地提供教牧关怀？这些团体依靠的是私人捐赠，由一大批支持团体、传教委员会和依附于大多数教堂或小教堂的激进分子坚持不懈地聚集起来的。他们为这些传教士支付薪水并帮他们养老。不过这些团体要与其他的慈善对象为吸引公众注意力而竞争。传教士需要将报告寄回本土，而关于这些报告的内容可以从大量的传教文章和日记或者主日学校里传教士的故事里获得副本。那些休假的传教士通过讲座或布道来完成这部分任务。比起无聊的牧师生活，戏剧性的冒险会成为更好的素材。在完成史诗般的跨越非洲之旅后，利文斯通突然名噪一时，这对于他的雇主伦敦传道会而言相当于一种恩惠，因为后者当时负债累累。利文斯通死后的名声（他1873年去世）对于传教事业而言是巨大的财富这一点已得到后世的证实。他英勇且虔诚的名声被一连串传记作者慢慢塑造出来。但是在生活中，他并不是那么容易被操控的。作为一名维多利亚时代中期的知名人士，他十分注重自己的形象，拒绝在公开场合饮酒，而且还常常炫耀地戴着他曾作为探险家的那顶鸭舌帽。不过他悄悄地放弃了伦敦传道会的工作，转而接受了皇家地理协会（从政府那里获得薪水）更慷慨的委任，成为一名沿着赞比西河宣传基督教和发展贸易的命途多舛的远征队伍的领导者。

“贸易、基督教和文明”是利文斯通的行为准则。“我回到非洲是要为贸易和基督教开辟一条大路。”1858 年他对参与他在剑桥大学讲座的听众说道。我们应该鼓励非洲人为我们的市场耕作，这是除了福音书之外提升他们的最奏效的方式。他强烈地暗示没有贸易带来的改变，基督教永远也不会扎下根来，传教士也不会被允许走得更远更深。这一点恰巧与亨利 · 维恩（Henry Venn）的观点契合，后者是圣公会的干事，也是维多利亚时代传教工作伟大的战略家。在一篇有名的报告中，维恩制定了传教士的目标：尽快让出主要角色。他坚持道：“本地教堂的生机在于自我管理、自我支持以及自我扩展。”这样的话，“传教以及所有的传教中介都应该被转移到‘更广泛的地区’”。不过在世界上的很多地方，自给自足的本地教堂依旧是被给予厚望的，传教社群很脆弱且规模不大。它们所依靠的自生自灭式文明和贸易进程常常令人失望。传教士被证明很不愿意将控制权交给本地出生的皈依者。在 19 世纪晚期的西非教会里，不仅看不到黑人取代白人的现象，情况反而恰恰相反。非洲人被认为缺乏应有的热情和效率。这或许是出于自我利益、野性，又或者是由于不断加剧的种族主义所致。不过在中国和印度，侨居的传教士更说明了这个现象。

这是因为，在这些地方皈依的步伐慢得让人绝望。在这些（部分）文明化的社会，传教士面对着反对者的自信、能说会道和坚定。在中国，350 名新教传教士通过努力，到 1870 年为止也仅拥有了 6 000 名皈依者。在英国统治的印度，情况要稍好一些，但也很难称得上理想。在旁遮普省进行了 30 年的传教工作后，皈依者只剩下 5 000 名。更糟的是，一些传教士认为，由于接受了最低层次的皈依者，他们正在“垃圾堆里工作”，这在穆斯林和印度教徒眼里是对基督教的玷污。问题的出路似乎在于让传教工作变成某种让即使是高级种姓的印度人也会仰慕的东西。精英教育成了传教士的目标。在旁遮普邦，他们建立了很多中学，其中包括在德里的圣-史蒂芬学院，它是基于剑桥大学的某个模型而成立的（在大厅里有一个“贵宾席”）。在那里任教的传教士不是之前前往南非开辟荒野的手工业者，而是像查尔斯 · 弗里尔 · 安德鲁斯（Charles Freer Andrews）这样的来自牛津大学或剑桥大学的人或者古典学者，他于 1904 年在德里加入了“剑桥兄弟”（Cambridge Brothers）——之后成了甘地的信徒。这些教会学校并没有为改变信仰做出任何尝试，因为这样会赶走他们的学生。的确，他们的大多数学生和老师中的70%是非基督徒。相反，他们反复向学生灌输的是社会服务的理想、课外活动的重要性、性格塑造的必要性以及（在一些情况下）刚毅的美德。查尔斯们的目标是明确的：如果他们不能为基督教布道，至少可以教授基督教的理念。它在印度精英中间的渗透（这是他们所希望的）会摧毁印度教和伊斯兰教的道德基础，从而为在印度社会的顶层和最底层人民皈依基督教开辟道路。但这种做法的缺点也是显而易见的。这种教育策略远不是为了促进自主性教堂的发展，它只会强化印度对英国的依附，因为他们需要依靠英国来找到外籍老师以及用来支付给老师工资的资金来源。

到了19世纪末，大约有4 000名英国新教的传教士在国外（这个数字到1916年达到了7 500）。他们为宗教活动维持了巨大的基础设施。单在南非就有约610个传教站以及5 000个分站，除此之外还有学校。从1916年开始在福特哈尔有南非原住民大学。尽管不是完全不受爱国情绪以及进化所暗示的种族和文化假设的影响，传教士仍努力使他们自己远离帝国统治的中介，因为他们需要皈依者的信任与接受。对于他们与白人殖民者的关系而言更加如此。对于利文斯通而言，贸易和文明意味着排除白人殖民者，而不是鼓励他们参与其中。不过由于他们调解本地承诺与外部联系的努力，传教士面临着对他们福音传教的根深蒂固的抵抗。

这里其实忽略了一个事实，那就是有充分证据证明基督教的很多典故和组织对不情愿的皈依者而言是很具吸引力的。当地从事者接受传教士的教授与布道、赞美诗的创作与吟诵、“堕落”的圣经意象、挪亚方舟大洪水以及耶稣的第二次临世。这并不矛盾。如同他们要传达的信息一样，传教士的做法对于现有的宗教来说是一个挑战：所以他们鼓励革新，这是抵抗的方式之一。不过只要传统观念还能从权威的传统形式那里获得支持，而且他们的修行仍然能博得威望，基督教就只能缓慢发展。到19世纪末，就连那些皈依者们也越来越憎恨外来者对他们施加的精神统治。从19世纪80年代开始，南非涌现了独立的非洲式或“埃塞俄比亚”教堂，越来越多的非洲人在美国的传统黑人大学获得了神学资格。他们同意这种诉求，即“非洲是非洲人的”，这招来了白人殖民权威和传教士的怀疑与敌意。在20世纪，他们被“犹太复国主义者”的教堂跟随，传教士在那里强调的教学与布道被反对恶灵和巫术斗争的仪式取代：在“约旦河”或“毕士大”[①]进行洗礼、说方言、与恶魔搏斗。

的确，在非洲和其他地方，在很多基督徒中间的大扩张延迟到了1900年之后。伟大的基督徒的世纪是20世纪，不是维多利亚时代。这不足为怪。维多利亚时代那种认为能够通过感染人的事例和传道来创造基督社群的信条是英勇但不是明智的。在那些认为传统社会的形式和观念不起作用的人中间，他们是最成功的。在世界上的大部分地区，这个过程（包括深远的社会、经济和技术变革）必须要等到19世纪晚期及以后，直到本地基督徒达到一定数量，并且更有组织地以一种简洁明了的方式来传递他们的信息。帝国的高潮并未带动改变信仰的潮流。

你认为你是谁——帝国与身份

皈依基督教也许是最具戏剧性的，因为它所导致的外部影响可以通过以下几种方式来改变个人身份的意识，这些方式包括实施新的义务和中断以前的义务、要求新的效忠义务以及带来新的团结，在每一种情形下都是在一张新的联络网中超越以前的本地联系甚至是区域的联系。不过我们也许会期望帝国自身能够在被统治的人中间（包括本土的英国人）重塑身份的意识——尽管这并不是个能令其统治者满意的方式。

在塑造英国人民的观念上，帝国的占有究竟起到了多少决定性的作用一直受到热烈的讨论。对一个学派而言，其影响是显著的，甚至让与之有关的探究变得多余。种族主义和种族暴力、性别歧视、男权至上的文化、对自然世界及其物种肆意开发的观点、军国主义价值观、对权威的过分敬重以及顽固的阶级制度，这些都可以从对外扩张使阶级、性别和种族的等级制度正统化并压制不同声音的行为和方式中寻找到踪迹。在对帝国主义的鼓吹之下，加上教堂的布道和媒体的支持，文学作品、戏院和音乐厅的宣传，以及被粗糙地再包装而成的“爱国”情绪，本土的英国人重新将自己定义为帝国人民，并带上了帝国的态度和帝国的恶习。对另一学派而言，这些主张都存在方法上的谬误。如果帝国的“真正”意义在于直接统治亚洲人

① “毕士大”：《圣经》中许多残疾人、病人抱着希望而来，盼望在适当的时候进入这个靠近耶路撒冷羊门的池子，以期得到奇迹医治。——编者注

和非洲人，很少有迹象表明除了很小的社会团体之外，这种鼓吹引起了公众的兴趣，而帝国官员在这些小团体中被选拔出来。对于其他人来讲，这基本上是无关紧要的事情。然而在流行文化中的某些成分里能找到帝国的资料，或者是对帝国有兴趣的资料。然而这些跟与帝国无关的资料比起来完全无足轻重，这表明帝国对于公众意识的影响力非常微弱。帝国主义者一再重复自己的故事：帝国宣传者必须要让别人听见自己的咆哮。

对于这个问题要达成一致是不大可能的。不过有三个关键点值得注意：首先，英国人对“帝国”有着各种不同的理解，它不仅（或甚至很大程度上）是作为最高等种族地位获得的替代性满足。最普遍的一种观点是，帝国意味着移民（主要是到那些原住民人口很少的国家去）。1914年以前，对于英国人而言，那些殖民国家（不是印度或热带非洲）对帝国来说是最重要的，他们的社会比英国社会更加民主。英国工人（到1900年为止，60%的成年男性获得了投票权）认可繁荣的关键是自由贸易，而不是强加给热带人民的封闭市场。自由贸易作为英国的基本政策，从19世纪40年代开始一直延续到1931年的经济大萧条。事实上人们广泛认可自由贸易是在非西方世界实现现代化和成立代议制政府的最有希望的途径。尽管英国人的观点免不了受到种族优越感的影响，但在维多利亚时代公众的口中，帝国等同于对奴隶制度的打击以及保护海外的基督徒免受非基督徒的压迫的武器。帝国要遵循人道主义价值观的承诺是一直以来的传统。这些关于帝国的不同想象——人道主义的、独裁主义的、民主的、贸易保护主义的、自由贸易的、有宗教信仰的、军国主义的——都是存在的，是因为英国有很多利益集团将帝国看成一个舞台，在这个舞台上，他们可以自由地表达和展现其价值观和目标。从这层意义上来讲，与其说帝国代表的是一种特性，倒不如说它是一个战场，在这个战场上，不同版本的英国特性都在争夺空间。

其次，由于人们对帝国的看法各异，所以相同的价值观，或者身份的认同感极难来源于这种虚无缥缈的存在，否则帝国对英国社会的影响将会大得多（时髦的说法是帝国“构建”了英国社会）。就实际情况而言，移民的影响、自由贸易的观念以及传教士的努力都远比种族优越感或由殖民控制带来的替代性满足引发的其他任何情绪的影响力要大得多。作为一个政治观念上的帝国最终拥有了多重特征，帝国涉及的外部利益的范围之广以及利益诉求之多（包括帝国是为了使殖民地人民获得自治而存在）也导致了帝国在公众的漠不关心中走向终结。再次，可以被描述为关于何为帝国的这些认识上的“混乱”在某种程度上反映了帝国究竟始于何处、终于何处，包括了哪些人以及什么内容以及英国的政令可以在何处施行的普遍不确定性。“海洋是属于英国的”，两位维多利亚时代的国防专家说道，这种观点在当时的流行歌曲中并不鲜见。世界上许多地方即使不在英帝国版图之中也都承认英国所具有的支配性影响力。英国与埃及的关系（1882 年被英国军队“临时占领”）一直被掩盖在英国谜一般的外交政策之下。为了口语表达方便，“英国强权下的和平”一词于 19 世纪 80 年代被创造出来，但这又使英国的外交政策变得更加模糊。所谓“英国强权下的和平”不限于英帝国范围之内，而是扩展到了英国势力的所及之处，不过很明显的是，这必然意味着在复杂多变的条件下维持“英国和平”所需要的条件比获得支配地位要微妙得多。

帝国究竟意味着什么这个问题的模糊性使帝国得到了广泛的接受。支持帝国并不会排除其他的关系或身份，甚至有可能会强化它们。有一种普遍的观点认为，对于苏格兰人和威尔士人而言（对爱尔兰人也是），帝国不仅是移民和机会遍布的广大天地，而且还形成了一种集体的忠诚，尽管这种集体的忠诚要比组成英国的英格兰与三个联盟的忠诚逊色得多。苏格兰的例子是最具说服力的。格拉斯哥作为一个伟大商业大都会而崛起，苏格兰商人在印度和非洲贸易中起到的重要作用，苏格兰人在殖民地扮演的角色，苏格兰人对传教努力的承诺（该承诺在极大程度上是因为利文斯通的名声而变得富有影响力的），苏格兰军团参与的帝国战争都有着双重的影响。他们是一个警示——如果有必要的话，维多利亚时代的苏格兰离开了帝国只会是英格兰的一个不重要的关系。他们也是对苏格兰人自我信念的巨大强化：关于苏格兰能够以一个独立的民族社群生存的坚定信念，并且还有独特的传统以及其走向现代化的独有路径。

但是英国究竟是如何以帝国身份凌驾于被殖民者之上的呢？在他们海外统治的亚洲和非洲版图上，他们能够画上新的路线，实施新的法律制度，制定代议制的新规定，宣布文明和进步的新主张。他们能够将殖民人口进行分类，有时甚至能够计算其数量（印度的第一次人口普查是在 1871 年，而在热带非洲的大部分地区，他们在整个殖民统治期间都很难抽出时间做这件事情)。他们会奖赏那些忠诚的人，惩罚那些不忠诚的人。他们会建造雕像和纪念碑来表明无限期停留的意愿。不过对于帝国蓝图的设计者而言，重新塑造统治区本地身份从来都不是他们所能控制的。对于帝国的大部分区域，他们缺乏深入殖民基层的资源。大众教育对于他们的殖民政权而言太过昂贵。对于教会团体而言，开展教育的事情主要由组织中层级较低的成员来实施，在非洲尤其如此。他们也不能期望对本地精英施加文化领导权：事实上，这样的事情虽然不是完全无意义的，却令人费解。

事实上，他们力量有限，尤其是人力的限制意味着英国人必须依赖于与本地文化保护者的合作，这些人包括本地教师、牧师和法律制定者（就像伊斯兰教的乌里玛）以及口头传统的守护者。这是非常有必要的，因为英国人作为统治者，对将习俗编撰成制度的必要性十分着迷。他们想要制定有关权利和索取的规定，这样的话他们的殖民者就有了行动的指南。他们向每个地区的博学之人请教，还跟随首领、权威、大毛拉学习他们的法典。这些专家声称他们的观点在远古的传统中有所体现，而且他们作为“立法者”，享有的特权地位在全球都得到了认可。比如在印度，英国人采取了婆罗门的历史观：印度一直以来就是一个种姓制度社会，所有种姓阶级都必须顺从婆罗门的权威。

因此，英国人远不会排斥本地文化传统，而是常常与利益团体结盟来制造一个“新的传统”秩序，在这个新的传统秩序中，他们为了互相的利益，重新定义了过去的历史。他们的动机十分明显，但也称不上权谋术。他们认为，没有传统这个支柱，他们的统治对象就会变成一盘散沙，变成狂热分子、煽动者、流浪者和暴乱者的猎物。不过，关键是，这样的做法给本地文化精英对西方观念和技术带来的挑战产生了疑虑。他们有足够的时间去探索沟通和教学的新模式，从而扩展他们自己的影响，强化他们的信念。在19世纪，伊斯兰教教徒、印度教教徒，以及南传上部座佛教教徒感受到了在精神上“自我强化”的迫切性。这就意味着通过驱赶异教徒的方式来“净化”他们的信念世界，需要做出巨大的努力：包括对本地特色的精神崇拜、对非正统神或圣人的敬畏或者对来源于其他宗教的活动随意借鉴的现象还大量存在。这就意味着重新认可原始宗教经典，深入到穷人中间来重获他们的信任并且向他们重新施加道德权威。这意味着需要采取新的方法来传播宗教信念：以西方式的教室以及印刷品作为媒介。这时就需要开发铁路和轮船来增加朝圣者的数量，这些朝圣者会作为拥有净化信念的媒介回来。特别对于伊斯兰教教徒而言，他们需要动员那些有信仰的人——乌玛①来唤醒他们集体身份的意识。因为这项宗教活动基本上不会对殖民权威造成公开的挑战，所以英国人表现得无动于衷。不过当政治利用宗教来直接反对他们时，就会激起英国人的愤怒和恐惧。戈登（Gordon）将军1885年在喀土穆殉道于马赫迪派“狂热分子”的手中，这让英国人对伊斯兰教有了深刻的看法。

宗教复兴并不是殖民社会里唯一的文化活动，也不是本地身份认同的唯一原动力。殖民主义为一个新的社会阶级创造了空间来调和统治者和被统治者间的关系，但这个空间在移民社会里显得更加狭小，原住民在那里被边缘化。这是一个全新的服务阶级，他们熟悉白人统治阶级的语言和文化特性。这个阶级包括随着殖民主义的到来而熟悉行政的官僚、精通法律的律师以及擅长医疗技术的医生。还有一些老师，他们的任务是要培训这些说英语的精英，以及一些作家和记者，因为他们可以帮助这些“新人”彼此交流，以及与更大的世界交流，正是帝国将这些人与外面的世界联系在一起。英国宗主也许希望这些人的文化野心只会让他们成为帝国忠实的拥护者。不过事实却刚好相反，三个强大的推动力塑造了这个新的社会精英阶级的观念和情感。

第一个动因看起来有些矛盾。对于那些效忠于新统治者的人而言，英国人的到来为他们带来了自由，英国人允许他们从传统的王公和首领的控制中逃脱出来，或者是从那些比英国人更具压迫性的统治者手中解放出来。对于印度的“bhadralok”（“体面的人群”）而言，普拉西战役后孟加拉的伊斯兰教统治阶级被推翻是一个历史性的解脱。随着英国政权的到来，商业和官僚的大好机会也随之而来。加尔各答成了bhadralok实现抱负的大都会。孟加拉也被重新塑造成为bhadralok的国家。人们无法把这次巨大的转变看成是巧合。的确，英国征服印度“凑巧”的特点经常被那些参与1914年以前国民大会党会议的人所引用（并不带有讽刺意味）。

但是，这些社会和文化的变革并不是没有压力的，它们引发了热烈的讨论。在

① Umma，本意为民族，后世历史学家用以指早期麦地那伊斯兰教教徒政权。——编者注

殖民地孟加拉这个更加开放的社会，什么才意味着值得敬仰或是体面？个人抱负是如何与宗教义务和家庭的需求达成一致的，尤其是过着“共同”生活的印度“数代同堂的大家庭”？女性拥有的是什么样的角色或权利？这是一个高度敏感的问题，因为社会传统要求女性被“隔绝”。什么式样的衣着与休闲的方式是高雅且端庄的？人们应该阅读什么书？教育的内容应该是什么？什么样的人才能成为老师？对这些问题的讨论促进了新类型写作的出现以及新媒体的使用。小说[比如般吉姆·钱德拉·查托帕迪亚雅（Bankim Chandra Chattopadhyay）的作品，他是孟加拉首位现代小说家]、报纸[富人泰戈尔（Tagore）家族创办的《国家报纸》]、小册子、诗歌和戏剧都进入了文学领域，在这些平台中，社会问题被频繁地提及，新的社会类型被展示并引起效仿。一种全新的文学语言被用来传递新类型的信息。这鼓励了新世界、新前景、新历史以及新民族的发展。

第三个动因与爱国情绪以及政治有关。这反映了一种情绪，即除非殖民社群被结合成为一个民族，否则社会和文化的转变就无法完成。这种情绪来自于受过教育的精英对英国人表现出的种族歧视以及独裁的憎恨。这就响应了英国的自由主义者支持的观点，自治是道德和政治优势的关键：没有了它，一个民族的发展甚至有可能受到阻碍。这种观点地在殖民孟加拉最热烈的发言人就是苏伦德拉纳特·巴内杰亚（Surendranath Banejea）。巴内杰亚是一名热心的改革派。他谴责种姓制度、童婚、不允许寡妇再婚等恶劣的旧俗以及对女性的隔绝。英国人在印度的使命是为了促进“具有男子气概、有活力、自食其力的印度性格的形成”以及引进“自治政府的艺术”。巴内杰亚通过他自己的报纸《孟加拉国人》以及政治运动要求宪法的修订应站在印度人的立场上，并要求撤免英国官员的职务。

不过奇怪的是，巴内杰亚和其他来自西印度和北印度的政治官员没有要求中断与英国的关系，这些人于 1885 年组成了印度国民大会党。相反，他们坚持称愿意保留这种关系，并声称印度的自治政府会让他们更靠近英国。这常常被认为是“虎斑猫政治”，就好像他们不敢轻易冒犯英国人的统治，或者发起反对英国统治的大型运动一样。这些抱怨是天真的。国民大会党的官员非常清楚他们面临的限制。他们可以发起大型运动，但依靠的只有宗教情感或者人们对社会以及种姓的不满。这两者都会导致可怕的分裂和危险。他们抓住了一点，即印度的民族必须自上而下地建立，方法是慢慢地让群众接近最核心的机构，从议会开始。他们是从英国以及格莱斯顿（Gladstone）身上学到这一点的。的确，他们是自由主义的支持者而不是民族主义的信徒。不过他们面临的困境极其凶险。他们不得不劝阻英国官员自愿交出权力，而不是强迫他们来为此战斗，因为那样会带来动乱和冲突。英国人过于看重印度实际上是个悲剧，由于他们不愿意轻易失去它，导致了少数极端分子的滋生：1914 年之前的孟加拉出现了炸弹恐吓事件。在两次世界大战期间，恐怖分子又对着被甘地唤醒的大规模民族主义开炮。不过就像第一届国民大会党领导所预见的那样，他们所依靠的那些情绪最终被证明是分裂的终极来源。

第一代印度政治领导人开始尝试将他们眼中的英国政治中的优点移植到本土中来：自上而下地建立一个民族。在亚洲和非洲还有其他一些社会团体，对于他们而言，他们与英国的关系是他们本地身份认同和社会凝聚力的关键部分。其中最典型的例子就是那些沿海民众，他们作为英国商人与内陆人民之间的贸易中间人，拥有一定的特权。所谓的"海峡中国人"（在马来半岛出生的中国人）在英国人于 1786 年到达南亚的槟榔屿以及 1819 年到达新加坡的时候，享有很高的社会地位。随着新加坡与中国之间贸易往来日渐频繁，这些人成了英国商人的中间人并且开始自己做贸易。他们控制了这个区域的鸦片流通，这是英国在新加坡收入的最大来源，就像在印度一样。富有且会说英语的他们填满了英国人设置的官员职位，英国人这样做是为了管理激增的来到新加坡的中国移民，因为新加坡是这个区域最繁荣的城市。他们创办了报纸和学校，并且管理着中国移民的公民和宗教生活。他们抨击迷信并且贬低支持"理性的儒家改革"的做法。他们摒弃了长辫子（马尾辫），采取了一种不同的着装风格来反映英裔中国人的特征：马甲和蝴蝶领结，还有中山装和旧时中国政府高级官员服饰的衣领。这一切都展示了对大英帝国的狂热忠心，1900 年，为庆祝英国占领比勒陀利亚，他们举行了盛大的游行。

不过海峡中国人不是英国人的傀儡，他们对英国文化的学习也不仅停留在单纯的模仿上。他们保留了中国文化和中国血统的强烈意识。他们加强了与中国的联系并且表达了对他们"祖国"的热爱。他们认为自身有责任推进中国的现代化，因为在那个时候（大概是 1900 年），分裂和瓦解似乎是中国注定的命运。因为有英国人做他们的后盾，这些人也许会期待产生很大的影响。英国人也出于自身考虑，鼓励这样的抱负，并且允许他们保留这样一臣二主的行动。中国的革命进程在1918年之后的一次达到了具有威慑力的地步，于是英国开始认为中国的民族主义对帝国而言是一种威胁，海峡中国人便开始向内部张望，并且想象一个没有英国政治统治的未来。就像海峡中国人一样，西非的克里奥尔人是依附于海岸的贸易移民，并且在英国的保护下繁荣起来。他们的“家园”是塞拉利昂的弗里敦，由英国人统治，这里的居民有来自英属北美的解放黑奴和曾经的奴隶以及从皇家海军舰队的奴隶船上下来的“解放的非洲人”。克里奥尔人中的精英认为他们自己是基督教、贸易以及文明的代理人。他们在西非沿海拥有商人、传教士、教师以及文员等身份。他们建立了在港口的英国公司与内地供应商和顾客之间的联系。他们中间包括了“白人和黑人的混血儿”，也就是白人与非洲女性的后代。他们敬重教育以及中产阶级一切体面的形式（禁酒除外）。他们学习了英国人的着装以及举止方式，成了“黑皮肤的英国人”，一些人甚至把英格兰叫作“家”。面对着内陆“野蛮的”达荷美王国和阿散蒂王国以及北部好战的约鲁巴州和伊斯兰教酋长国，他们把英国的扩张当作这个地区的地理政治有利也就不足为奇了。

不过就像海峡中国人一样，克里奥尔人这群拥有黑色皮肤的英国人对于本地的生活有着他们自己的计划。他们自认为是在海岸和内陆推广英国影响力的先锋队。他们梦想着建立一个“大英帝国统治下的西非”，幻想某天会成为一个处于英国控制下的伟大的自治领（如同加拿大）。他们对越来越多的英国侨居者的到来表示憎恨，这些英国人里有分别作为行政人员、商人、传教士以及医生克里奥尔人的憎恨一直持续到19世纪末。当英国人决定通过传统的首领和习惯法（不是英国的）来统治新内陆帝国时，他们对被降级为少数群体一事更加愤怒。尽管他们当中有些人很富有，但他们毕竟是少数而且过于分散，从而不能发动有效的抵抗或者扮演像海峡中国人一样的政治角色。弗里敦毕竟不是新加坡：帝国统治下的西非是4个独立的殖民地。两次世界大战期间，当他们的憎恨忍无可忍之时，他们却对依靠间接统治的与英国人和传统领导者的联盟建立起来的殖民政权无能为力。

不过也许英国关系中最突出的群体是南非殖民地里的姆丰古人（Mfengu）或芬果族人（Fingoes）。他们究竟是如何作为一个独立的群体出现的已经很难确定。最具说服力的观点是他们起初是所谓的姆菲卡尼（18世纪晚期由于祖鲁王国的崛起引发的争夺人民和土地的非洲内部冲突）的受害者。作为科萨牧民中的难民，他们成了粮食种植者（"'女性'的工作"），之后成了商人，随着科萨人与白人之间的冲突愈演愈烈，低层次的工作导致了越来越严重的不信任。1835 年，科萨人与英国人之间那场战争的关键时刻到来了。姆丰古人与他们的科萨领主决裂并且与英国人结盟。他们得到了一块赠地，这块地就是后来的西斯凯地区，这成为他们在崭新的东部疆域里开辟出的一片定居地。他们在英国保护下形成一个独立民族的事迹直到今天都被铭记在伟大的公众法案里。1836 年 5 月，在一位名叫约翰 · 艾利夫（John Ayliff）的传教士的领导下，大约有 17 000 名姆丰古人在佩迪一个小村庄的牛奶树下发誓对上帝、教会以及英国王室效忠。他们从此成为英国的臣民。接下来的 50 年里，姆丰古人在开普的边界战争中充当了英国人的辅助力量，他们因此换得了牛群和土地。

姆丰古人迅速地利用教会提供的教育并学会了其传授的技能。到了 19 世纪末，他们在很远的金伯利和罗得西亚定居，成了开普殖民地的非洲精英。科萨人纳尔逊 · 曼德拉（Nelson Mandela）回忆道："当我还是个孩子的时候，姆丰古人是社群中最先进的部分，他们充实了我们的牧师、警察、教师、文员和翻译队伍。他们同样也是最先成为基督徒的……他们坚信传教士的格言，那就是要想成为文明的人，就要成为基督徒。成了基督徒，也就成了文明的人。"姆丰古人是效忠派，但是他们的效忠并不盲目。他们是在非洲人中间最先实行投票制的（开普的选举权向所有肤色的合格人选开放），也为了反对歧视性的法律而集结过。一位名叫约翰 · 滕戈 · 贾巴弗（John Tengo Jabavu）的姆丰古人成了开普的非洲政治领袖兼报纸编辑。正如克里奥尔人和海峡中国人一样，他们与英国的关系带来了一种政治目的和独立身份的意识。在 1908 年 5 月，他们庆祝了"芬果族人解放日"，这是对他们效忠英国的直接重申，当时在白人支配下统一南非的协商正如火如荼地进行着。这些行动传达的信息很明确。在相信英国关系是他们仅有的反对殖民镇压的力量上，姆丰古人并不是唯一一个：在那些混血的"开普有色人种"中间，这种信念更加深刻。不过就像克里奥尔人一样，他们发现自己的声明在反对合作政治的残酷现实里显得无足轻重。在南非，地处高位的仍是白人，就像西非的传统统治者一样。

作为外来统治，帝国是文化变迁的媒介。不过这只是很多媒介里的一种。它常常与其他因素一同到来：贸易的扩张、新的消费方式、更快捷的运输方式、读写能力的普及、新的通信方式（包括常规的信件和电报）、教学的新类型、文学的新形式（不仅是报纸和小册子）、新的医疗知识、休闲和品位的新概念、异端且苛求的宗教。也许在帝国成形之前，这些因素就已经部分地或全部进入了这个区域，并且体现在本地主动性中：最著名的例子就是埃及。帝国也许会加强这些改变，并且为了帝国的优势发掘它们的潜力。不过当地的官员常常含蓄地展现出支持旧秩序的欲望，不管是文化上还是政治上的。他们常常能找到那些急于帮助他们的盟友。不过在每一个殖民社会都有很多人赞赏新的文化形式的吸引力。他们展现了一种全新的个人主义：从习俗、过时的宗教仪式、家族关系的掌控以及固定的工作中解放出来。他们希望英国人能兑现的正是要从他们自己社会制度里难以忍受的严苛（尤其是妇女的待遇问题）中逃离出来的承诺。像巴内杰亚或莫逖拉尔·尼赫鲁（贾瓦哈拉尔的父亲）这样的印度的自由主义者一定没有想到自己已经成了被后世称作“认知暴力”①（殖民权力对以前知识系统的摧毁）的受害者，会感到十分惊讶。

也许不言而喻的是，从文化和政治上来说，帝国虽具有破坏性，但也有创造性。不过作为文化力量，它缺乏连贯性。无论是在本土还是在国外，帝国都有着不同的形式和意义。帝国在不同的地区往往有着不一样的盟友，并且各自又有区别。因为它支持多样化的目标，并且这些目标有些是互相矛盾的，所以神秘感油然而生。在非西方世界，帝国有时作为世界的主宰出现，横扫一切阻挡他前进的因素，有时候则像是老朽的旧车，几乎不能上路或者运送乘客。它的政治代言人很少因为其文化力量而自信。他们避免与主要的宗教发生对抗，害怕因为看起来与他们自己的宗教靠得太近而招致质疑。他们鼓励本地精英借鉴殖民主义带来的技术和观念，但是他们无法控制他们制造的这些东西的用途。帝国作为一种外来力量产生的广泛影响遭到了宗教和文化复兴的抵抗，这也超出了他们的控制范围，甚至也超过了他们的理解范围。既然他们无法预知未来，那么他们看到的就只是本地文化的脆弱和静止的状态，以及在其遭遇直接挑战后所引发的混乱和危机。虽然他们声称要推进

① “认知暴力”是指帝国主义以科学、普遍真理和宗教救赎这样的话语形式对殖民地文化进行排斥和重新塑造的行为，由美国后殖民批评家斯皮瓦克提出。——译者注

殖民地进步，但他们也对非西方世界进步的速度充满怀疑。帝国的批评者认为是帝国正在以粗糙的、模仿西方的方法来重新塑造世界，其在非西方世界的文化追随者把自己变成了所处环境中的外来者。另一方面，当地文化的卫道士们对帝国的进犯草木皆兵。不过两者却都未能预见对于20世纪中期后到来的社会和文化变革加速的步伐。正是这种变革极大地改变了我们对于帝国的影响的现有观点。

第十章

保卫帝国

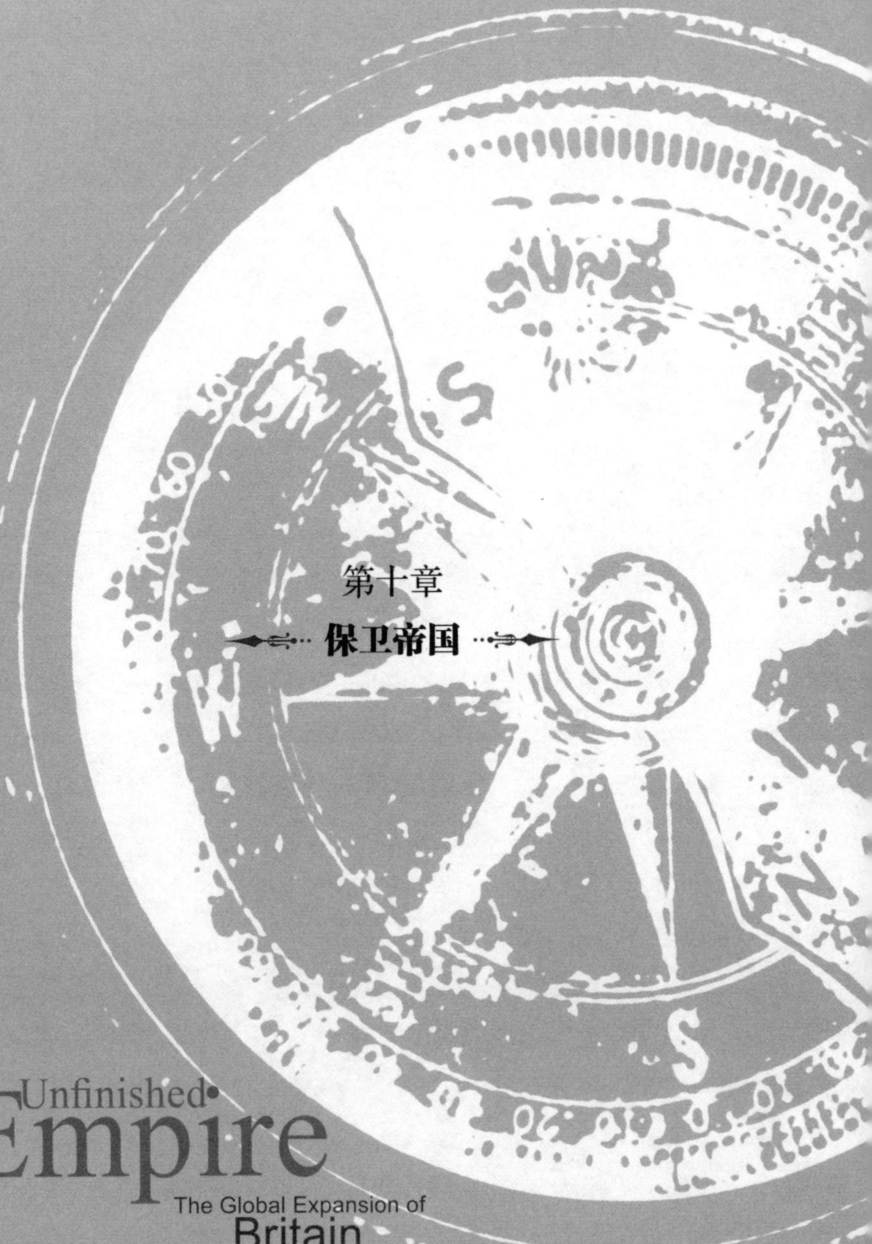

Unfinished Empire
The Global Expansion of Britain

肿胀的巨人

有光的地方必有阴影，一旦英国成了名副其实的日不落帝国，它的危机将永远隐藏在光亮的阴暗面。这个时刻在七年战争期间到来了，当时英国人在他们的大西洋领地之外又增加了一个在亚洲的帝国。从那一刻起，他们开始被迫从全球角度来考虑问题。他们无休止地扩张，同时也在各地树敌无数，他们面对着肖尼人、特拉华人、马拉塔人和罗希拉人这些原住民敌人，除此之外还有他们在欧洲的敌人、西班牙人、法国人和荷兰人。这种全球化的视角暗含着新的威胁。因为无论南非的边界战争还是美国人的起义现在都可能吸引英国军队，同时转移英国的海上力量。一个版图覆盖全球的帝国所要付出的代价不仅是要处理世界各地无休止的危机，当一个地区的危机暴露了其他地区的虚弱从而引起连锁反应时，它还必须消耗资源来解决困境。站在这个角度看问题，帝国在 1763 年的胜利只是接下来 50 年乱局的序曲。

就像我们看到的一样，经历了近 20 年的世界大战之后，1815 年的胜利抹去了 50 多年来最让人恐惧的事情。不过到 19 世纪晚期，曾在滑铁卢战役和特拉法尔加战役之前困扰着英国政治家的策略难题再次出现。他们的帝国领土广袤，掌握的资产不管是在地域、人口还是财富上都远远超过了他们的敌人，他们在非洲以及南亚（缅甸、马来亚以及加里曼丹岛）的分割中择肥而噬。当欧洲的“闯入者”侵犯西非及东非，或者波斯湾这类地区，他们常常会表现得愤怒不堪（有时还真是发了怒），因为这些地区是他们为自己预留的“干涉范围”。那些较为冷静的顾问告诫英国政治家们不要如此嚣张跋扈，以免惹起众怒。一位顾问写道：“有时候在我看来，对于读了我们新闻报道的外国人来说，大英帝国一定是以一个横跨全球的巨人形象出现的，这个巨人有着很大的手指和脚趾，死死抱住整个地球不肯放手，别人哪怕只是轻轻一碰都能引起他的尖叫。”

更糟的是，全世界政治的整体平衡现在似乎朝着反对英国的方向转变。德国和意大利两个新兴国要求建立海外帝国，他们对热带地区提出了领土要求。英国最危险的两个敌人俄国和法国于 1894 年结成了联盟，这就是所谓的“法俄同盟”，法国资本催化了沙皇对亚洲的野心。受此影响，那些无足轻重的人（比如葡萄牙或者比利时国王）都变得更加大胆，从而来缠着英国这只狮子的尾巴或者用力拉它的胡须。殖民国家中各阶层的情绪也因为害怕被排除在贸易繁荣且矿产丰富的未被殖民的世界之外，而快要到达歇斯底里的程度。19 世纪末，世界范围内的通信革命更加助涨了这种情绪。汽船和铁路使全球的每一个部分都变成了欧洲潜在的一个省份，并且增加了所有帝国建造者的胃口。在非洲沙漠中铺设铁路带来了如同经济吞并一样的好处。这就创造了一种必须得到保卫的利益。无线电波网络缩短了地区之间的距离。拥护帝国主义的自由作家之间的辩论或竞争不论多么遥远、不得体或者琐碎，都只需要几个小时就可以被传播给公众，从而激起他们的爱国情绪。英国的外交官徒劳地对着法国的“向当局献媚的报纸”发怒，却忘记了他们自己国内的情况其实与此大同小异。在一片计划、宣传和方案的嘈杂声中（更别说诡计的风暴），人们很容易认为帝国之间的竞争进入到了游戏的结尾。不仅是在美洲，世界各国的边界正在重新划分。各大国的领导人们为了避免本国遭受冷落或者受到不公平的分配，不惜冒着爆发冲突的危险展开了博弈。

事实上，1900 年后，那些暂时逃脱了瓜分命运的地区的大门开始越来越有可能被打开。欧洲商业、技术和思想冲击的分量会分裂和打击，或者纯粹地摧毁在中国、韩国、奥斯曼帝国、伊朗、摩洛哥和埃塞俄比亚残存的旧制度。从大西洋到东亚的一大片领土又会以不可预测的顺序被争抢，一群本地行动派和突发事件使其变得更加难以预测。比起之前瓜分非洲时轻松的讨价还价，各大国在争夺殖民地时所冒的风险越来越大，妥协的余地却越来越小。这次的赢家可以尽收好处。奖赏也许就是无限的霸权。

后来，我们知道结果并非如此。不过那些负责保卫英国利益和地位的人的判断却恰恰相反。他们的任务难度很大。为了保卫英国的帝国，他们需要做的并不只是简单的建造舰队和堡垒，或者配置炮艇和驻军，无论多么数量巨大或者分布广泛都是不够的。他们还要处理一系列的理论和实际问题，这些问题既有策略性的也有政治性的，这些问题的存在已和帝国一样长久。

所有这些问题的根源在于英国扩张的地理独特性。英国的帝国形状打破了军事逻辑的任何一条概念。也许有些观念会认为一个有着良好规划的帝国要稳定地向外扩张。其都市中心部分会被最值得信任的地区保卫起来。除了这部分还会有一系列被分级的地区，包括一些不太有价值的地区，以及处于边缘地带的“缓冲国家”和在必要时能够被放弃的“诉讼领域”。一个经过精心规划的帝国在遇到危险时可以依靠其城墙：罗马的“防线”、中国的“长城”、保卫沙皇俄国占有的大草原的“燧石防线”；希特勒的“西部防线”。躲在这些防御背后，帝国能够重建士气、恢复其力量并重新考虑战争计划。如果这就是帝国主义设计者的模板，大英帝国的版本就只是一个荒谬而拙劣的模仿。其中心和心脏离它最危险的敌人仅 22 英里，最有价值的领土不是那些排列得离中心很近的契约省份，而是在世界的另一端，坐帆船需要 6 个月、坐轮船至少需要 3 星期才能到达的地方。1860 年以后，几乎有一半的英国军队驻扎在印度军营，与最近的海港都相距很远。除了印度和加拿大，帝国的大部分就像遍布世界的群岛，从香港一直到马尔维纳斯群岛。“大英帝国在与除了沙皇俄国和美国之外的其他大国交战时，其力量与分布在海上的众多岛屿势均力敌。”一位维多利亚时代晚期的专家说道。

这种奇异的布局并不是没有好处，但也带来了很多问题，这其中最关键的也是引来众多讨论的，就是英国与欧洲的联系。一种貌似可信的观点认为，英国卷入欧洲的冲突，加入王朝阴谋的战场和 19 世纪晚期的军国主义竞争分散了其自身的注意力，偏离了其应有的命运，后果是致命的。广阔的海洋以及外面的世界才是它真正的利益所在：它们会以最少的代价带来最大的回报。早在1700年之前，英国的海上优势就已经很明显，能够被用来掠夺对手的领地，同时保护本土岛屿不受任何外来入侵。这在18世纪就是“美洲”战略或“公海”战略。直到20世纪30年代晚期，这种战略依旧颇具吸引力，当时对大战再次来临的担心让欧洲两败俱伤的冲突受到普遍的厌恶。消耗英国的力量来保卫一个无法捍卫的和平条约似乎成了“仲夏的疯狂”，尤其是对于包括加拿大、澳大利亚、新西兰和南非这些白人自治领的领导者而言。一位老兵（也是帝国主义者，后来成为丘吉尔战时内阁的成员）利奥波德·埃默里（Leopold Amery）甚至寄希望于通过让德国控制中欧来使英国避免陷入泥潭。不过正如其批评家坚持的，这个战略有着致命的判断性错误。

蓝水战略认为，一旦陷入危机，英国可以抵抗敌人的任何联手。尽管有时候这的确是可能的，却常常需要付出巨大的代价。第一个难题就是这需要有一支巨大的海军军队，这支海军不仅要比任何可能的对手所拥有的更大，也要比任何联手的敌人所拥有的大。不过一个更大的危险潜伏在阴影之中。从伊丽莎白时代开始，英国的领导者常常警觉欧洲不稳定的政治可能会打破爱争吵的统治者之间的权力平衡。如果欧洲的某个大国想要赢得统治的权力并且击败所有其他对手，那么它需要牢牢掌控这片大陆所有的资源：陆军、海军、贸易、财富、工业、航运和人力。它要能控制波罗的海和地中海，能摧毁英国的贸易（欧洲市场对其十分重要），尤其要拥有能迅速震慑或发动侵略的能力。为了防止这样的可怕灾难，蓝水战略帝国主义者的批评家认为，需要时常关注欧洲权力的变化和组合，监控权力平衡的任何微小调整，就像一位现代的地震学家对地震的监测一样。这还只是开始。无休止的情报流通背后的真正目的是要扩大英国的影响以及（如果需要的话）选择英国的同盟，因此没有哪个单独的权力能成为欧洲的霸主。这样做的残酷逻辑就是如果外交不奏效，英国必须愿意接受混乱的联盟，在盟友身上挥霍资源，或者最差的，派军到大陆战场上战斗。的确，在经历了一次又一次类似事件之后，除了蓝水战略诱人的吸引，英国领导者接受了英国及其帝国在欧洲必须得到捍卫的事实：西班牙王位继承战争（1702~1713）、奥地利王位继承战争（1740~1748）、七年战争（1756~1763）、美国独立战争和拿破仑战争（维多利亚时代称之为1793~1815年的“大战”）以及

20 世纪的第一次世界大战和第二次世界大战。“那些认为大战仅限于海军实力的人，”英国七年战争时期伟大的战略家皮特（Pitt）说道，“是缺少知识或经验的。”

不过，来自美洲大陆的承诺注定让他们不安，原因至少有 4 个。第一，惨痛的经验过后，他们明白了大陆战争的极其昂贵。1690 年以后的每一次主要战争都产生了巨额债务，增加了赋税，并引起了处于压力之下的本土大范围的动乱。正是诸如此类的压力迫使英国的大臣们于 1763 年之后开始在美国征税，由此带来了灾难性的后果。第二，当军队的规模开始膨胀，大规模征兵也在欧洲大国变得普遍（19 世纪的发展趋势）时，有许多警告声音称欧洲战争不可避免地要在英国征兵，还会打破英国在军国主义车轮上的自由。第三，那些依靠议会支持的政府（因此也依靠公众观点），也对他们与其他欧洲国家长期结盟感到深深的犹豫，他们生怕一旦结盟形成，本土的意见会左右这种情况。不过他们坚持在所有外交关系中我行我素注定会招致欧洲邻居们的不信任，或者在关键的时刻削弱他们的声音（1914 年 7 月德国人低估英国干预的原因的一种观点）。第四，保卫帝国边界（尤其是在印度）对于一个较小的军队（1914 年以前大部分时间在 12 万~18 万人之间）而言已经是沉重的负担。不难想象，一个常常在遥远的地点工作的军队，要抵抗“不文明的”敌人，为了能够迅速反对“一流的”对手是如何部署的。这些“一流的”对手在现代化的条件以及繁重的装备下训练如何战斗。对索尔兹伯里勋爵（不是将军的崇拜者）而言，为了这样的事件训练只不过是在表演。“我们的军队绝不会发现自己处于这种情况中，”他 1899 年说道，“他们应该练习的是在需要时让一支相对较小的军队迅速远征到帝国的任何一个地点。你的职责就相当于军事消防队的职业……”

不论他们认为英国应当在欧洲大陆事务中承担怎样的责任，当欧洲均势受到了严重的威胁时，大多数英国领导者对于对他们在哪里以及如何采取军事行动故意保持含糊不清态度的原因是显而易见的。事实上，除了欧洲事务的复杂性，保卫帝国也存在着很大争议。最基本的争论是关于何种威胁是最真实的以及谁的需要是最紧急的。在 18 世纪，在英属西印度群岛的种植园主为了寻求英国的保护而与美国殖民者抗争，以此来反对法国人的攻击。在 19 世纪，开普殖民地的总督与新西兰的移民（惧怕毛利人）、中国的领事和印度的总督为了英帝国主义的长矛——步兵的军营曾一较高下。在 20 世纪，伦敦面临着让人不安的需求：保卫澳大利亚、埃及、

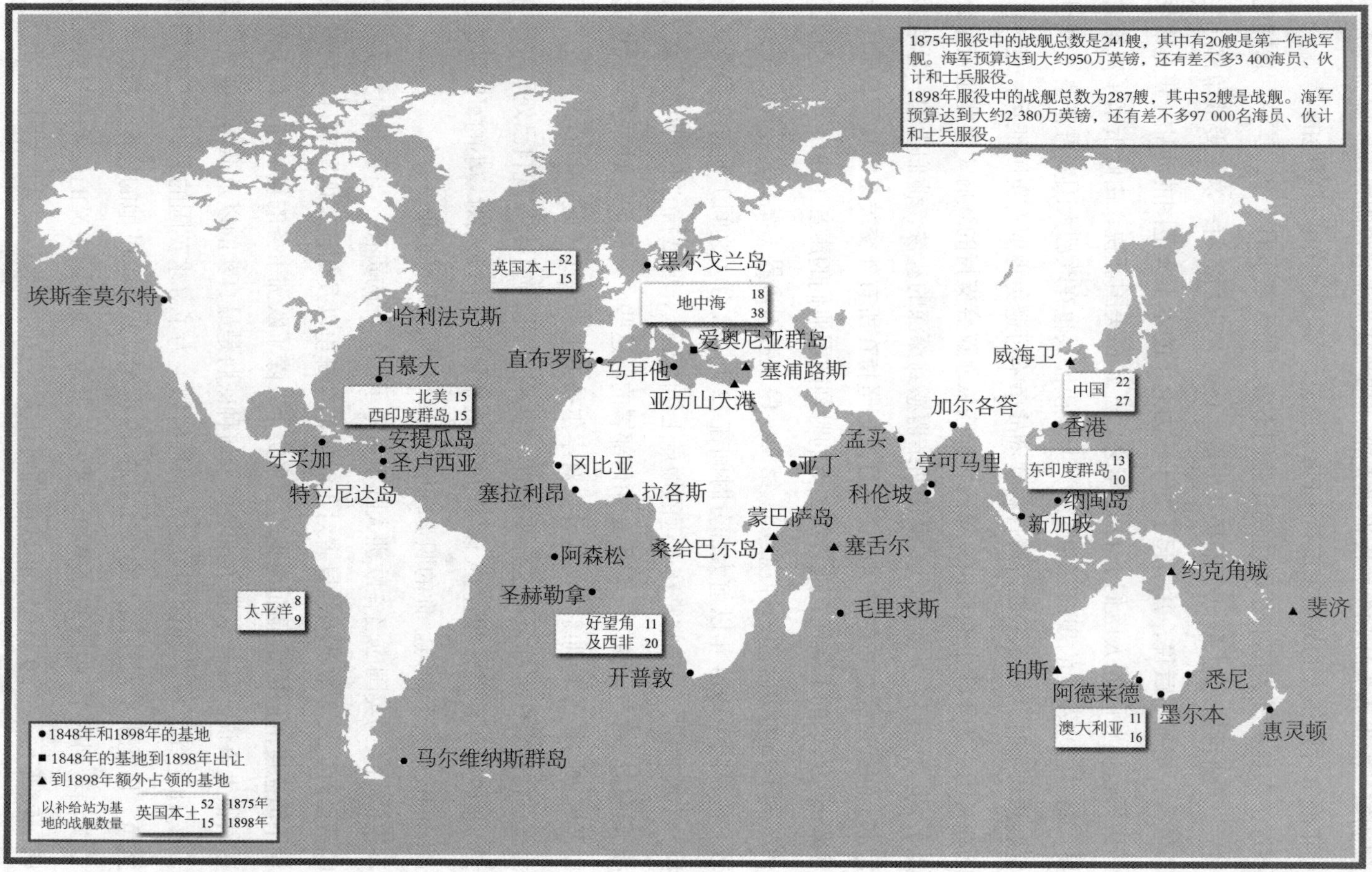

图10—1　1875年和1898年皇家海军及其补给站

本土岛屿或是大西洋航路（这是最重要的）。与这些争论密切相关的问题并不仅仅是谁来保卫，更是在哪里以及如何保卫。在帝国的几乎每一片疆域，以及沿着其主要路线，似乎总能找到进一步前进的可能：这里的一块锚地、那里的海岸线、堡垒、河流、大山、丘陵、衰退的国家、重要的绿洲和反抗的部落。吞并、占领或军事存在都会缩短路线，降低开销，并且让帝国变得强大，或者看上去强大。经验丰富的政客要学会怀疑。“如果你相信士兵，”索尔斯伯里对一位兴奋的总督说道，“就没有安全可言。”他的侄子A · J · 鲍尔福（A. J. Balfour）是少有的认真研究战略的英国首相之一，同时也是一位怀疑论者。1918 年寇松（Curzon）勋爵坚持为了保护印度则需要占领波斯，或许还有高加索。贝尔福说道，进入印度的通道变得离印度越来越远，我不知道这会被总参谋部向西推进多远。不过就像贝尔福发现的那样，拒绝这样的要求并不总能成功，而且也不总是明智的。大英帝国所拥有的奇特形状实际上是因为需要保护其航道，并且控制其堡垒和缓冲地带，因为它们使帝国得以以较为宽松的方式来统治群岛。

海军是英国最主要的武器，在局势紧张时期，最紧迫的问题就是海军驻扎在何处。在漫长的 18 世纪的战争（1690~1815 年）中，很显然英国需要海军的“木制城墙”来保护自己免受侵略的威胁。关于究竟应该如何执行的问题有时候会引起激烈的争论。海军犹豫是否应该对主要的法国海军基地（在布列塔尼的布雷斯特）维持封锁来阻止法国舰队冒险进入海峡，可是封锁的消耗是出了名的大，而且在雾天或大风天不能保证这会起效。同样还需要在数量上占有很大的优势，因为破旧的船和筋疲力尽的船员们需要定期轮换。还有一个问题是海军的火力是否应该转向其他地方。法国在其地中海沿岸的土伦维持着一个规模很大的舰队。如果法国在战斗中取胜，并且对以布雷斯特作为基地的舰队形成支持，英吉利海峡力量的平衡就会被打破。英国的地中海军队被要求来抵抗这支力量。不过战时它应该驻扎在哪里呢？离本土基地太远，因此英国不能封锁土伦。只能退守到直布罗陀海峡来封锁进入大西洋的通道。不过这会让法国的舰队控制地中海中部和东部，破坏英国贸易以及（更糟的是）与西班牙联合行动。没有一个答案是简单的。另一个难题是要保护商业运输，商船成为敌军巡航舰的猎物。当船只进入爱尔兰海的西部海域和海峡时，被攻击的可能性就会很大。不过保卫护航队对于海军的领导者以及他们战争中的主要任务来说是一个巨大的干扰。

这个任务在英雄人物纳尔逊身上体现得淋漓尽致，在一则格言中也有所体现：海战的目标就是“对大海的控制”。要想获得这种控制权只能通过坚决与敌军舰队交战来确定对方的毁灭或被俘获的结局。一旦确保了控制权，管辖海上通道会减少贸易的损失，海军力量能被用来进一步摧毁敌军。这样做的逻辑并不是让封锁陷入僵局，而是找到让敌军不惜一切加入战争的方法。更深层级的逻辑，当然，是海军力量必须在所有可能发生战争的地方集中。就像我们所看到的那样，这个逻辑并不经常受欢迎，尤其是对那些在地球另一端的遥远的殖民地来说，他们非常担心本地入侵。“如果英国舰队在北海被击败，”当时海军部的大臣温斯顿·丘吉尔 1913 年宣称，“所有他们现在为澳大利亚自治领避开的危险都会解除……太平洋的情形必然会被对北海的局势所牵制。”不过澳大利亚和新西兰的政客对日本的海上力量感到十分焦虑，他们很难去相信奥克尼的海军基地是他们区域安全的真正保障。事实上，1914~1918 年海战的模式证明了丘吉尔的主张是对的。不过 1919 年以后，当主要的海军威胁会来自北欧、地中海还是东亚的日本变得不确定的时候，关于在何处集中英国的海军力量以及如何能够控制大海的问题变得更加复杂。当英国可能面临由德国、意大利和日本联手进行的攻击（1936 年之后越发可能）时，这个问题变得几乎无法解决。事实上，此时，英国海上霸权（被第二次世界大战的胜利掩盖）的最终消失已经十分迫近。

对于一个如此依靠其海上连接、贸易利润以及最重要的食品进口水平（到 19 世纪晚期尤其如此）的帝国而言，海军的规模、配置和火力注定是很重要的。不过正如我们所见，对于那些保卫帝国的人而言，这些并不只是他们被迫权衡的事情。他们必须决定在欧洲的哪一部分以及如何保留英国的影响，哪怕并不完全为了英国自身的安全考虑。他们必须让自己与欧洲的友好关系和在帝国边界扩张的欲望（大部分摩擦的来源）保持平衡。他们必须要决定在任何特定的地点或者时间扩大帝国或者其影响范围是否会增加其安全或者带来可能的“冒险扩张”——常常是一个不容易做的精细运算。也许他们尤其要留意我们能看到的（后见之明的优势）把控着通往英国世界权力钥匙的三个基本条件。第一条就是避免孤立的必要性。“没有孤立这回事，尤其对一个坐落在世界公路的岛国和海上帝国的中心而言。”一位维多利亚时期末的评论员说道。一个积极的外交策略就是经常被要求要避开这样的梦魇。第二点是帝国给全世界造成的危险可能会被“超级大陆”即欧亚大陆的权力集合（也许是一个大国，也许是一个联盟）所压制。这就是危险所在，1904年，被哈尔福德·麦金德精辟地阐释清楚，它常常困扰着政策制定者。英国人必须决定他们能在何种程度上减小在亚洲发起的“前进运动”带来的威胁，于是他们在1918年做出了一个突然且重大的决定（我们马上会看到）。第三，如果按照1930年以前还隐而未现的方式，使大英帝国在可以承受的范围内战略性地存活的是一次世界历史上的意外事件。1815年后真正的欧洲均势和东亚的软弱独特的结合为英国的全球帝国主义创造了空间。当这些条件不复存在（就像到20世纪30年代中期他们威胁要这样做那样），这一艘巨轮（丘吉尔的生动措辞）能否幸存成了一个有争议的问题。

战争的过山车，1755~1815

1755年6月8日，没有宣战，在大西洋西部的一支英国中队拦截了法国一支前往魁北克的运送军队的护航队。大多数人逃跑了，两人被俘虏。在接下来的6个月里，英国人在“和平”正式宣告结束前拦截了300多艘法国海船。在接下来60年的大部分时间里，英国人为了保卫他们本土的安全，将他们在欧洲的地位以及他们的海外帝国都卷入了战争。他们经历了从胜利到灾难，从恢复到困境的艰难过程。在让人惊诧的战争高潮中他们经历了从1814年胜利的和平到在欧洲重新奋斗的展望（如果拿破仑在滑铁卢战役中取胜）再到1815年6月惠灵顿战役的胜利确保的巨大地理政治的成功。在接下来99年的间隔时期，英国人几乎独享并充分利用了进行海外扩张的优厚条件。

不过在18世纪50年代，大部分任务是防御性的。在他们的北美殖民地，一些迹象让他们警觉到法国人正在从他们帝国的两端加强对异邦内陆的控制，即从魁北克和新奥尔良控制俄亥俄及密西西比。一位久经沙场的老兵布拉多克（Braddock）将军领导了一支远征部队，夺取法国控制的杜肯要塞（今匹兹堡），结果成了一次代价高昂的惨败。接下来的三年里，英国人与他们的殖民地民兵与法国在英属北美堡垒包围圈中的对抗努力取得了进展：迪尤肯、泰孔德罗加、路易斯堡（在布雷顿角岛上）以及最重要的堡垒魁北克。在欧洲，他们的地位看上去更不利。他们现有的盟友出现了巨大的反转，这片大陆主要的军事力量法国和奥地利形成了新的合作关系。因为当时奥地利统治了低地国家地区的南部（今比利时）——历史上英国侵略的据点，波旁王朝统治着法国和西班牙，这两个国家是英国在大西洋和美洲最痛恨的对手，这种新格局看上去无比危险。距离法国支持詹姆斯党在英国的最后一次叛乱已经过去 10 年多了，英国及其大西洋领地被侵略的可能性都不能被排除。所以为了避免被孤立并恢复欧洲均势，英国人将自身的命运与奥地利的眼中钉普鲁士的腓特烈联系在了一起，腓烈特曾因企图争夺西里西亚（一个奥地利的省份）而引起了哈布斯堡皇室的愤怒。这看起来似乎是迫不得已的权宜之计。

尽管困难重重，腓特烈仍然以赫赫战功证明了他是一位天才的军队指挥官。来自英国的资助支持使他的军队运转良好，腓特烈获得了一系列的重大胜利——尽管对手往往比他要强大很多。同时，胜势也蔓延到了北美战区和海上。1758 年，英国人夺取了杜肯和路易斯堡，开辟了进入北美中西部和圣劳伦斯湾的通道，使 1759 年成为“充满胜利的一年”。在 9 月份，几乎是用尽了最后一口气，詹姆斯 · 沃尔夫（James Wolfe）领导下的远征军被派去占领魁北克，他们从河里爬出来后遇上了在亚伯拉罕高地的法国驻军。在短暂的杀戮中，他们逼迫法国军队投降，因为手里握着魁北克，他们掌握了通往法属北美的钥匙。两个月之后，发生了一次意想不到的追逐，海军指挥官霍克（Hawke）的海峡舰队将法国的布雷斯特舰队追逐到了基伯龙湾危险的岩石和暗礁区域，并且在那里将其摧毁。法国海军力量的毁灭终止了任何侵略的可能并将法国的大西洋帝国（包括其加勒比的“糖殖民地”）一起摧毁了。同时在印度，一支强大的被派出去破坏英国贸易并且加强法国的影响（特别是在南亚）的法国分舰队被扣押在海湾直到 1761 年 1 月英国人夺取本地治里，这是法国在印度的主要基地。并且一个有趣的结局是，西班牙最终加入了战争（也许是为了限制英国胜利的规模，却导致了灾难性的后果。1762 年，英国人夺取了哈瓦那、西班牙的加勒比和直布罗陀来保护其前往墨西哥的航路，同时还占领了西太平洋的马尼拉，英国人派了不到 1 000 人的军队，他们是来自东印度公司的英国常备军和印度兵。当一度加入了法国和奥地利反对暴发户普鲁士的沙皇俄国退出战争后，战争彻底宣告结束。

英国获利的规模是惊人的。一个“防御性的”战争给帝国带来了比1775年最狂妄的梦想更不可思议的奖励。1763年的《巴黎和约》中，英国人获得了密西西比以东的北美全部地区，包括西班牙占领的佛罗里达，还有西非的塞内加尔，这是奴隶贸易进行的地方。法国放弃了对南印度的诉求以及在孟加拉维持军事存在的权利，因为1757年克莱武在普拉西取得了胜利。不过在甜蜜的殖民油膏里有一只很大的欧洲苍蝇。英国的海外胜利是有目共睹的，但它始终无法打败欧洲的法国。他们也不想延长与西班牙的交战。殖民让步对于规劝法国和西班牙争取和平是必要的，这让法国从它占有的德国土地中撤退（对普鲁士的关键保护）并否认与奥地利的盟友关系。法国的瓜德罗普岛、哈瓦那和马尼拉都被退还，以安抚大声疾呼的英国人。一个摆脱了所有对手和攻击危险的海外帝国毕竟不是他们能够驾驭的。事实上，很快就有迹象表明英国人扩张过度了。更糟糕的是，之后即使是他们的胜利也不够强大到能缓解他们在欧洲面临的限制：英国开始有必要避免孤立的境地并维持一个“友好的”均势来阻止一个对抗他们的巨大联合。

如果不是与他们的北美子民闹翻，这件事情也不是迫在眉睫。这与他们为战争胜利付出的代价是一样的。为了减小军事上的负担，英国的大臣们决定在1763年划定的“公告线”后面限制北美白人对印第安人土地的殖民统治。1763年的“公告线”是穿过森林来限制边界农民和贪婪的土地投机者（其中以乔治·华盛顿为典型代表）扩张的，对于这些人来说，印第安人的土地是无法抵抗的诱惑。为了减少战争债务并阻止本土仇恨的滋生，也为了保护帝国英国大臣们决定向北美殖民地适当地征税。这两个方案最终被证明是极大的政治灾难。到18世纪70年代，他们面临了一次严重的移民叛乱，情况极其危险。在1778年，事情变得更糟了。因为法国一直在耐心等待复仇的时机，它加入了这场斗争并且与美国站在一边。西班牙与荷兰也分别于1779年和1780年加入战争，他们都十分急切地要打败过于自负的英国人，并阻止其在大西洋以及亚洲的扩张。（同样也包括他们的加勒比属地、库腊索岛、圣尤斯泰希厄斯岛、苏里南、荷兰统治的锡兰、爪哇岛、苏门答腊岛和香料群岛。）1780年，沙皇俄国精心策划的武装中立团结了其他的欧洲国家来反对英国，因为他们认为中立的运输船不应该被英国人的封锁影响。在这些可怕的情形下，美国人的抗争几乎成了余兴表演。英国人面临着本土被侵略以及丢失其加勒比“皇冠珠宝”（其中最主要的是牙买加）的危机。英国人拥有大约 90 艘战舰，远远低于法国和西班牙能召集起来与之对抗的总数 116。在付出了巨大的努力之后，他们排除了本土海域的威胁，并于 1782 年在罗德尼（Rodney）的指挥下在“圣徒群岛”（因战斗发生在瓜德罗普岛与多米尼加岛之间的一群小岛上而得名）取得了胜利，重获大西洋的控制权。不过对于北美战争而言，这实在太微不足道而且来得太晚了。在关键的阶段，大西洋的生命线被切断，打击美国的主要力量康华里的军队被迫在约克镇投降。英国人丧失了继续战斗的欲望，他们开始坐到会议桌前绝望地渴求能够粉碎对抗他们的联合力量。赋予美国独立是唯一确定能够终结殖民地与法国（世界上最坏的国家）的结盟并保留与英国贸易关系的方式。黑暗之中唯一的光明之处是他们的海军在印度取得了胜利。在那里，法国人对海达尔 · 阿利（Haidar Ali，东印度公司在南亚的头号敌人）的援助被彻底挫败了。如果法国分舰队成功封锁在马德拉斯的英国基地，并且切断与孟加拉的重要连接，海达尔 · 阿利也许就能打败装备并不强大的英国东印度公司军队，印度的历史也许因此就是另一番模样了。

在小威廉 · 皮特（William Pitt，于 1783~1801 及 1804~1806 期间担任英国首相）的领导下，英国人开始复兴海军和外交。1790 年，此时已足够强大的英国压制了西班牙长期以来一直坚持的对北美太平洋沿岸排他性的控制权，并迫使其正式接受太平洋不再是他们的垄断地带的事实（所谓的“努特卡湾争端”）。三年后，他们和法国开战，这场长达 20 年的斗争决定了他们全球扩张的命运。这次冲突的规模和时长甚至远远超过了 30 年前：一方面，陆地力量所拥有的调动欧洲人力和物力资源的能力（通过合作以及暴力）震惊了当时人们的看法；另一方面，海上力量关键要依靠大约 1760 年以来欧洲殖民的快速发展以及在非欧洲世界的贸易增长——尤其是在美洲和南亚。正因为如此，欧洲以及非欧洲的“双重革命”使这场冲突成了“世界的战争”，甚至可以说是“为了世界的战争”。开始英国只是为了保护其本土岛屿的安全，结果却决定了一个世纪或更长时间里欧洲在这个世界的地位。

防御自然是必要的，特别是在英国的帝国制度最薄弱的时刻。“只要让我们做 6 个小时的海峡主人，”拿破仑说道，“那我们就会成为世界的主宰。”拥有多佛尔海峡、英吉利海峡和爱尔兰海峡的海上控制权，加上禁止低地国家与大国对抗，这些共同成为保证英国安全的关键。为了反击革命的法国向北部扩张，英国人首先开战。但随着战斗继续，法国的行动被拿破仑的军事天才和宏伟的远见激发出来，对大英帝国的威胁出现在越来越广的范围：地中海、加勒比海、印度洋，这种影响甚至影响到了他们的贸易。正如英国的战略犹豫不决所反映的一样，如何决定何为最好的抵抗方式是不容易的，更别说怎样有朝一日取得战争的胜利。

很明显，英国要做的就是将法国驱赶出斯凯尔特河的河口，因为这里是侵略的据点。不过当荷兰沦陷而且爱国党去到了法国后，这就不再是一种好的选择。很明显，抑制法国需要多国力量的联合，奥地利是最佳选择。为了在区域联手，英国人需要预付其军队要求的财政支出。在地中海安排部分海军驻守也是很重要的，这可以鼓舞他们的盟友并且阻止法国对地中海的主导。这还不是全部。一旦被迫从大陆离开，英国人就不得不始终警觉被侵略的危险，这些侵略并不仅是针对英国的，还有可能深入反抗的爱尔兰岛。英国的第一要务是紧密观察和监视法国的军港和西班牙的意图。西班牙是英国短暂的盟友，不过在当时它却是法国的盟友。不过同时，采取蓝水战略是颇具吸引力的：用英国的两栖力量来攫取敌人的殖民属地，1795年后是荷兰，同样还有西班牙和法国。这并不是唯一的机会主义。亨利·邓达斯（Henry Dundas）是皮特的得力助手和非官方战略指挥官，他坚持认为英国的“海岛情形以及有限的人口不允许广泛的大陆行动，并且我们相当依赖……贸易和航海的发达程度”，这个结论是“明显的”。英国应该首先致力于扩大其海上力量并且毁灭敌人的海上力量：“我们应该尽早，最好是在战争的开始就切断敌人的贸易资源（并且）不能出任何差错地削弱他们的海上资源”。使英国的这种需求更为紧迫的是对英国制造商采取关闭市场的惩罚以及之后对贸易的破坏。

邓达斯认为在海外贸易和帝国以及帝国在欧洲战争的独特角色之间有一个固有的联系：帝国是军事同盟的军需官。如果英国的贸易摇摇欲坠，随之而来的就是伦敦金融城管理的信用和贷款的复杂制度的崩溃，紧接着便是财政灾难。这也涉及自信的问题。因此保护英国在加勒比的属地是十分关键的，此处仍然是皇冠上的珠宝。邓达斯在1796年8月说道：“失去牙买加，是对我们信用的彻底毁灭。”失去其出口、汇款以及糖税的收入对英国来说是一次很大的打击。邓达斯认为印度也是一样（他的三个兄弟在那里寻求财富）。事实上，伦敦很早就认为东印度公司“大到他们不能失去”。不过即使是与对手进行海战，指挥荷兰、西班牙和自己的海军都不是容易的事情。英国人的封锁政策让他们与可能的朋友之间产生了距离。海战需要大量的海军补给品、木材和焦油来维修和建造，这个考虑使波罗的海甚至是科西嘉岛的战略地位尤其重要。尤其是在东方世界，还需要安全的基地使轮船能够得到整修，船员们能够恢复精力。在孟加拉湾，英国人没有安全的海港使他们的船安全度过飓风季节，当西南季风在 10 月变成东北季风之时，飓风季节便来临了。在通信缓慢且不可靠的时代，愿意冒险的精神变得尤其重要，当时追踪敌人的舰队是非常困难的，并且风向和天气的变化可能会破坏完美的计划。“当敌人的海上力量强于你，而你又有许多偏远的属地要保卫，”海军上将肯彭费尔特（Kempenfeldt）在美国独立战争的关键阶段说道，“很难决定怎样才是调配船只的最佳方式。”

不管带来了哪些好处，欧洲的战争对法国殖民地的攻击并不能给关键战场做出真正的贡献，它还使英国付出了昂贵的代价：1794~1801 年的加勒比远征中大约有 66 000 人丧生（大部分是因为疾病）。1797 年，当拿破仑杀出一条血路到达意大利时，反对法国的联合瓦解了。因为担心侵略（一小支法国远征军实际上到达了威尔士），而且财政状况混乱，加上海军担心起义的危险，英国人放弃了地中海，决定第二年返回。诱骗奥地利重回战争的代价看起来有着巨大的风险。这恰恰与拿破仑征服埃及的巨大阴谋不经意地吻合了，拿破仑企图第一阶段（看上去很有可能）征服埃及这个大的东方帝国，然后最终进攻印度。“我们最早和你们结识，”1798 年 6 月，伦敦的东印度公司负责人对他们的印度总督警告道，“我们已经收到情报……一大批轮船、军队、军需品最近在土伦就绪并且开始了航行……（在 5 月 19 日）……不是没有可能……它们的目的地是印度，要么经过红海（首先要先占领埃及）要么经过巴士拉。”总督早就决定要攻击蒂普苏丹，他是迈索尔的统治者，并且早就被怀疑和法国人有了将英国驱逐出南印度甚至是整个次大陆的秘密协定。法国军队的确入侵了埃及。不过在拿破仑能够进一步利用他的妙计之前，他的计划因为纳尔逊在尼罗河河口海战中对其舰队的彻底摧毁而泡汤，那是在 8 月 1 日，纳尔逊的行动积攒了巨大的勇气并贯彻得十分完美：纳尔逊需要将他的部分舰队航行到固定的法国舰队与海岸之间，这需要冒着让他的船在深度未明的水域里搁浅的风险。他从这样危险的策略中得到的是巨大的好处是“双倍”攻击法国——立刻从两面攻击他们的船，这是一次致命的突击。尼罗河河口海战和第二年韦尔斯利在塞林伽巴丹对抗蒂普苏丹的压倒性胜利终止了法国对印度的威胁。不过这样做和阻止法国对爱尔兰的侵略来响应 1798 年的起义都不能确保英国安全所要求的在欧洲的力量平衡。

想要在陆地上击败拿破仑很明显是不可能的，这就让英国人于 1801 年寻求妥协的和平。不过这个希望也很快就破灭了，因为法国人拒绝从低地国家中撤退，而且马耳他（之前被纳尔逊夺取）的英国人也拒绝这样做。在第二阶段的战斗中，即 1803~1814 年之间，英国人获取了他们之前没有获得的海上掌控权。1805 年 10 月 21 日，纳尔逊在特拉法尔加海战中对抗法国和西班牙舰队的伟大胜利中取得了一个重要的成果：英国人现在可以随意摘取他们敌人的海外领地，并且不用担心在本土发生危险。在他们以前对特立尼达拉岛和锡兰的征服中又加入了开普殖民地、毛里求斯和爪哇岛。拿破仑于 1809 年企图对英国实施大陆经济封锁政策，设法将英国从欧洲贸易中排除，这项政策的实施像筛子滴漏一般，还惹恼了他的附庸。当他的军队入侵西班牙来镇压反法起义，一支不受法国干扰的海军补给线支撑了在葡萄牙的惠灵顿的军队，并且允许其渐渐前进到西班牙。不过难题依旧存在。只要拿破仑是欧洲的霸主，英国人就无法确定他何时还会来侵略他们，或者建造一支新的舰队，或者拉拢新的盟友。与此同时，他们竭尽全力地维持一支很大的陆军和海军。在战争的后半部分，政府开支花费了将近全国收入的 1/4 来支付国防费用以及战争产生的巨大公共债务。正是在本土的经济扩张（包括蒸汽动力的巨大发展）使得税务的负担和通货膨胀在政治上能够被忍受。

僵局被沙皇俄国反抗拿破仑霸权的行动以及拿破仑 1812 年侵略沙皇俄国的惨败所打破。起初，奥地利、普鲁士和沙皇俄国组成的大陆联盟共同反对这位受伤的皇帝。沙皇俄国 1813 年在莱比锡的压倒性胜利是其侵略法国和拿破仑被流放到厄尔巴岛的序曲。从西班牙来的惠灵顿军队在胜利中起到了作用。不过其更关键的作用是在 1815 年建立的“百日王朝”中摧毁了拿破仑企图重建他的军事和政治繁荣的疯狂举动。1815 年 6 月的滑铁卢战役（对英国人而言）是特拉法尔加海战的陆上版，尽管看起来即使是法国的胜利也很有可能无法将拿破仑从沙皇俄国、奥地利和普鲁士军队在附近集结后的勇猛前进中挽救出来。这几乎必然让法国在陆地和海上遭到失败。这对于英国人希望保留主要战时成果以及在 1815 年后的全球扩张是极其重要的先决条件。

原因很简单。在可以向前追溯到17世纪90年代的战争中，英国人和他们的盟友在战争中与法国僵持，但并没有将法国击败。为了和平解决，1763年，英国人不得不将他们的胜利果实的大部分（瓜德罗普岛、本地治里、古巴和马尼拉）扔回到桌面上。1805年以后，英国的全球地位从战略上与经济上来说变得越来越强大。与其他欧洲国家不同，他们能够利用世界其他地方的资源（不管是在大西洋还是印度洋）来维持他们的战争并资助其他人。在陆地上击败拿破仑（部分原因是英国在欧洲之外力量的强大）允许英国人充分利用这次机会来提高他们的地理战略地位。1815年，为了让不受欢迎的波旁皇族能在巴黎继续存在下去（反对拿破仑复兴的最佳保证）这就意味着交还他们需要交还的产糖的殖民地。为了帮助新晋的“尼德兰王国”保卫低地国家对抗法国，它的宝库爪哇又交到了荷兰人手中。不过英国人仍然控制着马耳他、伊奥尼亚、好望角、毛里求斯和锡兰。他们很快就迫使荷兰人放弃了对新加坡的诉求。法国和西班牙都没资格来争夺这些海战的果实，更别说荷兰人：英国的欧洲盟友几乎都没有兴趣这样做。因此1815年的特殊局面使英国保卫帝国的努力变成了地缘政治上的成功。有了好望角、毛里求斯和锡兰（在亭可马里有抗风的海港），他们就拥有了去往印度的干线上所有主要的补给站。在马耳他的大哈伯岛，他们可以观望地中海东部，以及前往东方的“短”路（至今仍是陆上）。有了这些以及在爱尔兰、北美和加勒比的海上基地，他们现在相当于拥有了在航海时代封锁世界的钥匙。

“英国和平”，1815~1914

1815年以后，英国人似乎享有近乎完美的条件来保卫他们拥有的属地，并且还可以为帝国增加新的土地。他们的海军实力让遭受本土入侵的可能大大降低了，除了定期为法国闪电战担心。他们的基地对海道坚不可摧的掌控使得对帝国进行海上攻击（在前一个世纪再普通不过）几乎成了不可能事件。有了汽船、铁路和电报这些更快捷的通信方式，运送货物和步兵营来满足本地应急的需要渐渐变得更容易。同样重要的还有欧洲权力政治的重要变化。对战争、革命和拿破仑军事天才的深深恐惧使欧洲的政治家动摇了，他们决定采用一种全新的外交手段。为了保护欧洲脆弱的稳定，他们达成一致，建立一个“音乐会系统”。因此，任何可能会打破欧洲五大权力（沙皇俄国、奥地利、普鲁士、法国和英国）平衡的对领土控制的变化都要求事先达成共识。任何打破规则的大国都会发现其他各国定会联合起来反对它。这个政策差不多持续了一个世纪，这对于英国而言是巨大的安慰。至此，联合起来反对他们的欧洲给帝国造成的最大威胁退缩到了阴影里。

当然，实际上事情并没有那么直接。英国人非常担心沙皇俄国缓慢但是不停滞的扩张，有些人说就像冰川一般。沙皇俄国巨大的军队、神秘的政治、无懈可击的海上力量以及不可估量的沙皇野心在英国制造了“恐惧沙皇俄国”的气氛。尼古拉斯表现出了“和拿破仑一样的对英格兰的憎恨”，帕尔默斯顿说道。沿着亚洲疆域内部的军事生命的迹象可以被看作是沙皇计划征服（或者至少是破坏）印度帝国的证据。“哥萨克人和印度兵，这两拨分别来自波罗的海以及英国岛屿的人会在亚洲的中央碰面。”帕默斯顿预测道。对法国的疑心同样很快复原，但还有对法国权力的担心，这都是建立在其军队的规模和装备之上的。英国人十分怀疑法国对比利时的意图，并且于1839年坚持用条约来确保比利时的中立（1914年被恺撒无视的一纸空文）。他们反对法国对西班牙和意大利再次施加影响。但拿破仑的侄子路易 · 拿破仑首先当上了总统，并于1851年当上了皇帝，这加剧了他们之间的不信任。卡斯尔雷、坎宁、帕默斯顿、阿伯丁、迪斯罗利和索尔斯伯里都是19世纪英国外交政策的伟大制定者，都清楚英国在世界的利益需要通过在欧洲采取积极的外交政策遏制（他们认为的）某些统治者的本能侵略来保障。正是由于与法国结成了同盟，加上奥地利皇帝施压，沙皇俄国在克里米亚战争中的失败才成为定局。维多利亚时代的政治家认为，只要欧洲是“安静的”，他们就能够处理本土抵抗对他们帝国权威构成的威胁。为了镇压1857~1859年的印度民族大起义，他们将大部分的（英国）军队派去了印度内部。即使如此，他们仍然关注着爱尔兰。帕默斯顿在印度危机最高峰的时期说道：“在爱尔兰最小的爆发”会“比在印度能发生的危机更加撼动我们权力的影响”。

维多利亚时代帝国外部防御的焦虑集中在三个“热点”上：第一个，也是最不严重的一个就是加拿大和美国之间的狭长边界。美国联邦政府的弱点，“暴徒”①（未被授权的扩张主义者，聚集了一帮武装之人来侵略邻国的领土）的猖獗，以及伦敦与华盛顿之间定期的紧张局面都意味着这种危险是真实的，虽然它并不存在，却是铁一般的事实。在美国内战期间及战后，这种危机尤其突出，英国人不得不考虑如何加强他们在加拿大薄弱的守备部队，特别是在冬季圣劳伦斯河结冰的时期。第二个是在印度的西北边界，沙皇俄国的影响在里海和中亚的推进一直被紧密监控。第三个也是最严重的就是被维多利亚时代叫作“近东”的广大地区，从希腊一直到波斯的东部边界。因为他们想要在这里保卫到印度的短途路线（1869 年后该路线变成苏伊士运河），驱逐那些来自埃及或者波斯湾附近并且进入印度通道的敌人。的确，印度成了保卫帝国的重中之重，因为它最易受攻击也最有价值。1857 年的印度民族大起义留下了两个有趣的遗产。在英国人中间产生了某种类似于妄想症的东西，因为他们担心第二次叛乱，所以他们对挑战他们个人尊严的举动（作为统治者的权威）表现得过分紧张。军事失败或者敌人对印度边界的过分靠近都可能引发起义。正是由于这个原因，有 6 万~7 万名英国士兵（大约是军队的 1/3）在 1860 年以后留在了印度。另一方面，1860 年后印度的贸易迅速发展，它作为东非与中国之间海洋区域的中心，无论是作为市场、供应商还是投资，都变得越来越有价值。不仅是这些，大批英国守备部队驻守在那里（印度人付出代价），改良后的印度军队都成了帝国在亚洲的战略储备、海上力量的矛尖，印度也成了大英帝国进一步扩张的跳板。没有印度的大英帝国是无法想象的。

保卫印度和帝国因此也意味着英国在近东强大的外交和海军的存在，在近东的沙皇俄国和法国，无论共同行动还是分开行动，都有可能粉碎奥斯曼帝国并且瓜分其省份。沙皇俄国承诺保护奥斯曼帝国的基督徒，还有他们在高加索的前沿基地，在那里，他们有一支很大的军队，沙皇想要统治君士坦丁堡和沙皇格勒以及控制土耳其海峡的野心从来未曾熄灭过，都是持续性不安的来源。英国人也没有忘记拿破

① “filibuster”，最初使用于 17 世纪的一个名称，原指所有那些在加勒比海领域抢劫西班牙殖民的海盗。1850 年，这个名词被用来称呼威廉 · 沃克（William Walker）和其他一些在美国组织远征队去推翻一些拉丁美洲国家政府的人。之后，“filibuster”就用来指无视国际法律、带领远征队去反抗一个外国政府的冒险家。——译者注

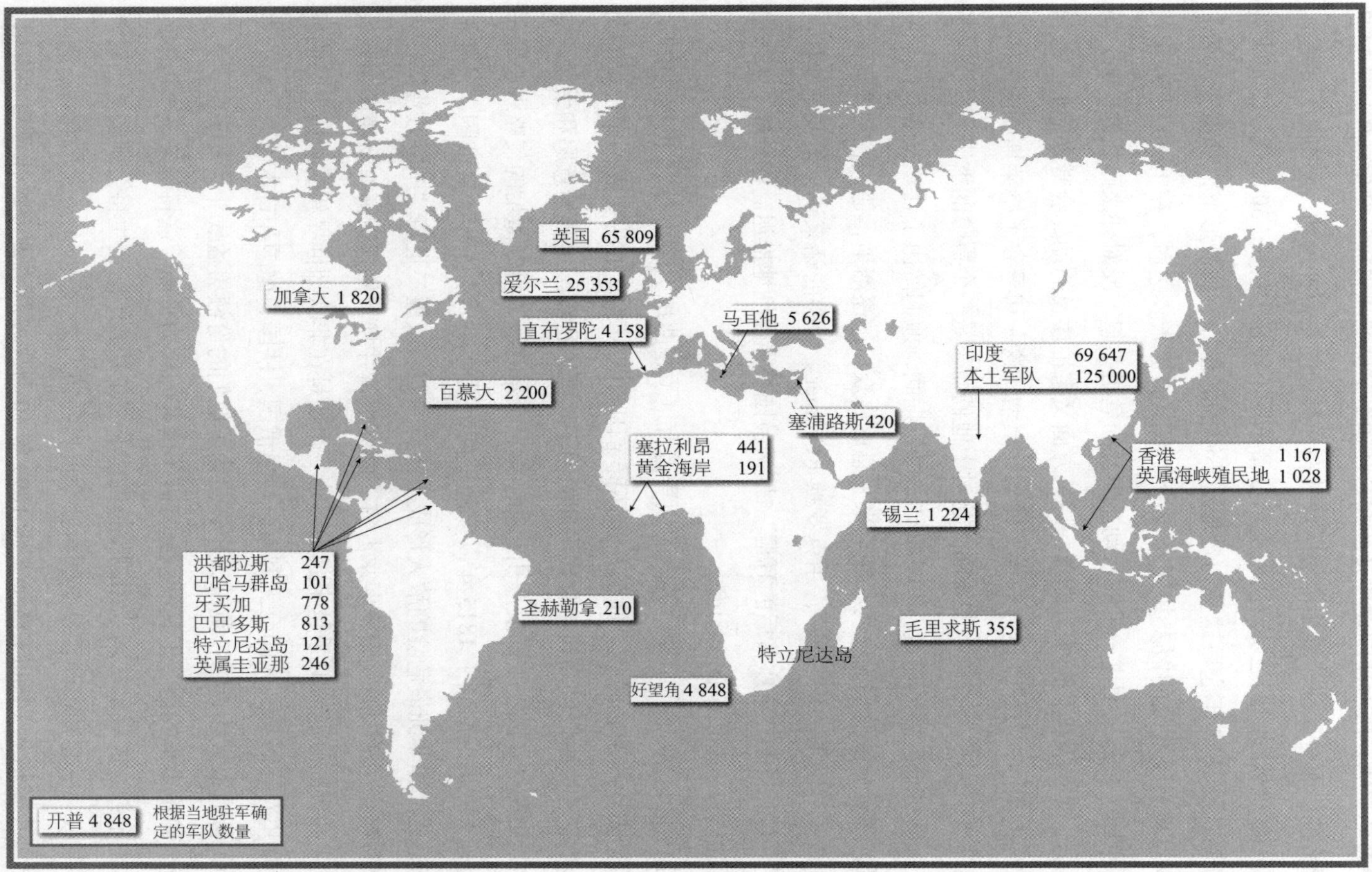

图 10–2　1881 年英国军队的分布

仑对埃及的侵略：所有法国在埃及的利益都招来了怀疑的眼光。防御的主要力量是一支很大的海军分舰队、地中海舰队及其在马耳他的主要补给站，防御的目的是阻止法国和沙皇俄国的推进以及防范奥斯曼帝国。不过在 19 世纪 30 年代、克里米亚战争时期以及 1875 年之后这些力量却是不够的。在每一种情形下，都需要灵活的外交政策来召唤欧洲的盟友共同对抗沙皇俄国的扩张。之后，在 19 世纪 80 年代早期，英国人被迫采取进一步的行动。埃及的危机举起了反对外来政权的旗帜。英国人一方面要顾及他们的个人自尊，另一方面又害怕埃及的动乱会带来他们无法控制的权力的干涉，苏伊士运河的重要性与日俱增，这一切导致了格莱斯顿的内阁在 1882 年采取了“临时占领”的策略。这对于他们而言是一个冒险的承诺，并引来了其他大国对他们的强烈谴责。在非洲“争夺”期间，他们做出了让步来安抚欧洲的批评者，通过分散他们的立场和观点来平息悠悠众口。逐渐地，他们在尼罗河的临时占领成了“隐形的保护国”，用克罗默（Cromer）勋爵的话来说，埃及是他们的“中介”，是开罗的“宝座背后的耳语”。脱离英国被无限期地推迟。埃及成了未来中东帝国的核心——用来保卫印度。

到 19 世纪 90 年代中期，英国的领导者有意（歪曲地）回头看 19 世纪的中叶，因为那是安定的黄金时代。他们开始怀疑帝国的巨大规模正在变成一个沉重的负担，他们正在失去以维多利亚时代中期的男子气概推行英国主张的意愿和手段。这种情绪是由两个让人不安的发展引起的。第一个是欧洲人日渐激增的侵略野心似乎已经超越了欧洲，回到了 1815 年以前的重商主义时期。法国和沙皇俄国以及他们在近东、亚洲和非洲最危险的敌人形成了防御同盟。威廉二世将“国际政治”作为他的座右铭，在帝国的太阳下要求占有一席之地，并且开始建造海军。英国与强大对手发生冲突的可能性似乎越来越大。第二个便是在非欧洲世界新的危机中心的发展，而那里存在着英国人的巨大利益。沙皇俄国、法国、德国和日本（一个新的地区权力）都有很大的诉求：英国人也许会为了他们的份额勇猛战斗。几乎在同一时间，黄金储量丰富的德兰士瓦的兴起打破了南非的权力平衡。这将带来一个可怕的前景：一个独立的寻求法国或德国支持的南非布尔共和国的诞生将会削弱英国对开普的控制权——要知道开普是英国封锁全世界的钥匙之一。德兰士瓦的总统、老斗士保罗·克留格尔（Paul Kruger）于 1899 年 10 月先发制人地侵略开普和纳塔尔，英国人这才发现自身已经陷入战争。当他们遭遇了一系列早期的失败，就像入侵北京的外国军队警告中国的被瓜分迫在眉睫那样，伦敦的反应趋向于恐慌。对于克留格尔最亲密的顾问而言他们的难题是很明显的。扬·史末资 1899 年写道，大英帝国是“对立民族（开普殖民地、印度、埃及等等）居住的大国，在混乱或遭到袭击的情况下没有足够的军事组织。大英帝国的主权的施加……更多在于其威望和道德恐吓，而不是真正的军事实力”。

史末资过于乐观。当发现英国与法国和沙皇俄国在近东和东亚有冲突的隐患，同时在南非战争中出现了拖延时，这严重刺激了英国人。“我们必须拥有一支力量，可以强大到击败法国和沙皇俄国，”海军部的第一位大臣塞尔伯恩（Selborne）勋爵 1903 年 1 月说道，“还可以对抗德国。”到 1905 年，英国在海军上的花费比 1899 年高出 50%。英国人开始了海军竞赛，首先是超过了沙皇俄国和法国，在 1908 年以后，英国的海军力量已能够对抗德国公海舰队的挑战。对一些急不可耐的帝国主义者而言，这还只是一个开始。约瑟夫·张伯伦希望通过关税改革和终结自由贸易来谋划一个由白人殖民地组成的帝国联邦，这就意味着要为了现在这个“疲惫的巨人”团结它的后代。但是将所有殖民地置于英国的军事保护伞之下将会给英国造成沉重的负担，保守党在两次选举胜利后废弃了它。另一些人赞成建立一支强大的军队，这同样也是一种幻想：没有哪一届的英国政府敢在和平时期这样做。还有一些人催促与德国建立同盟来对抗法俄同盟。但是这样做的外交代价过高：英国要以本来就反对哈布斯堡帝国统治的本土各部来捍卫其保卫哈布斯堡家族摇摇欲坠的统治，这只能成为一个悖论。事实上，英国人是幸运的。随着新世纪的到来，他们与美国时常紧张的关系大有改善。双方都默许了航海合作关系的优势。西奥多·罗斯福说英国的海上霸权“是世界和平的强大保证”。1905 年 5 月，日本在对马岛破坏沙皇俄国的海上权力之时，英国与日本投机取巧的同盟产生了令人惊讶的回报。在那个时候，英国人在 1904 年的英法协约中同样规劝法国解决他们的（主要是）非洲分歧。变弱后的俄国也于 1907 年加入了协约国，平息了在中亚和波斯的紧张局面。现在就只剩下德国人了。

这里的计算十分复杂。德国人的战略是要建立一支强大的舰队来制止英国人卷入欧洲的战争或者与他们进行对抗。一支强大的战舰从北海出击，它对英国船舶和殖民地的袭击会带来巨大的损失。它会使英国丧失在这片大陆上进行干涉的能力，也许是在一场决定性战争爆发的关键阶段。相反，对于英国人来说，想要阻止这种威胁需要做两件必要的事情。就像温斯顿·丘吉尔所坚持的，帝国最好的防御就是阻止敌人的海军离开围绕着欧洲的海域。不过这种观点还有更深层次的含义。如果英国不能作为欧洲的强权之一来阻止欧洲在地缘政治平衡中危险的转变，那么它也无法拥有避免最大危险的方式：整个欧洲用武力或外交团结起来反抗英国。因此英国人开始了庞大的海军项目，以此获得在“所有战舰”或“无畏战舰”中的绝对领先地位。为了将这个想法带回本土，他们在奥克尼的斯卡帕湾集结了军备，将试图从北海逃往大西洋的德国海军封锁起来。为了保证绝对的胜算，他们赶走了德国在地中海（以及其他地方）的所有的现代战船。在所有封锁世界的钥匙中间，斯卡帕湾是最为宏大的。

这应该是奏效的，就像我们会看到的一样，在很多方面的确如此。不过这还不足以威慑德国人在欧洲获胜的希望。他们的希望建立在对法国的致命一击上——施里芬计划。所以当隐蔽的巴尔干冲突首先影响到奥地利和俄国，德国和法国紧接着陷入长达一个世纪的欧洲第一次全面战争时，英国人不可能袖手旁观，尽管他们表面的动机是希望柏林能违背比利时的中立。直到和平时代来临，保卫他们帝国的任务看起来几乎是完全不同的。

帝国战争，帝国和平，1914~1935

1914~1918 年，英国人在三条战线（欧洲、海上以及中东）作战来保卫他们的帝国，并开始了夺取在太平洋和非洲的德国殖民地的行动。澳大利亚和南非军队分别占领了德属新几内亚和德属西南非洲（纳米比亚）。南非和印度军队分担了大部分在德属东非（坦桑尼亚）的战斗。西线的战争是为了把德国从法国和比利时的土地上驱赶出去，这的确是一场阻止欧洲屈服于一个主导权力的战争，这将是对英国世界强权的最大威胁。爆发海上战争的部分原因是英国要使德国的公海舰队停留在自己的港口。没必要上演第二次特拉法尔加海战，尽管将军们希望旧景重现。1916 年 5 月的日德兰海战是一次战术上的对峙，不过英国取得了战略上的成功。德国的舰队回国并且停留下来。不过比起之前的法国大革命和拿破仑战争，英国人在很大程度上依靠食物和原料的进口。潜水艇战斗的迅速推进，加上他们货物损失的巨大规模，英国人被迫在海上进行防御，直到 1918 年年末，这种平衡才被打破。这一改变是因为美国在北大西洋海上权力的增加。第三条战线的战争是最具有帝国属性的。当奥斯曼帝国于 1914 年 10 月与德国和奥匈帝国结盟时，它的军队给英国的两处利益带来了直接的威胁：苏伊士运河（与奥斯曼巴勒斯坦非常接近）和位于阿巴丹岛靠近巴士拉的庞大的英伊石油公司。在保护这些重要的设施需要的背后，隐藏着不那么容易察觉但是十分迫切的重要动机。在他们的印度帝国，英国人统治着人数超过百万的伊斯兰教教徒，对于他们来说，奥斯曼帝国苏丹王就是哈里发（"信徒的首领"），这些人都效忠于他。一旦惨败，或是未能迅速获胜，都有可能会刺激伊斯兰教教徒，引发圣战，或者鼓舞还没被征服的帕坦人沿着西北边境挑战英国人的耐心。还有一个复杂性在于他们要依靠印度军队（北印度穆斯林是其最大的组成部分）参与他们的中东战争。

英国人计划（之前总是如此）发动一场最划算的战争。在一支（用欧洲人的话来说）援助对抗法国人的小规模远征军、海军封锁、一些殖民活动、大量使用"第四条手臂"（财政和物资供给）的支持下，法国和俄国的军队达到了能承受陆战的冲突的规模。不过这（之前总是如此）很快被证明是错误的。1916 年 7 月，德国人的攻击力度迫使一大支志愿军在索姆河战役中被派出。巨大的损失规模导致德国不得不求助于征兵。不过在 1917 年，除了另一次代价高昂的攻击，西部战线陷入了僵局。在中东战争中，对到达达尼尔海峡的渴望以及开放博斯普鲁斯海峡来帮助俄国战斗是另一次代价高昂的灾难。尽管俄国军队袭击了来自高加索的土耳其人，而在巴勒斯坦和伊拉克的英国力量进展却相当缓慢（英国人于 1917 年 12 月占领了耶路撒冷，但是之后进展便停滞了）。战争持续了三年多之后，他们陷入了漩涡中心。

首先，俄国在 1917 年 10 月的布尔什维克政变后就无法再次投入战争。在接下来的 3 月，在布列斯特–立陶夫斯克的"投降"协议让德国人自如地收回了他们东部战线的军队，以便控制乌克兰及其储量巨大的粮仓，还能派遣军事援助包围黑海，帮助它们的奥斯曼同盟国。德国人得到了两个闪闪发光的奖励：俄国在巴库的巨大的油田，还有伊朗北部及其通往中亚、阿富汗最终到达印度道路的控制权。不过西线的前景堪忧。德国大规模的攻击出现重大突破，可能将法国与英国分隔开来，进而占领海岸沿线，迫使英国人撤退（一场1918年的“敦刻尔克大撤退”）和使法国人投降。直到1918年7月，英国人面对的前景依然很不乐观，因为法国和意大利也许会退出战争。与此同时，如果德国与奥斯曼之间的通道被打通，整个中东也许都会落入德国人的手里。帝国的负面效应开始显现，劳合·乔治（Lloyd George）战时内阁的战略指挥官米尔纳勋爵于1918年6月对劳合·乔治说道：“我们必须要准备好法国和意大利被打到跪地求饶。”

> 很明显，德国–奥地利–土耳其–保加利亚集团会分别成为欧洲以及亚洲中部和北部的主人，甚至到达日本介入阻拦的程度……很明显，除非世界上其他自由的民族、美国、我们的国家以及自治领紧密地联合在一起……德国霸权之下的中欧集团不仅会控制欧洲以及亚洲的大部分，还有整个世界……如果这些事情都发生了……整个英帝国将会暴露在遍布全球的同盟国势力面前，对于帝国大脑和中心的不列颠岛而言，它将处于十分不利的位置。

他总结道：“现在的战斗是为了南亚，尤其是为了非洲（巴勒斯坦桥头堡具有十分重要的地位）。”

米尔纳的噩梦渐渐消退。到1918年8月，德国人的精力耗尽。他们的军队开始发生内讧；美国大规模增派援军使胜利成为必然；奥地利和奥斯曼帝国很快垮台了。大英帝国对于会被分割成为两半的绝望的担心引起了严重的后遗症：英国人产生了一个执念，即不能让其他力量在中东拥有一席之地，无论什么局势，无论这局势发展到哪一步，苏伊士运河和波斯湾必须在他们的掌控之中。尽管在战后他们被迫要做出让步，且在人力和军事预算上都备感压力，土耳其人、阿拉伯人和伊朗人也反对英国在这个地区拥有全方位的权力，然而从战略和军事意义上来说，现在他们才是中东的主人，并且决定要将这种局面一直维持下去。他们开始了帝国的大进军，这种进军恰恰是他们在1914年以前大肆宣扬要放弃的。事实上，1918年的死里逃生，加上新战略和技术的发展，让帝国对中东的掌控更加具有价值。1918年以后，有可能挑战英国海上控制权的最大的两支海军是美国和日本海军。为了使他们的舰队在东西方之间迅速往返，苏伊士运河的地位变得前所未有地重要。另一个因素是空中力量的需要。无论是民用还是军用，开罗已经成为航空活动的中心。它将英国与印度联系起来，并且通过中东的空中走廊很快与澳大利亚联系起来。“波斯湾正在成为，”1935年泰晤士报的通讯记者写道，“空中的苏伊士运河，成为与印度、新加坡和澳大利亚进行通信的重要通道。”

不过就像英国的领导者熟知的一样，最重要的是在欧洲发生的一切。如果欧洲失去了平衡，他们永远也无法得到安全，保卫帝国会成为无法忍受的负担。从这个角度来说，德国和奥匈帝国的失败并非是决定性的。1919年6月的和平条约施加给德国的制裁（一支小规模军队，海军的损失，领土的削减和财政赔款）使其成了一股强大且心怀不满的势力。欧洲急缺一个建立新平衡的方式。美国成为和平解决的保证人并加入新国际联盟的希望迅速被参议院打消了。苏俄也不再扮演作为德国扩张的障碍的旧角色。对布尔什维克统治者而言，其他的欧洲国家不是潜在的盟友，而是意识形态上的敌人：西方政治家与俄国互相给予彼此这样一种强烈的感受。东欧现在拥有一大片弱小的国家。同时，法德之间的对立被未偿清的赔款争端加剧，有可能引发一场新的大陆战争，英国有可能被卷入其中，如果（看上去不是没有可能）两个最大的失败者——苏俄和德国选择结盟的话，这种风险就越高。

这场地缘政治困境的可能出路最终被找到了。在1925年的《洛迦诺公约》中，法国和德国解决了争端，他们的边界得到了英国和意大利的“保证”，标志着德国人对进入欧洲新局面的愿望。于是英国人放松下来。的确，他们的全球地位现在看起来比几十年前更加安全，当然这得从19世纪90年代早期开始算起。美国海军的雄心壮志似乎基本平息了，同时，美国人答应不会建造比英国更强大的海军（而且美国的海军力量不可避免地要在大西洋和太平洋之间分割开来）。除了有关革命阴谋的那些夸张的传闻，苏联是一支弱小的军事力量，它对英国在中东霸权的威胁可以忽略不计。德国人被迫接受海军缩减带来的殖民地的丧失。日本现在是第三大海军力量，这个消息甚至令堪培拉和惠灵顿战栗。认为日本会发起与“盎格鲁-撒克逊”权力冲突的担心被温斯顿·丘吉尔无视了，他当时是英国财政大臣，很明显这是陷入船荒的英国将领们使用的策略。“我们为什么要与日本有一场战争？”他于1924年问道，“在我一生中我不认为有一丝这样的可能。” 在《洛迦诺公约》签署后的世界，没有一个强大的权力能够拥有手段和欲望去攻击英国的世界帝国，大英帝国的领土比任何时候都要大。还有一个更让人安心的必然结果：因为没有任何其他的大国愿意或能够威胁到帝国权威，因此英国人能够应对任何民族运动，无论是在印度、埃及或者中国，就如同处理、平息或者镇压一个本地问题那样，处理的方式只由他们的利益所决定。

这种让人愉悦的局面持续了不到 10 年。1931 年，日本差点占领了中国东北地区（东京制造了"伪满洲国"的傀儡政权）及其对国际联盟规则的公然违背被遗憾地认为是一起局部偶发事件，对英国在亚洲的利益的影响并不大（最初看起来是这样）。但到了 1933 年 1 月，另一起事件敲响了更大的警钟。柏林新掌权的是一位尖锐的民族主义领导者（人们的确是这样评价希特勒的），他拒绝承认《凡尔赛和约》和《洛迦诺公约》的调解，向调整完毕的"帝国防御"机制扔了一个巨大且危险的扳手。事实上，英国人几乎是立刻开始重新考虑战略设想并且计划重新武装。另一场欧洲战争不再难以想象。不过当他们试图在对付日本侵略带来的危险（对两个太平洋自治领尤其如此）和"最终的敌人"——德国之间找到平衡的同时还应对大萧条并实现经济目标，帝国的政策规划者们因此陷入了争吵当中。这是全球帝国面临的共同难题：哪个威胁会最早到来？哪里的攻击会是最危险的？何种威慑会起作用？在哪里部署它们？这些都是难题。让这些问题变得更棘手的是由革命性变化带来的地缘政治状况。到 20 世纪 30 年代中期，只有英国和法国信守着对现有世界秩序及其财富分配的承诺。英国的领导者未能把握激化了欧洲局势的种族和意识形态冲突。英国人完全没有准备好面对希特勒对外交传统以及对他认为的"劣等种族"的无情蔑视。在这个纷繁复杂的世界里，过去的历史不能提供指导，他们蒙着眼慢慢摸索着，进入了英国主导的世界体系最后且最坏的危机中。

经过新加坡的路，1936~1945

德国的重新武装以及来自日本的潜在危机制造了严重的战略困境。将困境变成危机的是意大利 1935 年对埃塞俄比亚的攻击。伦敦谴责墨索里尼厚颜无耻的征服运动，但是他们拒绝介入可能引发的海军对抗以及可能的损失中。英国的决策在欧洲和非欧洲都带来了极坏的结果。他们没能阻止墨索里尼的扩张战争，而是逼迫他加入他们的主要敌人的三国同盟之中。从 1937 年开始，英国面临的危险不断积聚，达到了前所未有的地步：一场三条战线上相隔千里的可能的战争。在每一条战线上都没有决定性的力量，他们不得不决定将哪一条当成主要战线，然后承担这样做给其他战线带来的风险。当然，这并不是英国第一次面对敌人的三方联合。1779 年，他们在奋力镇压北美叛乱者的同时还面临来自法国、西班牙和荷兰的攻击。然而这个例子很难鼓舞人心。比 160 年前更糟的是战事涉及的超远距离，短时间内聚集力量来压制他们的对手是不可能的。即使如此，这也完全不能跟他们 1914 年以前遇到的情况相提并论。当时他们同样面临着三方结盟的挑战，但他们有俄国和法国这两个事实上的盟友，这两个盟友能在本土通过集结巨大规模的海军来阻止主要危险。直到 1937 年，他们的处境都非常不利。英国和法国之间彼此十分不信任，尤其是因为伦敦拒绝与法国那些弱小的东欧盟友扯上关系，伦敦和华盛顿之间的不信任有过之而无不及。在如此糟糕的前景之下，难怪内维尔·张伯伦的政策是最可靠的。张伯伦的计划部分源于对可能的防御费用激增会引发财政崩溃的担心，他打算将英国的资源集中在大规模的轰炸力量上来阻止德国的袭击。这一策略的逻辑在于，如果能避免致命一击，德国人就不会发动另一场长期且胜负难定的战争。这就会给缔造和平的外交以及逐渐改善英国海军的状况并制止日本的扩张留出时间。就是这个逻辑使 1938 年 9~10 月《慕尼黑协定》的签订成了必然。

危机的第二阶段现在开始展现。在《慕尼黑协定》签订后不到 6 个月的时间里，希特勒就违反了协定条款并且表现出了他要展开德国霸权的野心。英国人连忙通过分发“保证”给波兰、希腊和土耳其来跟上这种变化。他们仍然将希望寄托在希特勒不愿意展开一场长期战争的幻想上：如果希特勒不能在西线取得突破或者用空中突袭打败英国（两个基本的假设），那么接下来将会是一场僵局。这个想法开始渐渐散播。当希特勒与斯大林于 1939 年 8 月在划分波兰问题上达成一致时，他同样可以使用苏联的资源，包括它的石油。战略封锁并不会伤害到他。当战争在 9 月爆发，早期的发展看上去确实和预期中的僵局相吻合。不过这场“假战争”作为战略假象被揭露了。在 1940 年 5 月~6 月，英法联军被希特勒的国防军击溃了，随着失败的法国和英国一起被驱逐出欧洲大陆，希特勒成了欧洲的霸主。经过这次毁灭性的战略惨败，危机迅速扩散到了大英帝国的其他地方。

意大利和日本带来的威胁现在成了真正的危险。温斯顿·丘吉尔直到1939年3月都认为，除非英国在西部遭遇失败，否则日本不会退缩。受到法国失败的鼓舞，还因为早就卷入对中国前所未有的侵略之中，日本人进入了法属印度支那，很快这里就成了法西斯侵略英属马来亚和荷属东印度群岛的起点。墨索里尼有了胆量试图占领埃及和苏伊士运河，并且没过多久德国就紧跟其后。在本土的英国人面临着几乎每小时一次的侵略威胁，不列颠之战的胜利只带来了一丝喘息的机会。因为取得了对法国海岸的控制，希特勒可以开始利用它们给英国套上绞索：他的潜水艇战争可以威胁到英国本土的物资供给和生存。同时，每一份可以出售的资产（主要是以美元支付）都要用来从中立的美国那里购买急需的设备，而在美国只能用现金购买货物。在欧洲（或者任何没有盟友的其他地方），英国人只能回过头来依靠从他们自己的白人自治领以及他们的印度帝国获得的支持来继续战争。他们只能紧张地观察日本突袭的迹象，因为能与之对抗的海军实力不能从大西洋和地中海战区撤离（更别提空中力量）。即使是1941年6月德国对苏联的侵略也不能给英国带来很多安慰。希特勒早期的成功以及苏联防御带来的混乱似乎很有可能产生另一个让人震惊的胜利。擅长打硬仗的德国国防军会迅速穿过乌克兰然后包围黑海。在埃及的英国人会从前线和后方撤离。甚至有可能发生比米尔纳1918年梦魇更大的灾难。大英帝国在美国加入战争之前就有可能垮掉。

一系列的灾难还没有结束。1940年10月，日本正式加入了德国和意大利组成的联盟。不过从那以后，他们并没有针对英国做出任何行动：他们在中国的大规模侵略耗费了他们大量的军事实力。当希特勒进攻苏联的时候，日本小心翼翼地保持中立。不过随着与美国之间的关系变得紧张，加上美国的石油禁令，日本只能被迫采取进攻。1941年12月上旬，他们在袭击珍珠港前数小时就从东西方向登陆并袭击了英属马来。几乎在几天之内，他们通过闪电进攻和空中管制就打破了英国的防御。“威尔士亲王”号和“反击”号两艘皇家海军最强大的轮船被丘吉尔派去阻止日本的侵略，但也被空袭摧毁了。到1942年1月中旬，日本人占领了马来半岛首府。2月4日，他们到达新加坡外围。2月15日，新加坡投降。由13万人组成的英国、澳大利亚和印度军队被一支规模不到这个数字一半的日本力量俘虏。3月9日，日本人在英属缅甸首都仰光几乎俘虏了亚历山大将军，但“他全凭运气逃跑了”。英国在缅甸的统治在一片混乱、耻辱和背叛中崩塌了。到 5 月中旬，在撤退了 900 英里之后，最后一支英国力量退回了印度。欧洲失败后，亚洲的失败紧随其后。1942 年 7 月，中东看上去似乎也要失败了。随着轴心国的军队前进到开罗，他们草率地计划要遗弃这座城市。南非总理扬 · 史末资坚持道，如果开罗被弃，第八军团的南非部队应该要撤退到尼罗河。随着中东前线沦陷在即，其指挥官需要做出严肃的选择。要从日本手里拯救印度，英国人也许必须放弃他们巨大的中东基地。“印度对我们的存在而言是很重要的，”奥金莱克（Auchinleck）将军告诉丘吉尔：“没有中东我们可以控制印度，但是没有印度我们不能控制中东。”

日本对印度的侵略被一股早到的印度洋季风阻拦了，这股风把所有的道路都变成了泥潭，英国人也因此获利。这也许也是因为到 1942 年中期，日本的闪电扩张也已经接近了它的极限。6 月的中途岛战役使美国人重新获得了太平洋战区的主动权。现在就不存在要把一大支日本舰队送往印度洋的问题了。英国人在印度依然付出了巨大的努力，他们开始集结一支 200 多万人的志愿军队，正是这支军队让他们在阿萨姆邦坚持下去并最终于 1944~1945 年之间奋力回到了缅甸和马来亚。同时，1942 年 11 月蒙哥马利在阿拉曼的胜利（英国第一次真正的胜利）减轻了英国在埃及的压力。德国人开始从北非撤退，向北 1 500 英里处，德国人在苏联南部的推进因斯大林格勒之战后的精疲力竭而终止。德国和日本看起来大势已去，但德国依然负隅顽抗，毫无缴械投降之意。

1945 年 8 月和平来到亚洲之时，英国人收回了他们失去的殖民地，甚至在中东前所未有地彰显了他们的军事力量。英国是三个胜利大国之一。不过他们在 1940~1942 年巨大的战略失败（1781 年以来最大的一次）给帝国制度带来了 4 个不可磨灭的伤害，使他们久久无法从中复原。第一个是他们与 4 个白人自治领特殊关系的终止。在敦刻尔克大撤退和新加坡之战以后，白人自治领不再把英国视为他们的终极盾牌和保护者，也不再把英国看成帮助他们实现自由的存在。加拿大、澳大利亚和新西兰全部转向了美国——尽管它们依旧对美国心存担忧。的确，澳大利亚和新西兰都非常希望与英国保持密切的联系。第二个是英国在印度权力的突然终止。在 1942 年的绝境中，英国人承诺战后让印度独立。1942 年 8 月，为了镇压“退出印度”起义，他们监禁了数千名激进分子。不过他们也因此丢失了对印度政治的控制权，并且在和平到来之际，既没有力量也没有意愿来重新施加他们的权威。他们坚持要有一个统一的印度“自治领”，这个自治领在帝国防御中能够起到以前的老作用，作为英国权力在中东和东亚的补充。随着他们的帝国在 1946~1947 年的骚乱中瓦解，英国人的这些希望被证明是虚幻的。从 18 世纪 80 年代起，印度这台英国维持世界霸权的重要备用发动机永久失灵了。

失败的第三个结果是经济灾难。内维尔 · 张伯伦的计划是要拖慢德国的侵略，并且通过经济封锁来扼杀希特勒的野心。甚至连代表着美国公司声音的《财富》杂志都认为英国和法国在经济上处于上风。凭借其海外收入及其供应商的巨大网络，英国人可以渡过难关，并且不让贸易实力受损。但希特勒的闪电战让这些全部破灭了。所有的战争动员，减价出售资产来购买美国物资以及（在租借法案的规定下）对出口生产的严格限制让英国成了一个巨大的债务国，一直到战争结束，英国都极其依赖美国的帮助。战争的经济利润跨越了大西洋。维持一个帝国的存在就意味着本土贫困的持续，以及新的海外剥削。这两条路英国都走了，都是强制实行的，但没有一条走得长远。

第四个结果也许是最具有决定性的。当英国人和法国人于 1940 年 6 月输掉了欧洲之战时，他们已经没有回头路。希特勒的胜利是如此巨大，使苏联和美国力量完全站到了他的对立面。1945 年 5 月的巨大胜利不属于英国人，而是属于斯大林。没有任何战后的协议来确保欧洲“安全”，相反，欧洲爆发新战争的风险使英国将资源用到了极限，并且加剧了他们对美国的依赖，1948 年后，美国成了“自由”欧洲的新监护人。在亚洲，英国将失败转化为了胜利，这和欧洲如出一辙。不过他们同样失去了大部分对战后均势的控制权。随着新崛起的日本帝国的崩溃，美国、苏联和中国填补了空白。没有了印度的英国在亚洲不再意味着强权，他们的帝国命令只在中东和撒哈拉以南非洲地区才真正有效。

这次巨大的地缘政治改变的全貌过了很久才展现出来。英国人因为他们反对希特勒的英雄式防御和来之不易的复原而振作起来。不过他们曾经赖以建立和保卫一个世界帝国的条件被 1940~1942 年间的灾难彻底改变了。新的世界秩序、新的制度、新的意识形态、新的力量平衡在英国失败的时候开始成形。当英国人意识到的时候，帝国的防线只剩下了最后一道。

第十一章

帝国谢幕

Unfinished Empire

The Global Expansion of Britain

大英帝国结束的过程几经波折。尽管在第二次世界大战中做出了巨大的牺牲，其后又经历了痛苦的复苏期，但英国领导人们仍然不打算放弃帝国。在上一章中提及的 1940~1942 年英国经历的地缘政治灾难在当时还没有显示出明显的后果。殖民地动荡的政局将英国人驱逐出印度和缅甸。为了安抚民族主义领导人及保持“特殊关系”，他们允许了锡兰的独立。但是他们紧紧地抓住了在马来半岛和香港的据点。虽然他们在巴勒斯坦的委任统治于 1948 年不光彩地结束了，但他们又重新决意在阿拉伯中东地区取得绝对统治权，并控制苏伊士运河。他们认为非洲的自治至少需要一代人的时间。他们认为在国内建设福利国家不会与在海外重建帝国相抵触；事实上，情况恰恰相反。他们对帝国的期望更胜从前，企盼帝国能给英国的经济繁荣和战略安全提供至关重要的支持。

尽管关于在苏伊士的鲁莽冒险行为观点迥异，然而英国人在 1960 年之前几乎毫不怀疑强国的价值。帝国在马来半岛、肯尼亚和塞浦路斯殖民地镇压叛乱的方法招来了微词，不过也没有掀起多大风浪。直到 20 世纪 50 年代后期，正统观点仍然认为英国未来的繁荣取决于它与帝国和英联邦（而不是欧洲）之间的贸易。西欧各国被认为是不稳定的弱国，它们不仅无益反而拖了英国复苏的后腿。英国领导人们并不认为自己对帝国的想法已经过时。事实上，他们承认有必要扩大代议制政府，为自治制订时间表并且让少数地区立刻独立。渐渐地，他们不再提及“帝国”，而是将“联邦”的含义（1939 年前被看作白人自治领组成的俱乐部）改造成了由愿意（希望如此）在世界事务中唯英国马首是瞻的英国前殖民地组成的多种族联盟。他们坚持认为殖民统治的结束象征着英国式帝国统治的成功，统治的结束不过是拉开了更平等的新合作关系的序幕。直到很久以后他们才认识到英国远远不具备充当这个无形帝国的龙头老大的条件。哈罗德 · 麦克米伦和哈罗德 · 威尔逊是 1957~1970 年英国政坛的领军人物，虽然彼此政见有明显的不同，但有一点是他们俩都认同的：英国必须是世界强国，必须在世界占有一席之地。1968 年 1 月，这个严重的错觉被现实粉碎了，但令人奇怪的是，它的阴影却萦绕不散。

离开印度

在长达 150 余年的岁月里，印度是英国的第二中心，也是英国人统治南亚的据点。英国商人就是从印度这个商业基地向中国进军的，而中国的港口也是被从印度派遣的军队撬开的。印度海军（“孟买舰队”）把英国的海上力量延伸到了波斯湾及周边小国。印度劳工和贸易商为英国的东南亚帝国（缅甸和马来半岛）的出口经济的建设贡献了力量。印度商人和小贩是后来发展为英属东非的地区的商业先锋，而印度苦力修建了乌干达铁路，将内地的被保护国与蒙巴萨海岸连接起来——伦敦政府鼓励白种人在肯尼亚务农就是希望这条铁路能赢利。从亚丁（1937 年之前为英属印度的一部分）到缅甸，北及阿富汗、中国西藏和尼泊尔，英国在亚洲的利益从本质上说是“英印”利益，英国人在西姆拉、加尔各答，后来又在新德里进行监督。的确，在苏伊士以东的地区，更精确的提法不应该是“大英帝国”而是“英印帝国”。

1900 年之后及之前都是如此，将英国人拉入了一场浩大中东冲突的第一次世界大战更加突出了这一点。随着战争发展到顶点，英国人不得不越来越依赖于印度人力。但是在 1918 年以后，对英国人来说，要统治印度为帝国服务变得越来越困难。随着殖民国不断增加的要求，再加上宗教复兴和新文化运动，印度的政治变迁迫使英国人做出了让步：让更多印度"代表"参与统治和经营。1920 年以后，英国人面临了一个新的政敌：印度国民大会党（简称"国大党"）。国大党最初成立于 1885 年，原本是个绝对忠诚的上流社会压力集团，圣雄甘地把它改造为南亚的群众运动。它组织的联合抵制、休业罢工、示威活动、抗税运动（例如甘地发起"食盐长征"，领导人民去海边自制免税食盐）以及轰轰烈烈的非暴力不合作运动，目的是为了粉碎英国统治的基础，即印度人对英国权威的习惯性服从。国大党的力量不足以将英国人赶出印度，到了 1930 年，它已经失去了人数众多的伊斯兰教教徒中少数民族的支持。国大党分裂成两大派，一派愿意与英国人共享权力，另一派（敏锐地）察觉到英国人正在试图通过将印度"联邦化"成自治省份而分裂国大党——这是巧妙的新的"分而治之"。彼时，印度军队和警察仍然效忠于英国人，而且印度还有一支约 7 万人的英国卫戍部队，所以革命政变只是个疯狂的梦想。然而，国大党拥有守纪律的成员、广大群众的拥戴和甘地的超凡魅力，因而它仍然拥有力量迫使英国做出重大让步。当 1935 年实施省自治时，国大党期望在其省权基础上攫取中央最高权力，但是没人知道需要多久才能实现这个目标。

这就是战争爆发前的局势。国大党的政治家们统治着一些人口最多的省份（但是不包括旁遮普和孟加拉）。英国人则在精心筹划着试图将印度变为"联邦自治领"（理论上与享受完全自治的白人自治领地位平等，但实际上英国会设重兵保护自己的利益），可是并没有取得什么进展。印度约有 600 个土邦，联邦制的实施需要得到他们的同意。他们更倾向于支持国大党眼中的恶魔维持与英国的条约关系，这一点可以理解。为了让印度保持平静，英国人意图在战争中把自己的作用最小化，1939~1940 年的欧洲僵局极好地配合了他们的印度大计。但是 1940 年 6 月大战爆发，中东被卷入战局，18 个月后，太平洋及东南亚也陷入战乱，这种麻醉方法不再是良策。此时必须尽快征集一支印度大军、创造大规模战时经济，并用"自由之战"来为世界战争开脱。作为用来刺激印度政治生活狂热化的方法，英方采取的这种策略确实很难被改进。

国大党很快就做出了反应。在战争的最初几个月，国大党的政治家们提出，英国需要在结构上进一步做出让步来换取他们的帮助。英方拒绝了他们的要求，于是他们全体辞职，这令接替他们位置的英国官员倍感压力。1940~1941 年，英国人一直拒绝给予国大党更多中央权力，但 1942 年日本入侵马来半岛和缅甸使他们面临了极大的新危机。日本入侵印度似乎是板上钉钉的事，日本战舰已经出现在海岸。团结国大党（以此团结印度人的思想）在此时比任何时候都重要。伦敦派遣政府高级官员斯塔福德·克里普斯爵士（Stafford Cripps，有些人认为，如果战争继续，他很可能是丘吉尔的接班人）率使团去德里谈判。国大党坚持要加强对印度军事行动的掌控力度——这是丘吉尔所不能接受的，谈判因此中止。使团返英，但它留下了不可磨灭的影响。为了赢得印度人的赞同并给国大党施压，英国人许诺在战后给予印度自治权。这样一来，伦敦小心翼翼制定的宪法改革计划被永久搁置了。

就算印度保持了平静和秩序，这个迟来的承诺也会抬高人们的期望，大概也会带来相同程度的不确定性——在这片由于世袭等级、宗教和阶级而四分五裂的次大陆，新秩序的来临无疑会被视为是在挑起武装冲突，更何况印度并不是风平浪静。1942 年 8 月，或许是认为日本会进攻印度，又或许是因为与克里普斯使团谈判的失败，甘地和国大党号召广大公民抗命，试图将英国人赶出印度。“退出印度”运动（也称“撤离印度运动”）是一场规模宏大的紧急事件——是自 1857 年印度民族起义以来对英国统治的最大威胁。英国人镇压了这场运动（毕竟印度布满了英国军队），成千上万的国大党成员身陷囹圄，国大党也被禁止活动。这次事件导致了两个不可避免的后果：首先，国大党前所未有地坚定了决心，一旦有机会就要彻底摧毁统治机构，而且它对帝国的意图也深表怀疑。第二，国大党被排除出政坛，“穆斯林联盟”有了从未有过的自由，取得了类似国大党的权力。在战争的后半期，造成群众仇恨和恐惧的因素迅速增长，通货膨胀、食物短缺（1943 年孟加拉饥荒导致近 200 万人民死亡）、为了印度志愿军而招募的超过 200 万士兵、劳动力往工业中心的迁移，这些都让印度人彼此之间的仇恨越积越深，丝毫不亚于印度人与英国人之间的仇恨。“紧急状态法”在战时压抑了仇恨的爆发，然而随着 1945 年 8 月和平的到来，正常政治生活的恢复没有为权力转让扫清道路，反而引爆了火药桶：政党、派系、社团、家族以及个人开始争夺利益或者寻求庇护，武装队伍和自卫团体开始形成，社会和宗教分裂由于仇恨而更加加剧。对于联合省（今北方邦）的伊斯兰教教徒、孟加拉的印度教教徒、旁遮普的印度教和锡克教教徒、地主、贱民①、失去土

① 印度贱民，又称“旃陀罗”，是印度种姓制度的一种分类，主要以不可接触为其特征。——编者注

地的农民、大量挣扎在贫困线上的无技能城市居民来说，英国对印度统治的瓦解既让他们害怕也让他们期待。在这个紧张又动荡的环境中，帝国开始谢幕。

伦敦大体上对这些不断升级的、终将瓦解其统治的矛盾全无知觉，它有别的当务之急。以斯塔福德·克里普斯为核心的新一届工党政府决意兑现让印度独立的承诺，但其目的却是为了让英国从独立的印度得到更大的好处。如此一来印度将会成为和加拿大或澳大利亚一样的自治领，仍然属于联邦，国王依旧是它的元首，印度人民服从于国王的命令。伦敦认为此举最大的好处就是能保留原有的印度军队，因为它无论是在战时还是在战后对保卫联邦（尤其是在东南亚）都能发挥巨大作用。白厅相信印度的新领导人不会想脱离与西方的关系，而是会继续保持他们与英国的关系。但是和平之后的第一年，伦敦的梦想就破灭了。

在过渡期的第一阶段，首先要进行选举，建立由印度大臣组成的过渡政府。人们很快便发现两个主要党派——国大党和穆斯林联盟，显然不愿通力合作。真纳（Jinnah）领导的穆斯林联盟坚持要建立一个独立的伊斯兰国家——巴基斯坦，将其从印度分离出去，尽管它的疆界以及它与印度的宪法关系被刻意地模糊化了。1946年英国派出“内阁使团”，试图达成协议保持印度的三层结构，在此协议中印度的省份被分为两类，一类主要是伊斯兰教教徒，另一类主要是印度教教徒，二者在顶层共同组成一个统一的、权力分散的联邦。但是使团未能达成目标。正当政治家们在德里你争我斗的时候，英国在印度的力量开始逐渐外撤。随着社会与宗教张力增大，维持当地秩序的难度也越来越大。许多在印度经历了战争的英国官员心力交瘁，归心似箭。在印度的英国士兵也思乡情重，盼望着回归平民生活。更糟糕的是，有迹象表明英国在印度统治的军事支柱有可能轰然倒塌。1946年年初，皇家印度海军的印度士兵在孟买兵变，比哈尔也发生了警察暴动。有些士兵在战争中叛逃并加入印度国民军与日军作战，政府对这些逃兵的审判引起了广大民众的愤怒。英国人时刻担心兵变会像一颗毒瘤扩散到陆军部队。在总督韦弗尔（Wavell）勋爵看来，到了1946年中期，统治印度的武力显然已经到了它的极限，最多还能勉强支持一年。如果国大党闹事，英国人几乎无能为力：“我对我们能不能镇压得了国大党叛乱表示怀疑。”总督顾问如此评价印度的国内治安。高压统治的工具——英国在印度统治延绵百余年的倚仗终于崩塌了。

现在一个新因素开始出现在人们眼前。英国人一直努力让穆斯林联盟和国大党达成协议以保持印度的统一。到了1946年末，他们改变了原本的计划。内战爆发的迹象与日俱增，此时他们主要关心的是在他们的统治和次大陆被卷入内战之前撤离印度。8月初，仅在加尔各答就有约5 000人被杀。首相艾德礼的个人笔记揭示了当时伦敦无比的恐惧感。艾德礼问自己：英国能重新夺回控制权吗？他写道：答案是“显然不能”，因为，他接着解释道：

1.考虑到我们在全世界范围内的投入，我们没有军事力量在游击运动无处不在的情况下掌控印度或者再次征服印度；

2.就算我们有足够的军事力量，舆论——尤其是我们党内的舆论也不会支持我们夺回印度；

3.很难说我们能不能保持印度军队的忠诚度，也很难说我们自己的军队能不能成事；

4.世界舆论会反对我们……

5.无论是在英国还是在印度，我们都没有行政机器实施这样的政策。

但是艾德礼同样很清楚，英国人不可能像韦维尔建议的那样逐省份撤离印度又不引起国内的怒火。艾德礼无可奈何地向熟悉印度的东南亚战区盟军总司令蒙巴顿寻求解决方案。作为最后一任总督，蒙巴顿可以全权处理印度事务，他也打算完全行使自己的权力。离开伦敦前，他让英国政府做出了一个关键的让步：公开声明英国将在1948年中期结束在印度的统治。

蒙巴顿1947年3月抵达印度的时候仍然坚守着保持一个印度的官方立场，但是他用难以置信的速度改变了观点，转而认为唯一的解决方法是接受真纳的主张，分裂印度，迫使国大党和尼赫鲁明白任何延迟都会将印度推向混乱无序。“除非我迅速采取行动，”他在1947年4月的家书中写道，“否则说不定一场真正的内战会在我手里开始。”“我恐怕，”两星期后他写道，“分裂或许是唯一的选择。”蒙巴顿面临的最大挑战是要说服尼赫鲁和国大党的最高领导班子接受他们之前发誓要避免发生的情况。他们勉强接受了，但是与其说是蒙巴顿有说服力，不如说是他们自己认识到如果印度教教徒与伊斯兰教教徒之间的宗教冲突发展为战争，作为政治力量的国大党本身也会地位不保。6 月底，蒙巴顿兴高采烈地发电报回国："我们可以把 8 月 15 日巴基斯坦的成立看作各方依法做出的决定。"作为协议的一部分，他同意将印度独立从 1948 年 6 月提前到 1947 年 8 月。分割线很快就定了下来——国界线穿过了旁遮普和孟加拉，但是为了避免动乱和暴力事件，刻意没有公布出来。

就这样，印度（和巴基斯坦）走到了尼赫鲁口中著名的"与命运的约会"那一天，其后果非常恐怖。分裂远远没有达到平息宗教仇恨的目的，反而带来了抢劫的可能、复仇的机会、对大屠杀的恐惧和对逃离的渴望。它造成了集体疯狂，至少 100 万人因此死去，超过 1 200 万人流离失所，远走他乡，两个新国家为了争夺克什米尔（注定和印度一样遭受分割）进行了短期战争。英国在印度长达两个世纪的统治戛然而止，给印度留下了毁灭性的影响，但是仿佛所有人集体失忆了一般，所有的主要政党对其视而不见，反而将这场权力变更讴歌为政治上的胜利。在印度和巴基斯坦，或许可以理解，毕竟在新国的建设期，需要抚平过去的伤痛、忘却痛苦的失败。而在英国，情况要复杂得多。

无论是对英国还是对印度人来说，印度独立的方式都是个灾难。印度实现了自治，作为一个自由但统一的整体独立存在，仍旧与过去的统治势力联盟——这是好事；但另一种完全不同的说法是——印度被分裂为两个国家，饱受冲突之苦，印度人对英国统治结束的方式深恶痛绝。英国不能再指望印度为联邦的亚洲防卫系统出力，有段时间他们连印度会不会留在英联邦都不确定。作为一个国家，巴基斯坦立刻暴露了它的脆弱性。然而英国人仍然只记得自己信守了给印度自治的承诺。印度的确没有脱离英联邦，这也造成了权力完美变更的表象。事实上，英国在印度统治的结束并没有像一些人担忧的那样预示着帝国的立即崩溃，但是它标志着帝国内部凝聚力的破裂以及重要资源不可挽回的损失，尤其是军事资源，没有这些资源，英帝国在亚洲其他地方的统治会迅速成为一个难以忍受的负担。更令人痛苦的或许是，印度的命运告诉人们，如果权力的变更（即多余的政权在严格的监督下退位）可以被视为政治上的胜利，那么它也残酷地告诫着人们在权力变更的时刻，政治上的失败会给人带来多么痛苦的遭遇。在与命运约会时，自由可能在同一刹那得而复失。

衰落的悖论

印度的独立在英国的帝国体系中留下了一个巨大的空洞，但是它对英国思维方式的影响却小得多。实际上，战争结束时人们并没有马上否定帝国，这一点也不奇怪，因为帝国意识仍然在英国社会的各个阶层根深蒂固：无论是那些期望移民去澳大利亚或南非的人，还是那些认为自己正在灌木丛中伸张正义的人。20 世纪 50 年代的流行小说（尤其是给年轻人看的流行小说）将英国人描绘为帝国民族：例如在首次出版于 1950 年的"导人向善"的漫画《雄鹰》中，或者在如维多利亚时代的作家 G · A · 亨蒂（G.A. Henty）的小说（其中有些 20 世纪 60 年代再版）中都有所表现。战争的苦难没有削弱英国人的自信，恰恰相反，人们广泛认为最终的胜利证明了英国的制度和英国的社会凝聚力无可匹敌，也有人把胜利视为（确实有些理由）对英国的科学力量和足智多谋以及工业生产技能的颂词。战争也激起了社会革新意识，最有代表性的就是贝弗里奇（Beveridge）勋爵在其伟大宣言《自由社会的充分就业》中提出的关于社会保险的建议，以及《1944 年教育法案》提出要为培养人才而构建全国免费中学系统等建议。由于英国的政治体制是其他国家的典范，英国人带着复兴了的自信迈入了战后世界。作为议会制政府和现代工业制度的先驱，他们对自己在世界事务中仍然会占据中心地位深信不疑，这离坚信英国势力必然在某种程度上是世界的中流砥柱只有一步之遥。对英国来说，帝国既是它的命运也是它的责任。

所以 1942 年丘吉尔所说的尖锐警言"我担任国王陛下的首席大臣，绝不是为了主持大英帝国的破产清算"对战后的政治家们影响深远。至于让印度独立（这是个被反复宣传的历史神话），艾德礼工党政府不仅没有欣然接受，反而忧心忡忡，害怕一旦宣布撤退就会被视作迈出了"大英帝国破产清算的第一步"。任何类似的说法都会被重新措辞，英国人的撤退不能被称为"帝国崩溃的第一步"，而要让人觉得英国是在"自愿将权力移交给民主政府"。所以如果英国人表现得看起来是在"急忙撤退"，后果会是毁灭性的。"我深信，"时任外交大臣、政府的二号人物欧内斯特 · 贝文（Ernest Bevin）告诉艾德礼，"如果你那么做，我们党在这个国家将永无翻身之地……"贝文要求艾德礼在印度问题上坚定立场、重申英国的权威，艾德礼的回答是：为时已晚。当然英国社会主义者对印度人民的同情由来已久——他们对帝国不吝于批评。但是在世界的其他地区，社会主义作为社会和道德进步的福音，与开化的殖民地托管统治似乎并不矛盾。许多社会主义者认为，大英帝国的问题在于忽视了社会改革的责任，使其落入了海外殖民者和国内商业利益的掌控之中。

这种帝国思维习惯并不是存在于真空当中的，迫切的利己主义不断地给予它强化支持。战争结束的时候，英国人债台高筑。但是有一个经济问题比其他所有问题都更为紧迫：为了重建他们的工业经济，他们必须购买“美元”商品，实际上，当时唯一的物资来源就是美国。可是随着 1945 年 8 月《租借法案》的到期，美元供给就此枯竭。更糟糕的是，之后华盛顿政府批准的贷款条款要求英国人尽快放开英镑的自由兑换（意味着英镑与美元之间的自由兑换），这使得本来就饱经风霜的英镑雪上加霜，结果是一败涂地。1947 年中期，英镑开始实行自由兑换，英镑的价值一落千丈：没人想持有它。得到华盛顿政府的勉强首肯之后，英国又恢复了外汇管制。在新经济学的鼓吹下，帝国的商业价值一飞冲天。伦敦现在指望它的热带殖民地能挽救它于水火之中。在物资比战争时期还要紧缺的情况下（现在连面包和土豆都是定量供给），英国的热带殖民地能给国内人民带来紧缺的商品：如用于制作巧克力的可可豆、茶叶、咖啡以及花生制成的人造黄油（黄油现在是奢侈品）。更好的是，英国可以用“疲软的”英镑购买（殖民地供给的产品价格低于国际市场水平）甚至延期支付这些产品。换而言之，这些产品赚取的英镑及对英国产品的购买权被推迟到以后以强制性存款的方式偿付，这样的方式使英国产品得以出口至其他市场赚取珍贵的美元。

殖民地商品还带来了更多利益：可可的出口也能赚取美元。更有价值的是战略物资，例如美国的工业扩张和战后装备改良导致其对马来半岛的橡胶和锡以及北罗德西亚（今赞比亚）的铜产生无止境的需求。这些商品带来的美元收入并没有运回殖民地，而是流往伦敦的“美元总库”，由伦敦政府统一管理。马来半岛的美元收入对于英镑能否从 1949 年贬值危机中恢复过来意义重大。事实上所有货币与英镑紧密挂钩的国家——包括澳大利亚、新西兰和南非，都被迫接受了英国对于美元的中央管控，并尽量购买用英镑计价的商品。到了 1950 年，英国对帝国属国的商品出口量创了历史新高。这一切背后的逻辑显而易见。殖民地官员的职责不再仅限于维持秩序和平衡预算，现在他们还要负责提高殖民地经济产量，尽快将他们滞后的经济现代化。殖民国家必须勃然兴起，必须将活力输入更深远的农村地区，商业落后就要受到谴责。殖民地现在拥有新的管理权限，也被鼓励寻找新政治盟友以取代过时的乡下盟友（主要是酋长们）。此时英国不能放松对殖民地资源的掌控：这一点在内阁对待马来半岛共产党起义者的态度中得到了有力体现。同样，守卫中东石油（英国石油消耗量的60%来自于此）和伊朗阿巴丹的大型英属炼油厂也很重要。对于大英帝国的对手来说，英帝国主义似乎并没有衰落，反而更加进取。

并不是只有英国实行了这样的经济殖民主义，所有拥有海外帝国的西欧国家都把自己的殖民地当作国内复兴的工具。但是英国人还有另外一个迫切的动机维持自己的帝国特权。战争结束时威胁他们安全的主要因素是苏联的向西扩张。波茨坦会议对战后德国的处置问题没有达成一致意见，再加上苏联军事力量的规模以及美国对欧洲防卫系统援助的不确定性，一个严峻的问题出现了：英国和恢复中的法国如何能阻止斯大林进军西欧的脚步？英国人有空军力量——大批轰炸机，但是要进攻苏联的城市却有些鞭长莫及，如果法国机场被进攻的话，英国的空军就更加无法发挥作用了。有个方法可以解决这个问题：英国人可以从他们在中东的空军基地对苏联在其南部的工业中心发起进攻。这意味着英国要保持在该地的霸权地位，以及保留它的苏伊士运河基地和工厂、商店、营地及训练场——这是个大型军事据点，它的西部边界距离开罗近在咫尺。所以当1946年艾德礼建议撤出中东，在苏联与英属非洲帝国之间退出（用他的话说是“由阿拉伯人和沙漠构成的广阔缓冲区”）时，遭到了贝文和参谋们的激烈反对。贝文说，撤离中东“将重现慕尼黑当年的情形，只不过这次将波及全世界，希腊、土耳其和波斯都会是受害者……”它会动摇美国对英国恢复能力的信心，也会把印度推向苏联，给自治领造成“难以预计的影响”。如果它与撤离印度同期发生（贝文写下这段话的时候是1947年1月），“全世界都会认为我们是在放弃世界强国的地位”。在此之中蕴含着一个更大的暗示：如果英国人要保持其世界强国的地位（英国毫无疑问是世界强国），他们就必须尽力保留帝国的实体。一旦撤离印度，对中东地区的掌控将会成为他们最大的地缘政治资产。如果放弃中东，不仅不能减轻英国面临的资源困境，反而可能摧毁它残留的世界地位。

英国人坚守了阵地，尽管在埃及和伊拉克纷纷发生了反抗英国的民族主义浪潮。他们坚守了马来半岛，镇压了共产主义起义者，保留了他们在马来半岛的主要基地新加坡——经由苏伊士运河或好望角联通英国与澳大利亚航道的必经之地，毕竟当时总体而言还是个海运时代。在殖民地管理中，英国人也乐于变通：他们通过承诺给予当地更多自治权平息了 1948 年黄金海岸（今加纳）的暴力示威。尽管 1947 年 8 月他们匆忙撤离了印度，英国人仍然心怀希望，盼望能够在贸易和防卫中保持一种特殊的英印关系。他们依然把印度视作军事人力资源储备库。因此当印度总理贾瓦哈拉尔 · 尼赫鲁告诉艾德礼印度将要成为共和国时，艾德礼惊慌失措，因为在当时这被认为是脱离英联邦的行为。艾德礼告诉尼赫鲁：共和国有悖于印度传统。“印度民众真的会支持共和政体吗？……共和主义毕竟是欧洲的舶来品。”尼赫鲁坚持立场，伦敦政府只能焦急地寻找能使共和国与英联邦国身份并存的方法。内阁委员会称：如果让印度脱离英联邦，“将促使它着力创建独立于西方列强的亚洲阵营，甚至可能与西方为敌”。1949 年制定出的最终解决方案是英联邦成员由原来的效忠于英国君主改为承认英国君主为“英联邦王国元首”——这个妥协的结果一直持续至今。

事实上，1945~1951 年执政的工党政府不仅没有将英联邦当作一个过时帝国的庄严遗迹，反而决心把它变为加强英国世界势力的新工具。摆脱了从前帝国的独裁、贪婪、剥削传统，现在的英联邦基于自愿、民主和互惠的基础将成员国联系起来。虽然肩膀上压着债务和防卫的千斤重担，但是英国领导人们（或者更抽象地说是英国人）对他们的未来和命运仍然怀有宏大的愿景。欧内斯特 · 贝文告诉他的同僚：“应该更加强调建立英联邦防御系统的必要性，它与西方联合防卫组织能够合作构成与美国或苏联势均力敌的阵营。”“如果我们的目标是，”1948 年 3 月内阁秘书长写道，“构建强大到足以独立于苏联或美国阵营的西方联合防卫系统并成为其领导者，我们必须尽力使英联邦壮大，并保持我们的中心地位。”英国必须既是欧洲的守护者又是世界强国，这两重身份缺一不可。这个目标基于两个不那么确定的假设，或许是英国人在 1914 年前形成的观点所致。第一个假设是英国迟早会恢复其 1939 年前的地位，再次成为世界上最大的贸易国、投资者和海上霸主，更何况还有近期在原子能和太空的科技成就为其增添助力。由于殖民地生产的食物、原材料和战略物资在这个物资短缺的世界里备受重视，给英帝国提供了额外的优势。第二个假设在贝文的言论中表达得很清楚，那就是英国人不愿屈居于美国之下。一旦他们养精蓄锐、挺过风浪，他们必将重拾往日辉煌，成为世界三大强国之一，与新兴的“超级大国”在地位和实力上平起平坐。到那时候他们还拥有广大的帝国领地可以倚仗，大可以与其他两国一较高下。

然而，仅过了10年多一点的时间，经济和地缘政治的变化便将英国人的希望粉碎成了尘埃。

最后机会

可是在当时看来英国政府的这种想法并不是痴人说梦。1947年是多事之秋，不仅有印度独立的威胁，又赶上了国内的经济危机，但是在1947年之后，的确有许多迹象表明英国的处境正在好转。一个重要变化是英国与美国建立了前所未有的紧密联盟。虽然有贝文的勇敢言论，但是在确信美国从1948年开始将施以援手帮助西欧抵抗苏联的侵略之后，英国还是松了一大口气。当英国人计划不再当帝国主义者的时候，华盛顿政府不但没有顺水推舟，反而敦促他们（以及法国人）不能放弃，而要勇敢地承担起自己的责任。在中东、撒哈拉以南非洲地区和东南亚的部分地区，只有法国人和英国人才能保护西方利益。英国人称霸阿拉伯中东地区时，美国人默许了。美国国务院的一位官员称：“在这个时候向英国施压要求他们从苏伊士运河地区撤走将是个严重的错误。”更没有理由逼迫非洲殖民地进行政治改革。当帝国主义者声称他们的统治将会结合经济和社会的发展适时地给予地方自治权时，华盛顿欣然接受。

冷战遏制政策的实施需要牢牢掌控帝国的版图，这给了帝国新的生机。英国人充当了共产主义的“拦路虎”，故而可以从美国那里获取外交支持和物资援助，也可以强调自己是美国的合作伙伴而不是从属者。超级大国之间的竞争也对英国人有利。毛泽东取得的巨大胜利以及整个朝鲜（与尚不安稳的日本出奇地近）接受共产主义者领导的事实让美国不得不大幅扩大在全球的投入，美英之间的友谊因而价值大增。英国人很幸运，他们的帝国大部分领土不会遭受苏联的直接进攻。最不可思议的是，除了早期做出一些警告之外，斯大林居然没有挑战英国在中东的地位，要知道中东是英国人最薄弱的环节。英国主要的希望就是能够以保持这种对自己有利的走势以稳定自己的强国优势并牢牢抓住帝国版图（丘吉尔渴望召开“峰会”的目的就在此），以图赢取喘息的时间来实现经济复苏。

在一段时间里，这样的期望也并非过分乐观。凭借国内令人难以忍受的财政紧缩措施以及对出口的极度专注，英国人出口贸易总值从1945年的4亿英镑提高到1951年的25亿英镑，即使是以数量计算（虑及通货膨胀）也比战前增长了75%。英国如此努力的原因一方面是为了偿还债务，另一方面是因为原本可以带来收益的海外投资在战时不得不被贱卖，英国人必须弥补这部分损失。与此同时，英镑大幅贬值，1949年国际收支危机进一步让英镑落入谷底：从1英镑可兑换超过4美元跌到只能兑换2.8美元。在上述因素的帮助下，再加上能赚取美元的殖民地产品大受欢迎，英国经济令人欣慰地迅速复苏——尽管我们将看到这次复苏持续的时间极短。

从当时帝国大多数地区的政治格局中我们可以找到另外一个理由相信时间是站在英国这边的。不可否认，印度的剧变和从缅甸的迅速撤离使英国在亚洲绝大多数地区的统治落下了帷幕——马来半岛和婆罗洲（即加里曼丹岛）除外。在英属西非的黄金海岸和尼日利亚两地也发生了一些战后骚乱。但是英国人私下将“亚洲人”（当时被称为“亚细亚人”）和其他殖民民族区分开来，他们认为亚洲人拥有古老的、根深蒂固的高雅文化，强烈的、有组织性的宗教特性，广大的农业人口和无数伟大城市以及大批高级知识分子精英，因此亚洲人更容易受民族主义的影响，也更为仇视外来人口。1945~1948年的帝国危机就是帝国的亚洲危机。1949年亚洲人表现出支持印度的意愿，英国人意识到，如果要让亚洲人与西方人保持良好关系，就必须小心翼翼地对待他们。但是英国人觉得没有理由认为非洲会跟随亚洲的脚步，至少在近几十年里不会如此。非洲没有能与印度国大党、中国国民党、越南独立同盟会或毛泽东的中国共产党相提并论的民族主义或共产主义组织。在撒哈拉以南非洲的大部分地区，最有势力的非本土宗教是以传教团为中心的基督教。非洲的现代精英人数稀少，而且他们的政治要求相当恭谦有度。在这片大陆上，传统的领导人仍然掌有相当的权力，他们没什么兴趣发起自己控制不了的民族主义群众运动。英国统治在亚洲遭到了被统治民族的激烈反抗，相比之下似乎非洲社会要温顺得多，也好控制得多。由于他们不像亚洲人那样背负悠久传统的负担，所以非洲人做出的反应更加积极，在殖民政府的“指导”下发展得更为迅速。

这些想法在今天看来很是离奇，甚至有些滑稽。产生这些误解的原因是非洲政治生活中存在着欺骗性的断层。在1939年以前，大多数在英国统治下的非洲地区都实行极端的地方分权政策，大部分权力下放到部落属地，“地方当局”（即部落首领）在一名英国地方官员的监督下行使传统权威。非传统政治家没有什么召集拥护者的空间。在殖民地经济陷入萧条的时期，这些管理方式能行得通，政府的主要任务只是平衡紧张的预算。但是1945年之后（如前文所述），英国的首要任务变了。为了把如一潭死水的停滞区变为充满活力的资产，伦敦政府愿意发放信贷和借款，派遣技师和专家，对不经济的农业活动施加严格管控，并制定雄心勃勃的农业发展计划。现在非洲农民不得不（必要时要被强迫）学习如何保护他们的家畜和庄稼不受疾病侵袭、防止土壤被侵蚀。这意味着他们要勤劳地给家畜“洗药浴”、焚烧生病的可可树，还要辛苦地修筑能够阻止雨后水土流失的地形。历史学家们口中的“二次殖民占领”会让农村人口叫苦连天，因为他们难以相信这些繁重的新任务是为了他们的利益而不是为了殖民地主人的利益。尽管他们的产品销路极好，但是他们的收获却几近于零，因为伦敦政府才有定价权，而他们的美元收入也被囤积在伦敦。他们也不太可能欢迎伦敦所鼓励的前往肯尼亚和罗德西亚的新移民潮——这些移民势必霸占更多土地、要求更多劳动力。但是，除了黄金海岸之外，当时的非洲人民反应沉默。然而，这不过是即将来临的暴风雨前夕的宁静。

20世纪50年代初期已有迹象表明，即使大英帝国改头换面也前途有限。朝鲜战争（1950~1953年）是个转折点。一方面，对于陷入困境的美国来说，英国这个盟友更加宝贵了，但是另一方面，随着美国决策者决定将“遏制政策”推广到全球范围，他们越发倾向于把殖民地或半殖民地（如埃及）的民族主义者看作对抗共产主义的潜在盟友。美国人越来越不喜欢已被淘汰的帝国主义朋友，唯恐这会促使民族主义领导者们投入莫斯科阵营。对于英国人来说，朝鲜战争预示着全球性对抗正在不断扩大，这给他们带来了很多其他负面影响。欧洲内部压力上升，为了保卫联邦德国，英国人被迫派遣陆军长期驻守（这支驻扎在莱茵的军队与以前英国在印度的卫戍部队规模一样）。英国人构建英联邦与西欧联盟并领导联盟的希望就这么破裂了（或许这个希望本来就只是个空中楼阁）。随着东西方两大军事阵营对抗的升级，朝鲜使新独立的亚非国家相信自己可以不支持任何一方。于是就有了1955年万隆会议上宣告的“不结盟运动”。英国人原本希望他们的多种族合作的英联邦能发展为一个亲西方国家的后殖民国家联盟，不结盟运动显然杜绝了这种可能。这次运动不仅吸引了殖民地的民族主义政治家[例如黄金海岸的克瓦米·恩克鲁玛（Kwame Nkrumah）]，也吸引了许多像纳赛尔这样的领导人。而且印度——或者说贾瓦哈拉尔·尼赫鲁挑了大梁，这样一来，英国人也不用再指望德里会加入印度洋和东南亚的印英防御体系了。

朝鲜战争也使人意识到英国经济仍然脆弱不堪。战时进口商品的价格飙升，这是造成英国经济困境的一大原因。而且，在华盛顿政府的压力下，艾德礼政府启动了大型军备重整计划，转移了原本用在民用经济和出口贸易上的宝贵人力和资金，其后果很快就在另一场英镑价值危机中体现出来了。尽管后来丘吉尔领导的保守党政府（1951~1955年）迅速撤销了军备重整计划的绝大部分，但恶果已然铸成。当时的首要任务是尽可能快地削减英国的防御经费，因为英国在海外的大批卫戍部队从经济上来说严重阻碍了财富的积累。英国人苦苦挣扎主要是为了通过努力争取贸易顺差让英镑走强，像从前那样成为各国的贸易结算货币，英国也能用它作为硬通货储备。1939年以前（1914年前英镑地位更高），这一直是伦敦金融城财富的秘诀，也是英国超强实力的秘诀。但是朝鲜危机暴露出英镑的恢复期很可能会大大延长（这是最好的情况），而且安全边际实际上非常窄。

这就是苏伊士运河危机的背景。1956年，一枚水雷在一艘战舰船头爆炸，宣告了苏伊士运河危机的爆发。危机的起因是埃及领导人纳赛尔上校发动军事政变，建立了民粹主义独裁政权，并将苏伊士运河及其收入收归国有。纳赛尔之所以进行这场（在当时看起来的）危险赌博是因为以美国为首的几个国家撤除了用于建造保障埃及人民生命财产安全的阿斯旺水坝的资金，引起了埃及人民的愤怒。在英国首相安东尼·艾登看来，能否逼迫纳赛尔掉转立场并收复苏伊士运河交付给其“合法”所有者英法运河公司是对他本人以及英国声誉的重大考验。华盛顿政府不支持艾登用武力威胁顽固的纳赛尔，转而采取了一条臭名昭著的策略——与以色列密谋进攻埃及。按计划，首先（英法暗地催促）以色列向埃及发起进攻，然后英法军队打着保护航道的幌子出兵运河区域。只要纳赛尔兵败，他的政治生涯也就到了尽头（甚至更糟）——尽管各方心思不同，但这是伦敦、巴黎和特拉维夫（基于不同原因）都乐于看到的结果。众所周知，这个精密的计划出了严重的纰漏。英法联军的军事行动没过几天就不得不中止，因为此前被刻意蒙在鼓里的华盛顿政府表示了强烈的愤慨及反对。英国只能颜面扫地地撤军，艾登的健康状况和政治地位都垮了。在世界上大部分人眼里，纳赛尔是当时的英雄：民族主义者版的“大卫”宰杀了帝国版的巨人“歌利亚”。[①]

艾登为什么会采取如此风险巨大的冒险行为？从那时开始，有关艾登的动机众说纷纭。就算是在当时，政府内外的评论家都公然指责这是一次不计后果、考虑不周的非法行动：它给英国的声誉造成了无法挽回的损害。艾登遭受了华盛顿政府的公开谴责。英国人一直想拉拢的亚非领导人（尤其是尼赫鲁）全都对苏伊士运河危机反应激烈。绝大多数英联邦国家也表示不赞成。艾登的秘密谋划、对专家意见置若罔闻、多变的情绪和冲动的语言让身边的人心力交瘁。“安东尼，你疯了吗？”据说艾森豪威尔曾在电话里这么问他，可想而知这绝对不是一通愉快的电话。但是艾登在看似疯狂的外表下其实有他自己的考量。

艾登既不是好战分子也不是穷途末路的老派帝国主义者，在第二次世界大战之前，他是一个热情的国际主义者，积极拥护“集体安全”和国联。在1954年日内瓦会议上，他不支持美国向中国发动战争，而且支持越南的南北分治。同年，他不顾丘吉尔的反对，决定强制执行《苏伊士运河协约》，具有讽刺意味的是，这导致了1956年中期所有英国军队撤离运河区域。他的目的是为了终结军事价值有限的这部分兵力投入，并缓和英国与开罗的关系。但是艾登完全没有打算放弃英国在中东地区的霸主地位，他有着充分的理由：他和当年的贝文一样，认为中东地区是英国掌握的最有地缘政治价值的资产。这里不仅是苏联扩张的阻碍，还盛产石油，而且英国在此地的最高统治权让伦敦得以要求共同领导西方联盟，抵制在它看来华盛顿政府考虑不周的政策（例如在越南事件上）以及保留英国在世界安稳下来后再次成为独立的世界强国的机会。

纳赛尔的孤注一掷暴露了上述观点的支撑有多么脆弱。艾登对纳赛尔的判断严

---

① 大卫和歌利亚出自圣经故事，是一个以弱（大卫）胜强（歌利亚）的故事。——译者注

重有误，纳赛尔远比英国人料想的大胆和雄心勃勃。而且因为怀疑英国人会给他的敌人伊拉克和约旦提供援助，他的处境也显得穷途末路。或许连他也没想到的是英国人既没让他受到国际制裁，也没能夺回运河。等到这一点尘埃落定的时候，轮到艾登走上穷途末路。艾登很清楚英国在当地随意任免政府的权力岌岌可危，纳赛尔的成功“造反”会点燃阿拉伯的民族主义。如果英国在当地的盟友（尤其是伊朗和约旦的哈桑王族）倒台，那么英国统治权也会跟着终结，英国的世界地位会受到严重影响。艾登拉来的赖以重塑英国在欧洲影响力的资金将很快枯竭。然而他没有忘记英国要重新获得世界领导地位还必须维持它遵守《联合国宪章》精神和国际法律的形象。这是个进退两难的困境，因而艾登希望通过勾结以色列绕过这个难题。或许他期望赶紧造成既成事实以平息艾森豪威尔的怒火，毕竟艾森豪威尔也不喜欢纳赛尔。这是个灾难性的错误。

在苏伊士所受的屈辱没有促使英国人放弃他们的帝国。他们早已决定让一些殖民地独立：按计划，黄金海岸和马来亚会在 1957 年独立。苏伊士给英国人的教训（有些没有立刻显现）更为微妙，这些教训表明英国已经丧失了不在华盛顿首肯下独立行动的能力。从某种程度上来说，这至少是因为英国期待已久的经济复苏迟迟没有实现。1956 年 11 月，正是英镑疲软让伦敦惊慌失措。英国入侵埃及的消息传来，英镑价值暴跌，白宫声明如果英国不撤军，美国将不会提供任何援助。这个威胁起到了作用。苏伊士运河危机揭示了英国缺乏资源——包括金融实力、军事力量和地缘政治杠杆来维持帝国的影响力，更不要说是在战后中东这个危机四伏的地区了。这次危机还给了人们另外两点认识（或许事后看起来更明显）：第一，它象征着“强国”三分天下时代的结束（如果曾经有过这个时代的话）。同期发生了匈牙利事件，苏联镇压了匈牙利革命，实际上就是上演了一次成功的“苏伊士运河”行动，这表明华盛顿政府默认了匈牙利属于苏联势力范围。现在最要紧的就是要抑制苏联在中东和（不久后）非洲新兴独立国家的势力。在这个全新的竞争阶段，西方世界不会再有机会重现类似苏伊士运河危机的殖民地险情，华盛顿政府与新国家领导人交好的计划也不会再被打乱。第二，一个残酷而清楚的事实是英国已经与意识形态大环境格格不入了。英国人大肆鼓吹自己是自由和进步的拥护者，现在证明这只是个谎言。他们完全得不到进步论者和民主主义者的同情，他们暴露了自己是帝国主义者的心态，并正在企图颠覆《联合国宪章》努力维持的自由主权国家构成的新世界秩序。此时大多数亚洲和非洲国家正在飞速发展，他们渐渐填满了联合国大会的席位，尽管当时他们还没有掌握英国密谋勾结的证据，但英国在他们眼中已经是“头号公敌”，自此以后要以最大的不信任对待英国人。英国的地位一落千丈。

权衡得失

此时的英国领导人仍然在觊觎世界第三强国的地位，就算在物质力量上无法与其他两个超级大国抗衡，至少在精神上应该和它们平起平坐。艾登之后的首相是哈罗德·麦克米伦。不像他的主要竞争者R·A·巴特勒，麦克米伦是丘吉尔的门徒。他起先强烈支持苏伊士运河行动。“一定要羞辱纳赛尔……我们必须尽快行动，否则我们的中东朋友……就会垮台。我们必须尽快行动，否则我们自己就会毁灭。”在危机逼近时他与艾登的态度如出一辙。当英镑暴跌的时候他也是第一个要求撤军的，作为财政大臣，他严肃地警告国民可怕的灾难即将来临。评论家讥讽他“第一个掺和，第一个脱身”。麦克米伦上台后不再纠结于苏伊士问题，而是着手重建英国与美国（艾森豪威尔是他在战争时期的老朋友）以及英联邦国家的紧密关系，用优雅的风度消除敌意。

和之前的艾登、丘吉尔和贝文一样，麦克米伦坚信英国必须成为三大强国之一。这个信念建立在三个假设上。第一，英国的繁荣主要得益于它的全球关系：与市场、供应商以及需要利用英国金融和运输服务的贸易商的关系。英属企业在共产主义阵营之外无处不在——只有强国地位才能保护这些庞大的帝国资产。要保留和加强英国这个富有活力的经济领域，就必须时常扩大影响力——尤其在这个马克思主义和民族主义都反对资本主义自由贸易的时代。第二，麦克米伦与英国主流观点一致，认为美国领导人缺乏经验，也太过鲁莽，不能独自管理西方利益，在全球局势紧张的现阶段，维护世界和平的重任不能落在美国人手里，也绝不能落入莫斯科的斯大林接班人手里。这种对美国领导人满怀优越感的态度与华盛顿在日本和西德取得的胜利形成巨大反差。该观点的真正来源或许是一个衰落帝国对后起之秀的本能憎恶。第三，1957年仍是殖民性质的大英帝国要逐渐转型为自治的英联邦，这需要英国积极地进行运作，麦克米伦预计（他的工党政敌也持有同样的观点），如果英国能够用商誉和影响力获得预期的好处，就可以无限延长这个转型过程。出于上述三个原因，坚持自己的主张以及（至少在公众场合）展现对自身能力的自信对英国无比重要。

事实上，麦克米伦完全不承认英国在苏伊士运河危机中的失利标志着一个时代的结束，相反，他认为世界政局的新阶段为巩固英国作为西方第二大强国的地位提供了良机。在赫鲁晓夫的领导下，苏联的势力在由前殖民地国家组成的新兴"第三世界"越发如鱼得水。1957 年苏联人造卫星发射升空象征着苏联的强大科技实力，赫鲁晓夫的农业体制改革（其高昂的环境代价在当时还没有显现）放射出胜利的光辉，"社会主义国家"作为通往工业化的捷径备受推崇——这一切使得苏联领导人拥有了强大的（或许有点粗野的）领袖魅力。对第三世界的争夺战或许会打破世界力量的平衡。在麦克米伦看来，英国显然必须在世界各地带头抵制苏联势力，并给支持西方的国家打气——华盛顿政府将不得不承认这个事实。麦克米伦打算通过促使东西方召开有助于缓解冷战紧张气氛的"峰会"（以前丘吉尔也喜欢用的方法）来达到这个目的，当然前提是英国（以及他本人）必须到会。

起初，他的计划进行得很顺利。麦克米伦希望国内的经济改善（他当时的竞选标语是："你从未有过这么好的政府。"）以及国外的外交胜利能给他的保守党政府赢得多数选民的支持。从大英帝国到英联邦的转型可以被认为是领导人高瞻远瞩的政治才能的体现，它展现了领导人的超凡眼界，而不是被逼无奈的举措。新国家独立自主，但是用的是英式宪法，对作为英联邦元首的英国君主保持忠诚，这可以被巧妙地表述为英国成功地完成了它的帝国使命。怀疑论者和顽固派的反对声音可以通过激起公众的爱国情绪而被掩盖：他们小心翼翼地突出联邦的构想，仅把君主制附带在旁。计划似乎奏效了。1959 年 10 月，麦克米伦在英国大选中高调胜出：他被称为"超级麦克"。但是胜利后不久风向就变了。麦克米伦的计划开始行不通，或许因为它们本来就建立在对英国实力的错觉而不是现实之上。

麦克米伦计划中的关键是实行峰会外交，只要他在形式上以与赫鲁晓夫和艾森豪威尔身份相等的参会者出现，就能证实英国在超级大国世界里的特权地位。如此一来，麦克米伦就能与赫鲁晓夫正面交锋，他与美国的盟友关系能带给他额外的优势：他可以向英联邦的领导人们、殖民地的政治家们以及他的国内批评者们宣告英国仍然是个值得结交的独立强国。但是他期待已久的召开于1960年5月的峰会就是个外交灾难。美国和苏联为在苏联上空被击落的美国U-2侦察机而大吵大闹，尽管麦克米伦竭尽全力平息争吵，但是峰会还是不欢而散。麦克米伦绝望了。据他的私人秘书说，就在这一刻，麦克米伦“突然意识到英国无足轻重”。

祸不单行，1959年帮他赢得了大选的经济复苏在此时恰恰暴露出其脆弱性。增大英国的贸易顺差以使英镑（以及金融城）走强并压制失业率、控制通货膨胀，这一切只是个假象，所有的战后政府都上当了。麦克米伦也上当了。没有繁荣的经济、运输服务、制造业和海外投资的支持，英国的势力将会衰退。赢得经济优势的前景是促使1961年麦克米伦决定英国必须加入欧洲经济共同体（所谓的“六国”：法国、西德、意大利、荷兰、比利时和卢森堡）的原因之一。他想借此让英国重登西欧的领导地位，挽回峰会失败造成的声誉损失。然而在经历了辛苦的谈判并面对了国内他自己党派内部的意见分歧之后，1963年1月戴高乐将军以那句著名的明确的“不”粗暴地拒绝了英国的申请。麦克米伦遭受的羞辱到此终于达到顶点，他的首相之位也不保。戴高乐的一声“不”揭示了英国这个“世界强国”的无能为力。戴高乐与联邦德国的联盟（若非如此，他的否决票将是一纸空文）粉碎了英国在欧洲呼风唤雨的美梦，这对英国来说仿佛屋顶塌了一般。

正当这一幕在欧洲上演的时候，非洲正在酝酿一场大危机。英国人原本打算逐步将他们的非洲帝国转变为他们包括波斯湾和南阿拉伯半岛以及连接东南亚、澳大利亚和新西兰的印度洋海上走廊这一片巨大势力范围的一部分。他们已经打算在1960年前赋予他们的两个主要西非殖民地独立地位：加纳会在1957年独立，而尼日利亚会在1960年独立。英国人原本认为这两个国家会与伦敦保持密切关系——因为这两个地区都没有移民制造麻烦。而在非洲的其他地区，英国的计划更加谨慎。在有英国移民的肯尼亚，他们血腥镇压了被称为“茅茅运动”的基库尤人叛乱，造成了大量（基库尤人）伤亡。由于基库尤族是肯尼亚无数部落中最大也是政治上最积极的一个，这么一来想要提高非洲人在殖民地政治活动中的参与度显然就很困难了。英国真正的计划是在“足够慢地”建立起包括乌干达和坦噶尼喀（今坦桑尼亚的一部分）的东非联邦。英国人认为联邦体制能够淡化激发茅茅运动的土地政策的影响，构建一个更加自给自足的国家，并促进经济发展。中非已经成立了一个联邦，由自治的殖民者统治的南罗德西亚殖民地（今津巴布韦）和北边的两个被保护地北罗德西亚（今赞比亚）和尼亚萨兰（今马拉维）组成。这些成为宪法上的一团乱麻。其他的势力（其中包括两个位于北部的被保护国）的内部安全仍然由英国人掌控。1953 年联邦成立的时候伦敦曾经暗示过，要取得独立主权或者做任何宪法上的变更都必须经过英国政府的许可。伦敦希望它所树立的这个略为自由的范例（种族隔离政策不如南边根深蒂固）可以适当弱化南非白人民族主义者眼中白人至上主义者的形象，伦敦毕竟仍然把非洲联盟当成经济和战略上的重要盟友。

要解决如此多的难题（或怀恨在心的对手）并不容易。到了 20 世纪 50 年代，非洲殖民地的政局不再是一潭死水。殖民政府的侵略性扩张（包括管制、约束和征兵）以及越来越多的白人农民、矿工、官员、专家的到来使得非洲人民的怨恨不断升级，殖民地统治需要依靠的传统酋长们尤其怒火难平。茅茅运动就是这种仇恨的早期表现。非洲人民越来越害怕殖民入侵会夺走他们更多的土地。英国人为了争取非洲的“温和派”（这类人是殖民政府喜闻乐见的，虽然现实上并不存在）而给予了他们更多的政治权利，却发现反抗的呼声更高了，温和派也变成了麻烦派。世界其他地区剧变纷起，要把非洲政治与这股思想浪潮隔绝开来越来越困难——毕竟它承诺了要让非洲脱离外来势力的统治，也不能轻易把新冒出头的民族主义发言人拘禁或流放，因为此类举动很可能引起国外的震怒和国内的不安。然而就在他们被暴风骤雨赶出非洲的前夕，他们仍然难以置信地自信，认为政治变迁的步调依然掌握在他们的手中。这个观点不无道理，可惜它几乎完全是判断失误的。

这个错误的判断源于两个（错误的）考虑。首先是因为绝大多数非洲人生活在乡野之地，英国人认为很难要求马上独立的非洲领导人们（通常被称为“极端分子”）在那些偏远地区集结支持者。他们认为农村人不会关心意识形态问题（不像容易激动的城里人），而乡村精英们则会感恩戴德地接受殖民政府施舍的权力让步。因此在殖民时期的权力下放举措推广到全国范围之前，还有足够的时间。英国人在这里犯的最大错误就是忽略了农村人对他们的仇恨之深，要不就是误以为农业发展计划会消除这些仇恨。在众多农业计划中最野心勃勃的是“斯温纳顿计划”，它意图在肯尼亚创造出一个非洲的“自耕农”阶层——被满足了的、安于现状的土地所有者必然仇视造反派和温和派。没想到的是，农村非但没有对民粹民族主义无动于衷，反而成为民族主义的潜在资源库。第二种盘算与第一种密切相关。英国人认为他们虚有其表的殖民地政府有能力应付一切可能发生的骚乱：可以把太过嚣张或者有可能引起动荡的民族主义领导人关进监狱，再出动警力和零散的殖民地军队驱散他们的支持者。在茅茅运动时期，这可能未必是错觉，但是英国人依靠基库尤族忠于英国的那部分人镇压了茅茅运动，除此以外没有其他部落参与这次叛乱。而在非洲的其他地区似乎不存在茅茅运动的条件：严重的土地压力、积极的政治领袖[例如被以共谋罪关入狱中的乔莫·肯雅塔（Jomo Kenyatta）]、便于游击作战的森林覆盖的腹地。只要是殖民地政府独占武装力量统治手无寸铁的百姓，那些被宣判为极端分子的人就只有两个选择：接受政府的让步或者身陷囹圄。

从1959年初开始，上述这些“确定无疑的事”被迅速推翻。官员和大臣们陷入了恐慌之中——尽管表面上他们装得若无其事。3月，危机显现。变故发生在尼亚萨兰[①]这个贫困的保护地被伦敦强行加入北罗德西亚和南罗德西亚的中非联邦计划（在这两个地区白种人口要多得多）。这个时机并非偶然。伦敦早已公告天下会在1960年决定中非的去向，并决定是否赋予联邦全面独立自主权。种种蛛丝马迹表明伦敦的最终决断会是“赋予”——但这是有条件的，要确保该地的占人口少数的白种人能掌握控制权。在白人统治下的独立必然意味着土地会按白种移民的意愿重新分配（南罗德西亚已经践行了），原本由黑种人担任的公职也会被白种人代替。因此，当1958年黑斯廷斯·班达（Hastings Banda）——尼亚萨兰非洲人国民大会最有号召力的人物被释放回国（他先后被囚禁于苏格兰和加纳）带领非洲人争取更多权利时，政治气氛迅速升温。班达发动了近两万人，他猛烈抨击政府的农业规定，号召支持他的民众勇敢争取自由、反抗联邦。尼亚萨兰总督罗伯特·阿米蒂奇（Robert Armitage）爵士坚信班达的意图是为了破坏这块保护地的统治，但他左右为难。伦敦的政策（也就是他的责任）仍旧是支持联邦。他也明白，要使联邦的独立让人无可挑剔（尤其是在国际上）就必须给予尼亚萨兰的非洲人更多政治话语权以及更高的自治权。然而班达造成的影响明显说明非洲人一旦拥有话语权只意味着一

---

① 尼亚萨兰，即马拉维。——编者注

件事：中非联邦所代表的一切都会遭到激烈的反对。

后来发生的事很有戏剧性。随着越来越多迹象表明尼亚萨兰即将爆发动乱，加之不安分的联邦总理罗伊·韦伦斯基（Roy Welensky）在一旁施加压力，尼亚萨兰政府决定阻止班达的活动。1959 年 3 月 3 日，阿米蒂奇宣布尼亚萨兰进入紧急状态。班达被逮捕，并被押往南罗德西亚的监狱；尼亚萨兰非洲人国民大会被作为非法组织取缔，100 多名激进会员被扣押；警方和军方在全国四处搜捕"激进分子"名单上的成员。民众反应激烈，或许是出于自卫，群众聚集在一起。暴乱和示威频起，50 多名非洲人身亡，其中单在恩卡塔湾的一次事件中就有 20 人殒命。规模如此之大的暴力事件自然引来了调查，尽管如此，尼亚萨兰政府及其在伦敦的领导一点儿也不担心。阿米蒂奇声称掌握了班达及其同党计划谋杀白种人、亚洲人和非洲温和派的证据，之所以宣布进入紧急状态是为了及时阻止茅茅运动再现。最好是这次调查可以揭发班达及其友人是危险的极端分子，必须阻止他们破坏联邦的进程。但是事情并没有像尼亚萨兰政府预想的那样发展。

这次调查由最高法院法官帕特里克·德夫林（Patrick Devlin）爵士主持，他反而对尼亚萨兰政府提出了控诉。调查结果先是指出所谓的"谋杀阴谋"子虚乌有，进而谴责政府采取的策略是"集权国家"才会动用的（这勾起了人们对不久前欧洲经历的苦难的回忆），并严厉地指出绝大多数尼亚萨兰非洲人民强烈反对加入联邦。对麦克米伦和他的政府官员们以及阿米蒂奇及殖民地白人政治家们来说，这无疑是个灭顶之灾。"由此事可见，"麦克米伦在日记里愤怒地写道，"德夫林是个爱尔兰人——他骨子里淌着的芬尼亚人[①]的血，这决定了他的反政府倾向；他还是个堕落的罗马天主教教徒。"德夫林的调查报告于 1959 年 7 月面世，政府付出了巨大努力破坏这份报告的可信度，并挺过了一场议会辩论。但是尤其对麦克米伦来说，尼亚萨兰危机传达了非洲人民对殖民者不可调和的仇恨。从此以后没有哪届英国政府会再去对抗非洲民众运动，因为无论预想的收获有多大，都不可能比英国可能遭受的耻辱重要。伦敦政府必须不惜一切代价找到它能操纵的非洲代表，才能把更多权利交到他们手上。1960 年初，麦克米伦充满热情地给南非议会做了一次著名的演讲，

① 芬尼亚人，传说中的古代爱尔兰勇士。——译者注

这标志着他的非洲之旅的高潮。这次演讲的听众全部都是白种人，麦克米伦告诫他们："变革之风正在拂过这片大陆，无论我们喜欢还是不喜欢，民族意识的上升已经是个政治事实……"他接着重提他最关心的话题："在20世纪下半叶，最重要的问题是那些独立的亚非民族会投入东方阵营还是西方阵营。"至少在南非，他的这番话被当成了耳边风，6个星期后就发生了沙佩维尔惨案。

有这么一种传言称从1959年10月开始，麦克米伦和他任命的殖民地大臣伊安 · 麦克劳德（Iain Macleod）决定用最快的速度结束英国在非洲的统治，将权力移交给非洲民族主义者，正是他们坚定的自由主义让英国避开了灾难。这个传言主要源自麦克劳德自己的杜撰。事实上这两个人都紧紧地抓住手中的牌守口如瓶（麦克劳德确实也是个职业桥牌玩家），当然这不无道理。他们俩并不清楚下一步该如何进行，也都对迅速的权力过渡有着深深的疑虑。麦克米伦在中非联邦的问题上含糊其辞，他们的主要构想是通过说服白种殖民者和非洲民族主义者接受权力进一步下放的联邦形式以保留中非联邦，可惜两边都不同意。虽然有德夫林的调查报告，麦克劳德仍然不愿就此放弃尼亚萨兰——因为北罗德西亚的非洲领导人也会要求脱离联邦，这样一来中非联邦的末日也就不远了。当麦克罗德与海斯廷斯 · 班达见面时，麦克罗德不仅没有向班达表示称赞，反而把他当"极度虚荣无知的人"打发走了。虽然如此，麦克罗德希望能把班达与他的"极端分子"朋友分开，并通过做出一些明智的让步让班达支持中非联邦。这是一个荒唐（但有启迪意义）的错误判断。英国人既想安抚非洲领导人，又担心控制了地区所有军事力量的白种人会干脆攫取独立权——用白厅的官方话语来说就是："扮演参孙[①]的角色。"麦克米伦不愿为中非联邦的瓦解背负骂名，不愿激起党派右翼的后座议员反叛。结果导致英国进行了一系列纷纷夭折的政治干预，却没有制定任何确定的计划。到了1962年初，很明显英国人已经在当地失去了掌控权，也不打算重新夺回统治权。在不使用武力的情况下，英国人既无法阻止赞比亚和马拉维的非洲民族主义党派上台掌权，也无法免除南罗德西亚的移民掌握的控制权。英国被迫于1963年解散中非联邦、分割联邦资产，他们只留下了南罗得西亚的白人移民政权（作为英国重要想的标志），而这个

① 参孙是《圣经》里的人物，他被上帝拣选拯救以色列人脱离非利士人之手。——译者注

硕果仅存的地盘还随时可能单边宣布独立——这无疑显现了英国此时的无能为力。

从麦克米伦发表“变革之风”演讲到中非联邦解体，非洲局势已经大变。其中一个迹象便是戴高乐于1960年突然允许除阿尔及利亚以外的法属非洲殖民地独立，这让英国人尴尬不已。更重大的是“刚果危机”的爆发。1960年1月，大概是为了安全地设立附庸政权，比利时人仓促允许了广大非洲殖民地独立，结果导致了灾难性的巨变。盛产铜矿的加丹加省旋即在比利时矿产业的公开支持下宣布脱离刚果，中央政权在其他地区也控制不了局势了。在比利时（或许还有美国）的共谋下，总理帕特里斯·卢蒙巴（Patrice Lumumba）被绑架杀害。与此同时，刚果军队（或称治安队）军事叛乱，杀死了几十个白种人，其中包括妇女和儿童。无数白人难民南下，途经白人统治的中非联邦前往南非港口回国避难。随着刚果分裂成相互争斗的数个辖地（就像麦克米伦警告的一样），苏联开始拉拢非洲民族主义者，谴责西方国家的阴谋，将刚果遭受的厄运归咎于资本主义的贪婪。

刚果经历的漫长恐怖时期一直牵动着英国人的心，他们更加厌恶使他们泥足深陷的非洲冲突。麦克米伦的私人秘书于1960年11月记录道：“首相和殖民地大臣说他们不想要个阿尔及利亚那样的烂摊子。”刚果则更糟糕，因为它更加靠近英国在中非和东非的遗留领地。在殖民地独立前的日子里，英国人度日如年，越来越害怕莫斯科会对非洲国家产生更大的诱惑力，于是刚果的邻国坦噶尼喀和乌干达分别于1961年和1962年仓促独立。同样的影响在另一个例子中可见一斑：肯尼亚殖民地。

茅茅运动结束后，英国人急于设计一个政权制度以便集合忠诚于英国的非洲人并消除他们对白人移民的主要愤恨。英国人已经开始谨慎地均衡白种人、亚洲人（肯尼亚另一个人数众多的移民民族）和非洲人的政治代表。同时，英国人担心对茅茅运动的妖魔化和被广泛宣传的白种人面临的危险会导致移民背叛英国，麦克劳德提出了一个极有创意的解决方案。恰在此时出现了一个由移民温和派组成的团体——“新肯尼亚团”，麦克劳德的亲兄弟是这个团体中的积极分子，麦克劳德抓住了这个机会，1960年1月，他在伦敦圣詹姆斯区的兰开斯特宫召集会议。在会上虽然没有具体制定独立时间，但是确定了殖民地的命运将会掌握在非洲人手中。麦克劳德的真正意图是联合新肯尼亚团和非洲温和派——即由非基库尤团体组成的肯尼亚非洲民主联盟（简称KADU），他投出的诱饵是许诺把统治权逐渐转交给以非洲人为主导的肯尼亚政府，该政府将有途径（并在英国政府的庇护之下）争取民心并控制激进分子。1961 年 4 月，麦克劳德在肯尼亚举行了第一次大选后给总督致信："很高兴收到你传来的好消息，得知以肯尼亚非洲民主联盟为主导的政府正在逐渐赢得支持，我非常欣慰。如果这次能成功，它将与我们在兰开斯特宫商定的组织构想完全一致。"麦克劳德丝毫不掩盖自己的政治目的，他告诉总督："我要特别强调的是，我非常欢迎主要以肯尼亚非洲民主联盟和新肯尼亚党为基础的肯尼亚政府，我也很乐意看到我们有机会遥遥领先于肯雅塔。"肯雅塔——总督雷尼森（Renison）口中那个"领导非洲走向黑暗和死亡的人"，将只能束手无策地看着肯尼亚走向未来（他此时仍被囚禁）。

麦克劳德不过是在痴心妄想。很快人们就发现肯尼亚非洲民主联盟缺乏足够的能力和凝聚力与由基库尤人和卢奥人共建的肯尼亚非洲民族联盟简称（KANU）竞争。为了赢得更多支持，肯尼亚非洲民主联盟不得不恳求伦敦释放肯雅塔，结果肯雅塔一被释放就出任了肯尼亚非洲民族联盟主席。伦敦政府坐立不安，抱着一线希望想重提（当时已经基本被人遗忘了的）东非联邦，把肯尼亚纳入其中，或者把肯尼亚非洲民族联盟从内部分裂——总之除了再次宣布进入紧急状态之外的一切方法都行。决定伦敦政策的主要因素其实是对新一轮对抗的恐惧。据《泰晤士报》报道，肯尼亚关押了 8 万名前茅茅运动成员。到了 1962 年初，大局基本已定。新的制宪会议即将召开，接替麦克劳德担任殖民地大臣的雷金纳德·莫德林（Reginald Maudling）粉碎了英国人残留的非洲统治幻想。他警告内阁同僚说："我们最多能期望把权力有序地交接给一个真心诚意想把肯尼亚发展为现代国家的非洲人政府，期望肯尼亚能避免动乱、内战或倒退到部落制。"让肯尼亚支持西方阵营（到此时）已经成了奢望，顶多能希望它会免受共产主义的影响。为了说服反对者，麦德宁点出了所有人心中最大的恐惧："茅茅运动的威胁、原先被囚禁的肯尼亚非洲民族联盟成员以及持续的个人暴行笼罩在一切之上。"这是个转折点。虽然肯雅塔花了好几个月才与少数民族部落达成协议，但是实权已经落入了他手中。1963 年 12 月，在这个三年前人们不敢想象的环境下，肯尼亚独立了，由肯雅塔担任总统。

非洲的动态并不在英国计划当中。在表面上，在英国人撤离非洲那一刻以前，权力都掌握在英国人手里，但实际上并非如此。他们原本期望通过逐步让渡政治权利保持他们的势力，而这个期望逐渐落空。英国人看好的非洲温和派领导人没有办法只依靠一半权力维持统治：如果要赢得民心并击退政敌，他们需要全部的权力。当英国人意识到他们不能冒天下之大不韪动用武力时，他们也就没有什么底牌可用于对抗顽固的敌人了。虽然如此，他们还是相当有技巧地掩饰了自己的无力，也很巧妙地设计出了让自己得以和平撤离的机制。只不过这并不仅仅是英国人的功劳。那些意图接管英方权力的人很清楚自己的统治基础薄弱、掌控权并不完全，因此，贸然动手搞垮英国统治的国家对他们并没有好处——他们要的是在一切照常运作的前提下取得掌控权，符合宪法上的合法性以及象征性地接管殖民地政权才更加有利于他们的统治。所以当非殖民化成为大势所趋、独立时间也已经敲定时，他们心甘情愿地摆出一副感恩戴德的样子，感谢英国“送给”他们独立。这样一来，权力的过渡成为和平而庄严的事件，辅以皇家威严。大家心照不宣地上演了一出皆大欢喜的哑剧。

1945 年后英国世界地位的巨大改变也影响了英国与老牌英联邦国家之间的关系。1939 年之前，4 个白人自治领——加拿大、澳大利亚、新西兰和南非都把英国当作自己利益和安全的守护神，唯英国马首是瞻（当然热情程度有所不同）。澳大利亚和新西兰尤其如此，它们与英国之间隔着一个亚洲，作为白人英属国家，它们深感自己的孤立无援，因此对它们与英国的关系几乎珍视到了神经过敏的地步；然而在南非，白人人口中占大多数的是布尔人的后裔，他们则更倾向于脱离与英国和欧洲的关系；在加拿大，英国人占大多数，要保证国内稳定就需要小心地安抚法裔加拿大人对帝国的敌意。尽管如此，在战争爆发时所有自治领都站在了英国这边（南非议会以弱票通过支持英国的建议）。

1940~1942 年间，英国在战略上的失败标志了一个重大转变：加拿大、澳大利亚和新西兰（南非反而不在其中）发现了自己对美国势力的战略依赖性。自 1926 年以来，它们获得的理论上的主权国地位在此时变得越来越实际，特别是加拿大已经发展为拥有极强军事力量的一大工业国，它的海军对北大西洋海上通路争夺战的胜利起到了关键作用。虽然英国世界强国地位的相对下降（无论是以战略标准还是以经济标准来看）导致了它与自治领的关系发生了不可逆转的变化，但在当时并没有立刻显现出来。澳大利亚、新西兰和南非在战后作为“英镑国家”被绑入了伦敦的美元存储计划，这三处都是英国制造业的重要市场。而加拿大与美国的贸易联结越来越紧密，在此时已经是个“美元国家”了。澳大利亚、新西兰和加拿大都是战后英国移民潮的主要目的地，这三个国家也都仍然承认英国君主是它们的元首。去南非的英国移民不多，但是南非也承认英国君主的领导地位——虽然1948年南非国民党赢得南非联邦大选，开始单独执政。冷战带来的不安以及英国投资的重要性（尤其在金矿上的投入）暂时比共和国孤军奋战要有吸引力——他们仍打着旧时德兰士瓦的Vierkleur旗就是证明。

直到1960年，尽管有战争及其余波的影响，南非的种族政治也导致暗流涌动，但是英国人仍可能相信南非会与旧的英联邦维持一种特殊的关系，这是英国重夺世界强国地位的关键。澳大利亚和新西兰在1956年苏伊士运河危机中对英国高调表示忠心。从某种观点来看，澳大利亚当时与英国的关系比以前还要紧密，这是因为伦敦正在南澳大利亚的伍默拉镇开发和测试英国的核威慑，堪培拉是伦敦的重要伙伴。然而到了1970年，旧英联邦的聚合力即使没有完全消失，也大大减弱了。最大的变故就是1961年南非脱离英联邦，让麦克米伦大为懊恼的是，南非的脱离实际上是因为英联邦的亚非成员国的坚持。20世纪60年代的加拿大正在润物细无声地重新定义国家身份，加拿大人原本强调的英国属性随着“国旗之争”而消散无踪——枫叶旗取代了原来的英国商船旗，而且没有在左上角加上英国国旗。加拿大总理莱斯特·皮尔逊（Lester Pearson）甚至一度考虑过让加拿大成为共和国。英国1961年申请加入欧洲经济共同体的举动震惊了澳大利亚和新西兰，终结了它们一直以来认为自己会继续在经济和文化上紧跟英国脚步的想法。1960年，英国为发展本国核导弹的“蓝光”弹道导弹计划失败，1968年又宣布撤离东南亚，英澳“联盟”逐渐破裂。接下来澳大利亚和新西兰越来越认同自己的多种族身份（而不是英国身份），越来越认为亚洲——而不是英国，掌握了它们未来的关键。

最后的挣扎

1945~1964年，英国领导人的希望和抱负在冷战竞争和英国的经济困境中摇摆不定。偶尔出现成功的希望（例如麦克米伦的“大计划”），但是随后就被危机和失败以及纳赛尔和戴高乐带来的耻辱粉碎。到了1964年，英国的情绪更加低落了。

1964年在大选（和保守党结束执政）不久前，外交大臣R·A·巴特勒冷冰冰地总结了英国与美国的特殊关系："作为实力远逊美国的合作伙伴……在我们看来，美国对我们海外政策的支持是不可或缺的；而在他们看来我们对他们的支持只是有用的，有时是有价值的。" 麦克米伦曾经坚持要实现的英美互为支撑的梦想就此破灭。与此同时，英国人意识到他们必须继续以疯狂的速度给予殖民地独立主权，直到领地中最小、最穷的地区也独立成新兴国家为止。1961~1966年，塞拉利昂、坦桑尼亚、西萨摩亚、牙买加、特立尼达和多巴哥、乌干达、桑给巴尔、肯尼亚、马拉维、赞比亚、马耳他、新加坡、冈比亚、马尔代夫、圭亚那、博茨瓦纳、莱索托和巴巴多斯纷纷独立。至于还没有独立的，并不是因为英国人在刻意拖延，而主要是因为当地政治团体之间没有达成一致意见或者来不及制定立国基本的相关制度。英国人似乎正在以尽可能快的速度结束帝国。

故事还没完。1964年10月，新的工党政府上台了。担任首相的是艾德礼内阁的老臣——哈罗德·威尔逊。上任前，威尔逊对守旧的保守党的态度进行了攻击，他坚称，正是这种态度阻碍了英国的现代化进程。当时媒体和社会各界正在轰轰烈烈地声讨政府（当时的"讽刺运动大爆炸"就是一个表现），舆论认为与帝国相关的陈腐观点和等级态度以及领导人对帝国复兴的幻想是导致经济萧条和无法建立精英统治的元凶。威尔逊的言论无疑与舆论潮流合拍。威尔逊宣称，必须"趁着科技革命白热化"构建一个新英国。但是当他正式就职后，他的这些激进观点悄悄地发生了变化。很快，威尔逊就开始热情澎湃地谈论英国的世界地位。毕竟，贝文在工党的工会支持者（或许还有许多工人阶级选民）中影响巨大，而他的思想主要是重现英国的"伟大地位"，况且英国的英雄代表温斯顿·丘吉尔尚在世（丘吉尔于1965年1月辞世）。威尔逊也（在更严峻的形势下）继承了麦克米伦的衣钵：相信在西方阵营中，英国至少应该是美国的左膀右臂。维持这个地位成了英国要不惜一切代价完成的首要任务。

维持英国的世界地位是这个观点的中心，它具体表现在英国在"苏伊士以东"的军事投入。英国人在从东非延伸到澳大利亚包括波斯湾和前英属马来亚和加里曼丹岛（现在的马来西亚联邦）的广阔海域充当了西方利益的守卫者以及友好国家的保护者。在势力壮大一些后，英国人又重提要守护印度。"英国的边境在喜马拉雅山脉。”1965 年 6 月哈罗德 · 威尔逊做出了这样的声明，暗示会在印度与中国的冲突中支持印度。英国的真正军事负担在于保卫脆弱的南阿拉伯联邦——亚丁的军事基地也被纳入了该联邦，以及保卫新成立的马来西亚（尤其是它的加里曼丹岛领地）对印度尼西亚企图统治整个马来亚的抵抗。苏伊士以东地区也是加强英国与澳大利亚之间关系的一个筹码，毕竟澳大利亚仍然是个重要的贸易伙伴，也依旧是英国移民的首选地。但是成本在不断增加。要在这片广大海域维持强大的军事存在意味着英国人不仅需要海上力量还需要空中力量：要新航空母舰和飞机，还要可以部署这些武器的基地。然而掌权不过几周，工党政府就面临了新一轮的英镑危机，需要大幅削减海外开支。1965 年 6 月，就在威尔逊踌躇满志地指点喜马拉雅山脉的江山时，他的内阁决定与印度尼西亚的对抗一结束，英国就应该立刻离开它的新加坡基地，只在中东小规模地保留军事存在。在美国的强硬施压之下（当时越南战争正在如火如荼地进行），这个计划只能暂时搁置。但是此时威尔逊及其同僚已经进退维谷。他们急于阻止国内高失业率的爆发，也就是说此时需要增加公共开支以及提高贸易顺差；他们更加急于控制英镑贬值趋势（当时巨大的贸易逆差威胁着英镑的价值）以体现英国保持其世界经济地位的决心。如果英国从苏伊士以东撤军，后果将不可预计，当时的主要官员（包括威尔逊本人）全都害怕会被这个“仕途的绊脚石”（一位内阁评论家戏谑的说法）绊倒。威尔逊在 1966 年 6 月对一群工党后座议员说：“他绝不能否定英国的世界强国地位。”但是总要有人让步。

在接下来的两年里，英国一面要考虑偿付能力，一面要维持国家声誉，因而伦敦的政策摇摆不定。1966 年春，伦敦宣布英国军队将在马来西亚和新加坡驻守一段时间。差不多整整一年后，伦敦决定将军队分为两批撤走，一批于 1970~1971 年，剩下的于 1975~1976 年撤离。1976 年下半年，在与敌对派系的城市游击队对抗了许久未果之后，英国人撤离了亚丁：南阿拉伯联邦只能听天由命了。同时，一位英国官员被派去波斯湾向那里的领导人们保证无论亚丁形势如何，英国人都会驻守波斯湾。这种折中方案并没有持续多久。11 月初，英镑的价值受到前所未有的压力，11 月 18 日，或许是因为害怕国际货币基金组织的监察会让英国丢脸，威尔逊及其同僚只能放弃漫长的抵抗，吞下这剂苦药。英镑贬值 15%，为了刺激经济复苏，新财政大臣走马上任——这就是罗伊 · 詹金斯（Roy Jenkins）的出场。詹金斯是个积极拥护英国加入欧洲经济共同体的所谓欧洲主义者，他强烈反对英国在后殖民时代的军事行动，认为那“纯属多余”。接下来发生了一场激烈的争斗，这次战场在白厅。在詹金斯看来，经济复苏需要在国内大幅削减开支，这样一来当然引起了后座议员们的不满，因此眼下的当务之急是平息后座议员的敌意，那么政府必须得做个象征性的牺牲。于是詹金斯挺身而起，不顾激烈的反对强行做了在 1971 年前终止英国在波斯湾和东南亚军事存在的决定。1968 年 1 月，威尔逊宣布英国将于 1971 年底以前撤出在苏伊士运河以东地区的军事力量。英国在过去的三个世纪里一直是一大亚洲势力，威尔逊的演讲给它的这个身份画上了句号。英国在战后为了维持其世界强国地位而付出的努力也在这一天彻底付诸东流。三年后，新一届保守党政府通过成功的谈判终于为英国赢得了加入欧洲经济共同体的门票。新政府欢欣鼓舞地宣告英国的归宿是欧洲，这无疑抛弃了过时的英联邦——那个模糊的影子帝国。它冰冷地宣称：“英联邦成员国广泛分布于世界各地，在政治观念和经济发展上差异巨大……它们与联合王国的政治关系已经发生了巨大的变化，而且仍然在不断变化。”这其实就是在说“再见”了。

但是故事仍然没有结束。有些殖民属地仍然存在，它们就像八爪鱼一样死死地扒着帝国不放手。有几个殖民属地是因为太小太穷，英国无法逼迫它们独立；其他的（例如直布罗陀）则是不愿意被伦敦如此直白地踢开。其中三个给英国政府造成了无尽的烦恼：第一个是罗德西亚，从宪法上说，伦敦仍然对它负责——尽管非常不情愿。1965 年 11 月之后，白人殖民政权宣告独立。伦敦政府做出了三次努力希望与其达成协议：伦敦赋予它合法独立，它却让占人口大多数的非洲人参政。但是三次都没能成功。在此期间，这里的非洲政府对伦敦极尽嘲讽，而英国也对它们的政局极力地讽刺挖苦。当 1974 年葡萄牙在莫桑比克和安哥拉的统治崩溃，罗德西亚人无法再抵挡游击队的进攻，他们的南非支持者们也慌了神，此时转折点才到来。反叛政府主要受到美国和南非的压力，英国人在这场变故中仅仅扮演了经纪人的角色。由于只有英国人才有权从宪法上宣布该地独立，于是伦敦成了签订独立协议的舞台，而英国和英联邦国的军队将游击军队控制在被监管的营地以确保双方停战。伦敦习惯了对非洲政治掌握控制权，所以这次白厅期望接下来的大选会把罗伯特 · 穆加贝（Robert Mugabe）领导的不那么温和的派系非洲民族联盟爱国阵线（ZANU-PF）踢出局。让白厅放下心来的是穆加贝获得胜利后信守了承诺，没有没收白人农民的土地。伦敦的希望到后来才幻灭。

1982年，在另一块帝国遗地——远在南大西洋的马尔维纳斯群岛发生了另一场更惊险的危机。伦敦同样早就想甩掉这个麻烦的包袱，但是马尔维纳斯群岛岛民们（从人种上来说是英国人）拒绝接受白厅把他们逐步变为阿根廷国民的官方计划——按计划英国会把群岛割让给阿根廷，再把它们租回来。可以理解，马尔维纳斯群岛岛民对官僚主义的信誉有所怀疑，再加上布宜诺斯艾利斯政权的法西斯行为和伦敦保守党后座议员的支持，他们更加不愿被并入阿根廷。但当1982年谈判破裂、阿根廷人入侵殖民地时，英国人陷入了两难之地。英国争取到足够的国际压力迫使阿根廷撤军的可能性微乎其微，而马尔维纳斯群岛距离英国非常遥远，要跨越这么大的距离打反侵略战，从后勤上来说就是个大难题——而灾难的风险却实实在在。可是如果就此接受既成事实，英国的声誉又会遭受重大损失——自从20世纪60年代中期开始，面对敌人在地处偏远的殖民地对英国主权发起挑战时，英国政府已经退缩了太多次了。但事实上这次事件的结果令人瞠目结舌。当时的首相玛格丽特·撒切尔在海军首席顾问的积极支持下立刻派遣了一支特遣舰队。与苏伊士运河危机时的情况截然不同的是，她得到了工党的热烈支持。撒切尔对这个问题处理得非常巧妙：英国打出的口号不是“捍卫领土”，而是维护马尔维纳斯群岛居民的民族自决权。几周后，外交交涉失败，于是英国人（并不是没有损失和伤亡）退回了岛上，迅速击败了岛上缺少有效指挥的驻军。英国大胜，在帝国节节败退了几十年之后，英国人终于重拾了自信。但是其实在这次战争中英国人非常走运，他们能看到华盛顿搜集的情报（或许是为了奖励撒切尔夫人与里根总统达成的密切共识），除了人和，还有地利——马尔维纳斯群岛刚好地处阿根廷空军力量覆盖范围的最边沿。阿根廷的战机到达群岛后只能再坚持几分钟飞行时间，英军主力舰队又恰好停在范围之外，阿根廷强大的空中力量实在力有不逮，但也只能称得上险胜。

反思

通常历史学家对英国斩钉截铁地结束大英帝国的决定颇为赞赏，常常用它来反衬法国在印度支那和阿尔及利亚发动的“肮脏的”战争。一个广为流传的（许多政治回忆录都深表认同的）说法是英国人善于践行“有管控的下降”——他们随着资源的减少而实际地调整了他们的帝国野心。如前文所述，很显然英国人极度不情愿对抗群众性政治运动（无论是在1945年后的印度还是在1959年后的非洲），但是他们在更有机会、动机更强的时候却没有不情愿动用武力：例如在马来亚、塞浦路斯和肯尼亚。正如本章所述，英国领导人并没有根据英国实力的降低和经济潜力的下降而迅速调整他们对于英国世界地位的观点，在大多数时候情况恰恰相反，他们坚信英国仍然是世界霸主——被认作实用主义忠实信徒的哈罗德·麦克米伦就是最好的例子。他为保持英国在全世界范围内的势力而制定的宏伟计划暴露了他对欧洲政治的认识不足，也显示出他完全没有理解非洲错综复杂的政局（这一点我们可以理解）。这里并不是在嘲笑一位精明的政治家，因为英国的战后地位经历了不可预测的变化，而且思维的定式也不是说改变就能改变，要当时的决策人理智地判定英国的衰落显然是不可能的。

实际上，在本章中我们回顾的一系列“错误判断”：例如对印度的错误希望、对非洲的错误预期、认为英国是第三大世界强国的观点、建立在英镑复苏基础上的经济大计、保住中东统治权的努力（这是苏伊士运河危机的真正原因）、建立不朽而花费不多的世界地位的美梦（“英国的边境在喜马拉雅山脉”），这些错误判断向我们展示了比后见之明更有趣的事实。它们证明了预测历史变迁是一件危险的事：其中牵涉了太多的因素，在破译正确信号的时候又有太多干扰。它们尤其提醒我们帝国衰落的速度不可预测，帝国衰落的过程更不可预知。例如奥斯曼帝国，它在17世纪中期经历了一连串挫折，人们通常轻蔑地称它为“欧洲病夫”，但是它直到1918年在与两大世界强国进行了艰苦军事斗争之后才解体。另一个例子更有说服力：苏联在突然崩塌的近十年前还被认为是一个攻不破的国家，在“越战”后打击美国信心的那些因素对苏联丝毫没有影响。所以它的突然衰落震惊了世界。因此英国领导人没有正确预测英国的未来一点也不奇怪，因为没有任何人能够做到这一点。

最后一个可能打动我们的观点就是，解释帝国为什么会衰败并不比预测它们的衰败来得简单。或许造成帝国衰败的最直接原因是战场上的失利——尽管那意味着要解释为什么会战败。通常帝国衰败的原因有四类：与外国的战争失利或者地缘政治弱势、意识形态的影响和合法地位的丧失、帝国中心的内部衰弱——丧失政治意愿或经济实力以及殖民地起义。虽然有时把其中一个原因当作决定性因素很有吸引力（所以民族主义者往往喜欢说是殖民地起义的影响造成了帝国解体），但是这极少能具有说服力——尤其对于像大英帝国这么庞大而复杂的帝国来说更是如此。或许我们可以把帝国的瓦解看作一个物理性破裂的过程——在一个部分的失误会对系统中的其他部分造成无法忍受的应变；为了应对应变，会产生不可预知的应力，直至整个系统被分裂或者被更强大的后起之秀逐渐吞噬。本书的论点就是，就英国来说，1939~1942 年他们在地缘政治上的失利已经点燃了一根长长的导火索，从那以后，他们系统的整体平衡便被彻底打破，英国的合法地位被损害，与其附庸和臣民的合作条件也发生了决定性的（虽然不是立时的）变化。1945 年之后，英国领导人徒劳地力图修正不平衡性（尤其是那些极大地将帝国负担转嫁到英国肩上的致命不平衡性），他们计划一边通过承认自治（有时是独立）来缓解主要应力一边保存自己在原统治地的主要影响力。他们为计划正在奏效的迹象而鼓舞，也被反对者或敌人的谨慎而误导。直到 1960 年，我们仍有可能认为帝国的绝大部分（以更为分散的形式）依然可以保留，虽然联结各部的线已经松散，但是毕竟没有完全切断。但是随着经济和地缘政治变化的最后一拽，所有的连线都被拉断了，帝国裂为了碎片。剩下能做的仅仅是重新构想未来——以及捏造一个新的过去。

第十二章

最后且最大的帝国

Unfinished Empire
The Global Expansion of Britain

“致最后且最大的帝国，致只铺开了一半的地图。”白人移民在吉卜林的诗歌《本地人》里唱道。大英帝国肯定不是最后的帝国，但是，如果我们不把1945年以后美国建立的具有影响力的帝国算在内，也许全盛时期的大英帝国是世界历史上最大的帝国。尽管它在全球占有优势地位的时间相对而言很短暂（从18世纪30年代到20世纪40年代），如果我们将（我们也应该）中世纪这个基础包括进来，由伦敦统治的帝国存在了500多年。我们要摒弃这样一个概念，即大英帝国是独一无二的，因为在大部分世界历史中，帝国是政治单位中最普遍的形式之一。葡萄牙、西班牙、法国和荷兰在海外帝国建造上与英国是对手，之后的德国和意大利也是如此。俄罗斯至今都是北亚大部分地区的霸主。英国人的动机和策略与那些巨大的亚洲帝国也不是完全不同，直到18世纪中期他们仍被迫要对这些亚洲帝国献殷勤。中国古代的学者–官员相结合的官僚制度使官员们在没有本地纽带的省份中为遥远帝王的理想疲于奔命，这与充斥着英国人的印度治安官制度具有讽刺意味地形成了呼应。印度治安官制度是所谓英国在南亚统治的“钢铁结构”。英国人从之前的莫卧儿统治时期借鉴了许多管理制度。而且就像奥斯曼人一样，他们常常倾向于依据宗教信仰或者通过种族身份的其他标志（想象的或是真实的）来区别他们的臣民，并不将他们作为具有一致性的臣民整体来统治。

也许就像所有的帝国一样，英国人通过建立连接点塑造了他们的帝国。人才、货物和观念在不同地区之间的流通是塑造人类历史的力量，也许还是历史性变革最大的驱动力，这一点在现在已经成为共识。这种流通许多在统治者或者国家的控制之外，或者是违背他们的意志的。它的作用在于创造了地区内以及地区之间，甚至是全球连接的新形式。新的贸易关系、新的宗教观念、新的移民社群（有时候三者都有）常常动摇着现有的社会。它们创造着新机会，挑战着旧利益、威胁着旧的等级制度。因为有着外来者拥有的天赋，它们能够为秘密侵略制造条件：有声望的物质文化、引人注目的宗教、商业优势的承诺。这种多元环境适合那些最能够利用这些关系形式的国家，它们像寄生虫一样依附在这种关系上，并且还往之前最受它们影响的地区中安插了自己的代理人。大帝国和小帝国走上了这条扩张的道路，有时候是在附近，有时候横跨大陆，甚至在一些例子中是从世界的一端到另一端。

英国人之所以能够建立一个世界帝国是因为他们比对手更充分地利用了全球连通性的机会。不过他们必须等到连接的方式已经准备就绪，再利用他们的资产来发挥优势。西班牙人建立了欧洲与大西洋的长久连接（斯堪的纳维亚与北美之间的连接失败了），葡萄牙人发现了前往东方的海上路线，荷兰人最先发明了控制亚洲货物对欧洲的供给的商业运作方式。英国人很晚才加入这个阵营。不过到了 17 世纪晚期，他们开始掌控在新的全球风险中取得成功所需要的关键资源。首先，尽管英国在风系中并不完全处于理想状况，近海的位置让它们处于欧洲主要航海贸易的交叉路口：即北欧和地中海之间、大西洋欧洲和美洲之间。作为增长最为迅猛的贸易的中心，它们处于极佳的位置。其次，除了内战的混乱以及 1640~1660 年之间的革命，建造一个强大的中央政权的手段基本算是成功了。一个资金充足的“财政–军事”国家，能够派遣一支大军前往欧洲（就像在 1702~1713 年的西班牙王位继承战一样），更关键的是，能够维持一支大规模的深海海军，这些都在保护（有时是扩展）商业关系中起到了关键的作用，这种关系是其对手们必须要扼杀的。第三，英国人开始享受整合良好的国内经济的优势，丹尼尔·迪福（Daniel Defoe）的《不列颠全岛纪游》一书中生动地描绘了这种经济。的确，伦敦早就开始处于英国内部、横跨大西洋以及欧洲大陆内部的贸易进行市场信息交换、财政安排的中心位置。伦敦扮演的多重角色是十分重要的，作为政府的中心（也是公共财政的中心）、国内生产及其主要市场最大的消费者以及海外商业巨大的商业海港，它的优势明显超过了其欧洲的竞争对手。

不过也许英国在利用和扩张欧洲的全球关系中能够使用的最有力的王牌就是它的适应性。英国帝国主义的标志就是在方法、观念和目标上强大的多样性。就像我们在之前的章节里所看到的，英国人构想着帝国的不同类型，寻求与利益群体和臣民不同类型的关系，并且追求广泛的利益，这些利益有时候还相互冲突。他们能依靠利益和同情在世界各地吸引一大批合伙人、盟友、代理人、合作者以及皈依者。英国建立的连接点通常是一整套体系。那些不喜欢英国帝国主义某一面的人常常能够在英国身上发现他们更加开明、人道和恭敬的一面。这并不是意外。这反映了一个事实，到18世纪为止，英国已经成了一个非常多元化的社会，接受各种宗教，支持不同的亚文化（地区的、宗教的、知识的以及基于类别的），并具有一套对新财富和新意识形态影响（福音教义和反对奴隶制度是两个主要的例子）持开放态度的政治体系。多元化社会建立海外帝国并不仅仅出于单一的动机，也不止依靠单一的技术，它所凭借的条件具有极其丰富的多样性。贵族希望通过海外财富来实现社会抱负，朝臣希望利用英国政府垄断的权利，赞助人和官吏渴望得到殖民委任，天主教教徒和清教教徒渴望得到避难所，奴隶主（在英国有上千名）期望能保证他们的人类财产的安全，废奴主义者专注于镇压奴隶贸易，商人和制造商希望找到市场，移民渴望得到海外免费的空地，牧师和传教士追求“基督的帝国”：所有这些还有更多应征入伍的英国资源都被并入了帝国的雄心壮志中，并且还要扫描全球来发掘新的机会。

他们可以更自由地完成这一切，因为这基本上是一个私营企业般的帝国。国家的角色主要局限于为“公司”或“经营者”授予商业垄断或者司法权力的特许状。殖民美洲，就像和东方做贸易一样，取决于私人资本并且需要冒着个人风险。慢慢地，国家开始更加直接地对这个海外企业进行干涉，并且承担起保护责任。不过这些行为并不连贯，监管总体来说也不严格。因为主要的动机是利润而不是教会或国王的荣誉，这是一个商业实验的帝国，而不是一个根据设计来进行统治的帝国。经济生存要求采用庄稼的新种类、农业的新方式以及劳工的新来源。巴巴多斯殖民地建立不到30年时间，种植园里的英国移民就被非洲奴隶所取代。因为他们常常出口同一种农作物（糖、烟草、木材、羊毛），并且向英国寻求贷款和资金，有时候是人力，所以殖民地之间被迫彼此竞争。他们有强大的动机要吸引这三样东西——他们的物权法、征税以及土地分配都有着明确的指向。移民、种植园主和商人尽力在伦敦维持一个强大的游说团体来为他们殖民地的前景唱赞歌，尽量避免“干涉”（就像奴隶制度的废除），或者要求海军或军事帮助。他们渴望得到来自帝国中心的消息，甚至更加渴望在舰队街①和格拉布街②生产自己的新闻。如有必要，他们会支持团体和社群来争取更加广泛的支持，比如塞西尔·罗兹的“帝国南非协会”。尽管种植园主和移民非常擅长这项活动，但是印第安人和非洲人很快发现了绕开“官方思想”和在英国寻找有影响力的盟友和朋友的可能性。正是一个这样的游说团体在1900年以后帮助印度将争取自治政府的要求提上了英国的政治日程。

因此，建造帝国是一个混乱的过程，其中政府的政策或白厅的决定仅仅是故事的一部分（有时候是很小一部分）。但是到18世纪晚期，我们可以看到英国的海外帝国开始被分为4个不同的分支，几乎是4个不同的“亚帝国”。大约在1830年以后，英国拥有着由当选议会中的移民或种植园主统治的大量自治殖民地（在北美、加勒比和澳大拉西亚），从这个层面上来说，英国是唯一的。尽管原始数量因为合并（加勒比的例子）或种植园主自治政府的失败而削减，如此多的附属地，以及伦敦对它们的内部事务几乎没有控制权的事实困惑着外国观察者以及英国的观点，对他们而言，一个殖民地（好像他们仍会这样叫）是有“自治政府”的殖民地，这是宪法上的一个谜。也许更加奇怪的是，加拿大、澳大利亚和新西兰（还有少量在南非的英国白人）的移民社会强调得更多的不是他们与英国的区别，而是他们与英国性的共同之处，甚至是更好的英国性，即英国性的升级版。在20世纪，这种意义上的共有的英国性就如同自我利益一样，在两次世界大战中激发了非凡的牺牲精神。

---

① 舰队街即英国新闻界的代称。——编者注

② 格拉布街是那些为生计挣扎的独立作家、新闻记者和出版商的传统聚居地，也是英国出版业的中心之一。——编者注

自治殖民地看上去似乎是帝国中很奇怪的部分。不过英国对印度的占领使其成了亚洲的大国，而且是19世纪大部分时间里唯一的亚洲大国。没有任何其他一个欧洲国家能在遥远的地方拥有如此大规模的海外领土，或者获得如此惊人的利益。有印度在手，英国人拥有了在世界的很大范围内施展他们权力的方式，从波斯湾到中国南部海域，甚至在某个时期到达了日本海。部分因素是印度提供的很多商业资产（印度商人，还有棉花和鸦片）。不过印度独有的价值主要在于它为英国人提供了军队。在印度民族大起义之后，印度军队缩水，军队全部由英国人组成的守备部队扩大，英国常规军的2/3（印度人和英国人）都由印度纳税人来养活。以印度为基地的军队在过去和将来都可以为帝国各式各样的目标服务，帝国的目标因此变得很难确认。如果印度的贡献（被印度民族主义者强烈憎恨）成了帝国军事阴谋中的一部分，其重要性是显而易见的。和平时期，伦敦在陆军上的花费相对而言较少，在海军上的花费更加大方，这在其他情况下几乎是不可能的。因此国防开支在英国还不至于成为一个重要的政治问题，其他国家则很难如此。不过一个意想不到的结果越来越让人不安：因为印度的国防预算对英国的公共开支很重要，印度人被禁止建立同白人殖民地条款一样的自治政府，以防其当选议会拒绝支付“国内费用”（英国守备部队的租金）或者军队的巨大开支。一直到1939年，这个处于印度宪政发展的中心的问题仍然悬而未决。

帝国的第三种类型是真正的大杂烩：英国还有大量面积不大或（常常）不太具有价值的领土，它们是各种基地和堡垒，比如直布罗陀、马耳他、中国香港和圣赫勒拿岛（最初是作为英国东印度公司货船进出印度的小站而被占领），一组热带殖民地，比如锡兰和马来亚这种能获得高利润的种植园殖民地，拥有零星内地的海上桥头堡（就像在东方和西非），其背后是拥有不可限量未来的衰退的“旧”殖民地（英属西印度群岛的大部分），繁荣的贸易中心（比如新加坡和中国香港），寥寥可数的一些因为某种原因占领、却又难以抛弃的小地方。它们被独裁统治，就像许多“小印度”一样，但每个地方又有区别。他们的确是两类权力的产物：以英国为基地的海军力量以及以印度为基地的军事（也有海军）力量。看上去随意分布的状态实际上反映了帝国两个磁极重叠的领域。它们让大英帝国看上去不是拥有边界和限制的可辨认的集团，而是一个散布于世界各地的巨大群岛。从政治上来讲，印度是一个军事独裁国家，其中一部分英国官员反对克里奥尔政客的诉求（不管这种诉求是多么英国化、基督化或者忠诚），他们要求共享行政权力，强调承认传统以及寻求传统盟友的必要。这常常是通往“看守帝国主义”的道路：坚持，再坚持，却什么都不做。

帝国的第四种类型几乎是无形的。无形帝国没有总督或国旗、吞并或统治权带来的利益。它依靠着商人和银行家、领事和外交官的影响，有时候在不远处拥有炮艇和守备部队。典型的代表就是在阿根廷和乌拉圭的商业帝国、被临时占领的埃及，还有在中国的通商口岸。这提醒了我们有时候地图也可能是不可靠的。因为无形帝国与有形帝国之间在功能上无法分离。非正式殖民地从商业（比如阿根廷）或战略（尤其是埃及）上来说，比正式殖民地更具有价值。一些正式殖民地相当于英国的基地和仓库，从附近涌现的非正式帝国中获得了他们自身的价值，香港就是如此，也许马尔维纳斯群岛也一样。但是无形帝国也是一个不稳定的类别。英国权力的施加是不正式的，因为为这种统治产生花费和付出努力似乎是没有必要的，或者因为这种统治实在是难以施加。这种妥协取决于当地人的合作以及对手的缺席。如果这些先决条件不存在，就要在坚持更多的控制权（及其承诺和风险）与接受更少的权威之间做出艰难的决定了。1920 年后，在中国沿海地区，前有中国爱国主义，后有日本帝国主义，英国人深刻地感受到这种进退两难。

当然在某种意义上，帝国的众多群岛，不管是有形还是无形，都不仅是海军和军事力量的衍生物。支持英国扩张的大部分人力资本来自于热衷移民的英国人。正是巨大的移民潮让英国成了“人口统计的帝国主义”的最典型代表，这并不只是统治，而是在实际上占领全球的很多地方。1815~1930 年之间从不列颠群岛移民出来的人数是从欧洲其他地方移民出来人数（总数 1 900 万，意大利占 900 万，位居次席）的两倍。尽管移民有很多不同的原因，在英国这个个案中，它与动态经济的需求是息息相关的。经济的快速发展带来了人口增长。不同的前景让一些英国的地区成了人口的输入区，另一些则成了输出区。苏格兰和爱尔兰的部分地区（生态危险增加了一些不安）外流量很大。到 19 世纪晚期，类似的人口外流同样影响了英格兰的郊区。然而，仿佛是作为补偿，英国的商业和工业经济提供了一个解决办法，这个办法也许看上去似乎是残酷且不人道的。正是因为移民区域（尤其是在北美）

的商业发展让他们能够吸收大量人口的流入，并且有成效地雇佣这些移民。正是英国的工业经济使其大约在1800~1940年之间成为进口农作物、原材料和食品的最大消费者，也成为移民区域巨大的市场。不列颠群岛的移民潮可以看作是国内经济巨大的重新调整，在这个过程中，生产食品和其他原料的大量工作被转移到了海外，同样还有这些工作所需的劳力。

当然，英国从扩张到成为世界权力的过程从一开始就取决于商业的成功。综合商业经济过早的发展也承受了工业化带来的沉重负担（两者之间不是没有关联），在19世纪，工业化在英国发展得比任何地方都广泛且迅速。英国海外帝国的商业根源塑造了它的整体特质。在农业帝国，如果统治者要从权力中获取利润，就必须要对其臣民直接收税，必须实施严格的控制（这是有代价和风险的）以防其代理欺骗他从而把他的收入放进自己的口袋。这样做的努力和负担会限制帝国的野心，因为越远的地方越难从中心实施监管。一个商业帝国基本上不受这样的约束，因为它对筹集本地的直接收入没有兴趣，因此没有必要实施强权统治。相反，它依靠贸易的利润，对最便捷的地方国内港口进行收税。当英国人不再遵守这条黄金定律（就像他们在18世纪70年代在北美所做一样），灾难迅速出现了。然而，英国对商业帝国规模的检查是的确存在的。只要商业利润被认为是来源于和仔细排除的敌对帝国之间的贸易，就需要拥有昂贵设备的海上力量来实施垄断。在漫长的18世纪，直到1815年，欧洲、美洲以及亚洲之间巨大的贸易扩张伴随着欧洲国家之间长期的海上和殖民战争并非巧合。

众所周知，1783年美国殖民地的丧失并不是英国作为帝国力量衰落的序曲（正如许多当时的悲伤的故事所认为的一样），而是一个不平凡的过渡。1815年以后，大英帝国成为一个真正的全球帝国，这种地位一直维持到1940年。英国人之所以能够建立起这样一个帝国，是因为在他们的全球地位中结合了两次划时代的变化。第一个是海军所达到的成就，1805年，在特拉法尔加海战中就确保了这种优势，并且从那之后一直让人嫉妒地保持着。因为摧毁了他们主要对手的海上力量，限制他们贸易的障碍就被打破了，需要支付高额保卫费用的威胁也被消除了。因此，整个世界成了他们的市场——至少理论上如此。维持全球帝国身份的代价正在下降。即便如此，如果英国未从商业帝国转型成工业和商业混合经济体，大英帝国也未必能够发展到如此地步。事实上，我们很容易发现，如果没有工业化，维持一个全球规模的商业帝国的努力也许是无法继续的。英国的世界帝国不是建立在大胆的扩张或者殖民地官员之上，而是建立在煤、棉花和资金之上。

另一个原因在于一个以蒸汽为驱动力的帝国迅速被无线电绑在一起，这比一个依靠风浪来驱动的帝国更加高效。信息和人才更为迅速的流动加快了经济的发展，增加了贸易量并且允许资源在地区和目标之间迅速交换。一个明显的便利之处在于军队的部署。电报和蒸汽船允许相对较小的英国军队（大约15万人）和印度军队从全球迅速集结到帝国出现危机的地方，就像随叫随到的消防队。以蒸汽为动力的船只让英国的触角延伸到河流（比如长江），还能延伸到之前无法接近的海岸线（比如红海的海岸线）。随着英国的核心技术铁路的建立，世界的大片新地区触手可及，不管是商业上还是军事上。铁路使英国变成了陆地和海上力量（迄今主要是海上力量）的结合体，这是能力的巨大提升。拥有廉价的纺织品（以蒸汽为驱动力的编织在制造花费上有了大幅的降低）之后，英国人现在有了在全球渗透市场的方式。通过放出低价贷款，建立廉价运输，他们吸引了美洲、亚洲和非洲的许多制造商进入他们的网络。

因此，工业帝国的巨大优势在于它能够融合广泛的地区，无论多么遥远，都能形成一个单一的财富和权力体系。这一点从三个方面起作用。首先，通过以出口为目的的生产（无论是出口到英国或者是经过英国），殖民或半殖民经济变得依赖英国为长距离贸易提供的有偿的商业运作方式。一旦它们汇聚到了这一个连接点上，并且为了本地的繁荣而依赖这个连接点，想要撤出来是困难的，甚至是痛苦的。事实上，总体趋势是要越来越符合连接点的要求，作为对连接点的回报，连接点的经济职能变得越来越专门化。其次，经济一体化对社会和文化也有影响。在那些把与英国的关系看作他们地位和财富不可分离的支柱的地方，既得利益集团持续成长。它们很渴望促进而不是削弱与英国的关系。贸易带来的财富引发了各国对帝国中心社会和文化的效仿，还刺激了激增的信息量的交换：在帝国不同部分之间，新闻、法律观念、商业和科学调查、幻想类文学和私人信件，甚至是某种程度上共同的帝国文化纷纷出现。最后，英国的工业社会及经济的发展带来了需求、观念和品位的多样性。19世纪中期，英国也是最主要的都市社会之一，它喧闹而富有流动性。城市消费者的需求，对食品和廉价奢侈品（比如烟草或巧克力）以及对娱乐与知识的需求都让进口量出现了膨胀（1826~1913 年之间的烟草进口价值提高了 30 倍）。世界上几乎没有一个地方的农产品会在英国找不到市场，也没有哪个地方的商业前景吸引不了英国的投资者、商人和投机商人。处于这种城市–帝国关系网中心的是伦敦，无论在文化上还是商业上都是如此，伦敦飞速发展（1801~1911 年之间，伦敦的人口从 100 万上升至 700 万），直至成为全球性大都会，在帝国的整合中起到了重要的作用。伦敦位于（也帮助塑造了）帝国港口城市网络的中心，这些港口城市包括蒙特利尔、开普敦、科伦坡、孟买、加尔各答、新加坡、香港、墨尔本、悉尼和奥克兰，帝国的大部分的商业交易都是在这些城市之间进行的。大英帝国的特征在都市中体现得最为明显，而这一特征却并不仅限于英国本土。正是在这些城市桥头堡中，英国的影响被期望深入到殖民地世界的落后内地。

自由贸易是这次巨大的对外运动的主导意识形态。英国人很快忘记了他们 1815 年之前很大程度上依靠于浓重的贸易保护主义才成为世界大国的历史。他们坚持道，自由贸易对每个人而言都是大有裨益的，而不是仅有益于他们自己。通过对所有国家实行贸易开放，英国人认为他们已经让世界的其他地方接受了帝国。在一定程度上的确如此：这样做有可能阻止对抗他们的巨大联盟的形成。不过这样忽略了自由贸易依赖于英国权力发挥的程度。“兰开夏有没有意识到印度棉花的自由进口是通过武力强加给印度的？”哈尔福德 · 麦金德（Halford Mackinder），一位激进的贸易保护主义者在 1919 年问道，“自由主义类型的自由贸易以及掠夺类型的贸易保护都是大英帝国的政策，并且都是为了战争而塑造的。”英国人利用海上力量塑造了一个自由贸易的世界帝国。德国也建造了自己的公海舰队来制造一个贸易保护主义的帝国。碰撞因此不可避免，麦金德说道。

不过帝国的发展不只是简单的经济和战略决定的总和，也不是归于英国的代价和利益的理性计算。帝国的构建是由愿景和梦想来驱动、由神话和狂想来支撑的。那些试图演绎帝国构建的人不要忘记英国人观点的反复无常（他们需要的支持和赞同）。英国在阿富汗和南非不计后果的冒险行动惹怒了选民，他们 1880 年罢免了迪斯罗利。20 年后，索尔斯伯里勋爵抱怨说他是被本土的“沙文主义飓风”拖进南非的战争中的。在帝国的大部分地方，英国的统治是通过武力建立并且通过高压来维持的。但是针对原住民的暴力却成了一种惯性而非实际需要。“我注意到印度的所有酒店有一个重要的告示：‘绅士都被严格要求不要袭击仆人’。”1869年查尔斯·迪尔克（Charles Dilke）说道。就像我们在前面的章节中所见的非洲矿工时常被施以暴行，这种行为差不多要算是极端行为了。当然，这种蛮不讲理的暴力部分来自于本土的暴力文化：英国人鞭打他们自己的士兵，却没有对印度兵这样做。不过这也来源于他们顽固的信念，他们自认为在种族序列中位居顶端。

这种“庸俗的种族主义”的起源也许是奴隶制度的实行和19世纪晚期反奴隶制度讨论中公众辩护背后的“逻辑”。它之所以在大英帝国得到如此广泛散播的原因是不难想象的。就如同在财富占领和国家建造过程中，国家、民族和人民不同表现的重要作用，它的命运与社会进化的发展联系到了一起。“科学的”或“生物的”种族主义真正地帮助了更古老的、更深的以及主要的文化偏见的形成。从智识上来说，社会进化强化了庸俗的种族主义的影响力，直到20世纪。事实上，这种强化一直持续到第二次世界大战及以后。庸俗的种族主义本身并不是什么复杂高深的知识，而是一系列相关的假设和态度的结合体。它认为理所当然的不仅是文明的等级，还有那些处于世界顶端的人们防止自己被“低端人种”“稀释”或推翻的需要。它规定了种族隔离和种族纯净是防御两种最具威胁的危险的最佳形式：因为种族杂合会导致文明动力的丧失以及对“低等种族”叛乱控制的失效。在帝国的移民殖民地和直接统治地区中，这些种族主义“药片”具有显著的吸引力。

在殖民地，甚至是像加拿大、澳大利亚和新西兰一类的地方，原住民人数缩水到四面楚歌的少数族群，对非欧洲移民的种族驱逐到19世纪晚期成了最紧迫的问题。部分原因在于当时他们的经济扩张有可能利用亚洲劳工，中国苦力帮忙建造了加拿大太平洋铁路。不过也是因为这样一个年代需要处于艰苦的边界社群来建造现代国家。节制、教育、稳定的家庭生活、就业的常规形式，这些都是具有良好政策和良好规范的社会的特征。不过它们的制定需要强烈的政治意愿，即一种意识形态以及一个范本。推广现代化的人主要看向了英国，这并不让人惊讶。他们急切地要表明他们的社会是新的英国：对移民群众而言，这里是理想的目的地，他们早就想吸引这些人了。他们认为，为了复制英国，并且最好是在他们的基础上完善，创造一个基于一致意见的井井有条的国家，需要取得很高程度的文化一致性：英国就是模板。只有让全部的人共同分享英国的高雅文化才能够让身处北美和南太平洋的他们成为真正的不列颠民族。进行民族构建必然需要展开对“他者”的种族驱逐。

当然，这种高尚的目标被不那么高尚的动机加强了：白人劳工担心中国、印度和非洲劳工会拉低他们的工资水平。在那些白人来自少数群体的移民殖民地，对文明的渴望和对强壮体格的恐慌是一体两面的，因为占人口大多数的被征服者会集结起来反抗他们。在受帝国直接统治地区里（比如在以前的奴隶殖民地），同样的叛乱威胁不管多么偏远也是极大的恐惧。即使在形式上是文明的，这些政权也是真正的军事独裁国家，其中一小部分外来群体控制着堡垒。权力和权威倚仗于（也许甚至来自于）军队的团结。随着英国的统治在印度的扩张，坚持把统治者与被统治者分开的需要变得越来越强烈。部分原因在于英国官员可能被拉入与本地印度人合作的关系网中（其行政代理人“消失”在当地社会是所有“统治帝国”面临的破坏的潜在形式）。但是这种需要也是被对起义的担心和事实所大大强化的，尤其是1857年的印度民族大起义。因此，在印度，没有白人能够摆脱无处不在的提醒，这些提醒通过历史、神话和纪念告诉人们，种族纯净是生存的代价。英国人成为热带非洲的统治者时，这种“印度式的”思想变得十分普遍。它从白人英国官员可能被称为“工会”式的观念中获得了大量的额外力量。他们用微妙的表述方式再三地坚持，皮肤的颜色是政治信任唯一确定的标志。通过屈服于非白人议会或者招募非白人官员来削弱白人权威其实是一条通向毁灭的道路。

因此，对殖民帝国和统治帝国而言很普遍的种族纯净的观念与经济和军事力量，还有遍布帝国的制度和法律机制一起，构建了帝国凝聚力的重要组成部分。它同样在本土得到了强烈的呼应，但也仅仅是呼应。英国人的观念接受许多不同的帝国主张，尤其是英国人移民到海外的“空”地是英国人与生俱来的权利的主张。但与之对立的是，英国从任何层面上而言都不是帝国的产物。它的构成不是由帝国决定的，这是一种时髦但空洞的说法。这样说的主要原因在于英国早已是格外强大和文化统一的国家（语言和法律是其最显著的例证），远远早于它冲出欧洲范围占领帝国的时间。帝国习俗进入了英国，不过仅仅（就像喝茶的习惯）是在适当地被英国化之后。当它们在本土遭遇了强烈的偏见，比如反对奴隶制度，对自由贸易的支持或者向海外异教徒传道的主张，它们想要传播的希望就变得十分渺茫了。当英国政府决定1960年以后在热带非洲放弃移民少数群体时，种族纯净的呼声证明是它是无法保护自己的。一旦保卫帝国领土看上去成为不能维持的负担，国内帝国主义就会在悲泣中逝去。

所有帝国终将衰落，这是历史的常态：至今为止，所有的帝国无一例外。认为帝国衰落是可预期的，这是很容易的。当帝国的衰落不可避免时，历史学家甚至不难指出衰落开始的时间点。我们所知道的帝国中的大部分若没有军事、物质或道德的改革，就会有命运的预言和灾难的预测，这是当然的。在一个如同英国一样的多元化社会中，总会有很多反对帝国的声音，但对于帝国究竟是什么却很少有一致的意见。因此那些不喜欢英国在印度进行独裁统治的人会对英国应该终结与加拿大或澳大利亚的关系的观点感到震惊。更常见的是，他们认为把代议政府扩展到印度（之后到非洲）会赢得他们对英国自由的世界帝国的永久忠诚。就算是像马克思主义者约翰·斯特拉奇（John Strachey）一样极端的反帝国主义者，也会期待看到（在1932年）一个布尔什维克的英国，这样的英国会与其殖民地“合作”。这样的合作与莫斯科和以前的沙皇帝国的合作大同小异。英国的主流观点是，直到第二次世界大战，尽管很多调整也许是必要的，但是很肯定的是，帝国作为以英国为中心的国家联合体会存活下来，它们依赖英国的资金、技术和战略防御，也依赖英国的价值观、制度及观念。这种自信从何而来？

它首先来源于一种信念，那就是大英帝国是独一无二且无与伦比的。三个关键的特征可以让英国逃脱所有以前的帝国主义的命运。首先，就英国本身来说，帝国的大脑和中心是一个开放的社会，在政治上也很自由。当根深蒂固的寡头政治拒绝经济和社会改变，困扰历史上帝国的顽疾在那里将没有任何市场。观念的自由交换、观点的自由表达以及自由的代议机构形成了强大的保证，政府的宗旨会根据新的压力和需求不断地做出调整。的确，英国人引以为豪的是来自世界任何角落的信息和新闻都会以无可匹敌的效率传输到伦敦并且在英国内部传播。他们将这种开放性与以前灭亡帝国的封闭的政治世界和1918年以后崩塌的帝国相比较。他们的历史告诉他们英国的社会是唯一进步的社会。其次，英国人同样自信英国的经济是动态的且适应性很强，这是自由贸易带来的回报。美国的经济也许更加庞大，德国工业也许更加高效，但是英国直到1939年都保持着世界最大交易者和世界最大投资者的头衔。当英国不得不放弃自由贸易，经济萧条带来的负担在英国和英镑集团内并没有像在美国或德国那么严重。最后，大多数（也许是所有）英国领导者都认为只要采取了正确的防范措施，他们的帝国就会继续享有非凡的地缘战略安全。1815年后，这种观点越来越根深蒂固。帝国的海上特点暴露于任何正面进攻的局限性、大多数英国领地远离欧洲战场，这使英国排除了大多数危险，而这些危险是其他大国需要花高额成本来防御的。英国人在战时能封锁敌军，夺取他们的海外资产，并拥有在海上驾驶他们的船舶这一海上力量的特权。英国是一个可怕的对手，但是他们摆脱欧洲两败俱伤的争执的坚定性消除了与其他大国发生摩擦的可能，并且降低了其他国家联合起来反对他们的可能性。尽管第一次世界大战的经历可能消磨了一些这种自信，实际的结果却并不如此。直到20世纪30年代晚期，世界政治格局的基本特征是所有互相敌对的大国弱点的暴露和分裂。很显然，英国可以在他们中间进行操控，利用他们的分离来抑制任何威胁。

的确，地缘战略安全是帝国的最后希望。只要没有外部敌人进入他们的帝国，那么一个简单的结论就是，英国人总能压制任何内部的混乱。只要他们的威望和权威没有被失败削弱，他们就能威慑民族主义运动的分裂要求。事实上，只要英国在欧洲和亚洲维持着独立大国的地位，分裂主义（比如与英国的彻底决裂）就只会对处于边缘的极端分子有吸引力：温和且明智的民族主义者只会认为这是徒劳。有了后见之明的优势，我们也许会认为这些观点是天真的，或至少是过于乐观。不过我们也不能确定这一点。

对帝国终结的解释充满了不确定性。英国的例子吸引了一批历史专家。他们列出了一系列原因，控诉着经济、政治、军事、外交、技术、社会和文化的失败。所有这些结论也许都是正确的。但是让这些失败变得代价巨大且越来越致命的是一些更加深层次的东西。放眼世界历史长河，英国的世界帝国时期只是一个阶段，一个辉煌的瞬间。它的机会是由历史上某些始料未及的局面带来的——欧洲和东亚的情况会同时变得对英国很有利。虚弱且被动的东亚、因各大国相互敌对而处于不牢靠的平衡之中的欧洲，再加上封闭落后的美洲以及混乱的伊斯兰世界都为英国的扩张提供了最佳条件。海上霸权以及丰富的煤矿资源带来的蒸汽动力的崛起使英国能以他们可以承受的代价来抓住这不曾预料的机会。他们安然挺过了19世纪80~90年代帝国竞争的风暴。他们在第一次世界大战之后存活下来，并扩大了领地。不过在20世纪30年代，革命和战争震撼着欧洲和东亚，亚洲的剧变紧跟着欧洲的战略灾难，英国维持世界权力的必要先决条件彻底消失。一个新的世界出现了，新的地缘政治秩序诞生了。旧时光从此一去不复返。